Intégrer

2023
2024

SCIENCES PO

HISTOIRE

CONCOURS COMMUN DES IEP

Thibaut Klinger

Thibaut Klinger

Normalien agrégé d'histoire, docteur en géographie,
professeur au lycée Edgar-Quinet de Bourg-en-Bresse

Vuibert

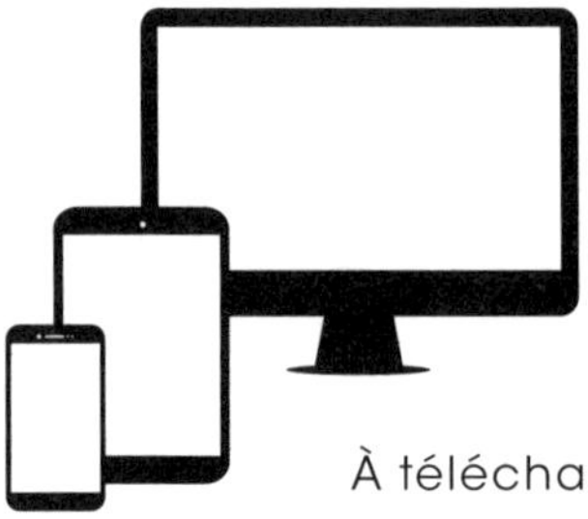

OFFERT EN LIGNE

+ 12 sujets corrigés
+ 175 QCM interactifs
+ 35 synthèses à compléter

À télécharger sur www.Vuibert.fr/site/210408

ISBN : 978-2-311-21040-8

Création de la maquette de couverture : Les PAOistes
Adaptation de la couverture : Severine Tanguy et Primo&Primo
Maquette intérieure et mise en page : Sébastienne Ocampo

Sommaire

PARTIE 1. INFORMATIONS SUR VOTRE CONCOURS

PARTIE 2. TOUT LE COURS

12 SUJETS CORRIGÉS EN LIGNE

TABLE DES ENCADRÉS

FIGURES CLÉS

DOCUMENTS ESSENTIELS

REPÈRES

PARTIE 1

Informations sur votre concours

Présentation du concours commun des IEP

Le concours est organisé conjointement par les instituts d'études politiques (IEP) d'Aix-en-Provence, de Lille, Lyon, Rennes, Saint-Germain-en-Laye, Strasbourg et Toulouse. **Les années 2020 et 2021** ont été particulières à cause du Covid : annulation du concours pour la première, « plan B » pour la seconde, associant recrutement sur dossier et composition de questions contemporaines en ligne. En 2021, **13 797 vœux** ont été confirmés (+56 % par rapport à 2019 !) **pour 1 151 places**, moitié pour les bac 0 et moitié pour les bac +1. Pour la session 2022, 10 500 candidats ont composé (7 932 en 2019). Le taux de sélection a mécaniquement baissé, passant d'environ 13 % à moins de 11 %.

N'oubliez pas de valider votre choix sur Parcoursup ! En 2019, 60 candidats l'ont fait trop tard et ont perdu leur place.

IEP	Nombre de places proposées en 2021
Aix	150
Lille	180
Lyon	171 et 45 pour le campus de St-Étienne
Rennes	140
Saint-Germain	100
Strasbourg	185
Toulouse	180

Quelques IEP proposent un maximum de 10 % des places par la procédure « mention très bien ». Le taux d'admission est alors d'environ 1 % et cette procédure reste donc très marginale.

Un concours n'est pas uniquement un concours de circonstances : on profite d'autant plus d'une chance éventuelle qu'on s'est bien préparé, le plus en amont possible. Le jury insiste sur la complémentarité avec la préparation au baccalauréat. Une préparation de qualité implique :

- l'acquisition de **connaissances de fond**, dont cet ouvrage présente l'essentiel. Les moyennes d'admission vont généralement de 12/20 à plus de 17/20 ;
- la maîtrise de l'exercice défini pour le concours, ce qui passe par une **pratique régulière** : les sujets corrigés présentés à la fin de l'ouvrage constituent un précieux outil d'entraînement.

Les **filles représentent environ 60 % des candidats et des reçus**. Les Bac +0 représentent un peu moins des 3/4 des candidats mais les Bac +1, 57 % des reçus. Même si les documents officiels précisent que toutes les options et toutes les spécialités peuvent concourir, il va de soi que tout incite les futurs candidats à **privilégier l'enseignement de spécialité d'Histoire-géographie, géopolitique et sciences politiques**, dont **l'épreuve de terminale** inspire directement la réforme du concours.

Un concours consiste aussi à **répondre à un profil recherché**. Les copies du candidat doivent montrer que leur auteur est susceptible de réussir les quatre objectifs que définissent les IEP :

- une solide culture générale pour comprendre le monde contemporain ;
- des capacités d'analyse et d'esprit critique ;
- l'autonomie grâce à l'ouverture sur le monde ;
- avoir les moyens de profiter d'une large gamme de débouchés professionnels.

Épreuves du concours d'entrée en première année

Le concours commun des IEP comprend **trois épreuves** :

- une **épreuve de questions contemporaines.** Elle prend la forme d'une dissertation à rédiger en trois heures (coefficient 3). Deux sujets sont proposés, le candidat n'en traitant qu'un seul ;
- une **épreuve de langue vivante.** Elle se déroule en une heure (coefficient 1,5) et consiste en des exercices de compréhension et un essai. Les langues possibles sont l'allemand, l'anglais, l'espagnol et l'italien ;
- une **épreuve d'histoire de deux heures.** Elle prend la forme d'une **analyse de deux documents de nature différente, guidée par une consigne**, (coefficient 3) sur le programme intitulé « Les relations entre les puissances et les modèles politiques des années 1930 à nos jours. Histoire politique, sociale et culturelle de la France depuis les années 1930 », programme d'histoire tronc commun de terminale générale.

Sont désormais comptées certaines **notes du lycée**, la moyenne des deux notes obtenues aux épreuves finales des enseignements de spécialité 1 et 2 (coefficient 1) et la moyenne des notes de contrôle continu en terminale dans les langues vivantes A et B (coefficient 0,5).

Informations diverses

L'intégration du recrutement des IEP à la procédure ParcourSup en 2022 a conduit à placer le concours le 23 avril 2022. Il est ouvert aux **bacheliers de l'année en cours et de l'année précédente.** Les frais d'inscription au concours se montent environ à 180 euros (60 euros pour les boursiers).

L'épreuve d'histoire

Le concours 2020, finalement annulé, devait mettre fin à la composition d'histoire, épreuve traditionnelle des IEP. La nouvelle épreuve d'analyse de documents guidée par une consigne reprend l'esprit de la nouvelle épreuve de spécialité introduite par la réforme du bac 2021 lancée par le ministre de l'Éducation Jean-Michel Blanquer.

Le programme est intitulé « **Les relations entre les puissances et les modèles politiques des années 1930 à nos jours** » et « **Histoire politique, sociale et culturelle de la France depuis les années 1930** ». Pour la première fois, le programme du concours est exactement calé sur celui de terminale : on a choisi pour cet ouvrage de suivre précisément le déroulé du programme présenté au *BOEN* spécial n° 8 du 25 juillet 2019, tout en ajoutant ponctuellement des éléments « traditionnels » des programmes anciens. En effet, **on invitera le candidat à la plus grande prudence** car, dans le passé, certains sujets étaient parfois surprenants pour ceux qui s'en tenaient à une lecture rigoureuse des indications officielles des organisateurs du concours.

On remarquera qu'un examen comme le baccalauréat sanctionne un niveau alors **qu'un concours classe les meilleures copies** : il faut donc produire une copie qui se distingue des autres et qui évitent les erreurs que d'autres commettront... L'analyse de documents est une épreuve technique (voir *la quatrième partie « Méthodologie et conseils »*, p. 327) : le jury attend que le candidat en respecte les règles, ce qui lui assure en retour un minimum de points. Un entraînement tout au long de l'année est nécessaire. Le sujet zéro proposé par les organisateurs reprend le thème de la Chine dans les relations internationales du sujet de 2019 et l'année 2022 a fourni un premier sujet portant sur la politique de l'État français durant la Seconde Guerre mondiale.

VOICI LES SUJETS DES ANNÉES PRÉCÉDENTES :

2022 : La politique de l'État français durant la Seconde Guerre mondiale
2020-2021 : pas de concours.
Sujet 2019 : La République populaire de Chine, une puissance diplomatique et militaire (de 1945 à nos jours).
Sujet 2018 : L'expansion du communisme dans le monde (1945-1979).
Sujet 2017 : Les États-Unis et le monde depuis 1945.
Sujet 2016 : La France face aux événements d'Algérie (1945-1962).
Sujet 2015 : Tensions et conflits au Proche et Moyen-Orient durant la guerre froide (1948-1989).
Sujet 2014 : La puissance diplomatique de la France dans le monde de 1958 à 2007.
Sujet 2013 : La démocratie en Europe de 1945 aux années 2000.
Sujet 2012 : Les États-Unis d'Amérique et l'Europe de l'Ouest de 1945 à 1989.
Sujet 2011 : La France et la construction européenne 1957-1992.
Sujet 2010 : La IVe République, un bilan négatif ?
Sujet 2009 : La France et la fin des empires coloniaux.
Sujet 2008 : Les « Trente Glorieuses » dans l'histoire économique et sociale de la France contemporaine

---

Les annales sont téléchargeables à l'adresse : http://www.reseau-scpo.fr/-annales-1a-.

Bien se préparer tout au long de l'année

Le concours suppose que les connaissances de terminale soient bien acquises grâce à un apprentissage régulier : il est évident que ce qui est effectué en cours ne constitue qu'une base. La préparation au concours des IEP exige un **travail personnel** très consistant. Plus tôt le candidat commencera, plus il sera armé.

Extrait du rapport du jury 2019 : conseils et préconisations

« Le bachotage passif n'assure pas spécialement la réussite. S'il convient de lire, de faire des fiches, de maîtriser un ensemble de connaissances, il faut toujours les rapporter précisément aux sujets et aux problématiques spécifiques liées à ces sujets. S'il est nécessaire de bien dominer les thèmes ou programmes, sont attendus des candidats faisant preuve de recul critique, de curiosité intellectuelle et, sur le monde qui les entoure, d'engagement personnel ».

L'analyse de documents ne doit surtout **pas se limiter à de la paraphrase** : elle consiste à « démonter » le document pour en identifier les enjeux. Les **connaissances et l'entraînement** acquis dans les mois qui précèdent doivent le permettre : traiter régulièrement des sujets, sous la forme de plans détaillés ou intégralement rédigés, est indispensable non seulement pour acquérir la méthode mais aussi pour assimiler la masse de connaissances requises. Des **QCM** et des **tests de révision** sont également proposés dans ce but. Le candidat veillera à se constituer une **batterie d'exemples**, c'est-à-dire un lexique de notions assimilées et mises en relation entre elles, ainsi que des faits ou documents qui pourront servir de point de comparaison, **donnant du relief à l'analyse pour « critiquer » le document**.

Si ce n'est pas le cœur de la préparation, il est également utile de parcourir régulièrement des **revues d'histoire généralistes**, dont la plus utile pour les concours est *L'Histoire* (ou, à défaut, son site Internet), ainsi que les rayons « Histoire » d'une bonne librairie. C'est le meilleur moyen d'avoir en tête les sujets porteurs et les questionnements actuels, ce qui peut permettre d'améliorer une introduction, une conclusion ou de mieux articuler deux idées. Le manuel propose des encadrés « **repères historiographiques** » : le candidat ne peut pas maîtriser les débats historiographiques riches sur ce programme mais une initiation l'aidera à mieux **jauger l'apport et les limites** d'un document.

La qualité de la réflexion est généralement plus grande quand elle est nourrie par le plaisir éprouvé pour l'activité : la **préparation au concours doit être stimulante** même si elle est exigeante ! C'est l'occasion de lire et de regarder des émissions, des films voire des expositions. L'image du mot « culture » rappelle une évidence : comme une plante, la culture du candidat a besoin de nourriture, qui ne peut se limiter à de sèches fiches de révision.

PARTIE 2

Tout le cours

THÈME 1

Fragilités des démocraties, totalitarismes et Seconde Guerre mondiale (1929-1945)

CHAPITRE 1

L'impact de la crise de 1929 : déséquilibres économiques et sociaux

FICHE 1

Les causes de la crise de 1929

La crise de 1929 fut brutale et, pour beaucoup, inattendue : pourtant elle a bien des causes profondes que les contemporains n'ont pas perçues ou n'ont pas voulu voir. C'est souvent le cas des crises financières, à chaque fois, les gens se persuadent que *Cette fois, c'est différent…*, comme l'ont démontré les économistes Carmen M. Reinhart et Kenneth S. Rogoff dans leur ouvrage ainsi intitulé et paru en 2009 lors de la crise des *subprimes*.

L'ESSENTIEL EN DATES

- **août 1927** : la Fed abaisse son taux d'escompte à 3,5 %.
- **4 mars 1929** : *investiture* de Herbert Hoover comme président des États-Unis.
- **24 octobre 1929** : « Jeudi noir ».
- **4 mars 1933** : investiture de Franklin D. Roosevelt comme président des États-Unis.
- **1936** : Parution de l'ouvrage *Théorie générale de l'emploi, de l'intérêt et de la monnaie* de John Maynard Keynes.

1. Une crise soudaine et inattendue

Les témoignages selon lesquels les contemporains ont été globalement stupéfaits de la crise abondent : même Keynes, en août 1928, s'étonne de voir la Fed relever ses taux ! Toutefois l'écrivain **Paul Claudel**, ambassadeur de France à Washington de 1927 à 1933, note le 30 mai 1928 : « la domination du marché financier par New York est probablement appelée dans l'avenir à déchaîner quelques ouragans… » (Paul Claudel, ambassadeur de France à Washington, *La Crise. Amérique 1927-1932. Correspondance diplomatique*, Métailié, 2009.)

A. Croissance et prospérité

La décennie 1920 s'ouvre par une **courte mais sévère crise économique de 1920 à 1921** : il s'agit de difficultés à réadapter l'économie de guerre aux conditions de paix et aux besoins de la reconstruction mais aussi d'un blocage des paiements internationaux qui freine les commandes européennes, entraîne des stocks aux États-Unis, ainsi qu'une baisse de production et des prix, donc des profits, et une hausse du chômage. L'épisode révèle des déséquilibres entre l'offre et la demande ainsi qu'entre les secteurs, et une tendance à répondre par le protectionnisme, lourds de conséquences... En 1922, à la **conférence de Gênes**, un système monétaire international dit de ***Gold Exchange Standard*** s'instaure autour des monnaies de premier rang, le dollar, la livre sterling et le franc, convertibles en or. Les monnaies de second rang deviennent convertibles en celles de premier rang.

La décennie présente ensuite une croissance brillante qui lui vaut le surnom de « ***roaring twenties*** » ou « les vingt rugissantes », que les Français appellent plutôt **« les années folles »**. C'est le cas aux États-Unis mais aussi largement en Europe où l'*American way of life* commence à se diffuser, tout comme le taylorisme et le fordisme, à commencer par le **secteur automobile** avec Renault et Citroën, ou Berliet pour les camions en agglomération lyonnaise. Les nouveaux matériaux comme le caoutchouc, l'aluminium, le plexiglas ouvrent de nouvelles perspectives. Même si le charbon représente encore 75 % de la consommation énergétique, le **pétrole et l'électricité** montent en puissance. La production de masse pousse à la **concentration**, avec les *Konzerne* allemands, comme IG Farben, ou le géant Du Pont de Nemours aux États-Unis. Des **gains de productivités** (+ 30 % en moyenne dans les pays les plus avancés) permettent une **croissance intensive** tandis que les services se développent, entraînés par la croissance industrielle. Le développement de l'automobile, la production triplant aux États-Unis de 1919 à 1929, fait naître les guides Michelin avec carte routière, indication des pompes à essence, des curiosités à visiter et des lieux où dormir.

Repère Crise économique

Issu du vocabulaire médical, le terme de « crise » désigne classiquement un retournement brutal de la conjoncture économique, c'est-à-dire des éléments formant le cadre à l'activité économique, entraînant un déséquilibre économique entre l'offre et la demande et une contraction de l'activité économique. Le terme tend à être utilisé pour la période plus longue qui la suit.

B. Des signes inquiétants

Dans le tourbillon de la modernité, des signes inquiétants sont bien présents mais le caractère momentané de leur manifestation empêche qu'ils servent d'avertisseurs : au contraire, on croit que le problème est surmonté et qu'une crise ne peut plus survenir. **Deux récessions légères** se produisent avant 1929 aux États-Unis. En 1924, la production industrielle baisse pendant cinq mois, le chômage monte, comme les prix de gros mais, à la fin de l'année, cela s'inverse. La deuxième fois est plus durable : la récession s'étend d'octobre 1926 à décembre 1927, la Bourse baisse, la demande en acier ralentit, la production automobile aussi, les prix agricoles chutent à cause de la surproduction, mais, là encore, en janvier 1928 tout repart : les Américains ont confiance dans le système.

Pourtant les déséquilibres sont là. La **croissance est inégalement répartie** entre secteurs modernes et secteurs traditionnels, le **commerce international est déséquilibré** en faveur des États-Unis, qui appliquent des taux protectionnistes (38 % *ad valorem*) avant la venue de la crise et dont les banques fournissent aux Européens la monnaie pour régler les échanges. Dès 1928, les banques américaines réduisent leurs prêts aux Européens, entraînant des tensions sur les échanges. Comme les salaires réels stagnent, la **consommation de masse se développe grâce au crédit** : 85 % des meubles sont ainsi achetés aux États-Unis, tout comme 75 % des machines à laver. Lors du retournement de conjoncture, cette dépendance au crédit se révèle dramatique. Dans les entreprises, à partir de 1925, une part croissante des bénéfices n'est pas réinvestie mais utilisée pour la spéculation boursière.

Repère **Dépression, contraction, récession**

La dépression est une phase de la conjoncture économique marquée par une tendance à la baisse de la production et des prix, une croissance négative du PNB réel par tête, et par une hausse du chômage. On parle de Grande dépression pour la période de 1873-1896 et pour 1929-1939. Elle est appelée aussi contraction. La récession est un ralentissement de l'activité économique. Aujourd'hui, le terme est employé quand on observe un recul du PIB pendant au moins deux trimestres consécutifs.

La Première Guerre mondiale a transformé l'Europe, autrefois créancière du monde, en débitrice. Pour y faire face, elle tend à mener une politique d'argent facile, source d'**inflation**, qui privilégie la spéculation et gonfle artificiellement les résultats de la production. Ce mécanisme conduit régulièrement à des **crises monétaires**, comme en Allemagne en 1923 mais aussi, même si c'est à un moindre degré, en France avec la crise du franc de 1928. En **août 1927**, Français et Britanniques obtiennent de la banque fédérale américaine ou *Federal Reserve Bank* (la « **Fed** ») une **baisse des taux d'escompte de 4 % à 3,5 %** pour soulager l'économie européenne.

Repère **Escompte et politique monétaire**

L'escompte est l'opération par laquelle une banque verse au porteur d'un effet de commerce (chèque, traite, etc.) non échu le montant de celui-ci diminué du « taux d'escompte » et de frais divers. En un sens plus large, le taux d'escompte est l'un des outils de la politique monétaire. Augmenter ce taux tend à diminuer la masse monétaire en circulation et à freiner l'activité et l'inflation ; le baisser peut stimuler l'activité en facilitant l'accès aux liquidités. L'efficacité de ces actions sur l'activité ou sur la masse monétaire et sur le rôle précis de la monnaie sont sujets de débat entre économistes.

La baisse de 1927 est considérée depuis comme l'événement qui a déréglé le marché boursier, favorisant la spéculation hasardeuse en empruntant à faible coût pour jouer en Bourse alors que les cours doublent de 1926 à 1929, bien plus que la croissance économique. Cette situation nourrit une « **orgie spéculative incontrôlée** », selon le banquier Paul Moritz Warburg, dépeinte par l'historien de l'époque, Frederick Lewis Allen, dans *Only Yesterday* (1931), avec un succès immense : chauffeur de riche, valet de courtier ou infirmière diplômée s'enrichissent comme jamais lors de « coups » boursiers réalisés grâce aux « tuyaux » glanés ici ou là… Certes, la Fed tente ensuite de freiner la spéculation en remontant ses taux, à 4 % en février 1928, à 5 % en août suivant, puis à 6 % en 1929, mais il est trop tard pour freiner la **bulle spéculative**.

C. Le krach de Wall Street

Au début de novembre 1929, les cours boursiers perdent 10 % mais, si les premiers doutes apparaissent, on veut croire encore à une situation sous contrôle. Tout change le jeudi 24 octobre 1929, « Jeudi noir », avec **près de 13 millions de titres échangés**, soit plus du triple du volume habituel. Toutefois, le premier jour « noir », les grandes banques amortissent le choc en achetant massivement. Le mardi 29, 16 millions de titres sont mis sur le marché, les cours plongent, les banques sont impuissantes. **Les « *call loans* »,** qui ont nourri la spéculation, se retournent contre leurs souscripteurs. Ces prêts au jour le jour permettent d'emprunter avec un dépôt de garantie limité à 10 % du besoin de financement : quand celui-ci est en actions et que le prix des actions baisse, les débiteurs doivent effectuer un versement supplémentaire ou « appel de marge » pour compenser la dépréciation. Faute de liquidités, les actions sont alors automatiquement mises sur le marché, contribuant à l'effondrement… Ce rôle du crédit a été qualifié de « **levier maléfique** » par John Kenneth Galbraith dans une *Brève histoire de l'euphorie financière* en 1990, peu après la crise boursière de 1987.

La légende veut que les financiers se suicident en masse face à leur ruine : les chiffres ne témoignent d'aucun phénomène de masse de ce genre. En revanche, ce krach est le premier à être filmé : les actualités cinématographiques diffusent l'image de courtiers au visage défait, scrutant les tableaux de cotation…

Document essentiel

John Kenneth Galbraith, *La crise économique de 1929*

John Kenneth Galbraith (1908-2006) est un économiste hétérodoxe, adversaire de Milton Friedman et de la politique de dérégulation de Ronald Reagan. Partisan de F. D. Roosevelt dans les années 1930, il rédige son analyse de la crise de 1929 à la demande d'Arthur Meier Schlesinger Sr. qui travaillait à l'écriture d'une biographie de Roosevelt, et la publie en 1955. Sous-titré « Anatomie d'une catastrophe financière », l'ouvrage s'attache particulièrement au rôle de la crise financière.

« Le jeudi 24 octobre est la première des journées que l'histoire – telle qu'on l'a écrite sur le sujet – identifie avec la panique de 1929. C'est à la lumière du désordre, de la frayeur et de la confusion qu'elle mérite d'être ainsi considérée. Ce jour-là, 12 894 650 parts changèrent de main, beaucoup d'entre elles à des prix qui brisèrent les rêves et les espoirs de ceux qui les possédaient. De tous les mystères de la Bourse, il n'en est pas de si impénétrables que la raison pour laquelle il existe un acheteur pour quiconque veut vendre. Le 24 octobre 1929 montra que ce qui est mystérieux n'est pas inévitable. Souvent, il n'y eut pas d'acheteurs, et c'est seulement après de nombreuses chutes verticales qu'il se trouva des gens pour faire une offre d'achat ».

Éditions Payot, 2008, p. 157-158.

2. De la crise à la Grande dépression

Les premiers mois de la crise peuvent faire croire à un choc plus léger que celui du début de la décennie, mais rapidement, elle prend une ampleur jamais vue et devient la Grande dépression, référence de l'histoire du capitalisme. Les revenus nets des agriculteurs américains s'effondrent ainsi de 70 % de 1929 à 1933, drame immortalisé par *Les Raisins de la colère* de John Steinbeck (1939). Cette transformation reste largement incomprise des contemporains, ce qui explique l'inefficacité des réponses « classiques », aggravant la situation le plus souvent. Depuis, elle a reçu plusieurs explications qui ont nourri le débat entre économistes.

A. Le multiplicateur de Keynes et le canal de la consommation

En 1936, **John Maynard Keynes** publie la *Théorie générale de l'emploi, de l'intérêt et de la monnaie* qui fournit un premier cadre macroéconomique d'analyse de la crise. Il critique la loi de Jean-Baptiste Say énoncée au début du XIXe siècle selon laquelle « l'offre crée toujours sa propre demande ». Au contraire, le « **multiplicateur de crise** » pousse les ouvriers licenciés des usines d'automobiles à consommer moins, faute de revenu, ce qui réduit les débouchés, l'investissement des entreprises et conduit à de nouveaux licenciements : se met alors en place un nouvel équilibre, de sous-emploi. La consommation est d'autant plus cassée (les biens durables chutent de 50 % de 1929 à 1933 aux États-Unis) qu'elle fonctionnait largement par crédit : ce dernier joue donc le rôle de facteur aggravant. Keynes **critique alors le rôle de l'épargne**, érigée en critère de bonne gestion, alors que, par boutade, il affirme que « sur le long terme, nous serons tous morts ». De cette analyse, il tire la conclusion qu'il faut dissocier consommation et revenu tiré du travail pour éviter que le chômage n'entraîne d'autres licenciements, ce qui suppose une aide provisoire aux chômeurs : c'est la base de l'État-providence.

FIGURE CLÉ **Herbert Hoover (1874-1964)**

Président républicain des États-Unis (1928-1932), il est resté associé à la crise. Les bidonvilles, qui se multiplient dans ce contexte, sont même qualifiés de « hoovervilles ». Il est resté célèbre pour l'affirmation selon laquelle « la reprise est au coin de la rue ». À sa décharge, au début de 1930, les indicateurs baissent moins qu'en 1920 : les prix de gros perdent 9 % contre 37 % en 1920, la production industrielle générale 17 % contre 47 %. Il s'oppose ainsi à l'indemnisation du chômage par peur que les chômeurs ne soient pas disponibles pour la reprise, et n'accepte qu'en cas d'urgence, d'où la distribution des « couvertures Hoover… » Il prend quelques mesures de relance : le maintien des salaires malgré la baisse souhaitée par les patrons, la création d'un fonds pour aider les banques en difficulté et le lancement des grands travaux. C'est le cas du Hoover Dam, dont la construction a commencé en 1931, achevé sous Roosevelt et devenu le symbole du *New Deal*, politique interventionniste. Les mesures qu'il a prises, insuffisantes, ont mécontenté les Américains…

B. Le canal bancaire

Parue en 1963, l'*Histoire monétaire des États-Unis de 1867 à 1960* de **Milton Friedman et Anna Schwartz** privilégie le rôle des **facteurs financiers**. L'effondrement de l'activité met en péril les bilans bancaires, provoquant la panique des déposants. En retirant massivement leurs dépôts, ils poussent à la faillite les banques les plus vulnérables : en quatre ans, **la moitié des banques américaines ferment ou sont absorbées**, tandis que la masse monétaire se réduit d'un tiers. Or, les faillites bancaires privent les débiteurs les plus fragiles de refinancement, causant ainsi de **nouvelles faillites**, paysans, PME ou ménages endettés.

Les autorités monétaires de l'époque ne réagissent pas car les taux sont très bas, entre 1 et 2 % : pour Friedman, c'est là la cause principale du désastre. En 1932, Hoover crée une *Reconstruction Finance Corporation* dotée d'un capital public pour faire des avances aux établissements financiers en difficulté.

Repère La *dept deflation*

En 1933, l'économiste américain Irving Fisher analyse les conséquences de la baisse des prix ou déflation sur la solvabilité des emprunteurs. La valeur de l'activité baisse à deux reprises : une fois par la diminution de la production par les entreprises, une deuxième fois par la baisse des prix face à celle de la demande. Le chiffre d'affaires des entreprises s'effondre d'autant, rendant la dette existante, à montant nominal égal, plus difficile à rembourser. Les plus fragiles font défaut : c'est la *dept deflation*.

C. La Grande dépression

Contrairement aux crises précédentes, celle de 1929 ne disparaît pas en quelques mois mais se généralise à toute l'économie et aux autres pays. Quelques indicateurs donnent la mesure de cette « Grande dépression » qui ne cesse vraiment qu'avec la Seconde Guerre mondiale, qui fait tourner à fond l'appareil industriel américain, « arsenal de la démocratie ».

Document essentiel

La Grande dépression aux États-Unis

Année	1929	1930	1931	1932	1933
Produit national brut (*milliards de $*)	104	91	76	59	56
Chômage (*% de population active*)	3,2	8,7	15,9	23,6	24,9
Investissement (*milliards de $*)	16,2	10,3	5,5	0,9	1,4
Revenus de l'agriculture (*milliards de $*)	11,3	9,1	6,4	4,8	5,5

Source : A. Maddison, Economic Growth in the West, George Allen & Union, 1964.

FICHE 2

Le passage d'une crise américaine à une crise mondiale

La crise de 1929 devient une crise mondiale avec des manifestations particulièrement aiguës qui restent aujourd'hui une référence absolue pour l'analyse économique. C'est aussi parce qu'elle a des conséquences qui dépassent largement le seul domaine économique.

L'ESSENTIEL EN DATES

- **17 juin 1930** : promulgation de la loi Hawley-Smoot Tariff.
- **11 mai 1931** : faillite de la Kreditanstalt autrichienne.
- **21 septembre 1931** : dévaluation de la livre sterling.
- **9 mars – 16 juin 1933** : premier *New Deal*.
- **1er octobre 1936** : dévaluation du franc français.
- **10 novembre 1937** : fondation de l'Estado Novo au Brésil, régime autoritaire de la IIe République portugaise de 1937 à 1974.

1. La Dépression touche le monde entier

« Ils ne mourraient pas tous mais tous étaient frappés » disait La Fontaine à propos de la peste : ce vers est souvent cité pour décrire la contamination de la crise de 1929 au monde entier. Seule l'URSS paraissait épargnée, tant son système économique était particulier. Elle affichait même une production industrielle presque double quand celle des autres chutait...

A. Des caractères communs

Dans la plupart des pays touchés, la crise présente des caractères communs :

- elle est une dépression avec une **contraction généralisée de la production** en volume. La production industrielle baisse de 40 % au niveau mondial en trois ans, de 60 % pour l'acier, celle de l'**automobile** est divisée par trois. Elle repart ponctuellement autour de 1933, dans plusieurs cas mais le redémarrage ne se fait vraiment sentir qu'à partir de 1937-1938 dans le cadre du réarmement ;
- elle est aussi une **déflation**, même si la baisse des prix commence dès 1927, surtout pour les produits agricoles et les matières premières. Elle tourne autour de 20 % aux États-Unis et au Royaume-Uni et de 12 % en France. Elle touche davantage les prix de gros (32 % au Royaume-Uni, 38 % en France, 42 % aux États-Unis). Cette baisse généralisée **réduit le pouvoir d'achat des producteurs** comme des paysans, ou des habitants

des pays neufs exportateurs de produits agricoles ou de matières premières comme le Canada, l'Australie ou la Nouvelle-Zélande, ou ceux d'Amérique Latine, exportateurs de « produits de dessert » (café, cacao) ;
- la crise produit un **chômage massif** même si les évaluations restent imprécises. Dans de nombreux pays, le taux avoisine 15 à 20 % de la population active, avec environ 30 millions à l'échelle mondiale.

Pour analyser la chute de la production ou des revenus, il faut vérifier s'il s'agit de chiffres observés (montant en valeur) ou corrigés du mouvement des prix (montant en volume) : dans le premier cas, la baisse est fortement amplifiée. De plus, Paul Bairoch remarquait qu'il faut nuancer le tableau : la croissance économique de 1929-1939 dans les pays développés (1,1 %) ou pour l'ensemble du monde (0,8 %) est certes le tiers de la période précédente mais atteint ou dépasse les chiffres de la période 1830-1890.

B. L'ébranlement du système monétaire international (SMI)

Le SMI des années 1920 est régulièrement sous pression à cause de la question des **réparations que l'Allemagne doit verser à la France**, celle-ci voulant les lier au remboursement de ses propres dettes envers les États-Unis. La question est à l'origine de **l'hyperinflation** connue par l'Allemagne en 1923, puis fait l'objet du plan Dawes en 1924 et du plan Young en 1929. Enfin, la conférence de Lausanne de 1932 constate la fin du paiement de l'Allemagne, la France en tirant la conclusion qu'elle ne rembourserait plus les Américains, poussant ceux-ci à plus de protectionnisme. De leur côté, les banques américaines ont placé **l'économie allemande littéralement sous perfusion**, ce qui pèse ensuite sur cette dernière. En 1928, pour participer à l'envol boursier, des capitaux sont rapatriés en Amérique, asphyxiant déjà l'Allemagne. En 1930, la situation s'améliore car les investisseurs américains voient dans ce pays un refuge alors que Wall Street s'effondre.

L'année **1931** est celle de la **crise financière internationale** qui frappe successivement **l'Autriche, l'Allemagne et le Royaume-Uni**, mettant fin à l'étalon-change or instauré en 1922. Elle se manifeste par des faillites retentissantes, le 11 mai 1931 celle de la Kreditanstalt, qui gérait 70 % des dépôts autrichiens, puis le 13 juillet celle de la Danat ou Darmstädter und Nationalbank, fragilisée par la faillite de l'entreprise textile Nord Wolle qui avait acheté avec un crédit bancaire de la laine, en escomptant une remontée des cours. On constitue alors un groupe interbancaire allemand solidaire. Le **21 septembre, Londres** annonce la suspension de ses paiements en or... ce qui conduit à spéculer contre le dollar, mais en vain à court terme. En revanche, le dollar cesse d'être convertible le 19 avril 1932.

La France échoue à harmoniser les politiques monétaires lors de la conférence économique et monétaire de Londres (juin-juillet 1933). Avec d'autres pays européens, Belgique, Luxembourg, Pays-Bas, Italie, Suisse, Pologne et Tchécoslovaquie, elle tente de maintenir cette convertibilité en **formant le « bloc-or »** mais sans succès durable. Le **1er octobre 1936**, le Front populaire dévalue le franc de 35 %, puis il devient flottant le **30 juin 1937**, mais il est trop tard pour apporter un avantage compétitif à l'économie du pays.

Les dévaluations se comprennent par rapport à la politique libérale classique, qui voit dans la crise non un excès d'offre mais des prix trop élevés. Pour rééquilibrer la balance des échanges, les pays mènent une politique de déflation : en baissant les prix, les salaires, elle vise à soutenir les exportations. C'est la politique menée notamment par le Japon, le

Royaume-Uni, l'Allemagne, l'Australie, la Nouvelle-Zélande et la France. Son coût social est élevé, suscitant des grèves voire des émeutes et conduisant à la victoire électorale des coalitions opposées à cette voie comme F. D. Roosevelt aux États-Unis en 1932 ou le Front populaire en France en 1936. La dévaluation est une manière de compléter la déflation en réduisant ce coût social, puisqu'elle permet de baisser comparativement le prix des biens exportés pour augmenter celui des importations et inciter à réduire ces dernières. Toutefois, elle n'est efficace que pour les premiers à dévaluer : la dévaluation de la livre sterling permet à la production industrielle de retrouver son niveau d'avant crise en 1934. Pour une part, elle relève de la guerre économique.

C. La contraction du commerce international

La crise produit une série de réactions « en chaîne » de type « dominos » par le canal du commerce international : la déflation aggrave la chute de production industrielle et les échanges, d'où une baisse des prix des matières premières moins recherchées, ce qui conduit les pays producteurs de matières premières à réduire leurs achats de biens manufacturés, provoquant des faillites. On observe alors une **contraction généralisée du commerce international**, qui perd près de 70 % en valeur des échanges entre 75 pays en 1929-1933 suivant une véritable « spirale contractionniste », représentée par un célèbre diagramme en « toile d'araignée » produit par la Société des Nations (SDN). Corrigée de la baisse des prix, la **chute est de 25 % environ en volume**. Lorsque la production industrielle repart vers 1932, les échanges restent inférieurs de 20 % au niveau de 1929 en Europe ou Amérique du Nord, à cause de diverses mesures protectionnistes prises entretemps. Par ailleurs, ces pays sont avantagés par rapport aux pays neufs par les « **termes de l'échange** », c'est-à-dire le rapport entre les prix des biens manufacturés et ceux des matières premières, les premiers l'emportant sur les seconds sur cette période.

La crise conduit les pays à isoler leur économie et lorsque l'activité repart, les échanges ne suivent pas. Les États-Unis lancent le mouvement avec le **Hawley-Smoot Tariff promulgué le 17 juin 1930**, qui taxe lourdement de très nombreux produits (40 % sur le blé), suscitant des représailles de la part des autres pays. Le 20 novembre 1931, le Royaume-Uni adopte **l'*Abnormal Importation Act*** qui prévoit jusqu'à 100 % de droits de douane dans certains cas. Ce **protectionnisme** s'accompagne de la promotion de l'**autarcie**, conduisant à la tentative d'une union douanière germano-autrichienne en 1931, la crise bancaire y faisant renoncer, ou au repli sur les vastes empires coloniaux comme marchés captifs. Le 20 août 1932, les **accords d'Ottawa** instituent une préférence impériale au sein du Commonwealth britannique. La France redéploie ses échanges vers son empire, leur volume double de 1929 à 1936. C'est l'époque des grandes plantations de caoutchouc ou de riz en Indochine. À partir de 1935, l'Italie de Mussolini mène officiellement une politique d'autarcie autour de son empire colonial augmenté de l'Abyssinie et **promeut les ersatz** aux produits importés. Le terme « d'espace vital » du nazisme se comprend aussi dans cette perspective, tout comme le « panisme » de la géopolitique de Karl Haushofer : il s'agit de concevoir des espaces d'une taille suffisante pour fonctionner de manière autonome économiquement.

Pour une part, il n'y a plus vraiment de marché mondial comme en témoignent les grands écarts de prix du blé en décembre 1932 : il est deux fois plus élevé à Milan qu'à Berlin ou à Paris, trois fois plus qu'à Londres aux parités en vigueur.

2. L'Amérique latine bouleversée par la crise

La Grande dépression bouleverse l'Amérique latine, dont le mode de développement est particulièrement sensible aux effets de la crise. La crise sociale qui en découle secoue fortement la vie politique et joue le rôle de matrice au mouvement politique particulier du populisme.

A. La crise remet en cause le cadre des États d'Amérique latine

L'Amérique latine d'entre-deux-guerres est caractérisée par une **économie agro-exportatrice**, source de richesses mais aussi d'inégalités sociales fortes et de dépendance envers les pays riches. Au **Brésil, le café représente 72 % des exportations** en 1929, or, son **cours perd 45 %** entre 1929 et 1932. Ceux du blé et du sucre perdent respectivement 64 % et 67 %, en fait plus du double depuis 1923-1924 car la décennie 1920 est globalement mauvaise pour les prix agricoles. Cette situation a produit des troubles dès décembre 1928 comme en Colombie : plusieurs milliers d'ouvriers agricoles de *l'United Fruit Company* américaine sont abattus par la police dans le « massacre des bananeraies ».

Les produits manufacturés européens tuent l'industrie locale par leur faible prix tandis que la remontée des taux en 1928 pèse sur ces pays qui se sont abondamment endettés auprès des banques américaines. Ils se heurtent à la baisse de consommation des pays industriels et aux barrières tarifaires instaurées par ceux-ci, ce qui empêche le redémarrage des exportations. Si le PNB global retrouve son niveau de 1929 en 1934, après un recul de 14 %, les **exportations ne remontent qu'à moins de 86 % du niveau initial** après avoir perdu 27 %. L'accumulation des stocks invendus est telle que le Brésil en vient à brûler son café, mêlé à du goudron, dans ses locomotives... La paralysie du commerce mondial pousse plusieurs de ces pays vers le développement original d'une **industrie nationale de substitution aux importations**, servant plus tard de modèle aux autres pays du Tiers-monde.

B. La matrice du populisme

La Grande dépression remet en cause l'économie d'agro-exportation mais également l'oligarchie économique qui en tirait profit et la plupart des pays du continent connaissent alors des **coups d'État** aboutissant à un régime autoritaire ou à une dictature. En Argentine, un coup d'État inaugure la « décennie infâme » ou « *década infame* » en 1930, la même année, le général Trujillo s'impose en République dominicaine et un régime autoritaire s'installe en 1934 en Équateur. À Cuba, la crise touche de plein fouet une économie mono productrice de canne à sucre et de tabac : le général Machado est renversé par une grève générale et la « révolte des sergents » du 4 septembre 1933, d'où émerge Fulgencio Battista, qui dirige le pays jusqu'en 1959. En 1934, Lázaro Cárdenas s'impose au Mexique et mène une politique de réforme agraire tout en nationalisant la Pelmex qui exploite le pétrole du pays pour reprendre la main sur la richesse nationale.

Repère Le populisme

Le terme apparaît en Russie, où les « populistes » ou « *narodniki* » des années 1850 défendent une révolution fondée sur les communautés paysannes. À partir des années 1930, plusieurs pays adoptent ce modèle. Il partage des éléments avec le fascisme comme la rhétorique nationaliste, les manifestations d'enthousiasme, la mise en avant d'un chef charismatique, l'antiparlementarisme et l'antilibéralisme. En revanche, il en diffère par l'absence de parti unique, d'idéologie de l'homme nouveau et de la guerre d'expansion. Il est un mouvement anti-élitiste prétendant s'appuyer sur l'adhésion des masses, mise en scène dans les villes.

Ces bouleversements forgent un nouveau modèle politique qualifié de « populisme », qui caractérise l'Amérique latine pour plusieurs décennies. Pour la décennie 1930, il est incarné principalement par **Getúlio Vargas** (1882-1954) **au Brésil**. Grand éleveur de bétail du sud, il prend le pouvoir à la faveur d'un coup d'État baptisé « révolution de 1930 » contre une république oligarchique. Il s'appuie sur les masses ouvrières et met en place une législation qui leur est favorable pour contrer les communistes. En 1937, après la tentative de coup d'État de ces derniers, il instaure un « **Estado Novo** », directement inspiré du régime corporatiste de Mussolini. En 1945, il quitte le pouvoir mais est réélu en 1951.

Le populisme s'efforce de **développer un « capitalisme national »** comme moyen de « rendre le pays au peuple ». Il devient alors un dirigisme étatique antilibéral quand il oriente la production industrielle et prend des décisions à la place des entreprises. En Argentine, le ministre des Finances et de l'Agriculture Federico Pinedo met ainsi en place une économie dirigiste. Il prend une couleur sociale quand il « octroie » un salaire minimum, un congé maternité et des congés payés comme au Brésil.

3. Les États-Unis, modèle de remède ?

Lieu de déclenchement de la crise, d'où elle se répand à travers toute la planète, les États-Unis sont aussi le lieu d'expérimentation d'une nouvelle politique, partiellement nourrie des analyses de John Maynard Keynes et inspirant d'autres mesures prises ensuite en Europe.

A. Le premier New Deal

Le *New Deal* ou « nouvelle donne » est devenu le symbole des politiques de relance anti-crise : il ne faut pas le surévaluer. D'une part, Hoover a déjà pris plusieurs mesures, mais elles sont restées limitées en envergure et ont eu peu d'effet. D'autre part, le *New Deal* est **d'abord un slogan électoral** lancé par F. D. Roosevelt le 2 juillet 1932 comme candidat démocrate face au président républicain sortant Herbert Hoover : « *a new deal for the American people* ». Il n'a, à cette date, aucun contenu précis et se veut davantage une **méthode pragmatique**. Son entourage comprend des « *planers* » ou « planificateurs », qui prônent des réformes structurelles, et des « *spenders* », ou « conjoncturistes », favorables à un fort soutien au pouvoir d'achat pour écouler les produits invendus. Si Roosevelt a rencontré Keynes en 1934, l'œuvre de ce dernier ne date que de 1936 et si ses réflexions exercent une influence, le rôle qu'il attribue au déficit budgétaire est loin de convaincre le nouveau président américain. Le *New Deal* a été qualifié de keynésien largement après coup.

Le *New Deal* comprend **16 lois votées en « cent jours »**, du 6 mars au 16 juin 1933, amplifiant des mesures prises par Hoover. **L'*Agricultural Adjustment Act*** (*AAA*) cherche à faire remonter les prix agricoles pour restaurer le niveau de vie des *farmers*, victimes de la crise : on organise une baisse de certaines productions et on vient en aide aux agriculteurs défaillants. La ***Tennessee Valley Authority* (*TVA*)** comprend une ambitieuse rénovation d'une zone rurale frappée par la crise et la construction de centrales hydroélectriques régulant le fleuve et fournissant l'énergie pour attirer des industries. Enfin le ***National Industrial Recovery Act* (NIRA)** pose un cadre de coopération entre l'État et les entreprises, notamment pour limiter la concurrence au sein d'une même branche et enrayer la chute des prix : cela va à l'encontre de la tradition américaine de lutte anti-trust. De plus, un salaire minimum est garanti et les syndicats reconnus. Les entreprises qui coopèrent sont montrées en exemple avec un logo représentant un aigle bleu accompagné de la mention « *we do our part* », attribué par la *National Recovery Administration* (*NRA*) chargée de l'application de cette législation.

FIGURE CLÉ **Franklin Delano Roosevelt (1882-1945)**

Apparenté au Président Theodore Roosevelt, il mène une carrière politique au parti démocrate malgré sa paralysie partielle due à la poliomyélite qu'il a contractée en 1921. Sa lutte contre la maladie apparaît comme le symbole de son volontarisme. Gouverneur de l'État de New York depuis 1928, il a montré sa capacité à lutter contre le chômage. En 1932, il est élu Président des États-Unis. Face à la crise, il lance une politique audacieuse dite de *New Deal*. Après avoir contourné l'opposition isolationniste, il engage son pays dans la guerre à la suite de Pearl Harbor en 1941. En 1945, sa priorité est la victoire et la mise en place d'institutions internationales pour construire la paix, ce qui l'amène à des concessions envers Staline. Il meurt d'une crise cardiaque le 12 avril 1945, quatre jours après le suicide d'Hitler. Son Vice-Président, Truman, lui succède aussitôt.

B. Une politique qui s'adapte

D'un côté, plusieurs indicateurs témoignent d'une **amélioration entre 1933 et 1935** : le PNB regagne un tiers de ce qui a été perdu depuis 1929, la production industrielle 58 % et le salaire horaire ouvrier remonte au niveau de 1929. De l'autre, le ***New Deal* est fortement critiqué** : revigorés par celui-ci, les **syndicats** dénoncent les concessions faites au patronat, qui crie au dirigisme. Dans certains États, le **populisme** gagne en audience comme en Louisiane où le gouverneur **Huey Pierce Long**, quoique démocrate, met en place un gouvernement inspiré de Mussolini, défendant préférence nationale et suprémacisme blanc. D'abord soutien de Roosevelt, le **Père Coughlin**, curé à Détroit qui rencontre un immense succès par ses sermons radiodiffusés, dénonce désormais la politique de *New Deal*. Dominée par les républicains, la **Cour suprême censure** le *NIRA* le 27 mai 1935 et l'*AAA* le 6 janvier 1936 avec l'argument que le pouvoir fédéral a outrepassé ses droits constitutionnels : toute la législation est à refaire.

Pour contrer cette opposition, Roosevelt s'appuie sur les « *spenders* » et met en œuvre une relance par le budget qui annonce un État-providence. En août 1935, le ***Social Security Act*** instaure un système d'assurance contre le chômage, la vieillesse et l'invalidité, proclamant des droits sociaux de l'individu. La lutte contre le chômage est prise directement en charge par une nouvelle *Work Progress Administration* tandis que la *National Youth Administration* donne des tâches intellectuelles à 750 000 jeunes diplômés sans travail. En tout, ce sont 10 millions de chômeurs qui sont mobilisés par l'État. Les dispositions du NIRA sont étendues par la **loi Wagner de 1935** ou ***National Labor Relations Act* (*NLRA*)** dont le paragraphe 7 légalise l'existence des syndicats et prévoit l'élection de délégués du personnel pour discuter avec le patronat. En novembre 1936, Roosevelt est triomphalement réélu. En 1937, les indicateurs montrent une amélioration de la situation, partiellement de retour au niveau de 1929 mais avec encore 7,5 millions de chômeurs : soucieux de réduire le déficit et inquiet d'un retour d'inflation, le gouvernement coupe brutalement ses dépenses, faisant replonger l'économie. L'année **1938** voit donc un **« troisième *New Deal* », nettement marqué par Keynes**, avec des dépenses budgétaires élevées, une législation du travail favorable aux hausses de salaire et un contrôle plus strict des entreprises.

C. Quel bilan ?

Le bilan du *New Deal* ne se limite pas à des indicateurs économiques, qui témoignent d'une indéniable **stabilisation de la situation économique** en 1939 et non d'un retour aux niveaux de 1929, que seule la production de guerre assure. En revanche, il apporte des **gains qualitatifs** utiles pour la suite. Les **infrastructures** ont été profondément améliorées : la vallée du Tennessee aménagée, les campagnes davantage électrifiées, les routes et les ports modernisés. La population active est moins agricole et davantage tertiaire. En une décennie, la **productivité a progressé de 22 %**.

Plus largement, le *New Deal* a permis de **réconcilier les Américains avec eux-mêmes** et passe pour une révolution pacifique. Il a réintégré dans la communauté nationale les victimes de la crise, *farmers* (agriculteurs), chômeurs, invalides, à l'inverse de ces « *Bonus Army marchers* » vétérans de la première guerre mondiale qui réclamaient en juillet 1932 le versement de la légère augmentation de leur maigre pension votée en 1924 et sur lesquels tire l'armée à Washington. Cette politique a aussi opéré un **nouvel équilibre des pouvoirs entre le Président et la Cour suprême**, qui a fini par valider le *New Deal* sous la menace d'une réforme de la Cour par Roosevelt. Le **pouvoir fédéral se renforce** et acquiert une légitimité à agir dans le domaine économique.

FICHE 3

L'émergence d'un chômage de masse

La Grande dépression des années 1930 a marqué les populations par le chômage de masse. Non seulement, cela a constitué une épreuve matérielle et morale profondément douloureuse, mais le pacte social de plusieurs pays en a été bouleversé de manière dramatique, en France mais surtout en Allemagne, facilitant l'arrivée au pouvoir de Hitler.

L'ESSENTIEL EN DATES

- **30 mars 1930 – 30 mai 1932** : Heinrich Brüning chancelier allemand.
- **Février 1932** : pic du chômage en Allemagne avec 6,128 millions de chômeurs.
- **7 mars 1932** : « marche de la faim » à Dearborn, près de Detroit.
- **30 janvier 1933** : Adolf Hitler chancelier.
- **Mars 1933** : 11-12 millions de chômeurs aux États-Unis.
- **nuit du 7 au 8 juin 1936** : accords Matignon.

1. Un chômage d'une ampleur sans précédent

La notion de chômage apparaît à la fin du XIXe siècle mais l'ampleur que prend ce phénomène caractérise la Grande dépression et marque la mémoire des pays touchés.

A. Des chiffres inédits

Les chiffres du chômage ont marqué les contemporains et pourtant ils sont souvent partiels, sous-évalués et rarement généralisables. La plupart de ceux qui sont évoqués aujourd'hui sont des réévaluations postérieures car les pays manquaient alors d'outils statistiques pour mesurer cette nouvelle réalité. Les **définitions sont souvent restrictives** : on compte souvent ceux qui ont perdu leur emploi, non ceux qui en cherchent un, surtout un premier emploi. Les taux les plus élevés parfois cités (30 %) concernent des situations locales ou propre à telle branche productive : un **taux de 15 % est déjà très élevé** à une époque où la population active rurale est encore très présente et ne connaît pas vraiment le chômage, mais peut vivre dans la misère… La masse des **11 à 12 millions de chômeurs américains**, en mars 1933, a marqué les contemporains, dans un pays qui compte alors 126 millions d'habitants.

Pour la première fois, la **montée forte n'est pas suivie d'une décrue symétrique** : le taux minimum aux États-Unis, en 1936, équivaut au maximum de la crise de 1921. Le Royaume-Uni avait connu un chômage élevé malgré la croissance des années vingt : cette situation se généralise. Au-delà des chiffres généraux, la situation connaît

d'importantes disparités, d'abord entre les régions rurales, moins touchées, et les régions industrielles d'un même pays (sauf aux États-Unis à cause du *Dust Bowl*, tempête de poussière en partie due à la surexploitation des sols pour compenser la baisse des cours). Ensuite, des métiers sont plus touchés que d'autres : en Allemagne, en 1932, les taux sont particulièrement élevés dans la chimie, la métallurgie, la charpente. Enfin, il faut ajouter la **baisse des salaires** et le **chômage partiel** qui n'est pas mesuré mais dont il y a des indices : de 1929 à 1933, aux États-Unis, les gains horaires baissent de 20 % et les gains hebdomadaires de 45 %.

B. Vivre le chômage

Des études ponctuelles ont été menées à l'époque pour décrire le quotidien de ces masses de chômeurs, tandis que des œuvres littéraires ont laissé des témoignages, la plus célèbre étant *Les Raisins de la colère* de John Steinbeck, parue en 1939 et portée à l'écran l'année suivante : il y dépeint **l'errance des paysans** ruinés de l'Oklahoma, cherchant du travail en Californie. La **photographe Dorothea Lange** a laissé de multiples clichés des souffrances des populations, telle la célèbre *Migrant Mother* de 1936, lorsqu'elle sillonne le pays pour le compte de Roosevelt et pour vérifier les effets de sa politique. Ceux qui doivent quitter leur logement, ne pouvant plus payer le loyer, vont peupler les **bidonvilles** (« Humpies » en Australie ou « Hoovervilles » aux États-Unis), qui se multiplient, ou vont errer le long des voies ferrées, en quête de travail.

Globalement, les chômeurs ne mangent plus de viande, mais beaucoup plus de farine. Les dépenses vestimentaires sont nettement sacrifiées tandis que des **dépenses non essentielles** voient leur part augmenter, thé et bonbons chez les Britanniques, vin et café en France. Les chômeurs dépensent aussi pour des paris ou des places de cinéma, ce qui leur redonne un peu d'espoir.

Repère **Le cinéma et les chômeurs**

Les chômeurs vont au cinéma, qui leur procure un peu d'oubli et d'espoir. Aux États-Unis, un billet coûte environ une heure de salaire (c'est le cas jusqu'aux années 1980). Dans *Les Temps modernes* de 1936, pour son dernier film muet, Charlie Chaplin prend leur parti avec une certaine tendresse. En 1933, avec *Les Trois petits cochons*, Walt Disney réussit à faire de la chanson *Who's afraid of the Big Bad Wolf* un refrain anti-crise repris par tous. En 1934, pour *Blanche-Neige et les sept nains*, qui sort trois ans plus tard, il lance un concours de gags en offrant 5 dollars à ceux dont les idées seront retenues.

La masse des chômeurs laisse aux autres un sort moins difficile. Le patronat tend ainsi à licencier rapidement plutôt que de baisser les salaires et d'affronter ensuite des revendications, ce qui contribue à la résistance à la baisse d'une partie des salaires et revenus nominaux. Puisque les prix baissent, **une partie de la population voit même son pouvoir d'achat augmenter**. C'est aussi un effet paradoxal mais bien réel de la crise, qui explique que la consommation et l'épargne baissent relativement peu.

Au-delà des conditions matérielles, les masses de chômeurs expérimentent aussi une **souffrance morale intense**. L'absence de décrue de même ampleur que la montée nourrit le sentiment de l'absence de perspectives face à une crise qui n'en finit pas. L'isolement social progresse, avec la honte de se montrer, puis le désespoir, parfois le suicide. Ce spectacle nourrit le **pessimisme culturel chez les élites** : Paul Valéry et Henri Bergson décrivent l'impuissance de l'homme face au monde tandis que Georges Duhamel craint de voir l'avenir de l'Europe dans les États-Unis évoqués par *Scènes de la vie future* paru en 1930. L'ouvrage inspire Céline pour les chapitres américains du *Voyage au bout de la nuit* (1932).

Le chômage de masse déstabilise profondément les sociétés. Il y a relativement peu de mouvements sociaux spécifiques aux chômeurs, hormis les « **marches de la faim** », au Royaume-Uni, en novembre 1932, ou à Lille et à Paris en novembre-décembre 1933. Celle de Dearborn, près de Detroit, le 7 mars 1932, alors que Ford vient de licencier les trois-quarts de ses effectifs, est dispersée dans le sang.

2. La France face au chômage

La mesure du chômage en France est très lacunaire pour les années 1930 et sous-évalue le phénomène. L'échec des mesures classiques à le maîtriser conduit à l'expérience du Front populaire.

A. L'échec des réponses classiques

La France est **touchée plus tardivement** par la crise, en 1931. Un an plus tôt, André Tardieu peut encore croire qu'elle constitue « un îlot de prospérité dans un monde en crise ». Elle est moins intégrée au commerce international, avec des PME qui vendent sur le marché national. Dans un premier temps, les secteurs innovants (automobile, aluminium, industries chimiques) continuent de progresser, tandis que les branches anciennes voient leur production baisser, avec un total de 30 % pour l'industrie cette première année. La dévaluation de la livre sterling en septembre **renchérit comparativement le franc**, à quoi s'ajoutent les mesures protectionnistes des autres pays : la France n'exporte plus. **L'archaïsme de ses structures** l'a d'abord protégée : elle l'empêche de rebondir en 1935 comme d'autres pays, car ses produits ne sont pas concurrentiels.

Par erreur d'analyse, les **gouvernements s'attaquent aux conséquences de la crise** (déficits commercial et budgétaire) et non à ses causes, ce qui nécessiterait de moderniser les structures productives. Les analyses économiques voient dans le chômage le résultat d'un dérèglement du marché du travail, en particulier de la résistance à la baisse des salaires : pour le britannique **Arthur Cecil Pigou**, dans la *Théorie du chômage* de 1933, qui inspire largement les hommes politiques, le « **chômage involontaire** » est impossible structurellement et sa manifestation n'a pas une cause isolée mais résulte d'un dysfonctionnement général. En 1931, **Jacques Rueff** écrit aussi un article « L'assurance-chômage, cause du chômage permanent », hostile à toute assistance.

Les gouvernements relèvent les **taxes douanières** sur les pays qui ont dévalué pour compenser, **luttent contre la surproduction agricole** pour faire remonter les prix, quitte à arracher de la vigne et à transformer du vin en alcool, interdisent la création de nouvelles entreprises industrielles et surtout la **déflation**. Le sommet est atteint en 1935 avec les **décrets-lois de Pierre Laval** qui réduisent toutes les dépenses de l'État de 10 %, y compris le traitement des fonctionnaires. On cherche aussi à soutenir le « travail français » en renvoyant une partie des immigrés. Ces mesures ne font que peser sur le marché intérieur mais n'empêchent pas la perte d'un million d'emplois de 1931 à 1936. Signe d'une sous-évaluation du chômage, celui-ci n'augmenterait que de 500 000 chômeurs parallèlement. Les jeunes en quête d'emploi ou les plus âgés dans le même cas ne sont pas comptabilisés. Le film *La Belle Équipe* (1936) de Julien Duvivier dépeint le poids de la vie de chômeurs.

Repère **Les décrets-lois**

Les décrets-lois sont une délégation du pouvoir législatif à l'exécutif pour une prise de décision plus rapide, généralement dans un contexte sous contrainte, comme lors de la Première Guerre mondiale ou face à la crise économique. Ils sont également une manière de contourner la paralysie du parlement : le recours de plus en plus fréquent à cet expédient dans les années 1930 traduit ce dysfonctionnement. Le principe a été repris par les ordonnances sous la Ve République.

B. L'expérience du Front populaire

Avec le slogan « pain, paix, liberté », l'alliance électorale des communistes, socialistes et radicaux remporte les législatives des 26 avril et 3 mai 1936 et un gouvernement de Front populaire présidé par Léon Blum est investi le 6 juin 1936, suscitant l'espoir d'une nouvelle réponse à la crise.

Parallèlement, plus de deux millions de travailleurs se sont mis en grève, non pour préparer la révolution, comme l'affirme le patronat affolé par les occupations d'usine, condamnées par Blum comme acte révolutionnaire, mais pour « relever la tête » selon la philosophe Simone Weil, proche du milieu ouvrier. De fait, on a parlé de « **grèves joyeuses** », où l'on danse et s'amuse sur un lieu de travail que l'on s'est approprié.

Le **7 juin, à l'Hôtel Matignon**, devenu récemment la résidence de la présidence du Conseil, Blum réunit la CGT et le patronat pour signer des accords qui donnent aux ouvriers une **augmentation de salaire de 7 à 15 %**, reconnaissent le droit syndical dans l'entreprise et la pratique des conventions collectives. Il faut toutefois l'autorité de Maurice Thorez pour mettre fin au mouvement social, avec la formule devenue célèbre « il faut savoir terminer une grève dès que la satisfaction a été obtenue ». Ces accords tentent une **politique de relance par la consommation**, ce que complètent deux lois instituant **quinze jours de congés payés** pour les salariés et la **semaine de 40 heures**. Pour réguler les prix du blé est créé un Office national interprofessionnel du blé (ONIB), la Banque de France voit sa gouvernance démocratisée dans les textes (mais sans effet en réalité) et les industries d'armement sont nationalisées.

C. Quelle efficacité ?

Sur le plan strictement économique, le bilan est limité. L'hostilité des milieux financiers nourrit la **fuite des capitaux** vers la Suisse, ce qui pèse sur le franc. Sa **dévaluation** le 1er octobre est trop tardive pour gagner en compétitivité face aux autres pays. Les augmentations de salaires et les dépenses de réarmement relancent **l'inflation**, qui annule les hausses de salaire en trois mois. Le **chômage ne reflue pas**. En février 1937, Blum doit **proclamer « la pause »**. Le patronat n'a pas joué le jeu, les classes moyennes sont déçues, ce qu'expriment les radicaux, tandis que les communistes veulent plus. La guerre d'Espagne pèse sur la vie politique : Blum est contraint à la neutralité malgré sa sympathie pour les Républicains. Le réarmement, au contraire de ce que l'accusera Vichy, pèse sur le budget et les nécessités de production viendront limiter les mesures sociales. En avril 1938, **Édouard Daladier** forme un gouvernement pour « remettre la France au travail ». Par décrets-lois, son ministre des Finances **Paul Reynaud** reprend la politique d'économies budgétaires, d'alourdissement fiscal et la loi sur les 40 heures est assouplie pour l'industrie d'armement. En 1939, la production industrielle globale reste inférieure de 10 à 20 % du niveau de 1929.

En revanche, le Front populaire insuffle un **esprit nouveau** et redonne espoir de sortir de la crise. Il a manifesté la tentative d'intégrer à la République les ouvriers qui « campaient à ses portes » selon Blum. Les accords Matignon sont restés une référence pour ce mouvement mais inaugurent aussi la prise en charge par l'État des rapports sociaux, ce qui n'incite pas à la négociation entre partenaires sociaux.

3. Le chômage déstabilise la République de Weimar

La « République de Weimar » a été un âge d'or de la social-démocratie allemande, avec une série de mesures en faveur des ouvriers. Le 3 octobre 1929 meurt le chancelier Gustav Stresemann, qui a incarné cette période sans être social-démocrate lui-même ; le *24 Wall Street* s'effondre. Les contemporains ont vu dans cette concomitance le basculement vers la fin de la République. La crise provoque un chômage de masse qui nourrit le ressentiment à son égard au profit des communistes et des nazis, qui, dans les faits, conjuguent leurs forces pour abattre le régime.

Repère **La République de Weimar**

Le 9 novembre 1918, peu après l'abdication de l'empereur Guillaume II de Hohenzollern, Philipp Scheidemann proclame la « République », deux heures plus tard le social-démocrate Karl Liebknecht (social-démocrate « spartakiste » fondateur du parti communiste KPD avec Rosa Luxemburg en décembre suivant) déclare une « République socialiste libre ». Le débat entre les deux projets est tranché par la répression sanglante de la révolution « spartakiste » à Berlin en janvier 1919. D'un refus que la révolution politique se prolonge en révolution sociale naît la « République de Weimar », dont la Constitution est promulguée le 11 août 1919 et dont le nom vient de la petite ville qui abrite provisoirement les institutions, fuyant les troubles de la capitale impériale. La constitution associe parlementarisme et pouvoir présidentiel fort, dans une synthèse qui a des points communs avec la Ve République française. L'accession de Hitler à la chancellerie le 30 janvier 1933, appuyé sur une majorité parlementaire, en marque classiquement la fin. On notera que la République est fédérale, composée de *Länder*, et que l'unité nationale continue de s'exprimer par le qualificatif « impérial » (*Reichs-*) comme en témoignent le « *Reichspräsident* » (chef d'État), « *Reichskanzler* » (chancelier) ou « *Reichstag* » (parlement) malgré l'abolition de l'empire. Jusque-là, l'Allemagne n'a été unie que comme empire.

A. Chômage de masse et république sociale

La République de Weimar réalise une œuvre sociale qui la singularise en Europe. À côté d'un ambitieux programme de logement pour les ouvriers et d'une politique culturelle originale en leur direction, le système social mis en place par Bismarck dans la décennie 1880 est complété. Pour mettre en œuvre les articles 161 et 163 de la Constitution de 1919, la **loi du 16 juillet 1927** crée ainsi un **Institut du *Reich* pour le placement et l'assurance chômage**, seule une aide communale existant alors. Financée par une cotisation plafonnée à 3 % du salaire et payée à moitié par l'employeur et à moitié par le salarié, une allocation peut être versée pendant 26 semaines à ceux qui ont travaillé au moins 26 semaines auparavant, ce qui exclut les jeunes n'ayant pas encore travaillé. Ceux n'y ayant plus droit peuvent toucher une « allocation de crise », puis une aide sociale communale. Le système est **conçu pour aider de 800 000 à 1,4 million de chômeurs**, mais la crise aboutissant à des chiffres bien plus élevés, la charge est insupportable pour l'État.

En 1929, les chômeurs secourus sont déjà **1,9 million mais le nombre triple d'ici 1932** : 3 millions en 1930, 4,52 millions en 1931, un **pic de 6,128 millions en février 1932**, puis une légère décrue à 4,8 millions en 1933. Le chômage passe ainsi **de 6 % à 17 % de la population active totale**. Les chiffres passant de 8,6 % à 43,8 % ne portent pas sur toute la population : ils sont en partie une extrapolation à partir de la population syndiquée, mais ils montrent que le chômage apparaissant dans les statistiques n'est qu'une partie du phénomène. En 1932, seulement 30 % des syndiqués travaillent à temps plein, 22,6 % à temps partiel, les autres sont au chômage. À cela s'ajoute le découragement d'une partie des chômeurs qui ne cherche plus d'emploi : de 1929 à 1932, il y a 2 millions d'actifs en moins. Les jeunes sont particulièrement touchés : les moins de 25 ans représentent deux tiers des chômeurs à Berlin.

FIGURE CLÉ **Heinrich Brüning (1885-1970)**

Fils d'un marchand de vin et de vinaigre de Münster, Heinrich Brüning suit des études de droit, où il rencontre Robert Schuman, puis d'économie. Il se distingue comme officier d'une « section de tireurs d'élite à la mitrailleuse » sur le front occidental, ce qui lui vaut, plus tard, l'estime de Hindenburg. Antifrançais mais anglophile, opposé à la révolution qui met fin à l'empire en novembre 1918, il siège comme député au Reichstag au parti chrétien-démocrate du *Zentrum* de 1924 à 1933. Il y est spécialisé dans les questions financières, avant de présider son groupe à partir de 1925. Du 30 mars 1930 au 30 mai 1932, il est chancelier et mène une politique déflationniste qui lui vaut le surnom de « chancelier de la faim » (*Hungerkanzler*). Il s'engage en faveur de la réélection de Hindenburg à la présidence du *Reich* mais est poussé à démissionner peu après. À partir de 1934, il vit au Royaume-Uni et aux États-Unis et enseigne les sciences politiques à Oxford et Harvard jusqu'en 1951. Après un retour en RFA où il enseigne et soutient la CDU, il se retire aux États-Unis, ne se reconnaissant plus dans son pays.

B. Heinrich Brüning, « chancelier de la faim »

Le budget allemand est en déficit dès l'année fiscale 1926-1927 et l'Allemagne peine à emprunter à l'étranger. Le retrait des fonds américains, pour nourrir la spéculation boursière, asphyxie l'économie du pays. Cette situation pèse sur la grande coalition qui réunit les socio-démocrates du SPD, le parti démocrate DDP, le Zentrum et des conservateurs du parti populaire allemand (DVP) autour du chancelier Hermann Müller. Les partis s'opposent sur les choix budgétaires, le SPD refusant de baisser les dépenses, les conservateurs voulant baisser les impôts. La chute du gouvernement conduit le président du Reich Paul von Hindenburg à nommer chancelier Heinrich Brüning le 30 mars 1930 à la tête d'un cabinet de « concentration bourgeoise ». S'il a des soutiens au parlement, le gouvernement est minoritaire et constitue un « **cabinet présidentiel** » comme le permet la Constitution.

L'équation budgétaire reste ardue, alors que le chômage augmente de 50 % en quelques mois, et avec lui les dépenses de l'assurance chômage. Les conservateurs veulent une *poll tax* (*Kopfsteuer*), ce que refuse le SPD. Le 16 juillet 1930, le Reichstag rejette le projet de budget : il est imposé le lendemain par **un « décret d'urgence » selon l'article 48** de la Constitution. Le *Reichstag* parvenant à adopter un projet de loi de modification, Brüning le dissout, toujours suivant l'article 48 : certains voient là la fin du parlementarisme de Weimar. La procédure de « décret d'urgence » (*Notverordnung*) devient la **marque des gouvernements Brüning**.

En septembre 1930, le parti nazi ou NSDAP fait une percée inattendue, passant de 810 000 voix à 6,4 millions, soit 18,3 % des votants. Face à la menace, le SPD « tolère » le gouvernement Brüning pour éviter le chaos. La politique menée vise à **redresser le budget** et les *Länder* sont contraints de faire de même pour le leur. Les dépenses sont comprimées : les **salaires sont baissés** de près de 23 % pour les fonctionnaires, en plusieurs étapes. Les dépenses en faveur du logement sont réduites, les prêts à taux zéro supprimés, **l'allocation-chômage est réduite** et supprimée pour les épouses et les jeunes tandis que la cotisation chômage est relevée progressivement de 3 à 6,5 % du salaire. En 1931, un rapport recommande de lutter contre le chômage avec des travaux publics mais la crise bancaire de juillet ôte tout moyen de financement. Reprenant des suggestions du SPD, Brüning incite ensuite les entreprises à réduire la semaine à 40 heures et baisse les taux d'intérêt mais cette relance, très partielle, n'a qu'un effet très réduit fin 1931. Dans ce contexte, sa politique lui vaut le qualificatif de « chancelier de la faim » et la haine des ouvriers et des chômeurs, pour qui la République a trahi le pacte de 1919.

Les chômeurs n'ont pas de conscience de groupe pour revendiquer mais ils n'ont guère le choix pour survivre que de **se laisser recruter** dans les groupes paramilitaires, par le parti communiste (KPD), dans sa Ligue des combattants du front rouge, ou par les « Sections d'assaut » ou *SA* du parti nazi : les effectifs atteignent 100 000 hommes pour les premiers, plus de 400 000 hommes en 1932 pour les seconds, puis 700 000... La violence se déchaîne dans les rues : le 7 décembre 1931 le gouvernement interdit le port de l'uniforme. La *SA* est proscrite le 13 avril, mais Hitler impose la levée de cette interdiction pour soutenir le gouvernement Papen le 16 juin suivant. Pour les élections de 1932, l'affiche du parti nazi montre une masse noire de chômeurs avec le slogan « Notre dernier espoir, Hitler ». On a longtemps **expliqué l'ascension du nazisme par la montée du chômage** : dans les années 1980, les travaux d'une équipe dirigée par Jürgen W. Falter amènent à nuancer fortement ce lien. Il n'y a pas de corrélation géographique entre les chiffres du chômage et l'électorat nazi, contrairement aux voix pour le KPD, qui résiste. En revanche, les ouvriers sont le premier groupe social au sein des adhérents.

C. Quel bilan de l'action de Brüning ?

Jusqu'à la fin des années 1970, l'action de Brüning est ramenée à sa **politique de déflation, imposée au SPD** pour éviter la montée du nazisme ou la sortie du *Zentrum* de la coalition gouvernementale. On y voyait une **adhésion « bornée » à une orthodoxie dépassée**. Cette politique s'expliquerait aussi par la volonté de Brüning de montrer par sa rigueur budgétaire que les **réparations** imposées à l'Allemagne aggravaient la crise et devaient être supprimées, ce qui est le cas en juillet 1932 à la conférence de Lausanne : le pays n'a payé que 17 % des sommes prévues (mais le solde est remboursé sous conditions aux porteurs jusqu'en 2010 !).

Pour d'autres, la rigueur aurait servi de **prétexte pour rogner l'État social**, pourtant Brüning s'est opposé à plusieurs demandes du patronat et aux baisses des salaires réels. En 1978 et 1979, la controverse a été vive autour de l'historien Knut Borchardt pour lequel le **chancelier n'avait aucune marge de manœuvre** et ne pouvait pas vraiment mener d'autre politique : le chômage aurait donc achevé une République de Weimar bien malade. Avec une crise bancaire en 1931, un plan de relance n'aurait pas empêché le pic de chômeurs de 1932, ni celui des voix du NSDAP. **L'endettement extérieur** élevé de l'Allemagne empêchait toute dévaluation sur le modèle anglais car cela aurait rendu le poids de cette dette définitivement insoutenable.

Pour les uns, Brüning a été le « **fossoyeur** » (*Totengräber*) de la République de Weimar, son budget imposé par la « législation d'urgence » de l'article 48 marquant la fin du parlementarisme ; pour les autres, il en a été le « **dernier rempart** » (*Bollwerk* ou « bastion »), étant renvoyé alors que le reflux commence à se faire sentir.

CHAPITRE 2

Les régimes totalitaires

FICHE 4

La mise en place des totalitarismes

Derrière les modalités pratiques de l'arrivée au pouvoir, par révolution ou par coup de force ou en jouant en apparence le jeu de la démocratie, il y a débat sur la place jouée par des facteurs profonds : quelle est la profondeur historique des racines de l'idéologie, par exemple avec l'historien Zeev Sternhell ? Dans quelle mesure ces régimes sont-ils le fruit d'une « brutalisation » de la société durant la Première Guerre mondiale telle qu'analysée par George Mosse ?

L'ESSENTIEL EN DATES

- **28 octobre 1922** : la « marche sur Rome ».
- **9 novembre 1923** : tentative de putsch de Munich.
- **21 janvier 1924** : mort de Lénine.
- **31 juillet 1932** : NSDAP premier parti au Reichstag avec 37,3 % des voix aux législatives.
- **30 janvier 1933** : Adolf Hitler devient chancelier.
- **2 août 1934** : Adolf Hitler devient *Führer* du IIIe Reich.

Repère **Le totalitarisme**

Le terme de totalitarisme apparaît en Italie dans les années 1920 pour désigner l'emprise du fascisme sur tout le pays. Il est repris et théorisé par Hannah Arendt au lendemain du conflit, dans son ouvrage *Les origines du totalitarisme*, paru en 1951. Ses idées sont ensuite répandues en France par Raymond Aron qui l'analyse à l'aide du concept de « religion séculière » pour montrer comment ces régimes ont pu séduire des masses. Pendant la guerre froide, la notion a été rejetée par les communistes et leurs sympathisants car elle conduit à mettre en parallèle nazisme et communisme, ce qui paraît moralement insupportable et est vu comme un instrument de lutte idéologique contre le camp socialiste. Après la guerre froide, le tabou est brisé, notamment par François Furet dans *Le Passé d'une illusion* en 1995. La notion a aussi nourri la « querelle des historiens » (*Historikerstreit*) en RFA autour d'Ernst Nolte : le parallèle entre ces régimes peut conduire à relativiser le nazisme en lui donnant une forme de rationalité en réponse aux horreurs du stalinisme, en partie antérieures. Aujourd'hui, la notion s'est banalisée et les travaux récents ont réévalué le caractère totalitaire du fascisme italien. On peut lui reprocher de gommer, d'une part, les particularités de chaque régime, d'autre part, leur évolution au cours du temps. C'était particulièrement le cas de la présentation longtemps « canonique » de *Totalitarian Dictatorship and Autocracy* de Carl J. Friedrich et Zbigniew Brzezinski paru en 1956. Emilio Gentile a ainsi souligné l'importance du totalitarisme comme processus, jamais complètement abouti.

1. Le stalinisme : révolution et succession

La révolution russe est un produit direct de la Première Guerre mondiale, dans la mesure où ce sont les échecs militaires de l'armée russe, à la tête de laquelle le tsar Nicolas II a eu l'imprudence de se placer en personne, qui ébranlent le régime et le discrédite. Le communisme soviétique, qui en naît sous l'action de Lénine, évolue ensuite sous Staline.

A. La double révolution russe

En 1917, deux révolutions transforment la Russie d'autocratie tsariste en un régime dit « socialiste soviétique ». En février (mars en calendrier occidental), des manifestations conduisent à l'abdication du tsar et à l'instauration parallèle d'un gouvernement provisoire de type parlementaire, dominé par l'élite bourgeoise et aristocratique, et d'un ensemble de conseils révolutionnaires ou « soviets » comme organe de décision à différents niveaux. Le gouvernement provisoire ayant échoué à redresser la situation militaire, les **bolcheviks** (« majoritaires » au sein des communistes, à l'inverse des mencheviks) prennent le pouvoir à l'instigation de Lénine, rentré d'exil, le 25 octobre 1917 au petit matin (7 novembre 1917 en calendrier occidental). Le nouveau pouvoir ne parvient toutefois à s'imposer définitivement qu'à la suite d'une **guerre civile**, menée par l'Armée rouge organisée par Trotski, par la Tchéka, ou police politique, et par une intense propagande. Le **30 décembre 1922** est fondée **l'Union des Républiques Socialistes Soviétiques** (URSS). L'URSS de Lénine, hormis le culte du chef, a déjà les attributs d'un totalitarisme : un parti unique, une idéologie qui annonce un homme nouveau, l'emploi de la terreur pour éliminer les opposants et transformer radicalement la société.

B. Staline, successeur de Lénine

À la **mort de Lénine, le 21 janvier 1924**, sa succession oppose Léon Trotski, le vainqueur de la guerre contre les Blancs, à Staline, qui ne semble guère avoir d'appui initialement. Les deux s'opposent sur l'organisation du Parti, Trotski voulant exporter la révolution, Staline se limitant au « socialisme dans un seul pays » pour le consolider.

FIGURE CLÉ **Joseph Staline (1878-1953)**

D'origine géorgienne, Joseph Djougachvili a pris le nom de Staline, soit **l'homme « d'acier »** (*stal*). Arrêté plusieurs fois par le régime tsariste, il est commissaire aux nationalités en octobre 1917. À la mort de Lénine, avec lequel les relations sont tendues, il s'impose à la tête de l'État. La ligne se fige en un « **marxisme-léninisme** » que lui seul définit. Le **culte de la personnalité**, les purges et la collectivisation forcée sont les instruments d'un totalitarisme toujours plus intransigeant. Parmi ses titres, le plus important est celui de **secrétaire général du Parti communiste de l'Union soviétique (PCUS), de 1922 à 1952**. Sa paranoïa croissante l'isole de plus en plus : il vit reclus dans sa datcha de Kountsevo et il meurt sans soin, personne n'osant intervenir.

Staline pose les bases de son pouvoir. Sous couvert d'honorer le fondateur du régime, il développe un **culte du chef** en faisant embaumer Lénine et exposer sa dépouille dans un mausolée devant le Kremlin. Il invente le terme de **marxisme-léninisme** en 1924 pour désigner son interprétation du communisme. Le **parti** est pris en main, la Tchéka remodelée en un **OGPU** réorienté pour éliminer les opposants à l'intérieur du parti. En **1929** est déclenché le « **grand tournant** » qui collectivise les terres agricoles et organise l'économie autour du premier plan quinquennal : ceux qui s'y opposent, comme Boukharine ou Zinoviev, sont éliminés à l'occasion de vastes **purges**, tandis que Trotski est banni du pays en 1929 avant d'être assassiné en 1940.

2. Coup de force et révolution légale en Italie

Le fascisme italien est à l'origine du terme de « totalitarisme ». Pourtant, il a conservé la façade d'un cadre légal contrairement à l'URSS et au *Reich*, suscitant le débat pour savoir de quelle manière il se distinguait d'une dictature classique. Sa mise en place a ainsi vu son interprétation évoluer.

FIGURE CLÉ **Benito Mussolini (1883-1945)**

Issu de la petite bourgeoisie et se destinant au métier d'instituteur, Benito Mussolini se distingue au sein du Parti socialiste italien (PSI) par ses qualités d'orateur et de meneur de foule. Après la guerre, il crée le mouvement d'anciens combattants des Faisceaux de combat en 1919, qu'il transforme ensuite en parti, outil d'une conquête du pouvoir. Il dirige l'Italie à partir de 1922. Le 25 juillet 1943, devant les revers militaires, le roi Victor-Emmanuel III le renvoie et le fait arrêter. Un commando allemand le délivre et le Reich le place à la tête d'une « République de Salò », État fantoche qui se distingue par son combat contre les résistants. Mussolini est exécuté le 28 avril 1945 avec ses proches, leurs corps sont exposés à la vindicte populaire pendus par les pieds.

A. Le parti de la force

L'Italie de l'immédiat après-guerre est traversée par **d'importants contrastes**, entre un Nord industriel favorable au protectionnisme et un *Mezzogiorno* agricole pénalisé par ce même protectionnisme, mais aussi entre patrons et grands propriétaires et ouvriers industriels ou agricoles. Les partisans de l'entrée en guerre de l'Italie avaient cru qu'elle règlerait les problèmes internes du pays alors qu'elle les a aggravés : en **1919-1920, grèves et occupations d'usine** font craindre au patronat une révolution avant que des promesses gouvernementales ne permettent un reflux.

De plus, l'espoir que le processus d'unité serait parachevé est partiellement déçu : Wilson refuse d'accorder à l'Italie l'Istrie et la Dalmatie, liées par l'histoire mais non par le peuplement, et même Fiume, de population majoritairement italophone. On dénonce une « **victoire mutilée** ». En septembre 1919, le poète d'Annunzio avec des « *arditi* » (unité spéciale italienne) occupent **Fiume** pour tenter une annexion de fait.

C'est dans ce contexte troublé que Mussolini fonde le **23 mars 1919 les « Faisceaux de combat »** rassemblant des anciens combattants, qu'il transforme en **Parti national fasciste** (PNF) en 1921. Le mouvement passe de 20 000 adhérents en 1920 à 188 000 un an plus tard. Autour de chefs locaux, les « *ras* » de province (du mot « chef » en éthiopien), le mouvement fasciste voit se former des ***squadre*** (escadrons) de « **chemises noires** », soutenus par les milieux industriels, pour réprimer les manifestations à coup de ***manganello*** (gourdin), parfois de révolver, tandis que les bourses du travail sont incendiées. Les opposants au mouvement subissent aussi des lavements à **l'huile de ricin**. Ce mouvement violent se développe sans l'intervention de Mussolini, voire contre sa tentative de liquider l'aspect militaire du PNF.

Repère **Fascisme**

Fascisme dérive de l'italien « *fasci* » ou « faisceaux », utilisé par Mussolini pour son association d'anciens combattants « Faisceaux italiens de combat ». Le terme est déjà utilisé par divers groupes révolutionnaires à la fin du XIXe siècle et renvoie aux faisceaux des licteurs à Rome, fagot de bois lié avec une hache comme symbole de pouvoir. Le 12 décembre 1926, le faisceau devient l'emblème officiel de l'Italie fasciste.

Aux législatives de mai 1921, les élus fascistes ne sont que 32. Pourtant, **la « marche sur Rome »**, le **28 octobre 1922**, de 25 000 « chemises noires » mal armées, conduit, deux jours plus tard, le roi Victor-Emmanuel III à nommer Mussolini président du Conseil, qui n'est pourtant alors qu'un chef de bande. L'épisode a longtemps été perçu comme une soumission de Mussolini au cadre légal : pour Emilio Gentile, c'est aussi la première fois qu'une démocratie parlementaire cède face à un **parti de type « milice »**, décidé à renverser un État libéral par des moyens inconstitutionnels. C'est le début de vingt ans de fascisme italien (1922-1943), période appelée **le « *ventennio* »**.

B. Un légalisme détourné

Derrière la façade d'un gouvernement pluraliste, légalement nommé par le roi, Mussolini **s'assure progressivement le contrôle de l'État** : la grève est interdite, il crée un Grand Conseil du fascisme qui devient le véritable organe de prise de décision, des commissaires politiques surveillent l'administration et la loi électorale est modifiée pour favoriser les fascistes, qui obtiennent 65 % des voix en 1924. En observant l'administration, l'historien Renzo De Felice avait conclu à une « fascisation de parade », les fonctionnaires étant loyaux et sans mise en œuvre de « système des dépouilles ». En examinant les diverses agences paraétatiques, Juan J. Linz a montré, au contraire, un **renouvellement important des hauts dirigeants**, remplacés par des fascistes issus des *squadre*.

Le 10 juin 1924, le **député socialiste Matteoti est assassiné** : après un moment d'hésitation, Mussolini revendique l'acte en janvier 1925 et défend la violence comme méthode de gouvernement. L'année 1925 voit le basculement dans la dictature : Mussolini légifère par décret et n'est plus responsable que devant le roi, l'opposition a interdiction de siéger au parlement et la liberté de la presse supprimée. En **novembre 1926, les « lois fascistissimes »** ou « lois de défense de l'État » font du parti fasciste un parti unique. La police politique OVRA (police politique) est instituée tout comme un tribunal spécial de défense de l'État. En 1928, à côté d'un Sénat sans pouvoir et d'un roi apeuré, la chambre des députés est désignée par le Grand Conseil fasciste à partir d'une liste de 1 000 noms établie par les corporations.

Repère **Un « processus » « interrompu »**

L'écroulement du régime fasciste en 1943, puis en 1945 pour la république de Salò, sans véritable résistance, a longtemps semblé accréditer qu'il n'était qu'une « dictature d'opérette ». Hannah Arendt elle-même n'y voit pas vraiment un totalitarisme. Dans les années 2000, plusieurs ouvrages d'Emilio Gentile ont souligné que la focalisation sur Mussolini a fait oublier des caractères authentiquement totalitaires et il qualifie le fascisme de « voie italienne du totalitarisme ». De plus, le totalitarisme comme nouvelle expérience de domination doit être vu comme un processus. Dans *Régimes totalitaires et autoritaires*, paru en anglais en 1975, l'Américain Juan J. Linz a aussi souligné la dynamique du totalitarisme et propose de voir dans le fascisme italien un « totalitarisme interrompu » (« *arrested totalitarianism* »). Cet aspect dynamique permet aussi de relever des tendances totalitaires dans un régime à dominante autoritaire ou inversement, rendant compte ainsi de « zones grises » entre autoritarisme et totalitarisme.

3. Le nazisme : échec du putsch, succès de la « révolution légale »

Dans un premier temps, la conquête du pouvoir par les fascistes italiens sert de modèle à Hitler mais l'échec du putsch de 1923 conduit à adopter une autre stratégie, qui conserve les apparences de la légalité.

FIGURE CLÉ **Adolf Hitler (1889-1945)**

Né à Braunau am Inn, village autrichien à la frontière avec la Bavière (il est naturalisé allemand en 1932), d'un père douanier, Hitler tente, sans grand succès, une carrière d'artiste peintre à Vienne. Quand la guerre éclate, il s'engage dans l'armée allemande : il transforme après-coup en expérience mystique un aveuglement provisoire lié à une blessure. En 1919, il rejoint le Parti ouvrier allemand (DAP), groupuscule ultranationaliste, qu'il rebaptise en Parti ouvrier allemand national-socialiste (NSDAP) ou « parti nazi » et qu'il dirige à partir de 1921 avec l'aide d'Ernst Roehm. Ce dernier organise la milice paramilitaire des SA ou « chemises brunes ». L'échec du putsch du 9 novembre 1923 le conduit en un emprisonnement allégé, durant lequel il rédige *Mein Kampf*. Appuyé par de grands industriels allemands, mais aussi par l'américain Ford, il parvient à s'imposer et est nommé chancelier le 30 janvier 1933. Son destin se confond alors avec celui de l'Allemagne. Le 20 juillet 1944, il échappe au complot de militaires conservateurs. Espérant toujours un retournement de situation, il reste dans Berlin encerclé par l'Armée rouge et se suicide le 30 avril 1945 après avoir nommé comme successeur l'amiral Karl Dönitz. Son corps est incinéré pour éviter l'humiliation subie par celui de Mussolini.

A. Munich : un échec fécond pour Hitler

Née de la défaite et du projet politique des socio-démocrates, la République de Weimar est honnie par les partisans de l'empire. Comme les combats n'ont pas touché le territoire national sur le front occidental, une partie de la population considère que l'armée n'a pas été vaincue mais trahie par un « **coup de poignard dans le dos** » par les socio-démocrates qui assument le pouvoir provisoire après l'abdication de Guillaume II. L'ancien combattant et alors obscur activiste ultranationaliste Adolf Hitler vitupère les « **criminels de novembre** », les signataires de l'armistice de 1918, qui sont assassinés dans les mois suivants. Des soldats démobilisés et désœuvrés forment des corps-francs (unités irrégulières), qui sauvent la République face aux Spartakistes communistes en janvier 1919 mais certains tentent un **putsch en 1920**.

La République doit ensuite surmonter la crise liée aux réparations à verser à la France : celle-ci en vient à **occuper la région industrielle de la Ruhr en 1923**. La population répond par un mouvement de résistance passive tandis que l'économie sombre dans **l'hyperinflation**, qui ruine de nombreux Allemands. Les ennemis de la République en profitent : d'un côté les communistes tentent un coup d'État en octobre 1923 dans le *Land* de Thuringe, de l'autre Hitler s'associe au général Ludendorff et organise un **putsch à Munich le 9 novembre 1923**. La méthode de la « marche sur Rome » a échoué en Allemagne, un an plus tard : Hitler se convainc qu'il faut en passer par les élections. Emprisonné, il rédige *Mein Kampf*.

Document essentiel

Mein Kampf, produit de l'échec de 1923

Le 1er janvier 2016, l'ouvrage d'Hitler *Mein Kampf* est tombé dans le domaine public selon la législation des droits d'auteur. Ces droits ont été transférés par les Américains à la Bavière en 1945. Alors que le livre était interdit en Allemagne pendant 70 ans, une volumineuse édition critique y a été réalisée par une équipe de 150 historiens tandis qu'une polémique naissait en France autour du projet d'une nouvelle traduction avec appareil critique par les éditions Fayard. Le débat porte principalement sur la dangerosité de l'ouvrage, donc finalement sur son rôle et son statut, mobilisant d'importants concepts de l'historiographie et souligne son évolution, mais aussi les lenteurs à les prendre en compte.

Mein Kampf est directement issu de l'emprisonnement d'Hitler à la suite de l'échec du putsch de 1923 : il n'est pas un programme dont l'écriture était prévue. Les ventes ne décollent qu'à partir de 1930, quand le NSDAP a déjà percé : ce n'est pas le livre qui a séduit mais l'orateur. Dans ce livre de 728 pages apparaît l'obsession d'Hitler pour la race : elle explique tout, est la solution de tout et est le cœur du programme. La France est aussi désignée comme le grand ennemi : l'édition française devait être expurgée des passages les plus virulents, d'où le conseil du maréchal Lyautey à propos de la traduction française publiée en 1934 que « tout Français doit lire ce livre ».

Pour autant, le projet d'extermination des Juifs d'Europe ne figure pas dans le livre : dans les années 1970, les « intentionnalistes » (notamment Andreas Hillgruber, Klaus Hildebrand et Eberhard Jäckel) voyaient dans Hitler l'origine de toutes les décisions, dont *Mein Kampf* aurait été le programme complet. Face à cet « hitlérocentrisme », les « fonctionnalistes » (Martin Broszat et Hans Mommsen) montrent Hitler fixant des objectifs radicaux mais imprécis. Des réseaux de pouvoir, au sein du parti, formant un « polycratie », pratiquent la surenchère pour s'imposer en prétendant réaliser la « volonté du Führer ». Le nazisme fonctionnerait dans une dynamique de « radicalisation cumulative » (Mommsen) : tout n'est pas écrit à l'avance.

B. La conquête du pouvoir : la violence et les urnes

Les réussites de la République de Weimar sont remises en cause par le retrait des capitaux américains au début de 1929, puis par le krach boursier et la crise bancaire de 1931. Soutenu par des grands groupes industriels, le **parti nazi ou NDSAP recrute chez les paysans et les classes moyennes**, plus que chez les ouvriers ou les chômeurs. Il profite de l'inquiétude créée par la crise. En **septembre 1930, il fait une percée électorale** et devient le deuxième groupe au *Reichstag* après le SPD. Parallèlement, sa milice (SA) fait régner la terreur dans la rue et affronte en de violents combats les communistes. L'échec du « putsch de la brasserie de Munich » devient objet d'une commémoration autour du drapeau du parti maculé du sang (*Blutfahne*) de militants tombés sous les balles gouvernementales, véritable relique, manière de prôner la violence tout en respectant l'apparence de la légalité.

Pour la **présidentielle de 1932**, Hitler innove par une campagne à travers l'Allemagne grâce à un avion prêté généreusement par la Lufthansa. Des cartes postales immortalisent le vol en titrant « *Hitler über Deutschland* », avec le double sens de « Hitler survole l'Allemagne » et « Hitler domine l'Allemagne » : ses arrivées sont filmées comme la descente d'un messie venu sauver une Allemagne en péril. Il échoue néanmoins et le maréchal Hindenburg est réélu grâce à son prestige issu de la Première Guerre mondiale. Malgré un léger fléchissement de ses résultats aux législatives du 6 novembre (33,1 % des voix) qui suivent celles du 31 juillet (37,3 %), faute de majorité stable, le NSDAP devient incontournable et Hindenburg doit se résoudre à nommer Hitler chancelier et lui demander de former un **gouvernement le 30 janvier 1933**. Il s'agit d'un cabinet pluraliste, disposant d'une majorité parlementaire contrairement aux gouvernements précédents. Hitler prend soin d'apparaître en costume civil et multiplie les gestes de déférence envers le vieux maréchal.

Cette « prise de pouvoir », *Machtergreifung*, selon le terme allemand, se veut une « **révolution légale** ». Pourtant, en quelques mois, l'Allemagne bascule dans le régime nazi. Dans la nuit du 27 au 28 février, le **bâtiment du Reichstag est incendié** par un communiste néerlandais manipulé par les SA : les dirigeants du KPD sont arrêtés et le **premier camp de concentration** est ouvert à Dachau, près de Munich. Aux législatives du 5 mars, les nazis manquent la majorité absolue (43,9 %). Le 24 mars, le nouveau parlement lui octroie les pleins-pouvoirs. En juillet, le NSDAP est le seul parti légal.

Hitler fait face alors à la volonté de Röhm des SA de mener une « seconde révolution » contre les industriels et l'état-major. Dans la nuit du **29 au 30 juin 1934**, dite **« nuit des longs couteaux »** du nom d'un chant des SA, les chefs de la SA sont assassinés par la milice rivale, la SS : l'assassinat politique devient un mode de gouvernement. Le **2 août 1934**, la mort de Hindenburg permet à Hitler de cumuler les fonctions de « ***Reichsführer*** **et chancelier du Reich** » et de proclamer le IIIe Reich (après le Saint empire 962-1806 et l'Empire allemand 1871-1918).

Repère La « brutalisation » selon George L. Mosse

Dans l'ouvrage *Fallen Soldiers. Reshaping the Memory of the World Wars*, traduit sous le titre *De la Grande Guerre au totalitarisme*, paru initialement en 1990, l'historien américain George L. Mosse (1918-1999) analyse le rôle de la « brutalisation » des sociétés européennes, au sens de « les rendre brutales ». Ce processus a été préparé par un culte de la guerre, développé dans la culture européenne depuis les guerres contre Napoléon Ier, amplifié par l'expérience combattante de la Première Guerre mondiale. Celle-ci deviendrait ainsi la « matrice » des totalitarismes : le combattant y est déshumanisé comme jamais jusque-là, l'économie de guerre est provisoirement étatisée, « l'Union sacrée » justifie le recul des libertés tandis que l'après-guerre est marqué par une culture morbide du souvenir, à laquelle s'ajoute la frustration des populations de pays vaincus ou déçus. On a pu reprocher à Mosse d'oublier que cette même expérience avait aussi produit, à l'inverse, un fort pacifisme, notamment en France. Ses travaux ont toutefois profondément renouvelé l'étude d'une part de la Première Guerre mondiale, d'autre part des totalitarismes. Ce concept vient aussi renforcer l'idée que ces régimes ont pu séduire les populations, recueillant leur élan comparable à la fougue combattante du champ de bataille, ainsi qu'il l'analyse en particulier dans *The Fascist Revolution. Toward a General Theory of Fascism*, en 1999.

All It Uess

FICHE 5

Les totalitarismes en fonctionnement

En mettant en œuvre un programme idéologique, les totalitarismes mettent en œuvre une nouvelle forme de gouvernement.

L'ESSENTIEL EN DATES

- **6 novembre 1926** : loi sur le *confino* en Italie.
- **octobre 1928** : adoption du premier plan quinquennal en URSS.
- **27 juin 1929** : réforme pénale soviétique en faveur du Goulag.
- **22 mars 1933** : premiers déportés à Dachau.
- **24 mars 1933** : Hitler reçoit les pleins pouvoirs pour quatre ans. A
- **29-30 juin 1934** : nuit des longs couteaux.
- **30 juillet 1937** : ordre n° 00447 du NKVD, début de la « Grande terreur ».
- **9-10 novembre 1938** : « nuit de Cristal ».

1. La confiscation du pouvoir politique

Les régimes totalitaires ont en commun avec les dictatures la suppression des libertés politiques et publiques, à laquelle s'ajoute l'utilisation d'un parti unique exerçant son emprise sur la société et organisant le culte du chef porté au niveau de « religion séculière ».

A. La suppression des grandes libertés

Comme les dictatures classiques, les totalitarismes suppriment les grandes libertés politiques et, lorsqu'elles sont conservées en apparence, en réalité elles sont vidées de leur contenu réel. La constitution de l'URSS de 1924 et celle de 1936, qualifiée par Staline de « plus démocratique du monde », affirment les droits des citoyens à l'éducation, au travail, au repos, les grandes libertés, y compris la liberté de conscience et la liberté religieuse, mais leur application leur ôte toute signification. Le fédéralisme officiel, avec droit de sécession, est une coquille vide. En Italie, en revanche, les libertés politiques sont réduites par les « lois fascistissimes » de 1926. I

En Allemagne, l'incendie du Reichstag sert de prétexte à une **législation d'urgence** qui détourne l'article 48 de la Constitution. Signé par Hindenburg, plus entièrement lucide et impressionné par l'événement, le « décret sur la protection du peuple et de l'État » suspend les libertés individuelles. Il permet au *Reich* d'exercer les pleins pouvoirs dans les länder, les atteintes à l'ordre public sont alors passibles de peine de mort. Les **pleins pouvoirs** octroyés A par le *Reichstag* à Hitler le 24 mars lui permettent de légiférer pendant quatre ans sans la collaboration du parlement : la porte est ouverte à la « **mise au pas** » (*Gleichschaltung*) selon la terminologie nazie, résumée par le slogan « *Ein Volk, ein Reich, ein Führer* » (« Un peuple, un empire, un chef »). Cela se traduit notamment par la **fin du fédéralisme**, qui assurait un contrepoids au pouvoir central : le 30 janvier 1934, la « loi sur la reconstitution du Reich » supprime les diètes des länder et transfère toute souveraineté au gouvernement du Reich auquel sont désormais soumis les exécutifs locaux. Peu après, le *Reichsrat* est supprimé. La justice est rendue au nom du « sentiment sain du peuple ».

B. Parti unique

Les trois régimes totalitaires se caractérisent par un parti unique qui contrôle l'État : on parle de parti État. Le Parti communiste d'Union soviétique (**PCUS**) doit **exercer la « dictature du prolétariat »**, période transitoire vers un État « sans classe » selon Karl Marx, permanente sous Staline. Sa structure double celle de l'État, avec des commissaires politiques et un comité central du parti. Le PCUS n'est pas un lieu de débat politique mais une « **courroie de transmission** ». Magnifiée dans le film d'Eisenstein ainsi intitulé en 1929, ***La Ligne générale*** du parti s'impose à tous. Les effectifs (en membres ou membres + candidats) doublent de 1929 à 1933 avant de baisser avec les **purges** ou vagues d'exclusion du parti sous de fausses accusations, souvent accompagnées de déportation ou d'exécution. Même des figures historiques comme Trotski ou Boukharine sont évincées. Les personnes profitant des places libérées par les victimes de celles-ci constituent un soutien sans faille à Staline.

En Italie, Mussolini est loin de maîtriser entièrement le PNF avant 1926. La mise en place du totalitarisme ne se limite pas ensuite à l'action du *Duce* mais inclut **l'expansion du Parti**, en nombre (jusqu'à 3 millions de membres) et surtout en **omniprésence dans l'appareil d'État**, en particulier par l'intermédiaire d'innombrables associations spécialisées (27 millions de membres en 1942). À partir de 1932, il faut en être membre pour accéder à la fonction publique.

En Allemagne, l'appartenance au parti devient obligatoire aux diverses étapes de l'existence. Dans le cadre de la belle ville gothique de **Nuremberg** évoquant un âge d'or idéalisé par le nationalisme allemand et par le discours nazi, dotée d'équipements permettant des rassemblements imposants, les **congrès du NSDAP** sont l'occasion de moments de communion entre Hitler, arrivé du ciel en avion comme un messie, et son peuple, qu'il passe en revue sous toutes les formes. Sorti au début de 1935 à la demande d'Hitler, le film de Leni Riefenstahl *Le Triomphe de la Volonté* a immortalisé celui de 1934. L'historien George L. Mosse a souligné la réelle attraction quasi religieuse exercée par ces **liturgies** qui fournissent plus une expérience esthétique qu'un message de propagande.

C. Culte du chef

Les régimes totalitaires se caractérisent par le culte du chef, qui se manifeste dans la **propagande**, présentant Staline en « petit père des peuples » ou en chef ou « *Vojd* », auquel on adresse des poèmes de remerciement ; Mussolini en *Duce*, à la tête duquel s'identifie la Rome antique et fasciste dans *Portrait aérien de Mussolini en aviateur* d'Alfredo Gauro Ambrosi en 1930 ; Hitler en « porte-drapeau » dans le tableau ainsi intitulé de Hubert Lanzinger en 1938. La communion au chef n'est pas seulement un thème de propagande : elle est au cœur de ces régimes et comporte une part de réelle émotion et fascination ressentie pour le « chef ».

Repère **Un « pouvoir charismatique » selon Ian Kershaw**

Dans son ouvrage *Hitler – Essai sur le charisme en politique* (1991), Ian Kershaw reprend la notion de « pouvoir charismatique » définie par Max Weber. Pour ce dernier, à côté de « l'autorité traditionnelle » des souverains héréditaires et de « l'autorité légale » qui caractérise les systèmes politiques modernes, « l'autorité charismatique » repose sur l'héroïsme et la grandeur qu'un groupe attribue à un « chef » auquel il prête une « mission ». Ian Kershaw y voit un outil pour concilier les « intentionnalistes » et les « fonctionnalistes ». Selon lui, le caractère exceptionnel du nazisme réside bien en Hitler mais peu dans sa biographie personnelle : le cœur du régime se trouverait bien plus dans le charisme exercé par le Führer, faisant que la société allemande a vécu une expérience spéciale à travers cet homme. La salutation « *Heil Hitler* » évoque ce lien physique avec le chef puisque le terme *Heil* évoque à la fois la vie, le soin et le salut spirituel.

Au-delà de l'aspect visuel évident, ces régimes exceptionnels posent la question du rôle réel du chef et de l'articulation avec le fonctionnement concret du régime. Le culte de la personnalité est utile à Staline mais non au PCUS et le « grand tournant » est surtout un grand saut dans l'inconnu, sans programme rationnel. Plus il s'octroie de pouvoir, moins il croit en avoir : Moshe Lewin évoque une **« paranoïa institutionnelle »** qui détruit l'État par les « grandes purges » et explique la désorganisation soviétique face à l'attaque allemande de juin 1941. Piero Melograni a souligné que les **Italiens sont séduits plus par Mussolini que par le fascisme** mais cela n'a pas empêché sa déposition par le Grand conseil fasciste le 25 juillet 1943, deux semaines après le débarquement allié en Sicile. Hitler lui-même doit composer avec la « jungle » de pouvoirs concurrents qu'il a lui-même mis en place et son rôle central désigné par le ***Führerprinzip*** ne signifie pas pouvoir sans limite.

2. Contrôle total des sociétés et oppositions

Le terme de « totalitaire » apparaît chez plusieurs auteurs de l'entre-deux-guerres : il renvoie toujours à un contrôle « total » de la société par l'État. Cela va plus loin que le dirigisme économique ou la censure et s'immisce au cœur du fonctionnement de la société civile. Reste à savoir dans quelle mesure ce contrôle est accepté et effectif derrière la façade de la propagande.

A. L'économie totalement étatisée

Le contrôle « total » de l'économie est au cœur du projet communiste, puisque **l'abolition de la propriété privée des moyens de production** est la condition nécessaire pour rendre au prolétariat l'outil d'enrichissement. Sous Staline, la transformation touche surtout l'agriculture avec la **collectivisation** des terres et la formation forcée des kolkhozes, exploitations en commun, voire de sovkhozes, véritables usines agricoles transformant l'agriculteur en ouvrier salarié. Au libre marché du libéralisme répond l'économie planifiée : en 1929 est lancé le premier **plan quinquennal** soviétique, dont les objectifs sont impératifs et répétés à l'infini par la propagande. La course au rendement est adaptée au système sous la forme du **stakhanovisme** : les ouvriers sont invités à suivre l'exemple de productivité atteint par Andreï Stakhanov le 31 août 1935, au prix d'un trucage dissimulé à l'époque. Pour le fascisme et le nazisme, la Première Guerre mondiale a fourni une première expérience de mobilisation de l'appareil productif tandis que les crises de 1920-1921 et de 1929 semblent remettre en cause partiellement le capitalisme. Comme dans d'autres pays européens se développe le mythe d'une « troisième voie » entre marxisme et capitalisme, intégrant une forme de planification, souvent sectorielle comme le plan de quatre ans de réarmement lancé par Goering en 1936, un dirigisme d'État avec des « batailles du blé » en URSS et Italie (en 1925). Cette dernière voit ainsi en 1933 la création de l'Institut pour la Reconstruction industrielle (IRI) destiné à financer et soutenir le développement de l'industrie, qui a un réel succès.

Au-delà de l'immixtion de l'État dans le fonctionnement de l'économie, **l'outil de production devient un outil de contrôle**. **L'usine** soviétique est un **État miniature**, avec souvent son école, ses services sociaux, voire sa prison. Pour le fascisme, Francesco Piva a montré que la *Poligrafico*, Imprimeries de l'État, connaissait une évolution comparable vers une sorte de « **parti-usine** », avec une double hiérarchie, de l'entreprise et du PNF, et une déformation des rapports internes au personnel à l'aune de la fidélité au parti fasciste. Le nazisme semble moins porté à transformer l'usine mais le remplacement des syndicats par le Front du travail contribue à transformer le **monde du travail en « front »** du combat pour le régime d'une manière comparable. À l'inverse, au cours de la guerre, les camps de concentration et les camps d'extermination empruntent leur organisation au monde de l'usine fordiste pour une productivité du massacre. Certains grands groupes ou *Konzerne* sont de plus en plus impliqués dans le régime comme le montre le cas extrême de l'usine IG Farben : des cadres de l'entreprise sont placés dans l'appareil d'État, les autres adhèrent massivement au NSDAP. L'entreprise emploie des déportés et des requis du Service du travail obligatoire français (STO). Le camp d'**Auschwitz-Monowice** est administré conjointement avec la SS pour produire de l'essence synthétique tandis qu'IG Farben fournit les chambres à gaz en Zyklon B. **Usine et camp se confondent**.

B. L'encadrement

Contrairement à une dictature classique, l'encadrement totalitaire vise à produire un « **homme nouveau** ». Là encore, la guerre de 1914-1918 a préparé le terrain comme l'a montré Emilio Gentile dans *L'Apocalypse de la modernité : la Grande guerre et l'homme nouveau* en 2011 : « l'homme nouveau » est « l'homme martial » dévoué à l'État dont l'avènement s'opère dans les tranchées et le déluge de feu et d'acier. Le stalinisme promeut le « **prolétaire** », *l'Ouvrier et la Kolkhozienne*, comme le groupe de ce nom, sculpté par Vera Moukhina pour le pavillon soviétique de l'Exposition universelle de Paris en 1937. Pour le fascisme, « l'homme italien » ou « **l'homme intégral** » est un conquérant viril, inspiré de l'empire romain, opposé à la « bourgeoisie décadente ». Sa promotion se fait plus raciste à partir de la guerre d'Éthiopie en 1936, l'Italien étant rattaché aux Aryens. Pour le nazisme, reprenant des thèmes *völkisch*, c'est **l'Aryen** mythique, viril et sortant l'épée du fourreau plus que se protégeant d'un bouclier comme *Le Garde* sculpté par Arno Breker en 1940.

Repère ***Völkisch***

Le nazisme a récupéré une partie du *völkisch* même si Hitler ne s'est pas imposé immédiatement à sa tête. Il s'agit d'un mouvement intellectuel apparu à la fin du XIXe siècle, autour d'une adhésion mystique à la notion de *Volk*, terme allemand qui renvoie à la fois à la nation et au peuple. Il implique une communauté non pas politique comme le « peuple souverain » de la Révolution française, mais une communauté de sang avec ses caractéristiques biologiques. C'est un mouvement souvent raciste, antisémite, s'appuyant sur le darwinisme social, dont Hitler a repris des thèmes.

La transformation de la société vers l'idéal de l'homme nouveau, sa « fascisation intégrale » ou sa « mise au pas » (*Gleichschaltung*) selon le terme nazi, nécessite un encadrement multiforme. Les trois régimes mettent en place des **mouvements de jeunesse**, qui se substituent souvent au scoutisme ou à des mouvements locaux, tous rapidement interdits car concurrents. Le communisme a ses « pionniers », auxquels succèdent à 15 ans la « Jeunesse communiste » ou *Komsomol* ; le fascisme ses « Fils de la Louve », puis « Balillas », du nom d'un jeune héros de Gênes ayant chassé les Autrichiens au XVIIIe siècle ; le nazisme ses « Jeunesses hitlériennes » ou *Hitlerjugend* (HJ).

L'encadrement au travail se poursuit dans le **temps des loisirs**, non seulement par la diffusion d'œuvres de propagande mais par la mise en place d'une politique sociale de loisir qui n'est pas sans avoir des échos dans les démocraties occidentales. En Italie, le ***Dopolavoro***, créé en 1925, gère les salles de sport et de spectacle. Elle inspire la « Force par la joie » ou ***Kraft durch Freude*** (KdF) mise en place par le régime nazi. L'institution organise la vie culturelle et sportive mais aussi des voyages comme « cadeau du *Führer* ». De véritables chèques vacances sont institués dans les entreprises et 43 millions d'Allemands peuvent ainsi partir en vacances pour la première fois de leur vie. Elle gère aussi un système d'épargne au sein de l'entreprise pour cofinancer l'achat par les salariés de la « voiture KdF », futur « Coccinelle » de Volkswagen ou « voiture du peuple ».

C. Oppositions et résistances

Les analyses d'Hannah Arendt et de Raymond Aron ont conduit à une compréhension des totalitarismes comme des ensembles monolithiques et figés, imposant avec violence leur loi aux populations : pour l'URSS, on parle « **d'école totalitarienne** ». Outre le reproche de ne pas rendre compte de l'évolution et des dynamiques de ces régimes, deux limites marquent cette vision. La première est qu'une large partie de la population adhère, au moins à un moment donné, au régime, soit dans un mouvement de communion quasi mystique, soit par stratégie d'ascension sociale. C'est la raison pour laquelle George L. Mosse relativise le rôle réel de la propagande. La seconde est l'existence d'oppositions, voire de résistances, en tout cas d'espaces de liberté qui nuancent le caractère « totalitaire » des régimes. Pour l'URSS, « **l'école révisionniste** » relativise ainsi le caractère monolithique du régime. Tentant la synthèse, Nicolas Werth montre qu'il reste des espaces de liberté comme les lopins de terre ou les petites maisons à la campagne (*datcha*). En Allemagne, Martin Broszat et Hans Mommsen ont montré que le quotidien était témoin d'une **large gamme d'attitudes**, de l'enthousiasme délirant à l'opposition résolue : en 1936, refuser de faire le salut nazi lors d'une cérémonie, comme le fait l'ouvrier August Landmesser à Hambourg, est une forme d'opposition. Quant aux résistances actives, elles sont toujours faibles dans la mesure où elles se heurtent au soutien massif de la population au régime, où elles vont contre l'intérêt national à court terme durant la guerre et elles ne reçoivent aucun soutien extérieur. En URSS, elles tendent à être assimilées à la collaboration avec les nazis, en Italie au communisme tandis qu'en Allemagne elles se heurtent à la « guerre totale » menée contre les ennemis du *Reich*.

3. La violence au cœur du totalitarisme

Hannah Arendt a fait de la violence et de la « **désolation** » qu'elle produit la marque de fabrique du totalitarisme. Elle n'est pas seulement un instrument de soumission mais fait pleinement partie de l'expérience totalitaire. Les camps en sont la manifestation géographique : l'individu y est broyé à la racine.

A. La violence comme mode de gouvernement

Annonçant l'avènement d'un homme nouveau, les totalitarismes ont un **fond messianique et apocalyptique**, passant par un combat contre l'ennemi qu'il s'agit d'éliminer de manière radicale. Le communisme comprend la lutte des classes et *L'Internationale* proclame « du passé faisons table rase ». Le bolchevisme privilégie l'action violente et le radicalisme, servant de modèle aux partisans d'autres régimes autoritaires ou totalitaires.

Repère **La Grande terreur en URSS 1937-1938**

Les deux années dites de « Grande terreur » constitue un paroxysme de la répression stalinienne. Elle ne se limite pas à purger le parti des « espions et déviationnistes des agents trotsko-boukharinistes du fascisme », comme le proclame une affiche de propagande montrant un poing rouge étranglant un serpent portant les lunettes de Trotski. Elle touche toute la société avec des « opérations répressives de masses » secrètes. C'est le 31 juillet 1937, avec l'ordre n° 00447 du NKVD, dirigé par Nikolaï Iejov, qu'est lancé le processus. Pour les élites politiques, les condamnations sont prononcées lors des « grands procès » de Moscou, dont le déroulement est minutieusement organisé par le procureur Vychynski. D'août 1937 à novembre 1938 sont exécutées 750 000 personnes et 1,2 million condamnés à dix ans de camp.

Avec le Grand Tournant de Staline, « l'ennemi du peuple » ou « ennemi de classe » est qualifié de « koulak », il s'agit initialement d'un paysan enrichi mais rapidement le terme est accolé à toute personne qui s'oppose ou pourrait s'opposer, voire toute personne que l'on veut éliminer *a priori*. **L'article 58 du Code pénal** permet de condamner tout « acte contre-révolutionnaire » : la « **dékoulakisation** » se fait dans une très grande violence. Le principe des objectifs chiffrés de la planification est appliqué aux arrestations : chaque République de l'URSS se voit fixé un nombre d'arrestations à atteindre. Au Kazakhstan (1,4 million de morts) et surtout en Ukraine, la famine est utilisée pour réduire toute résistance à la collectivisation : en 1932-1933, « l'extermination par la faim » ou « ***holodomor*** » fait plus de 3 millions de victimes. Elle inspire le ***Hungerplan*** nazi visant à affamer les territoires soviétiques occupés par l'armée allemande à partir de 1941 : 3 millions de civils meurent de sous-nutrition.

Fascisme et nazisme déploient aussi la violence contre les **opposants**, notamment les **communistes** : en 1933, l'angoisse du coup de force communiste est réelle en Allemagne car la discipline du KPD et sa milice impressionnent, et c'est donc sur eux que se déchaîne le régime et qui sont les premiers internés de Dachau. Suivent rapidement les **handicapés, les homosexuels** et les **malades mentaux**, victimes de stérilisation forcée voire d'euthanasie au nom de l'eugénisme. Le racisme désigne ensuite les **Juifs** comme cible privilégiée de la violence. En Italie, Mussolini évoque sa « **conversion au racisme** » : **en 1938**, des savants publient un *Manifeste de défense de la race*. En quelques mois, une **législation anti-juive** met au ban de la société 500 000 Italiens juifs. En Allemagne, après la violence économique du **boycott** des magasins juifs de 1933, les **lois de Nuremberg de 1935** mettent en œuvre la violence politique qui prive les Juifs de droits civiques.

Repère La **« nuit de Cristal », 9-10 novembre 1938**

Le 7 novembre 1938, le secrétaire d'ambassade d'Allemagne à Paris Ernst vom Rath est assassiné par Herschel Grynszpan, un Juif d'origine polonaise. Dans la nuit du 9 au 10 novembre, des émeutes antijuives éclatent en Allemagne et dans l'Autriche annexée, présentées par le régime comme des réactions spontanées. Les destructions matérielles, notamment des vitrines de magasins tenus par des Juifs expliquent le terme de « nuit de Cristal », auquel les historiens allemands préfèrent celui de « nuit du pogrom du Reich », en référence aux pogroms ou « dévastations » souvent organisées par les autorités en Russie. À côté des pertes matérielles, 30 000 Juifs sont arrêtés et envoyés en camp de concentration, 80 000 s'exilent dans les mois qui suivent. Outre le paiement d'une amende en « expiation des dégâts occasionnés », leurs biens sont « aryanisés », c'est-à-dire confisqués.

B. Des administrations spécifiques

Les régimes totalitaires ont mis en place des **polices politiques ou polices secrètes** qui sont l'instrument privilégié de la violence. En URSS, c'est la Tchéka de 1917, transformée en GPU (Guépéou) en 1923, puis NKVD (Commissariat du peuple aux Affaires intérieures) en 1934, qui arrêtent, torturent, exécutent. Le fascisme institue en 1927 **l'OVRA** (Organisation de vigilance et de répression de l'antifascisme) qui traque les opposants jusqu'à l'étranger, tels les frères Rosselli assassinés en France en 1937. Fondée en 1923 comme une garde personnelle, la **SS** ou « échelon de protection » (*Schutzstaffel*) reçoit dès le départ une mission de surveillance policière à l'encontre de la SA. En 1931, Reinhard Heydrich crée en son sein un Service de sécurité (SD), base de la **Gestapo** ou Police secrète d'État créée en 1933 par Hermann Göring. En 1934, Heinrich Himmler prend la tête des polices secrètes des länder et les regroupe au niveau central, tandis que la SA disparaît avec la « Nuit des longs couteaux ». Durant la guerre, la SS devient un véritable État dans l'État, avec sa propre armée, la *Waffen-SS*. Après l'attentat de 1944, Hitler ne s'appuie plus que sur elle, se méfiant de l'armée.

C. Le système concentrationnaire

Repère Goulag

Acronyme de *Glavnoïé Oupravlénié LAGuéreï* ou « Direction principale des camps », le terme de « Goulag » apparaît en 1930 et désigne par extension l'ensemble du système concentrationnaire soviétique. Le terme est popularisé par l'œuvre de Soljenitsyne, *L'Archipel du Goulag*. Les détenus sont appelés « ZK » ou zeks.

Les régimes totalitaires mettent en place tout un système concentrationnaire. Le terme de « **camp de concentration** » est popularisé par David Rousset, ancien déporté en Allemagne, qui tente d'alerter sur les camps soviétiques en 1946-1949. Inventé dans les années 1870, le **barbelé** devient le symbole de leur clôture, pouvant être électrifiée. Si le camp de concentration apparaît du côté britannique lors de la guerre des Boers et chez les Espagnols à Cuba, ce sont le Goulag et les camps nazis qui ajoutent le **mirador de clôture**, qui devient le symbole du système concentrationnaire. La **faim** est communément une arme pour affaiblir, voire anéantir la population emprisonnée. Affaibli par un **travail épuisant** et souvent inutile, par le **froid** dû au climat et à des vêtements insuffisants, voire à la nudité, l'organisme ne reçoit qu'une nourriture, infecte, source de maladie comme le scorbut ou la pellagre. Diverses formes de violence, plus ou moins sadiques, viennent s'ajouter au quotidien des camps.

Repère **Goulag et « querelle des historiens »**

Le 6 juin 1986, dans un article du *Frankfurter Allgemeine Zeitung*, Ernst Nolte pose la question provocante : « L'Archipel du Goulag n'a-t-il pas été antérieur à Auschwitz ? ». De fait, le Goulag joue le rôle de précurseur pour le système concentrationnaire. En faisant du nazisme une réponse au Goulag et une imitation de ses crimes, il ouvre la « querelle des historiens » qui secoue l'Allemagne : peut-on comparer nazisme et stalinisme sans banaliser le premier, se demande Jürgen Habermas ?

En Russie soviétique, les *Konzlager*, terme directement repris de l'allemand, apparaissent dès 1918 et sont gérés par la Tchéka. Comparables à des camps d'internement classiques, les bolcheviks ajoutent l'internement arbitraire « d'otages », relevant des catégories classées comme « socialement dangereuses ». Parallèlement sont expérimentés, très tôt également, des « camps de travail correctif », reprenant une tradition tsariste. À partir de 1923, les premiers sont démantelés tandis qu'est expérimenté le camp « à destination spéciale » visant les « contre-révolutionnaires » dans le **monastère des Solovki**, dans le grand Nord. On y expérimente « l'équation mortifère de l'univers concentrationnaire soviétique : quantité de travail fourni = quantité de nourriture » (Nicolas Werth). On teste aussi l'utilisation économique des détenus, « loués » à des entreprises étatiques d'exploitation forestière.

Le 27 juin 1929, la réforme pénale change la donne : toute personne condamnée à plus de trois ans (puis un an) de prison est transférée dans un « camp de travail correctif », le Goulag : il s'agit de coloniser de vastes régions pour réaliser le plan quinquennal. Autour des camps, dont les détenus (19 millions de 1929 à 1953) ont été condamnés individuellement, les « **villages de peuplement spécial** » abritent 6 millions (sur la même période) de « déplacés spéciaux », déportés collectivement pour leur appartenance sociale ou ethnique. **Un Soviétique sur six (25 millions) est donc passé au Goulag** sous Staline en une génération… Parmi eux, seulement 20 % au titre de « l'article 58 » pour opposition réelle ou fantasmée : à côté des droits communs (10 %), près des trois-quarts n'ont rien fait ou tout juste chaparder pour survivre. Le travail fourni est souvent inutile économiquement, qualifié de ***toufta*** ou gâchis par les détenus, qui travaillent comme des esclaves, sans outils véritables : Varlam Chalamov a parlé d'un retour à « **l'âge de la brouette** ». Selon l'ouvrage de Soljenitsyne, *L'Archipel du Goulag* comprend plusieurs pôles « goulaguiens » : le chantier du canal reliant mer Blanche et Baltique (12 000 morts sur 120 000 détenus), la région aurifère de la Kolyma (150 000 morts sur 900 000 détenus), le complexe du Norillag où la température atteint –50 °C. Une multitude de camps plus restreints complètent l'ensemble, enfermant un maximum de 5,5 millions de Soviétiques en 1950.

Le fascisme italien n'a pas développé un système de camps comparable. La **loi du 6 novembre 1926** organise le « ***confino*** », relégation de toute personne « suspecte » sur des îles désertes ou délaissées, dans des conditions terribles, dans des « prisons à ciel ouvert » comme à Favignana, Ustica, Lampedusa, Pantelleria, dans les mines de sel des îles Lipari dites « bagnes de feu », ou sur l'île de Ventotene, où est signé par les opposants communistes le « manifeste de Ventotene » en 1941 appelant à réaliser l'Europe après-guerre. Des **colonies de travail agricole** sont créées comme à Pisticci, dans le sud de la Botte. Au total, la déportation des opposants reste numériquement limitée, **12 330 personnes de 1926 à 1943**. D'autres camps sont ouverts durant la guerre, comme à Renicci di Anghiari dans les Apennins, où sont passés 10 000 déportés de Yougoslavie, ainsi que plusieurs camps de transit pour les Juifs.

Le système concentrationnaire nazi est marqué par une évolution permanente avec la montée en puissance de l'extermination dans le courant de la guerre. Avant 1939, **un million d'opposants** sont enfermés dans des camps comme **Dachau, Sachsenhausen, Buchenwald** ou, en Autriche annexée, **Mauthausen**, où le travail dans les carrières de granit est clairement destiné à l'extermination. **Ravensbrück** est réservé aux femmes.

FIGURE CLÉ **Margarete Buber-Neumann (1901-1989)**

Le destin de Margarete Buber-Neumann illustre les rêves suscités par les idéologies et les destins brisés par la logique totalitaire. Admiratrice de Rosa Luxemburg, Margarete Thüring allemande, divorcée de Rafael Buber, vit en couple avec Heinz Neumann, l'un des leaders du KPD. Ce dernier s'oppose à la tactique de Staline rejetant socialistes et nazis. En 1935, le couple se réfugie en URSS où il est ensuite arrêté. En 1938, elle est déportée dans un camp près de Karaganda, au Kazakhstan. En 1940, Margarete Buber-Neumann est livrée aux Allemands avec d'autres communistes par Staline et internée à Ravensbrück. En avril 1945, elle rejoint les lignes américaines. Après la guerre, elle est l'incarnation vivante de la comparaison entre le système concentrationnaire soviétique et celui du nazisme, en précisant qu'elle n'est ni polonaise, ni juive mais communiste.

FICHE 6

Des régimes qui bouleversent l'ordre européen

L'entre-deux-guerres voit se développer des régimes nouveaux, autour d'une idéologie, d'un chef charismatique, et d'une volonté d'exercer un contrôle « total » sur la société. S'il reste d'abord peu employé, le terme de « totalitarisme » est alors forgé pour les désigner et les différencier d'autres dictatures qui se mettent en place à la même époque. Par la séduction quasi religieuse qu'ils exercent sur les populations meurtries par la Première Guerre mondiale et par une crise sans précédent, ces régimes bouleversent l'ordre européen.

L'ESSENTIEL EN DATES

- **7 mars 1936** : remilitarisation de la Rhénanie.
- **17 juillet 1936** : soulèvement des troupes espagnoles au Maroc.
- **12 mars 1938** : *Anschluss*.
- **29-30 septembre 1938** : conférence de Munich.
- **15 mars 1939** : proclamation du Protectorat de Bohême-Moravie.
- **23 août 1939** : pacte germano-soviétique.
- **1er septembre 1939** : invasion de la Pologne par l'Allemagne.

1. 1936-1938 : les interventions étrangères dans la guerre civile espagnole, géopolitique des totalitarismes

D'abord guerre civile, la guerre d'Espagne est ensuite internationalisée. Elle révèle les limites de la « sécurité collective » que voulait organiser les artisans de la SDN (Société des Nations) et le pays devient le terrain d'entraînement pour les armées.

A. La guerre civile

Le **16 février 1936, les législatives** sont remportées par le **Front populaire** ou *Frente Popular*, formé à l'été 1935 par la Gauche républicaine, le Parti socialiste ouvrier espagnol (PSOE), le Parti ouvrier d'unification marxiste (POUM, anti-stalinien, accusé de trotskisme), le Parti communiste espagnol (PCE) et l'Union générale des travailleurs (UGT). Manuel Azaña devient président de la République. Cette victoire est rejetée par les conservateurs et le **17 juillet 1936**, les régiments stationnés au Maroc se soulèvent. Les « nationalistes » l'emportent rapidement dans l'ouest et le nord du pays mais échouent ailleurs, notamment à Madrid et Barcelone. L'armée y reste loyale à la IIe République, fondée en 1931, qui dispose donc d'un certain ancrage dans la population. Franco prend la tête du « gouvernement de Burgos » et obtient le soutien de l'Église catholique espagnole, qui appelle à la « croisade » face aux massacres de religieux perpétrés par les « républicains » (7 114 religieux exécutés).

FIGURE CLÉ **Francisco Franco (1892-1975)**

Militaire distingué pour son courage et sa discipline, il devient général à 34 ans et dirige l'Académie militaire de Saragosse. Le gouvernement républicain le nomme chef d'État-major général en 1935. Écarté par le Front populaire, il ne rallie pas immédiatement le complot de l'Union militaire, composée d'officiers hostiles à la République, mais prend la tête des insurgés au Maroc le 17 juillet 1936. La mort accidentelle du général Sanjurjo, organisateur du *pronunciamento*, et l'échec de ce dernier dans les grandes villes propulsent Franco à la tête des insurgés. Soutenu par Mussolini et Hitler, il parvient à s'imposer et devient chef de l'État, « Caudillo » d'Espagne. Après une période de « national-corporatisme » de style fasciste, autour du mouvement politique dit « la Phalange », le régime évolue en 1956 vers un régime autoritaire technocratique. En 1969, il désigne Juan Carlos Ier comme son successeur.

Le gouvernement de Francisco Largo Caballero peine à limiter les divergences au sein des « républicains » et mène des réformes sociales radicales avec la collectivisation : ceci permet aux franquistes de jouer sur la peur de la révolution. En 1937, les nationalistes prennent l'avantage mais les **combats se poursuivent jusqu'au 1er avril 1939**. En réalité, au-delà de cette date officielle, une guérilla se maintient au moins jusqu'aux années 1950. Sur **26 millions d'habitants en 1936**, la guerre civile fait de 400 000 à 500 000 morts, 114 000 disparus, environ 330 000 décès liés aux épidémies ou famine. Environ 440 000 Espagnols s'exilent en France, **4 à 5 % de la population a donc disparu** du territoire en 1939. Près de 50 000 franquistes sont éliminés par les républicains ; l'épuration franquiste fait 130 000 à 150 000 victimes. Des femmes républicaines sont tondues, violées, des camps de concentration franquiste sont ouverts, laissant mourir de faim et de maladie leurs détenus.

FIGURE CLÉ **Dolores Ibárruri, « La Pasionaria » (1895-1989)**

Issue d'un milieu de mineurs catholiques et légitimistes, Dolores Ibárruri épouse à 21 ans un mineur militant au Parti ouvrier socialiste espagnol (PSOE). À partir de 1918, elle écrit dans les journaux ouvriers sous le pseudonyme « La Pasionaria », choisi lors de la semaine de la Passion. Elle participe à la fondation du Parti communiste espagnol en 1920 et du Parti communiste d'Espagne en 1921 (PCE). Déléguée auprès du Komintern, députée des Asturies en 1936, elle est reconnue pour son talent oratoire. Le 19 juillet 1936, son appel à la lutte contre les insurgés militaires reste célèbre : « Ils ne passeront pas ! », soit « *¡No pasarán !* ». De 1939 à 1975, elle vit en URSS qui en fait une icône du communisme : son surnom est même devenu un nom commun. Elle est élue en 1977 aux Cortès, incarnant ainsi la continuité démocratique depuis 1936.

B. Non-intervention des démocraties

Malgré la sympathie du Front populaire français pour les républicains espagnols, le gouvernement de Léon Blum renonce à intervenir dans le conflit : le Royaume-Uni refuse de s'engager et une partie de l'opinion française également. Des **intellectuels** s'engagent par des appels ou en participant au **IIe Congrès international des écrivains pour la défense de la culture** à Valence, Madrid et Barcelone en juillet 1937. Certains rejoignent les « Brigades internationales », voir le POUM (parti ouvrier d'unification marxiste) comme George Orwell. Paris et Londres s'accordent sur une **politique de « non-intervention »** à la SDN, accord signé aussi par l'Italie et l'Allemagne, qui ne le respectent pas. À la frontière, les Français laissent passer des armes pour les républicains : c'est la « non-intervention relâchée ». La conférence de Munich anéantit les efforts du gouvernement républicain de faire passer la guerre civile en guerre de résistance contre l'intervention germano-italienne.

Repère **La Société des Nations (SDN)**

Issue des « Quatorze points » de Wilson (8 janvier 1918), définie par le pacte du 28 avril 1919 adopté par la Conférence de la paix et incorporé aux traités de paix, la Société des Nations doit organiser les relations internationales selon le droit. Siégeant à Genève, ses institutions commencent à fonctionner le 16 janvier 1920. Elles comprennent principalement une assemblée générale où chaque pays a une voix et un conseil avec membres permanents et membres élus, qui décident à l'unanimité. Les vaincus en sont exclus au départ. Les États-Unis refusent finalement d'y participer. Le 18 avril 1946, l'ONU prend sa succession.

C. Les régimes totalitaires en font leur terrain d'entraînement

En septembre 1936, l'URSS décide de soutenir les Républicains et permet de repousser les franquistes à Madrid. Elle coordonne les « Brigades internationales » et fournit du matériel, notamment des chars et des avions. Cette aide permet aussi aux républicains de contenir la poussée des éléments les plus révolutionnaires.

Repère **Les « Brigades internationales »**

Dès juillet 1936 arrivent les premiers volontaires étrangers aux côtés des Républicains. Parmi les premiers, des immigrés italiens ou allemands, ayant fui leur propre régime. C'est en septembre que le Komintern crée les « Brigades internationales », basées dans la ville d'Albacete dans la région historique de la Manche. Environ 35 000 hommes, dont 10 577 Français y participent mais avec un maximum de 15 000 hommes en même temps. Elles sont employées comme troupes de choc, étant mieux équipées et mieux disciplinées que les autres unités républicaines. Efficaces militairement, elles jouent un rôle idéologique en internationalisant la cause républicaine. La présence d'écrivains comme Ernest Hemingway (*Pour qui sonne le glas*) ou André Malraux (*L'Espoir*) contribue à en faire un mythe romantique. En septembre 1938, elles sont officiellement dissoutes. 5 000 membres sont morts.

L'intervention massive est surtout celle de Berlin et Rome. Dès l'été 1936, Mussolini envoie un corps d'armée entier, le ***Corpo Truppe Volontarie***, fort de 73 000 hommes. Hitler depêche 19 000 hommes composant la **Légion *Condor***, avec instructeurs et batteries antiaériennes. Celle-ci s'illustre notamment par le bombardement aux bombes incendiaires du village de **Guernica** le 26 avril 1937. Stratégiquement, le massacre s'accompagne de l'anéantissement de la résistance basque, tandis que le bombardement est représenté par Picasso et devient le symbole des horreurs de la guerre civile.

2. La force contre la « sécurité collective »

Au lendemain de la Première Guerre mondiale est mise en place un ambitieux système de « sécurité collective » autour de la SDN, mais les régimes totalitaires en refusent les règles du jeu et misent, au contraire, sur l'usage de la force, tant pour des raisons idéologiques que pour son efficacité pratique.

Repère **« Sécurité collective »**

Dans la « vision idéaliste » des relations internationales, qui souhaitent organiser celles-ci autour de valeurs et du droit, les États doivent renoncer à l'usage de la force, sauf dans le cas de légitime défense et pour appuyer le droit international et procéder à un désarmement général. En contrepartie, il faut mettre en place des institutions efficaces pour garantir « l'ordre mondial » ou la « sécurité collective ». Le pacte Briand-Kellog du 27 août 1928 de renonciation à la guerre pour résoudre les conflits entre les États s'inscrit dans ce processus. Signé par 54 États dont l'Allemagne, il n'empêche pas la guerre mais permet d'inculper au titre de complot contre la paix les responsables allemands au procès de Nuremberg en 1945.

A. Le révisionnisme

D'une manière générale, les régimes totalitaires cherchent à **remettre en question les traités signés depuis 1919**, en premier lieu celui de Versailles que les Allemands qualifient de *Diktat*, mais, sur ce point, ils peuvent trouver appui auprès d'autres États peu satisfaits du nouvel ordre européen, l'Italie mais aussi l'Autriche et la Hongrie, particulièrement perdantes à la suite des traités de Saint-Germain-en-Laye et du Trianon. Ces trois pays s'associent le **17 mars 1934** par les « **protocoles de Rome** » face aux ambitions de l'Allemagne et en faveur d'une révision des frontières. À l'inverse, le 9 février précédent, la Yougoslavie, la Roumanie, la Grèce et la Turquie ont signé « **l'entente balkanique** » ou « pacte balkanique » contre toute révision des traités, face aux ambitions notamment de l'URSS et de la Bulgarie.

Ayant fondé son mouvement avec des anciens combattants, Mussolini nourrit le projet de réviser les traités d'après-guerre : il oppose l'Italie et les « **nations prolétaires** » face aux « nations ploutocratiques » qui ont rédigé les traités de paix à leur avantage. En 1924, il obtient de la Yougoslavie la reconnaissance de la souveraineté italienne sur Fiume et menace la Dalmatie. En avril 1926, à Tripoli, capitale de la colonie italienne de Cyrénaïque et Tripolitaine (actuelle Libye), il évoque l'empire romain et la Méditerranée comme « ***Mare nostrum*** », élevant des prétentions sur Nice, la Corse et la Tunisie. En 1935, la France lui cède la bande d'Aouzou, au sud de cette colonie. Le **7 avril 1939**, l'Italie **envahit l'Albanie**, avant d'en faire une Grande Albanie en lui annexant le Kosovo.

De son côté, Hitler piétine l'une après l'autre les dispositions du traité de Versailles. Il fait approuver par plébiscite, le 12 novembre 1933, la sortie de l'Allemagne de la SDN, créée par ce traité et rejointe par ce pays en 1926, au moment du rapprochement franco-allemand. Le 13 janvier 1935, un autre plébiscite **rend la Sarre au *Reich***, tandis que le **service militaire est rétabli** et la *Wehrmacht* remplace la *Reichswehr* de la République de Weimar, limitée à 100 000 hommes par Versailles. Le 7 mars 1936, par un coup de bluff, la **Rhénanie est remilitarisée** sans réaction conséquence de Paris : les accords de Locarno de 1925 sont rendus caducs, ouvrant la voie à la remise en cause des frontières. Parallèlement, il met la pression sur l'Autriche et sur la Tchécoslovaquie, produits de la Première Guerre mondiale. Il s'agit de réunir tous les germanophones dans un « **Grand *Reich* de mille ans** » selon *Mein Kampf*.

Repère **L'*Anschluss*, 13 mars 1938**

Terme allemand signifiant « rattachement » pour désigner le projet de rattacher les territoires autrichiens germanophones à l'Allemagne, au nom du droit des peuples à disposer d'eux-mêmes et de leur parenté. En 1919, un projet d'*Anschluss* est défendu mais se heurte au refus des Alliés car il renforcerait l'Allemagne. En 1931, il réapparaît comme union douanière mais la crise bancaire permet à la France de s'y opposer de nouveau. Le 25 juillet 1934, les nazis autrichiens assassinent le chancelier autrichien Dollfuss et Hitler tente l'Anschluss mais Mussolini mobilise ses troupes à la frontière pour faire échouer le projet. À la conférence de Stresa, le 14 avril 1935, Français, Britanniques et Italiens dénoncent tout révisionnisme unilatéral. Le 13 mars 1938, Hitler proclame l'Anschluss après avoir investi le pays sans résistance la veille, ce qui est validé par plébiscite le 10 avril suivant. L'Autriche devient l'Ostmark ou « Marche de l'Est », souvenir de l'empire carolingien et cesse d'être un État jusqu'en 1955.

B. Le rapprochement germano-italien

Dans un premier temps, Hitler et Mussolini s'opposent : ce dernier voit d'un mauvais œil les ambitions allemandes sur l'Autriche. Le changement a lieu avec la guerre d'Éthiopie déclenchée sur le prétexte d'un incident de frontière le 5 décembre 1934 au fort éthiopien du Welwel. Le **2 octobre 1935**, Mussolini s'exclame, faisant allusion à la défaite italienne d'Adoua en 1896 face aux Abyssiniens : « Ô Éthiopie ! Nous patientons depuis quarante ans, maintenant ça suffit ! » et annonce l'invasion le lendemain. Son discours invoque le sacrifice des « 6 000 tués de Bligny » au côté des Français lors de la deuxième bataille de la Marne en 1918 et dénonce l'injustice faite à l'Italie par les traités de paix. Un tel discours intéresse Hitler : outre son racisme, il appelle à la révision des traités et nie toute légitimité à prendre des sanctions pour la SDN. Les sanctions économiques prises conduisent Rome à dénoncer les accords de Stresa : la voie au révisionnisme allemand est ouverte du côté italien.

Face aux difficultés des troupes italiennes, l'Allemagne offre son appui, notamment en gaz de combat. Au contraire, les hésitations franco-britanniques annoncent celles des années qui suivent face à l'Allemagne, avec la tentation de tout céder pour éviter la guerre. Le 2 mai 1936, l'empereur Hailé Sélassié doit s'exiler à Londres et s'adresse en vain à la SDN. La guerre d'Éthiopie marque la **faillite de la sécurité collective et de la SDN**.

Repère **L'Axe**

Dans le cadre de la guerre d'Éthiopie, Allemagne et Italie se rapprochent et, le 25 octobre 1936, signent un protocole d'amitié qualifié « d'Axe Rome-Berlin ». Il est suivi de visites réciproques, Mussolini en Allemagne en 1937 et Hitler à Rome en 1938. Il devient une alliance militaire sous le nom de « pacte d'acier » le 22 mai 1939, rejoint par d'autres États ensuite. Le 27 septembre 1940, il devient le « pacte tripartite » avec le Japon. Il se superpose à l'Axe : on parle des « forces de l'Axe » durant la Seconde Guerre mondiale.

C. L'improbable pacte germano-soviétique

Les révolutions de 1917 avaient mis la Russie au ban de la communauté internationale, tandis qu'un « cordon sanitaire » d'États réputés proches de Londres et Paris devaient éviter la contagion révolutionnaire au reste du continent que laissait prévoir la création du Komintern. Le choix de Staline du « communisme dans un seul pays » et ses inquiétudes face à l'expansionnisme allemand conduisent à une réinsertion de Moscou dans les relations internationales : en **1934, l'URSS adhère à la SDN** et, le **2 mai 1935**, signe un **traité franco-soviétique d'assistance mutuelle** pour encercler l'Allemagne suivant le principe de l'alliance de revers comme en 1914. Selon Staline, désormais « l'Union soviétique est au balcon » comme spectateur avantageusement engagé. Par ailleurs, il abandonne la tactique « classe contre classe » qui conduisait à s'opposer aux socialistes et avait facilité l'arrivée au pouvoir d'Hitler. Désormais est privilégiée la **tactique de « front populaire »**, comme en France dès le défilé du 14 juillet 1935 et en Espagne pour les élections du 16 février 1936.

La capitulation des démocraties face à Hitler à Munich est perçue par Staline comme une trahison. De plus, à l'Est, il voit avec **inquiétude la progression du Japon**, qui occupe la **Mandchourie** en 1931, la transforme en protectorat, et envahit toute une partie du littoral chinois en 1937. De mai à septembre 1939, les Soviétiques commandés par Joukov, futur vainqueur de Berlin, combattent à trois reprises les Japonais à Khalkhin Gol (ou Nomonhan) en Mongolie, dans trois incidents frontaliers. C'est aussi **face à l'étau du pacte anti-Komintern** qu'il tente de se rapprocher de Berlin. On a pu y voir une forme d'*appeasement* soviétique. Illustration de l'archaïsme des uns et de la modernité des autres, pendant qu'une délégation franco-britannique rejoint l'URSS en navire, le ministre des Affaires étrangères allemand Joachim von Ribbentrop se rend à Moscou en avion et, prenant tout le monde de vitesse, signe avec son homologue Molotov, le **pacte germano-soviétique du 23 août 1939** : cet accord entre les « jumeaux ennemis » (selon François Furet) provoque la stupeur. Dans les clauses secrètes, les deux pays se partagent la Pologne, l'URSS reçoit les pays baltes.

Repère **Komintern (1919-1943) et pacte anti-Komintern 1936**

Mot valise russe pour « Internationale communiste », qui se veut la IIIe Internationale, le **Komintern** est créé à Moscou le 2 mars 1919 par Zinoviev pour rompre avec le réformisme de la IIe Internationale. Rapidement, il apparaît comme un outil efficace de « bolchevisation » des partis communistes nationaux. Il est dissous en 1943 par l'URSS pour donner des gages de démocratie à ses alliés anglo-saxons.

Le 25 novembre 1936, l'Allemagne et le Japon s'associent contre les objectifs du Komintern par un pacte **anti-Komintern** : sans être vraiment une alliance, les deux pays soulignent leur proximité idéologique. Ils sont rejoints par l'Italie en 1937 et par la Hongrie et l'Espagne en 1939.

3. Des démocraties sur la défensive

La montée en puissance des régimes totalitaires place les démocraties sur la défensive alors que leurs opinions publiques ne sont pas prêtes à se donner les moyens de faire face à la « montée des périls ». L'indécision et le renoncement conduisent finalement à ce que tous redoutaient, une Seconde Guerre mondiale.

A. Les doutes intérieurs

Face aux parades grandioses et à la fierté retrouvée des régimes totalitaires, les **démocraties semblent douter d'elles-mêmes** dans les années 1930. Leur économie est frappée de plein fouet par la Grande dépression, leur société déchirée par le chômage de masse alors que l'État totalitaire semble capable de relever les économies. Ils opèrent une séduction indéniable sur une partie de l'électorat. Le communisme participe au Front populaire en France. Le fascisme italien impressionne Pierre Laval et d'autres hommes de droite par son efficacité et le 6 février 1934, manifestation antiparlementaire à Paris, est interprété par la Gauche française comme une tentative de coup de force sur le modèle italien. Au Royaume-Uni, Mussolini a un disciple en **Oswald Mosley**, qui fonde un *British union of fascists* (BUF), qui réunit quelques milliers d'adhérents et adopte un décor fascisant.

En Europe centrale, la dictature progresse aux dépens de la démocratie : en 1929, le roi de Yougoslavie proclame la dictature ; en 1934, l'Autriche évolue vers un régime corporatiste et autoritaire, avant l'annexion par l'Allemagne ; en 1938, le roi de Roumanie interdit tous les partis et s'octroie tous les pouvoirs face aux succès de la Garde de fer de Codreanu. La Hongrie de Horthy se rapproche de Berlin. Unique démocratie stable, la Tchécoslovaquie est démembrée à partir de septembre 1938.

B. L'*appeasement*

Les démocraties sont surtout minées par un pacifisme puissant, hérité du traumatisme des combats de 1914-1918, qui devait être « la der des der ». Les gouvernements ne veulent plus se laisser entraîner dans un conflit : de l'été 1914, ils retiennent que la course aux armements, les alliances et les pressions n'évitent pas la guerre mais y conduisent. **Le Royaume-Uni s'inquiète pour son empire**, secoué par la révolte arabe en Palestine (1936-1939) et menacé par le Japon en Asie, et ne veut pas le mettre en péril pour des États du Continent. La France ne se sent pas assez forte pour agir seule et l'historien François Bédarida montre comment **Paris suit la « gouvernante anglaise »** comme un enfant dans les années 1937-1938. Jean-Baptiste Duroselle a souligné aussi le décalage entre la diplomatie française ambitieuse et le choix d'une stratégie défensive, autour de la **ligne Maginot** construite à partir de 1929, en contradiction avec les engagements d'assister la Pologne. L'amiral Darlan peaufine sa **flotte en Méditerranée**, pour contenir l'Italie, qui vient d'annexer l'Albanie. Paris **cède ainsi le Sandjak d'Alexandrette**, territoire syrien, à la Turquie pour acheter sa neutralité.

FIGURE CLÉ **Arthur Neville Chamberlain (1869-1940)**

Devenu député *Tory* (conservateur) à 49 ans, Arthur Neville Chamberlain est l'homme d'État le plus considéré et le plus populaire d'entre-deux-guerres. Il se distingue par sa réforme de l'administration locale et sa politique de redressement monétaire et économique. Premier ministre à partir de 1937, il est « l'homme de Munich », fêté en France : *France Soir* lance même une souscription pour offrir une « maison de la paix » sur la Côte d'Azur à l'homme au parapluie légendaire… Il lance toutefois le réarmement aérien et, quand Hitler entre à Prague, il comprend que la guerre est inévitable. Le 1er septembre, il déclare : « nous sommes résolus à en finir avec ces méthodes » et déclare la guerre le surlendemain. Ses manœuvres ont tout de même réussi à ce que Londres n'ait à combattre que Berlin : ni l'Italie ni le Japon n'entrent en guerre à ce moment. Le 10 mai 1940, il s'efface au profit de Winston Churchill et meurt peu après.

La **conférence de Munich le 29 et 30 septembre 1938** est un moment fort de l'*appeasement*. Elle réunit le premier ministre britannique Chamberlain, le président du conseil français Édouard Daladier, Mussolini et Hitler. Ce dernier obtient de pouvoir annexer dans les dix jours les territoires à majorité germanophone de Tchécoslovaquie dits « **région des Sudètes** » (*Sudetenland*), qui avaient tenté vainement l'*Anschluss* avec l'Autriche en 1919. Depuis 1935, cette région est déstabilisée par les manifestations du *Sudetendeutsche Heimatfront* de Konrad Henlein, infiltré par les nazis. Des armes sont introduites dans ces régions. Avec 40 % de la population, la moitié de l'industrie et des richesses minières, ces territoires sont ceux des fortifications frontalières du pays et le découpage paralyse tout le réseau ferroviaire tchécoslovaque : la survie de la Tchécoslovaquie est directement menacée. L'accord est imposé au président Beneš, qualifié « d'entêté de Prague », qui doit s'incliner sans même avoir eu voix au chapitre… La capitulation des démocraties à Munich est restée une référence de ce qu'il faut éviter, « munichois » devient un adjectif infâmant. À son retour en France, Daladier est acclamé : l'opinion publique est toutefois moins « munichoise » que ses représentants : le premier sondage politique français, réalisé par l'IFOP (Institut français d'opinion publique) nouvellement créé, montre que 57 % des Français approuvent l'accord, contre plus de 80 % des parlementaires.

Repère **La « Petite Entente » face aux révisionnismes**

Le démantèlement de l'empire austro-hongrois donne naissance à plusieurs États de petite taille qui cherchent à s'épauler face à tout révisionnisme de l'Autriche et de la Hongrie, grands perdants, à toute restauration des Habsbourg et tentent de coopérer pour développer leurs échanges. Cette « Entente », raillée en « Petite Entente » par ses contempteurs, est officialisée le 1er septembre 1920 par le ministre tchécoslovaque Edvard Beneš. Les deux tentatives de restauration de Charles de Habsbourg en 1921 convainquent la France de s'y associer, séparément, en 1924 avec la Tchécoslovaquie et la Yougoslavie en 1926. Alliée de la France, la Pologne ne parvient pas à se rapprocher de ces pays à cause de sa rivalité politique et économique avec la Tchécoslovaquie. La Petite Entente sert de modèle aux pays baltes qui envisagent un moment d'en former une comparable. En 1937-1938, le rapprochement de la Pologne et de la Roumanie avec l'Allemagne signe son échec, confirmé à Munich.

L'accord de Munich montre vite sa fragilité : le 14 mars 1939, la Slovaquie proclame son indépendance sous la direction de Monseigneur Tiso et se place sous la protection de l'Allemagne. Le lendemain, le **15 mars 1939**, les Allemands entrent dans Prague et proclame le **Protectorat de Bohême-Moravie**. Parallèlement, Hitler obtient de la Lituanie la cession de Memel le 20 mars et exige d'annexer Dantzig et le « corridor de Dantzig »…

Repère **Dantzig**

À la suite de la Première Guerre mondiale, la ville allemande de Dantzig (Danzig en allemand, aujourd'hui Gdańsk) est détachée de la Prusse orientale pour former une « ville libre » sous contrôle de la SDN, tandis qu'à l'ouest, le « corridor de Dantzig » est donné à la Pologne afin qu'elle ait un accès à la mer. Au début de 1939, Hitler revendique cette ville germanophone à 95 %. En France, le député socialiste pacifiste Marcel Déat publie un article « Mourir pour Dantzig ? ». Le 1er septembre 1939, les troupes allemandes entrent dans la ville, intégrée au *Reich*.

CHAPITRE 3

La Seconde Guerre mondiale

FICHE 7

Un conflit mondial : protagonistes, phases de la guerre et théâtres d'opérations

Le récit de la Seconde Guerre mondiale est bien connu : succès foudroyant de l'Axe, basculement, victoires alliées. Derrière ce récit en trois actes, il y a de nombreux enjeux, davantage dégagés par une historiographie plus nuancée, déplaçant en partie les inflexions.

L'ESSENTIEL EN DATES

- **1er septembre 1939** : invasion allemande de la Pologne.
- **10 mai 1940** : invasion allemande des Pays-Bas, de la Belgique, du Luxembourg et de la France.
- **22 juin 1941** : invasion allemande de l'URSS.
- **7 décembre 1941** : attaque japonaise de Pearl Harbor.
- **31 janvier et 2 février 1943** : capitulations allemandes à Stalingrad.
- **6 juin 1944** : *D-Day* en Normandie.
- **22 juin -19 août 1944** : l'opération Bagration.
- **8 mai 1945** : capitulation allemande.
- **6 et 9 août 1945** : bombardements atomiques de Hiroshima et Nagasaki.
- **9 août 1945** : l'URSS attaque l'armée japonaise.

1. L'Axe domine 1939-1941

La première phase de la guerre voit l'Axe réaliser des victoires foudroyantes : la stratégie de la « guerre éclair » se révèle efficace, les Alliés multiplient les erreurs et se divisent, ne respectant pas les engagements pris.

A. Les premiers mois de la guerre

Durant la « drôle de guerre », les hostilités restent limitées à **quelques escarmouches à la frontière**. Le 9 avril 1940, la *Wehrmacht* occupe le **Danemark** sans rencontrer de résistance, puis la **Norvège**, qui capitule le 10 juin après le rembarquement des forces franco-britanniques envoyées à Narvik pour bloquer le port exportant les minerais. Parallèlement, **l'URSS occupe la Finlande** du 30 novembre 1939 au 12 mars 1940. La résistance des finlandais étant trop importante, Staline signe le Traité de Moscou et en obtient quelques territoires.

Repère La « drôle de guerre »

La « drôle de guerre » est une expression dont la paternité est revendiquée par Roland Dorgelès mais qui viendrait peut-être d'une mauvaise compréhension de l'expression anglaise « *phoney war* » ou « guerre factice ». L'allemand évoque une « *Sitzkrieg* » ou « guerre assise ». Elle s'étend de la déclaration de guerre française et britannique à l'Allemagne le 3 septembre 1939 à l'invasion allemande de la France et de la Belgique le 10 mai 1940. Elle désigne l'absence de grandes opérations sur le front ouest.

Paris et Londres s'étaient engagés en 1939 à frapper l'Allemagne dès le 18 septembre pour venir en aide aux Polonais : ils ne tiennent pas leurs engagements tandis que l'Armée rouge attaque à son tour le 17 septembre conformément au pacte germano-soviétique. Jusque-là, **les Polonais ont résisté** mais succombent sans l'appui allié. Malgré quatre jours de bombardement, Varsovie repousse l'attaque du 8 septembre et ne tombe que le 28. Dans les airs, jusqu'au 6 octobre, les Allemands perdent plus d'avions que les Polonais (285 contre 260). Plusieurs divisions de *Panzer* sont momentanément stoppées et l'armée aurait manqué de munitions si les combats avaient duré quinze jours de plus : le *Blitz* montre ses faiblesses…

Repère *Blitzkrieg* un mythe ?

L'idée que les victoires de l'Allemagne sont imputables à la « guerre éclair » ou « *Blitzkrieg* » a été longtemps un élément clé de l'histoire de la Seconde Guerre mondiale. En 1995, Karl-Heinz Frieser a montré que cette stratégie n'avait pas été conçue comme telle mais relevait de la propagande : faire croire aux Allemands à une victoire facile pour ne pas revivre les tranchées, persuader l'ennemi qu'il sera foudroyé et le démoraliser (d'où les sirènes pour terroriser les populations lors des bombardements en piqué des *Stukas*). Il s'agit aussi de pallier l'inachèvement de la préparation de l'armée allemande : seulement un tiers des blindés alignés sont vraiment efficaces, beaucoup tombent en panne, mais ils sont rassemblés en groupes puissants et mobiles *Panzer* reprenant des principes défendus par Basil Liddell Hart au Royaume-Uni, Charles de Gaulle en France, Mikhaïl Toukhatchevski en URSS et Heinz Guderian en Allemagne. La campagne de Pologne montre les faiblesses du *Blitzkrieg* mais aucune leçon n'en est tirée par l'État-major français à l'époque. Le concept finit par intoxiquer le Haut commandement allemand, qui pense pouvoir vaincre l'URSS de la même manière…

B. Victoires allemandes sur le front ouest

Le 10 mai 1940, l'Allemagne lance une offensive **simultanée sur les Pays-Bas, la Belgique, le Luxembourg et la France**, prenant à revers la ligne Maginot et opérant une percée dans la forêt des Ardennes, jugée infranchissable par des blindés selon l'État-major français. Malgré du matériel de qualité en quantité comparable à l'ennemi et des troupes qui se battent avec courage, les Français ne peuvent contenir l'avance foudroyante allemande, qui se fait dans une « guerre éclair » en partie improvisée, prenant des risques : Guderian et Rommel avancent trop vite et risquent de manquer de ravitaillement, tandis que la percée de Sedan s'accompagne d'un gigantesque embouteillage de blindés, sauvés du bombardement par l'indécision du commandement français. Le **10 juin, l'Italie déclare la guerre** à la France et au Royaume-Uni mais ses troupes sont repoussées dans les Alpes. Le **22 juin 1940**, reniant ses engagements, le gouvernement présidé par le maréchal Pétain signe **l'armistice**.

Du 27 mai au 4 juin, les Britanniques parviennent à rembarquer 85 % de leur corps expéditionnaire à **Dunkerque** (opération *Dynamo*) : 338 226 soldats sont transportés dont un tiers est français et belge. Les bombardements allemands sur les villes anglaises (« **bataille d'Angleterre** » jusqu'en mai 1941) ne font pas plier Londres.

FIGURE CLÉ **Winston Churchill (1874-1965)**

Ministre de la Marine (Premier Lord de l'Amirauté) de 1911 à 1915 et à ce titre responsable du désastre franco-britannique des Dardanelles en 1915, chancelier de l'Échiquier 1924-1929 et restaurateur de la parité de la livre sterling en 1925, Winston Churchill est Premier ministre *Tory* du Royaume-Uni de 1940 à 1945 et de nouveau de 1951 à 1955. Il est l'organisateur de la résistance au *Blitz* et, cultivant sa référence au bouledogue ou au lion, il incarne la ténacité et la victoire britanniques. Entre ces deux passages au 10 Downing Street, il défend l'idée « d'États-Unis d'Europe » au sein de l'*United Europe Movement*. Il reçoit le prix Nobel de littérature en 1953.

C. La Méditerranée menacée

En septembre 1940, l'Italie attaque les Britanniques stationnés en Égypte à partir de la Libye mais reflue sous la contre-attaque : Tobrouk et Benghazi sont perdues début 1941. Hitler envoie des troupes sécuriser la Sicile, bombarder Malte et Rommel commander ***l'Afrikakorps*** pour appuyer les Italiens. Outre l'appui stratégique pour couper aux Britanniques la route de Suez, route du pétrole et liaison avec l'empire des Indes, il s'agit aussi de réaliser une épopée qui doit servir la propagande du régime.

Les **échecs italiens** en Grèce en octobre 1940 et l'arrivée de Britanniques en Crète poussent Hitler à intervenir dans les Balkans : la **Yougoslavie est vaincue** en avril 1941, la **Grèce** en mai-juin suivants.

FIGURE CLÉ **Erwin Rommel (1891-1944)**

Le maréchal Erwin Rommel a longtemps été considéré comme un héros de l'armée allemande dont le comportement a été loué par ses adversaires. Il admire toutefois Hitler pour sa capacité à redonner le goût de la victoire au pays. Rommel est l'un des artisans de la percée de blindés sur la Meuse en France en 1940, puis il dirige l'*Afrikakorps* et y gagne le surnom de « Renard du désert » avant de commander le front de

Normandie. Alors partisan de négociations avec l'ennemi, il est contraint de se suicider en octobre 1944, après l'attentat du 20 juillet contre Hitler même s'il n'est pas personnellement impliqué. Sa mort est présentée comme naturelle et il a droit à des funérailles nationales pour préserver l'image d'un héros vénéré par l'armée allemande. Audacieux et doué, on lui a reproché d'oublier la logistique.

2. Mondialisation et tournant (1941-1943)

Les succès de la première phase du conflit conduisent à une mondialisation qui marque, à terme, un tournant.

A. De Barbarossa à Stalingrad : le basculement

Le **22 juin 1941**, alors que Staline respecte scrupuleusement les livraisons de blé et de pétrole convenues dans le pacte germano-soviétique, Hitler ordonne l'attaque de l'URSS : c'est l'opération Barbarossa, en référence à l'empereur Frédéric Barberousse du XIIe siècle, réputé revenir pour réaliser l'unité allemande glorieuse. L'objectif est militaire mais aussi **idéologique**, avec la **lutte contre la patrie du communisme** et le « judéo-bolchevisme ». Il s'agit aussi de coloniser de vastes territoires considérés comme nécessaires à « l'espace vital » ou ***Lebensraum*** pour les Aryens, ce qui entraîne des **massacres à grande échelle** et en fait une **guerre d'anéantissement** : le second semestre de 1941 fait environ 5 millions de morts. Un **tiers de l'aviation soviétique** est détruit au sol et l'avance allemande s'avère foudroyante jusqu'à l'approche de Moscou, sur lequel bute la *Wehrmacht* à l'hiver suivant. Environ 2 millions de Soviétiques sont faits prisonniers et laissés quasi mourir de faim à ciel ouvert (la mortalité est alors supérieure à 60 %).

Du 17 juillet 1942 au 2 février 1943, la **bataille de Stalingrad** est la première de l'histoire à se jouer dans une ville industrielle de 100 000 habitants. La 6e armée de Paulus et une partie de la 4e armée *Panzer*, soit 330 000 hommes y sont enfermées par les Soviétiques, qui les coupent des autres unités allemandes, roumaines, italiennes et hongroises. La défaite allemande **ne marque pas le tournant** que l'on a longtemps affirmé : les pertes allemandes sont moins importantes que celles des Soviétiques mais la *Wehrmacht* n'est plus invincible et Hitler n'a plus l'initiative stratégique. En **juillet-août 1943, à Koursk**, la plus vaste bataille de chars consacre l'échec allemand, même si plus de 80 % des pertes en hommes, chars ou avions sont soviétiques.

Repère **La « guerre totale »**

Dès l'hiver 1941-1942, la perspective de gagner rapidement en URSS s'évanouit. L'échec à Stalingrad marque définitivement le passage à la « guerre totale ». Celle-ci est proclamée par Joseph Goebbels, ministre de l'Éducation du peuple et de la Propagande du IIIe Reich, deux semaines après la capitulation allemande à Stalingrad, le 18 février 1943, devant 14 000 partisans réunis au palais des sports Berlin. Il reconnaît que « le potentiel de guerre de l'Union soviétique » a été mal évalué : le Haut commandement présumait 150-180 divisions soviétiques selon les informations, or il y a en eu 580 ! Parodiant le poète allemand Theodor Körner tombé en 1813 contre Napoléon, il conclut « À présent, peuple, lève-toi ! Tempête, déchaîne-toi ! ». L'articulation entre « guerre éclair » et « guerre totale » a nourri un abondant débat historiographique : la première devait-elle vraiment empêcher la seconde ? Pourquoi avoir commencé la guerre sans avoir achevé le plan de réarmement ?

B. L'enjeu de l'entrée en guerre des États-Unis

La pression japonaise en Asie se fait de plus en plus forte et la guerre avec les Américains paraît inévitable. Le **7 décembre 1941**, les avions japonais réalisent une prouesse sans précédent en frappant à plus de 6 200 kilomètres de leur pays la base américaine de **Pearl Harbor** : Roosevelt évoque « un jour d'infamie » ouvrant une lutte sans merci. Pour Ian Kershaw, « saisir l'occasion rêvée » par cette attaque surprise est l'une des « dix décisions qui ont changé le monde », analyse-t-il dans *Choix fatidiques*. Pourtant, il s'agit largement d'une **victoire en trompe-l'œil** : peu de navires sont définitivement endommagés et les porte-avions n'étaient pas présents. Dès le 18 avril 1942, ils permettent aux Américains un bombardement humiliant sur Tokyo et plusieurs autres villes... Le Japon est condamné à la guerre sans fin : en 1942, il est maître d'une partie du Pacifique, avec d'immenses richesses minières, et domine 450 millions d'habitants. Pourtant, il subit un revers à **Midway** (3 au 7 juin 1942) et le débarquement américain à **Guadalcanal** le 7 août marque le début d'une reconquête en « saute-mouton », d'île en île.

Repère **Loi prêt-bail (11 mars 1941)**

Votée par le Congrès le 11 mars 1941, la loi prêt-bail (*lend-lease*) permet à Roosevelt d'autoriser la vente ou le prêt de moyens militaires à tout pays dont la défense est jugée utile aux intérêts américains. La loi bénéficie surtout au Royaume-Uni et à ses *dominions* mais également à l'URSS.

Désormais les États-Unis sont « **l'arsenal de la démocratie** » et approvisionnent l'Europe, mais aussi l'URSS, à l'aide des *Liberty Ships*. Lors de la « **bataille de l'Atlantique** », de 1939 à 1945, les ***U-Boots* de l'amiral Dönitz**, organisés en « meutes », coulent toujours plus de navires mais finissent par être dépassés par la masse de navires américains et la capacité des Britanniques à percer les codes allemands.

Repère **Les « Nations unies »**

Le terme de « Nations unies » apparaît le 1er janvier 1942, lorsqu'à Washington, 26 États signent une « déclaration des Nations unies » par laquelle ils adhèrent à la Charte de l'Atlantique, conclue par Roosevelt et Churchill le 14 août 1941, texte qui posait les bases de futures relations internationales. Les signataires s'engagent à combattre jusqu'au bout l'Axe.

C. L'Afrique du Nord

La **défaite allemande à El Alamein**, en Égypte, face aux Britanniques de Montgomery le 23 octobre 1942 entame le repli de l'*Afrika Korps* jusqu'à Tunis, où 252 000 Italiens et Allemands capitulent. Le 8 novembre 1942, les **Anglo-Américains débarquent en Afrique du Nord** (opération Torch). Désormais, le flanc sud de l'Europe est sous leur menace : du 10 juillet au 17 août 1943, ils prennent la Sicile. Le 3 septembre 1943, le gouvernement italien du maréchal Badoglio, qui a remplacé Mussolini, signe un armistice avec les Alliés avant de déclarer la guerre à l'Allemagne le 13 octobre.

3. Vers la victoire des Alliés (1943-1945)

À la conférence de Téhéran (28 novembre – 1er décembre 1943), la « Grande alliance » anglo-américano-soviétique s'accorde sur la nécessité de coordonner les actions militaires entre les fronts pour parvenir à la victoire finale : déclenchés en juin 1944, le débarquement en Normandie et l'opération Bagration sont les deux pinces de la tenaille.

A. La reconquête de l'ouest du Continent

Lancée le 6 juin 1944, **l'opération Overlord** (bataille de Normandie) a pour **objectif de repousser les Allemands derrière la Seine** en trois mois. Le ***D-Day*** et les plages de Normandie sont restés comme un lieu de mémoire du conflit et c'est l'un des moments où les *GI's* forgent leur image de **combattants de la liberté**. Elle est préparée par 18 mois de lutte contre les *U-Boots* et contre la *Luftwaffe* (composante aérienne de la *Wehrmatch*) pour permettre le passage de l'armada et par l'opération Fortitude (faux messages, fuites contrôlées, armements factices) visant à fixer des troupes allemandes ailleurs en faisant croire qu'un débarquement se prépare plus au nord.

Le débarquement lui-même est réussi mais les semaines qui suivent ne permettent qu'une avancée très lente dans le bocage normand, faisant craindre de se limiter à une tête de pont et à un échec comparable aux Dardanelles de 1915. L'opération Bagration, à l'Est, permet d'aspirer les réserves du *Reich* tandis que la logistique alliée ravitaille le front normand. Le 25 juillet, vers Saint-Lô, les Américains parviennent à bousculer l'ennemi qui reflue, abandonnant matériels et unités. Le 15 août, le débarquement français de Provence contribue à faire pression sur la *Wehrmacht*. Il faut encore dix mois de combat acharné pour obtenir la capitulation allemande le 8 mai 1945.

B. L'opération Bagration et l'inexorable avancée soviétique

Largement « oubliée » du récit occidental du conflit pendant des décennies au profit du débarquement de Normandie, l'opération Bagration (du nom d'un général russe héros de la lutte contre Napoléon, mort à Borodino en 1812) est pourtant le plus formidable coup de boutoir contre l'armée allemande qui **s'ouvre le 22 juin 1944**. Avec des effectifs une fois et demie plus importants, huit fois plus de chars et neuf fois plus de canons, maîtrisant le ciel, les Soviétiques avancent jusqu'aux portes de la Prusse Orientale. Les armées allemandes intactes sont coupées entre elles, une partie bloquée sur le côté balte, une autre au sud. La Finlande, la Bulgarie et la Roumanie changent de camp. Le **19 août**, fin de l'opération, l'Armée rouge est aux bords de la Vistule et s'arrête : Varsovie se soulève (1er août-2 octobre) contre les Nazis mais Staline les laisse réduire la ville en cendres pour ne pas avoir à composer avec une Résistance hostile au communisme… Dans les mois qui suivent, les Soviétiques excellent dans **l'art opératif** : l'ennemi est considéré comme un système à paralyser. Les meilleures unités de *Panzer* sont fixées par le siège de Budapest, tandis que les armées de la Baltique sont réduites. L'Armée rouge prend enfin Berlin en onze jours : Hitler se suicide le 30 avril 1945 dans son bunker.

C. Vers la capitulation du Japon

La reconquête du Pacifique par les États-Unis est inexorable mais les Japonais opposent une résistance farouche, combattant jusqu'à la mort. Le 22 juin, la conquête d'**Okinawa** a coûté la vie à 15 000 soldats américains. Le général Douglas MacArthur défend l'idée d'un débarquement sur l'Archipel nippon mais avec une prévision de perte de 400 000 hommes.

Le récit classique de la Seconde Guerre mondiale a longtemps présenté le bombardement atomique **de Hiroshima le 6 août 1945 et de Nagasaki le 9 août** suivant comme motivé par la volonté du président Harry S. Truman de limiter les pertes de ses hommes et de forcer le Japon à la capitulation, qui a effectivement lieu le 2 septembre, sur le navire *USS Missouri*.

Le début de la guerre froide a fait oublier l'autre acteur régional, **l'URSS**, et l'historiographie classique a été largement guidée par la version officielle de Washington. Or son **rôle est majeur** dans la capitulation du Japon, à double titre. Ce sont d'abord les États-Unis qui insistent pour que l'URSS entre en guerre contre le Japon : Staline se fait attendre, obtient d'avance la cession des Kouriles et de toute l'île Sakhaline, puis redéploie près de la Mandchourie une partie de son immense armée après la capitulation allemande du 8 mai 1945. Lorsqu'il sait pouvoir disposer de l'arme atomique, le 16 juillet 1945, Truman avance son utilisation pour prendre Staline de vitesse. Alors qu'il devait attaquer le 15 août, ce dernier lance ses troupes le 9 août, quelques heures avant Nagasaki. C'est majoritairement **l'avance foudroyante des Soviétiques** en Mandchourie qui persuade Tokyo qu'il n'y a plus d'espoir. Pour préserver le maintien de l'empereur et éviter une occupation soviétique, il est décidé de se rendre aux Américains.

FIGURE CLÉ **Hirohito (1901-1989)**

Passionné de biologie marine, ayant voyagé à 20 ans à travers l'Europe, il est régent à son retour en 1921 pour suppléer à l'empereur Taisho, atteint d'une maladie cérébrale, et se rend populaire en distribuant des secours sur ses fonds personnels lors du tremblement de terre de Tokyo en 1923. Le 25 décembre 1926, il devient empereur. Il cautionne la politique expansionniste du Japon des années 1930. Toutefois, soucieux de stabiliser le pays face a l'URSS, les Américains défendent l'idee de son irresponsabilité et ne le citent nullement au procès de Tokyo contre les criminels de guerre. Dépouillé de son caractère divin, il reste a la tête du Japon devenu démocratique jusqu'a sa mort. Contrairement aux affirmations d'après-guerre, il suit le déroulement des opérations et approuve la politique d'expansion menée par les militaires. Son intervention radiodiffusée du 15 août 1945 est un événement inouï puisqu'il est « fils du ciel » de nature divine ! Il invite ses sujets à « accepter l'inacceptable » face à « une bombe nouvelle et des plus cruelles » et joue un rôle clé dans la capitulation du Japon, puis dans l'acceptation de l'occupation américaine et de la politique de démocratisation. Le 1er janvier 1946, il renonce publiquement à sa divinité et n'est plus que chef de l'État.

FICHE 8

Crimes de guerre, violences et crimes de masse, Shoah, génocide des Tsiganes

Les années 1939-1945 furent le théâtre à d'un génocide mais aussi d'une véritable guerre d'anéantissement, deux logiques qui conduisirent au massacre d'un nombre inouï de personnes en quelques années.

L'ESSENTIEL EN DATES

- **1er septembre 1939** : ordre écrit d'Hitler d'euthanasier les handicapés.
- **avril-mai 1940** : massacre de Katyń.
- **14 juin 1940** : ouverture du premier camp d'Auschwitz.
- **29-30 septembre 1941** : massacre de Babi Yar.
- **20 janvier 1942** : conférence de Wannsee.
- **16 décembre 1942** : extermination des Tsiganes recommandée par Himmler.

1. Guerre idéologique, guerre d'anéantissement

La Première Guerre mondiale avait eu déjà une composante idéologique : la Seconde Guerre mondiale généralise cet affrontement, avec une opposition manichéenne qui ne laisse pas de place à la négociation et exige la capitulation et l'anéantissement de l'autre, voire de ses propres combattants quand tout espoir est perdu.

A. L'idéologie comme justification

Par définition, les régimes totalitaires donnent une place centrale à l'idéologie comme vision du monde et comme programme pour forger un « homme nouveau ». La guerre y est exaltée comme « l'apocalypse de la modernité », selon le titre d'Emilio Gentile, permettant l'avènement d'un monde nouveau ainsi défini. « L'ennemi de classe » du communisme ou les « races inférieures » du nazisme et du fascisme à partir de la guerre d'Éthiopie doivent être anéantis dans une vision imprégnée de **darwinisme social**. Dans ce contexte, la capitulation est longtemps exclue et il faut lutter jusqu'à la mort : le suicide devient une arme comme pour les kamikazes, tandis que vieux et adolescents sont mobilisés dans le *Volkssturm* allemand, milice populaire, pour ralentir les Soviétiques.

Repère **Les *kamikazes***

Du mot « vent divin » désignant le typhon de 1281 qui a détruit la flotte mongole menaçant le Japon, les « kamikazes » sont créés le 19 octobre 1944. Ce sont des escadrilles de 26 chasseurs bombardiers *Zero*, 13 guidant et 13 devant s'écraser sur leur cible avec une bombe unique de 250 kg. Le suicide est la seule issue pour le combattant nippon vaincu selon le code de l'honneur de l'armée impériale, ainsi que pour les civils, comme sur l'île de Saipan, dont les habitants se jettent massivement des falaises. Après quelques succès initiaux liés à l'effet de surprise, l'efficacité est ensuite réduite. La cible n'est atteinte qu'une fois sur huit et les navires sont endommagés mais rarement détruits : 35 navires sont coulés et 285 endommagés pour 5 000 kamikazes tués. Parallèlement est utilisé une autre arme suicide, l'*Ôkha* ou « fleur de cerisier », un planeur de bois propulsé par fusée depuis un avion zéro, contenant une tonne d'explosif et supposé tomber sur la cible. Cette arme s'est révélée totalement inefficace.

Lors de l'invasion du littoral chinois, l'armée impériale nippone multiplie les exactions envers des populations qu'elle méprise : à partir de **décembre 1937, les massacres à Nankin** sont restés dans la mémoire chinoise comme l'exemple cruel de cette volonté d'anéantir, avec au moins 200 000 personnes décimées et plusieurs dizaines de milliers de femmes violées massivement et tuées. Des expérimentations barbares sont menées sur des prisonniers comme en Mandchourie par la célèbre **Unité 731**. Plusieurs dizaines de milliers de Coréennes sont forcées de se prostituer comme « **femmes de réconfort** » de l'armée impériale. Enfin les prisonniers occidentaux, méprisés pour s'être rendus et non s'être suicidés, subissent de terribles « **marches de la mort** ». En avril et mai 1942, aux Philippines, la « marche de la mort de Bataan » sur près de 100 kilomètres est la première du genre et nourrit la propagande américaine anti-japonaise.

En face, la **Charte de l'Atlantique du 14 août 1941** elle-même vise, à l'article 6, « *the final destruction of the Nazi tyranny* ». Les démocraties voient dans leur adversaire un ennemi de la civilisation et de toute humanité. Les Allemands sont qualifiés de « Huns » tandis qu'au lendemain de Pearl Harbor, Roosevelt évoque une « victoire totale » et un combat « jusqu'à l'extrême limite de nos forces ». Dans de multiples *comics* américains pour enfants, tel *Exciting Comics*, on dessine les Japonais comme de petits êtres malfaisants que doit écraser le superhéros Black Terror, tandis que des affiches de l'armée présentent les Japonais comme des rats à longues dents.

B. Des représailles visant à anéantir

Face aux attaques foudroyantes de l'Axe, la **machine de guerre industrielle** alliée du *Victory Program* vise à frapper en profondeur pour anéantir l'ennemi : les bombardiers et notamment les « **forteresses volantes** » (Boeing B-17) déversent des quantités sans précédent de bombes sur les industries et sur les villes, ce qui explique en partie les **pertes civiles** souvent doubles des pertes militaires : 15 millions en URSS, 6 millions en Pologne, 6,5 millions en Asie du sud-est, 1 million au Japon, 3 millions en Allemagne… Avec la bombe atomique, à Hiroshima, 60 000 à 80 000 habitants meurent instantanément, 140 000 dans les quatre mois suivants ; à Nagasaki, 35 000 à 40 000 sur le coup, 70 000 à court terme.

La violence de l'ennemi horrifie et sert, parfois, **d'argument à celle infligée**. Le IIIe Reich considère les Slaves comme des « sous-hommes » et parque ses millions de prisonniers à l'air libre, non-nourris, d'où une mortalité de 60 % soit 3,3 millions de morts. En réplique, les prisonniers allemands subissent des conditions atroces : des 110 000 soldats faits prisonniers à Stalingrad, 70 % meurent lors du trajet jusqu'aux camps, par - 20 °C la nuit, puis en internement. En 1955, 5 000 survivants sont rapatriés en RFA. Quant aux mouvements de Résistance, auxquels l'Axe dénie toute reconnaissance militaire, les « otages » sont régulièrement exécutés, comme à Châteaubriant le 22 octobre 1941, et de sanglantes représailles sont infligées : le village d'**Oradour-sur-Glane** est ainsi rasé le 10 juin 1944, deux après celui de **Lidice**, en Bohême, le 10 juin 1942, après l'assassinat de Reinhard Heydrich.

La **déshumanisation de l'adversaire** touche aussi le camp allié, horrifié par les témoignages d'atrocités. En vengeance et malgré les sanctions disciplinaires, certains *GI's* collectionnent les « **crânes trophées** » ou les coupe-papiers sculptés dans un os de Japonais, tel celui qui est envoyé en cadeau à Roosevelt en 1944. Le 22 mai 1944, le magazine *Life* publie la photographie d'une Américaine observant un crâne posé sur son bureau avec le commentaire « une ouvrière de guerre d'Arizona écrit une lettre de remerciement pour le crâne de Jap' que son petit ami de la *Navy* lui a envoyé… »

C. La guerre d'anéantissement sur le front est

Le front est a été le théâtre d'opérations tout au long de la guerre, avec de formidables chocs entre des masses de combattants et de matériels inconnues jusque-là : la bataille de Koursk compte presque 2,7 millions d'hommes et 9 000 blindés, l'opération Bagration mobilise 2,11 millions de combattants et 4 400 blindés.

Repère Les « terres de sang »

Selon l'historien Timothy Snyder, l'Europe centre orientale est une véritable « terre de sang » s'étendant des pays baltes à l'Ukraine : elle a vu disparaître de 1933 à 1945 environ 14 millions de civils, tués par l'Allemagne nazie et l'Union soviétique stalinienne. Plus de la moitié sont morts de faim au cours de famines orchestrées par Staline en Ukraine (4 millions de morts) et 3,5 millions de prisonniers soviétiques ont péri affamés par le Reich. Varsovie comptait 1,3 million d'habitants : il en reste 162 000 quand les Soviétiques prennent la ville. Pour ces territoires, l'avancée soviétique signifie une deuxième occupation – parfois une troisième – en quelques années, guère plus douce. Ces pays ont perdu leurs élites, qui ont été éliminées ou disqualifiées. Les sociétés sont anéanties et prêtes à être soviétisées.

Les projets idéologiques allemands de *Drang nach Osten* (« Poussée vers l'est ») en vue de coloniser « l'espace vital » ou *Lebensraum* promis à la race aryenne par Hitler nécessitent l'élimination d'une grande partie de la population. La grande famine ou « *Holodomor* », organisée par Staline en Ukraine en 1932-1933, inspire le « ***Hungerplan*** » (« Plan de la faim ») défini en mai-juin 1941 par Herbert Backe, à la tête du ministère de l'Alimentation et de l'Agriculture, en coopération avec le Commissariat du Reich pour le Renforcement de la germanité. Il s'agit de transférer la production agricole, en particulier des riches terres noires ukrainiennes vers l'Allemagne et **d'éliminer par la faim 30 millions d'habitants**…

Repère Katyń

Au printemps 1940, du 3 avril au 14 mai 1940, 4 404 officiers polonais sont exécutés par les Soviétiques dans la forêt de Katyń (aujourd'hui en Russie). Ce massacre s'inscrit dans l'exécution d'environ 25 000 officiers polonais prisonniers par Staline en vue d'anéantir l'élite militaire polonaise. Parallèlement, plus de 340 000 Polonais sont déportés et au moins 100 000 périssent en camp. À la découverte du charnier par les Nazis en 1943, le massacre est d'abord attribué aux Juifs pour justifier leur extermination, puis aux Soviétiques. À

Nuremberg, les Soviétiques attribuent le massacre aux Nazis et bloquent toute information précise jusqu'au 13 octobre 1990, quand Gorbatchev présente les excuses officielles de l'URSS pour le crime. En 2010, Vladimir Poutine a transmis les archives à la Pologne tout en présentant le massacre comme une réplique à celui des prisonniers russes par les Polonais lors de la guerre de 1919-1920…

2. Les génocides

Le projet idéologique nazi de purification de la race prend un caractère apocalyptique avec la guerre : massacres de masse à l'Est et « centres de mise à mort » en sont la mise en œuvre.

Repère **Le génocide**

Le terme de génocide est créé en 1944 par le juriste juif américain d'origine polonaise Raphaël Lemkin pour désigner l'extermination des Juifs pendant la Seconde Guerre mondiale. Il reçoit ensuite une définition juridique avec la Convention pour la prévention et la répression du crime de génocide adoptée par l'Assemblée générale de l'ONU en 1948 à savoir l'un quelconque des actes ci-après, commis dans l'intention de détruire tout ou partie d'un groupe national, ethnique, racial ou religieux, comme tel : le meurtre de membres du groupe, ou l'atteinte grave à l'intégrité physique ou mentale de membres du groupe, ou la soumission intentionnelle du groupe à des conditions d'existence devant entraîner sa destruction physique totale ou partielle, ou des mesures visant à entraver les naissances au sein du groupe, ou le transfert forcé d'enfants du groupe à un autre groupe.

A. La guerre à l'Est accélère le génocide

Le **30 janvier 1939**, Hitler s'adresse au Reichstag dans un discours qu'il présente comme « prophétique » pour annoncer l'extermination des Juifs en cas de guerre : comme le souligne Philippe Burrin, la lutte y est totalement apocalyptique, l'anéantissement inéluctable et, comme dans les chambres à gaz, la responsabilité est renvoyée à une nécessité historique qui dépasse le *Führer*.

FIGURE CLÉ **Heinrich Himmler (1900-1945)**

L'un des principaux responsables du régime nazi, Heinrich Himmler, plus haut dirigeant de la *SS*, il dirige ensuite la *Gestapo*. Commissaire du Reich pour le renforcement de la race allemande en 1939, il applique l'idéologie nazie à l'est de l'Europe, mettant en œuvre l'extermination des Juifs, l'ensemble des camps étant sous son autorité. Après l'attentat contre Hitler du 20 juillet 1944, il reçoit un pouvoir croissant et commande toute une partie des forces armées. En mars-avril, il tente de négocier avec les Alliés (ce n'est pas parce qu'il est malade qu'il est relevé de ses fonctions ? En effet, il a tenté de négocier avec les Alliés lors de son arrestation), ce qui conduit Hitler à le suspendre de ses fonctions. Reconnu quand il tente de fuir, il est arrêté par les Britanniques et se suicide.

Le déclenchement de la guerre facilite la réalisation du programme raciste nazi. À partir du 1er septembre 1939, **70 000 Allemands handicapés sont « euthanasiés »** (« mort miséricordieuse » ou *Gnadentod* dans l'ordre d'Hitler de ce jour, programme appelé « Aktion T4 » après 1945) par gaz dans des camions. De plus, des dizaines de milliers de membres des élites polonaises sont exécutés pour anéantir leur nation. La guerre à l'Est place directement aux mains du régime la plus grande partie de la population juive européenne, dans des régions destinées à être peuplées par le *Reich*, particulièrement après l'entrée en guerre contre l'URSS, le 22 juin 1941. Ces régions sont marquées par un antisémitisme ancien et par le traumatisme de l'occupation soviétique, accompagnée de massacres et de disparitions des structures sociopolitiques anciennes, constituant de véritables « terres de sang ». L'arrivée des troupes allemandes encourage ces populations à de vastes pogroms, en particulier dans les pays baltes, rapidement proclamés « libres de Juifs » ou *Judenfrei*. Le désordre ainsi organisé conduit Himmler à privilégier **l'action des *Einsatzgruppen***.

Repère Les *Einsatzgruppen*

Dès l'invasion de l'URSS sont constitués quatre *Einsatzgruppen* (« groupes d'intervention »), dénommés A, B, C et D, qui accompagnent l'avancée allemande. Les effectifs proviennent de la police et de la *SS*. Le commandement se distingue par son haut niveau universitaire, la moitié des 21 commandants ayant un doctorat : ces capacités sont utilisées pour nourrir une rhétorique justifiant les massacres, au nom de la « guerre totale » et de l'avènement du nouveau monde pur racialement. Ces unités et leurs auxiliaires locaux massacrent environ un million de Juifs. Devant les effets psychologiques qui frappent ces unités, y compris leurs commandants les plus décidés comme Karl Jäger ou Erich von dem Bach-Zelewski, Himmler s'oriente vers la chambre à gaz pour déresponsabiliser chacun de la mise à mort.

La population juive d'Europe de l'Est est regroupée dans de vastes **ghettos** ou quartiers fermés, interdits aux autres habitants. Ces quartiers sont volontairement affamés et laissés sans soin : environ **500 000 personnes y périssent**.

Repère Babi Yar (29-30 septembre 1941)

Babi Yar est un lieu-dit des environs de Kiev, en Ukraine. Le 29 et 30 septembre 1941, en représailles au piège tendu par le NKVD (Commissariat du peuple aux Affaires intérieures de l'URSS) aux Allemands, qui déclenche un gigantesque incendie et tue des milliers de soldats lors de l'occupation de la ville, plus de 33 000 Juifs, forcés de se déshabiller, sont exécutés par les *Einsatzgruppen* et leurs auxiliaires locaux en 36 heures : c'est un record unique dans l'histoire de la Shoah. Dans les mois qui suivent, plus de 60 000 personnes, Juifs ou résistants, sont exécutées.

B. Les « centres de mise à mort »

En quête d'une plus grande efficacité dans l'extermination, Himmler fait expérimenter le principe de la chambre à gaz à Auschwitz sur des prisonniers soviétiques le 3 septembre 1941. Les premières chambres à gaz sont mises en service à Treblinka à l'automne, alimentées avec des gaz d'échappement de moteur. Le **20 janvier 1942, la conférence de Wannsee**, près de Berlin, décide la liquidation des ghettos et de l'extermination des Juifs d'Europe occidentale dans des camps d'extermination ou « **centres de mise à mort** », principalement celui d'Auschwitz-Birkenau. Elle ne décide pas de la Solution finale, déjà actée, mais d'une évolution dans sa mise en œuvre technique. On y comptabilise environ 11 millions de victimes…

Repère **« Centres de mise à mort »**

En 1945, le tribunal de Nuremberg a distingué les « camps de concentration » et les « camps d'extermination ». Ces derniers sont situés en Europe de l'Est et sont caractérisés par les chambres à gaz, alimentées par des gaz d'échappement de moteur, puis par le zyklon B. À la suite de Raoul Hillberg, les historiens préfèrent aujourd'hui l'expression de « centres de mise à mort ». Le terme de « camp » suppose un séjour d'une certaine durée : or la plupart sont exterminés en quelques heures.

L'année **1942** a été qualifiée par Raoul Hillberg de « **deuxième vague du génocide** » : les ghettos sont méthodiquement liquidés, la population restante étant fusillée ou envoyée dans les « centres de mise à mort ». À l'été 1943, les grandes communautés juives orientales ont disparu

Repère **Auschwitz**

Le nom d'Auschwitz (aujourd'hui Oświęcim en Pologne) résume aujourd'hui les étapes du système concentrationnaire nazi et du génocide. Un premier camp de concentration ou « camp souche » est ouvert le 14 juin 1940, à proximité d'un nœud ferroviaire pour faciliter l'arrivée des convois. Il est équipé d'une chambre à gaz en 1942. En 1941 est créé Auschwitz-Monowice ou Auschwitz III, camp de travail fabriquant de l'essence synthétique pour IG Farben. En 1941, 10 000 prisonniers soviétiques meurent en édifiant Auschwitz-Birkenau sur l'emplacement du village de Brzezinka, rasé pour l'occasion. Les déportés participent à l'extermination pour leur ôter le statut de victimes et sont enrôlés de force dans les *Sonderkommando* (unités de travail). L'historien Ernst Jäckel a défini le caractère incommensurable et unique d'Auschwitz, sans enlever à l'horreur des autres crimes : « jamais encore auparavant un État n'avait décidé et annoncé sous l'autorité de son responsable suprême qu'un certain groupe humain devait être exterminé, autant que possible dans sa totalité, les vieux, les femmes et les nourrissons inclus, décision que cet État a ensuite appliquée avec tous les moyens qui étaient à sa disposition ». Le camp est libéré par l'Armée rouge le 27 janvier 1945.

Repère ***Shoah* de Claude Lanzmann (1985)**

Ancien résistant, Claude Lanzmann réalise un film qu'il veut unique sur la « Shoah », « catastrophe » en hébreu, terme qu'il préfère à celui alors utilisé « d'holocauste » (terme grec biblique pour désigner un sacrifice complet par bûcher). Tourné de 1976 à 1981, il sort en 1985 avec une durée de 9 h 26, réduction de 350 heures de prises de vues. Il se distingue par le refus d'utiliser toute image d'archive, réalisée après le massacre. Il opte pour le témoignage, toujours plus précis, pour tenter de faire comprendre la réalité de l'extermination dans toute la précision matérielle.

C. Le bilan de l'extermination

Repère **Le bilan de l'extermination**

Franciszek Piper a établi qu'au moins 1,3 million de personnes ont été déportées à Auschwitz, dont 1,1 million sont mortes : 960 000 Juifs, 70 000 à 75 000 Polonais, 21 000 Tsiganes, 15 000 prisonniers de guerre soviétiques. Entre 5,1 et 5,86 millions de Juifs ont péri (54 % à 64 % des Juifs que comptait l'Europe en

1939) : 2,7 millions sont morts dans les camps d'extermination, 1,3 million ont été fusillés par les *Einsatzgruppen* (Shoah par balles). Alors qu'ils étaient un élément historique de la culture allemande, les Juifs allemands (522 000 en 1933) ont disparu à 90 % du pays, du fait des migrations (environ 58 %) ou de l'extermination (32 %).

Franciszek Piper a établi qu'au moins 1,3 million de personnes ont été déportées à Auschwitz, dont 1,1 million sont mortes : 960 000 Juifs, 70 000 à 75 000 Polonais, 21 000 Tsiganes, 15 000 prisonniers de guerre soviétiques. Entre **5,1 et 5,86 millions de Juifs ont péri** (54 à 64 % des Juifs que comptait l'Europe en 1939) : 2,7 millions sont morts dans les camps d'extermination, 1,3 million ont été fusillés par les *Einsatzgruppen*. En Allemagne, alors qu'ils étaient un élément historique de la culture allemande, les Juifs allemands (522 000 en 1933) ont disparu à 90 % du pays, ayant migré (environ 58 %) ou été exterminés (32 %).

Repère **La « Shoah par balles »**

En 2007, le Père Patrick Desbois publie *Porteur de mémoires. Sur les traces de la Shoah par balles*, compte rendu de son investigation en Ukraine pour identifier les fosses qui témoignent du massacre des Juifs dans l'est de l'Europe en 1941. Par l'expression « Shoah par balles », il souligne que ces exécutions appartiennent au même processus que les chambres à gaz mises en œuvre pour prendre le relais de manière plus efficace. Son travail, qui ne prétend pas être historique mais mémoriel, a fait débat. On lui a reproché sa méthode : son étude ignore trop le contexte, les études existantes sur les *Einsatzgruppen*, comme si leur action avait été ignorée. Il « oublie » la participation de populations locales aux massacres. L'expression « Shoah par balles » est jugée accrocheuse : il n'y aurait qu'une Shoah mais avec des modalités très diverses… ce qui n'empêche pas de nombreux ouvrages ou manuels de la reprendre. Il reste une enquête d'ampleur, qui a fait connaître plus largement ces massacres, ce qui n'est pas sans mérite malgré ses limites.

D. « Samudaripen », « Porajmos », le génocide des Tsiganes*

Le nazisme a hésité sur le statut à accorder aux Tsiganes : « fléau tsigane », puis « asociaux » sur la base des lois de Nuremberg de 1935, enfin « métis » conduit à assimiler leur traitement à celui des Juifs. C'est ce que recommande Himmler par son « **décret d'Auschwitz** » de **16 décembre 1942** par lequel il ordonne la déportation à Auschwitz de la population tzigane. Dans une partie des territoires, les massacres sont directement opérés par l'armée. Dans la nuit du 2 au 3 août 1944 a lieu la « nuit des Tsiganes » ou *Zigeunernacht* : les 3 000 Roms restants au camp d'Auschwitz-Birkenau sont assassinés

Les statistiques sont imprécises mais **250 000 à 500 000 Tsiganes ont été exterminés** sur les 700 000 qui vivaient en Europe. D'autres pays participent au génocide, telles la Bulgarie et la grande Croatie. La France les enferme dans des camps d'internement de 1940 à 1946. Il y a une véritable politique coordonnée d'anéantissement. Le génocide a été reconnu par l'Allemagne en 1982.

* Il est dénommé « Samudaripen » (« tuez-les tous » en langue romani) ou « Porajmos » (« dévorer » dans cette langue).

THÈME 2

La multiplication des acteurs internationaux dans un monde bipolaire (de 1945 au début des années 1970)

CHAPITRE 4

La fin de la Seconde Guerre mondiale et les débuts d'un nouvel ordre mondial

FICHE 9

Le bilan matériel, humain et moral du conflit

Faire le bilan de la Seconde Guerre mondiale n'est pas seulement clore celle-ci : c'est aussi dessiner la vision idéologique du monde qui naît en 1945, soulignant la puissance des vainqueurs et leurs rivalités vite apparentes, le déclassement et le discrédit de l'Europe, avec rapidement des conséquences sur le reste de la planète.

L'ESSENTIEL EN DATES

- **27 janvier 1945** : libération du camp d'Auschwitz par l'Armée rouge.
- **4-11 février 1945** : conférence de Yalta.
- **8 mai 1945** : capitulation allemande.
- **17 juillet-2 août 1945** : conférence de Potsdam.
- **6 et 9 août 1945** : bombardements atomiques d'Hiroshima et de Nagasaki.
- **2 septembre 1945** : capitulation japonaise.

1. Des pertes et des destructions inimaginables

Plus de 70 ans après la fin des combats, le bilan de la Seconde Guerre mondiale reste un objet de recherche historique. Le bilan a longtemps tourné autour de 40-50 millions de morts : on sait aujourd'hui qu'il **dépasse les 75 millions, soit plus de 3,5 % de la population mondiale de 1940**, ce qui représenterait pour la population actuelle 200 millions de victimes... À titre d'exemple, l'URSS a perdu près de 28 millions d'habitants, soit presque un sixième de sa population, l'Allemagne-Autriche un neuvième avec 8,6 millions de morts...

Repère *Infographie de la Seconde Guerre mondiale*

En 2018 est paru un ouvrage original intitulé *Infographie de la Seconde Guerre mondiale*, dirigé par Jean Lopez et salué par de nombreux articles. Il se distingue par la volonté de « visualiser » les masses de statistiques disponibles sur le sujet par le data design, produisant cartes ou infographies. Cette démarche n'est pas qu'illustrative : par exemple apparaissent clairement l'impossibilité *a priori* pour l'Allemagne de vaincre ou la monstruosité des masses de victimes, du conflit ou de la Shoah. Les ordres de grandeur de cette fiche s'inspirent en partie de ce travail original.

A. Les pertes militaires

Sur les 75 millions de morts, il y aurait environ **26 millions de militaires**. Les « pertes militaires » sont plus nombreuses car elles incluent l'ensemble des militaires hors de combat, y compris les blessés légers... d'où la grande diversité des chiffres selon la précision des informations. Les États-Unis perdent ainsi un million de soldats dont près de 417 000 morts. **L'Allemagne perd 5,3 millions de soldats contre 2 millions en 1914-1918**, contrairement à la France qui déplore 200 000 morts contre presque 1,5 million pour la Première Guerre mondiale. En revanche, le Japon voit mourir 2,6 millions de soldats. Le bilan chinois ne peut être établi de manière fiable mais comptabilise au minimum 3 millions de décès.

B. Les pertes civiles

Les civils représentent les **deux tiers des victimes de la guerre**, soit 49,37 millions de morts. Cette proportion s'explique par les modes de combat qui incluent notamment le **bombardement massif de villes** : 70 000 civils meurent en une nuit à Dresde en 1945, 100 000 à Tokyo en 1945, tandis que les bombes nucléaires inaugurent la disparition quasi instantanée de 70 000 à 100 000 personnes à Hiroshima le 6 août 1945 et de 40 000 personnes à Nagasaki le 9. Le 8, au surlendemain du bombardement nucléaire d'Hiroshima, Albert Camus écrit dans un éditorial de *Combat*, journal issu de la Résistance : « La civilisation mécanique vient de parvenir à son dernier degré de sauvagerie. »

Un deuxième aspect est la **composante idéologique** qui voit dans l'ennemi une menace à éradiquer entièrement. Les **nazis sont ainsi responsables d'environ 10 millions de morts pour des raisons « raciales »**, visant les Juifs, les Slaves, les Tziganes ou Roms, sans compter les personnes tuées pour faits de résistance ou d'opposition. Au lendemain de la guerre, les déplacements ajoutent de nouvelles victimes, par exemple 2 à 3 millions d'Allemands en Europe.

Le **27 janvier 1945**, les soldats de l'Armée rouge entrent dans la plus importante usine de mort nazie, le **triple camp d'Auschwitz**, camp de concentration, camp d'extermination (Auschwitz-Birkenau) et usine de fabrication d'essence synthétique (Auschwitz-Monovice ou centre de mise à mort). Dans les mois qui suivent, les Anglo-Américains découvrent Buchenwald, Bergen-Belsen, Dachau et Mauthausen. Les Alliés prennent conscience avec effroi de l'effondrement moral du continent européen : l'un de ses peuples les plus cultivés a méthodiquement anéanti des populations entières, leur déniant toute dignité humaine.

C. Le bilan économique

Tous les contemporains décrivent avec effroi un immense champ de ruines. Des dizaines de millions de civils sont sans abri, 25 millions en URSS, 22 millions au Japon, 20 millions en Allemagne ou 5 millions en France, les destructions concernant 25 % des logements au Japon, 20 % en Allemagne. Les réseaux de transport sont détruits, totalement comme en Pologne, à moitié en Allemagne ou en France. Les échanges privent certaines régions, avec une production de toute façon insuffisante : on meurt de faim, 100 000 Japonais jusqu'en 1946, mais surtout à l'ouest de l'URSS, famine entretenue par Moscou. Le PIB de 1945 ou 1946 tombe presque de moitié en France, en Italie et en RFA par rapport à 1938… Le plan Marshall joue un rôle de formidable accélérateur, dont ne profite pas l'Europe sous l'emprise soviétique : en 1989, une partie de l'écart de richesse est due à cela.

Repère **Les enjeux moraux du bilan allemand**

À plusieurs reprises, le bilan allemand a fait débat : peut-on évoquer la souffrance des Allemands ou est-ce une forme de révisionnisme ? Longtemps refoulée, la mémoire allemande des « bombardements stratégiques », qui ont tué 600 000 Allemands, dont 76 000 enfants, a ressurgi avec la première histoire globale qu'en a dressée Jörg Friedrich dans un ouvrage très polémique intitulé *L'Incendie* (2002) : il présente ces bombardements comme une politique d'anéantissement, largement inutile stratégiquement et pouvant être interprétée comme un crime de guerre. En 2008, le film *Une Femme à Berlin* évoque le sort des femmes allemandes en 1945 : environ deux millions de femmes sont violées régulièrement, tandis que de 150 à 200 000 « bébés russes » naissent dans la zone d'occupation soviétique. Le livre de Marta Hillers, d'où il est tiré, avait été publié en 1954 en anglais sans écho à l'époque. Enfin, la mémoire des 12 millions de « déplacés de l'Est » continue de susciter la polémique lors d'expositions comme en 2006.

2. Une nouvelle Europe

A. Un continent déclassé

L'Europe est indiscutablement déclassée. Moralement, elle est désormais un « **continent de ténèbres** » selon l'expression de l'historien Mark Mazower. Si le **Royaume-Uni** a tenu tête à Hitler, il **sort épuisé du conflit** et subit le rationnement durant encore de longues années. Officiellement pays vainqueur grâce à Churchill, au verbe gaullien et à l'héroïsme de la Résistance, la **France peine à faire oublier l'effondrement de 1940**. S'ils cherchent à s'appuyer sur leurs empires coloniaux pour tenter de rester des puissances mondiales, les États européens ne sont plus au premier plan : significativement, le siège de l'ONU est à New York, alors que celui de la SDN était à Genève. De plus, leurs empires coloniaux sont largement fragilisés par les revendications d'indépendance, par l'attention portée aux droits humains comme en témoigne la Déclaration universelle des droits de l'homme de 1948 et par l'idée que les colonies sont bien coûteuses.

B. Les conférences de Yalta et Potsdam redessinent le continent

Du **4 au 11 février 1945**, Staline, Roosevelt et Churchill se réunissent à Yalta, station balnéaire de Crimée. Cette rencontre fait suite à celle de Téhéran de décembre 1943. La conférence entérine le partage d'influence en Europe, issu des entretiens soviéto-britanniques du 9 octobre 1944, et en Extrême-Orient à la suite des négociations soviéto-américaines (14 décembre 1944). **L'Allemagne sera divisée en zones d'occupation**. Les Alliés prévoient la signature prochaine de la Charte de l'ONU et une Déclaration sur l'Europe libérée fixe à Yalta des principes communs mais qu'il est possible d'interpréter de différentes manières : les signataires s'engagent notamment à « installer des gouvernements provisoires dans lesquels seront largement représentés tous les éléments démocratiques de la population qui devront, par voie d'élections libres, constituer aussi rapidement que possible des gouvernements répondant à la volonté populaire et enfin de faciliter, si besoin est, de telles élections ».

La conférence de Yalta est un **succès pour Staline**, en position de force face à Roosevelt, très affaibli par la maladie et obnubilé par son projet de fonder l'ONU. Il obtient de **conserver les gains territoriaux de 1941**, issus notamment du pacte germano-soviétique de 1939, en échange d'une entrée en guerre contre le Japon trois mois après la capitulation du Reich. Dès les semaines qui suivent, **l'URSS ne respecte pas la Déclaration sur l'Europe libérée** : les communistes prennent le pouvoir en Roumanie et sont favorisés en Pologne et en Bulgarie. Cela vient renforcer le **mythe d'un « partage du monde »** entre grandes puissances, lancé par de Gaulle, qui n'a pas été invité mais qui reçoit, pour le compte de la France, une zone d'occupation en Allemagne grâce à Churchill, soucieux de partager le poids financier à venir.

Repère **La ligne Oder-Neisse**

La ligne Oder-Neisse désigne la nouvelle frontière germano-polonaise décidée à Potsdam, qui ampute l'Allemagne de la Silésie et d'une partie de la Poméranie, et suit le plus souvent le cours du fleuve Oder et de son affluent, la Neisse de Lusace. En 1990, lors de la réunification, la RFA l'a reconnue définitivement comme sa frontière orientale. La « ligne Curzon » est le projet de frontière orientale de la Pologne proposé par Lord Curzon en 1919. Par sa victoire militaire sur les Soviétiques, Varsovie avait obtenu de vastes territoires plus à l'est. En 1945, l'URSS impose un retour à ce tracé.

C'est à Potsdam que sont décidés les « **trois D** » concernant l'Allemagne :
- **démilitarisation** : désarmement, dissolution de l'armée ;
- **dénazification** : épuration de l'État et de l'administration, actions de rééducation, jugement des responsables ;
- **décartellisation** : démantèlement de l'industrie de guerre, fédéralisation.

C. Les grands déplacements de population

Document essentiel

En 1945, la carte de l'Europe sort bouleversée de la Seconde Guerre mondiale. Repoussée à l'est par le premier conflit mondial, l'URSS s'avance en Europe aux dépens de la Pologne, de la Tchécoslovaquie et de la Roumanie, et annexe les pays baltes. Elle reçoit un morceau de Prusse orientale, berceau du militarisme prussien, comme butin de la victoire sur l'Allemagne. En compensation, la Pologne s'agrandit de territoires pris à l'Allemagne. Avec l'Autriche, celle-ci est divisée en quatre zones d'occupation, sa capitale en quatre secteurs.

L'Europe en 1945

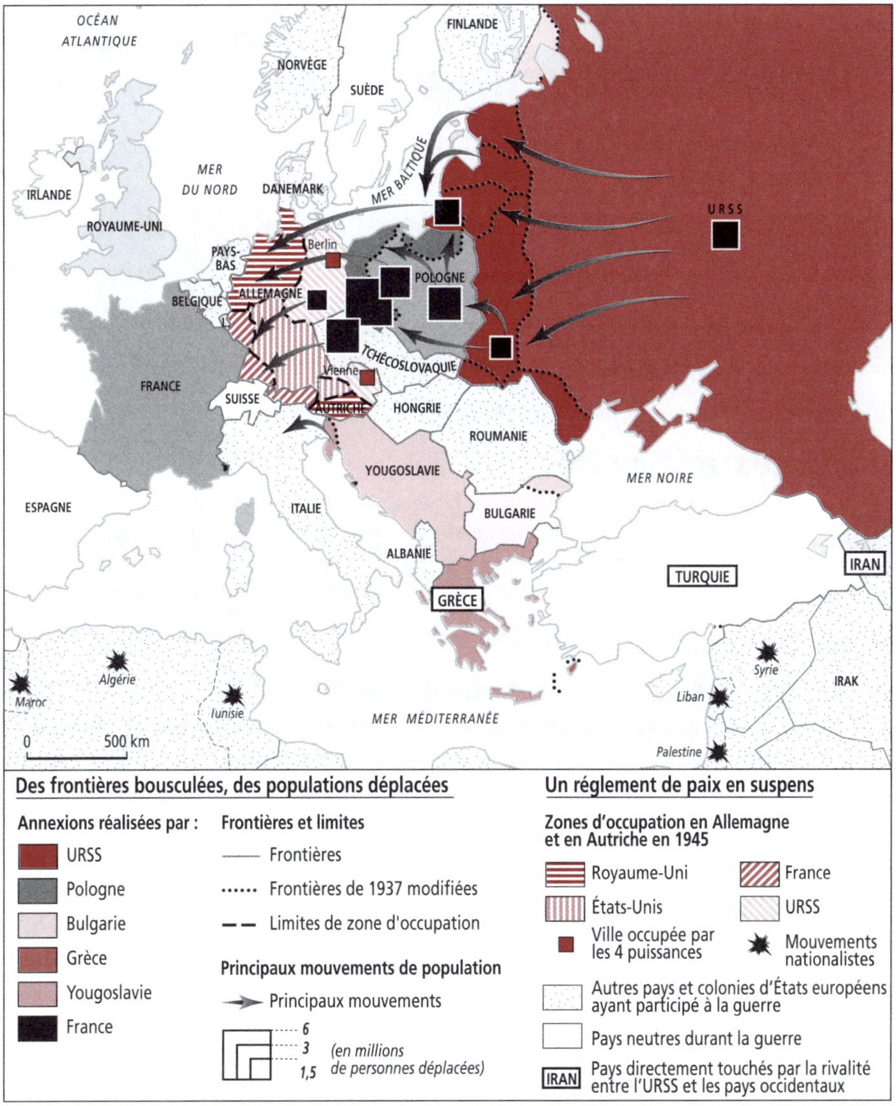

FICHE 10

Les bases de l'État-providence

L'entre-deux-guerres avait vu mettre en place des dispositifs ponctuels d'aide dans plusieurs pays tandis que la Grande Dépression répandait l'idée que l'État a un rôle à jouer dans l'économie pour amortir les crises. Au lendemain du conflit, l'aspiration générale à plus de justice sociale conduit de nombreux pays à généraliser ces dispositifs et à les intégrer dans un ensemble cohérent qualifié d'État-providence.

L'ESSENTIEL EN DATES

- **Novembre 1942** : publication du rapport Beveridge en vue d'un *Welfare State.*
- **15 mars 1944** : programme du Conseil national de la Résistance.
- **4 et 19 octobre 1945** : ordonnances créant la Sécurité sociale en France.
- **1948** : entrée en vigueur des textes sur le *Welfare State* britannique.
- **29 janvier 1949** : présentation du *Fair Deal* au Congrès américain.

I. Un contexte favorable

En 1945, si les économies européennes sont ruinées par le conflit, un large consensus affirme que l'État doit consacrer plus de ressources aux dépenses sociales, qu'il faut organiser en un État-providence.

1. Des raisons économiques

La naissance de l'État-providence s'inscrit dans un cadre général accordant à l'État de jouer un rôle plus important dans le domaine économique. La Grande Dépression des années 1930 avait popularisé le « planisme », théorie selon laquelle une **planification** au moins indicative permettrait une meilleure répartition des investissements entre les secteurs économiques. Le britannique Clement Attlee déclare ainsi qu'il faut désormais « des villes, des parcs et des terrains de jeu, des maisons et des écoles, des usines et des boutiques bien planifiés et bien construits ». Des socialistes aux démocrates-chrétiens, un large consensus voit dans la planification indicative un gage de plus grande justice sociale. L'État-providence en apparaît alors comme une application sociale, avec l'objectif d'empêcher le retour du chômage de masse et la chute de la consommation comme dans les années 1930. Le *Welfare State*, ou « État de bien-être », sur le modèle de ce que dessine le « **rapport Beveridge** » en 1942, doit ainsi organiser une **redistribution pour maintenir une certaine demande** même chez ceux qui sont touchés par la maladie, la vieillesse, les femmes enceintes ou ceux qui ont perdu leur emploi, situation moins pressante dans l'immédiat après-guerre. L'analyse économique voit dans de tels dispositifs des « stabilisateurs économiques ».

FIGURE CLÉ **Lord William Beveridge (1879-1963)**

Fils d'un juge exerçant dans l'empire des Indes, William Beveridge devient haut fonctionnaire auprès de Winston Churchill dans des cabinets libéraux avant la Première Guerre mondiale et met en place des services d'étude du chômage. En **1942**, il publie un rapport commandé deux ans plus tôt par Ernest Bevin, ministre travailliste du Travail, en vue de former un *Welfare State* après la guerre : le ***Report to the Parliament on Social Insurance and Allied Services*** est un succès de librairie. Il y défend quatre postulats : la mise en place d'un service national de santé, le versement d'une pension suffisante par l'État, celui d'allocations familiales et le plein-emploi, conçu non pas comme une allocation garantie mais comme l'affirmation que tout adulte en bonne santé doit pouvoir vivre de son travail.

2. Des raisons politiques

L'état d'une partie de l'Europe occidentale est préoccupant : le rationnement est réintroduit en France et au Royaume-Uni pour plusieurs années. Les années 1930 ont montré que les populations appauvries peuvent se laisser séduire par les discours totalitaires. C'est ce qui motive aussi l'aide économique du **plan Marshall**, proposé par les Américains à l'Europe en juin 1947. Il met en œuvre la doctrine Truman, présentée au Congrès par le président Harry Truman le 12 mars précédent : « Les germes des régimes totalitaires sont nourris par la misère et le besoin. Ils se répandent et grandissent dans la mauvaise terre de la pauvreté et de la guerre civile. » Comme l'aide américaine, l'État-providence doit **consolider la démocratie**, d'autant plus qu'il ne s'agit pas d'une action révolutionnaire prenant aux riches pour les pauvres, mais que ces dépenses bénéficient aussi aux classes moyennes, qui obtiennent soin et retraite.

II. Des modalités différentes

Avec des variantes selon les pays, l'Etat-Providence est la grande affaire des États après-guerre.

1. Les États-Unis

Inspirés par le keynésianisme, les *New Deals* mis en œuvre par Franklin D. Roosevelt à partir de 1933 ont expérimenté des dispositifs ensuite systématisés en un État-providence. Une première ébauche a été formalisée avec le programme de 21 points présenté par **Harry Truman** le 6 septembre 1945, mais la victoire des Républicains aux *mid-terms* (élections de mi-mandat) de 1946 a repoussé provisoirement toute application. Truman le place au cœur de la campagne électorale de 1948, puis du ***Fair Deal* qu'il propose au Congrès le 20 janvier 1949**. Il étend la sécurité sociale créée sous Roosevelt, développe la politique de logements sociaux, mais échoue à créer un département de la santé face au lobby médical.

2. Des points communs en Europe

L'institution d'un État-providence présente des points communs entre les différents pays. Il consiste en un système d'assurance publique concernant **la maladie, la vieillesse, les accidents du travail et le chômage**. Il s'accompagne d'**allocations familiales**, de la fourniture de services sociaux comme l'éducation, le logement, les soins médicaux, de centres de loisirs, de transports publics subventionnés, d'une aide à la pratique artistique et culturelle. L'Empire allemand avait été précurseur, avec plusieurs lois prises sous Bismarck, créant une assurance maladie (1883), une assurance contre les accidents du travail (1884) et une assurance vieillesse et invalidité (1889), qui servent de référence au-delà des frontières allemandes. Elles ont été complétées sous la république de Weimar. Dans la RFA de 1949, cette législation est systématisée tandis que le « miracle économique » s'appuie sur la notion d'« économie sociale de marché » qui cherche à homogénéiser la croissance dans la société. Au Royaume-Uni, les travaillistes autour de Clement Attlee nationalisent – avec dédommagement – des entreprises pour qu'un large secteur public impulse des mesures sociales dans les autres entreprises. En **1946, le National Insurance Act** fonde le *Welfare State*, élargi aux non-salariés dès 1948 par le National Assistance Act en 1948. Cet ensemble est complété par le Service national de Santé, institué malgré l'opposition du corps médical cette année-là, et par une série de lois sur le logement, la maîtrise de l'espace foncier, la construction de villes nouvelles et la démocratisation du système scolaire. Le Royaume-Uni choisit de financer ces dispositifs par l'impôt, impôt sur les successions et impôt sur le revenu dont la progressivité est accrue.

Repère **Logique d'assurance ou logique de sécurité sociale**

L'État-providence hésite entre deux logiques. La **logique d'assurance**, d'inspiration libérale, vise à **mutualiser les risques** pour des raisons techniques. Elle garantit des prestations en échanges du versement de cotisations. La **logique d'assistance** a une **fonction redistributive** en couvrant des risques sociaux indépendamment du montant des cotisations.

III. Le cas français

À la Libération, les classes dirigeantes d'avant-guerre sont largement discréditées : des communistes aux démocrates-chrétiens du Mouvement républicain populaire (MRP), un large mouvement aspire à plus de justice sociale dont l'État-providence doit être l'instrument.

1. Une double révolution

L'idée d'un État jouant un rôle actif dans la reconstruction et la modernisation du pays est au cœur du programme du Conseil national de la Résistance (CNR), qui a été défini en 1944 et sert de ligne directrice au pays libéré. L'historien Pierre Rosanvallon a évoqué une **double révolution intellectuelle et morale en France**. La première est celle du **keynésianisme**, qui considère les données économiques comme des moyens d'action pour un État régulateur. La seconde prend conscience d'une **nécessaire solidarité nationale** à la suite de l'expérience des deux guerres mondiales et de la crise des années 1930, à la base de l'État-providence. La tâche ancienne de l'État comme « réducteur d'incertitudes » ne se limite plus à l'ordre public, mais inclut la sécurité économique et sociale. Le poids des communistes conduit même à une ébauche de démocratie sociale, puisque l'État doit se limiter à réguler la nouvelle sécurité sociale, dont la gestion est confiée aux partenaires sociaux.

2. Les bases d'un État-providence français

Les ordonnances du 4 et du 19 octobre 1945 réorganisent et unifient les différents systèmes d'assurance sociale qui existaient déjà pour certaines professions pour les salariés et, à terme, pour les étrangers lorsqu'une convention sera signée avec le pays d'origine. Elles organisent le versement d'allocations familiales, d'une retraite, l'assurance contre la maladie et les accidents du travail. L'assurance chômage attend 1958 mais le préambule de la constitution de la IVe République de 1946 proclame un droit au travail. En revanche, la généralisation de la Sécurité sociale se heurte, dans un premier temps, au refus des non-salariés (jusqu'en 1967) et des professions agricoles. La France fait le choix d'un financement non par l'impôt mais par prélèvements sur les revenus professionnels, les cotisations des employeurs et celles des salariés étant versées aux caisses primaires départementales, tandis que les caisses régionales et la Caisse nationale permettent des transferts entre régions pour équilibrer l'ensemble.

Repère **Les ordonnances**

Les ordonnances sont des **textes législatifs pris par le pouvoir exécutif** après qu'il y a été autorisé par le pouvoir législatif, ou, en l'absence d'un tel pouvoir, dans le cas d'un gouvernement provisoire comme le Gouvernement provisoire de la République française. Ce dernier distingue donc les décrets, purement exécutifs, et les ordonnances à portée législative, reprenant l'usage des décrets-lois connu par la IIIe République principalement dans l'entre-deux-guerres. Les réformes sociales par ordonnances sont justifiées par le **large consensus** de leurs mesures, issu de la concertation au sein du CNR et **fruit du combat de la Résistance** : ici, elles n'ont pas besoin d'un vote parlementaire.

Votée par la première assemblée constituante le **22 mai 1946, la loi Croizat** prévoit une affiliation à la Sécurité sociale obligatoire pour tous les Français, ce qui est battu en brèche dès 1947, les mutualités existantes obtenant de conserver « provisoirement » leur indépendance... jusqu'à aujourd'hui. Il en va de même pour les régimes particuliers. La loi prévoit aussi une gestion paritaire par les organisations patronales et par les syndicats de travailleurs, ce qui est renforcé plus tard en 1958 avec la création de l'Unedic (Union nationale interprofessionnelle pour l'emploi dans l'industrie et le commerce).

FIGURES CLÉS **Les « pères de la sécurité sociale »**

La paternité de la sécurité sociale française est habituellement attribuée à trois personnalités :
- **Ambroise Croizat** (1901-1951) : ouvrier métallurgiste, socialiste puis communiste en 1920, responsable de la Confédération générale du travail (CGT), élu député au Front populaire en 1936. Déchu en 1940, emprisonné à Alger, il est libéré en 1942 et participe à l'Assemblée consultative provisoire, puis est élu aux assemblées constituantes de 1945 et 1946. Il succède à Parodi comme ministre et fait voter la loi sur la Sécurité sociale du 22 mai 1946.
- **Pierre Laroque** (1907-1997) : conseiller d'État, il participe à la création d'une retraite par répartition par le régime de Vichy avant d'être révoqué pour ses origines juives et d'entrer dans la Résistance. Il devient le premier directeur général de la Sécurité sociale.
- **Alexandre Parodi** (1901-1979) : haut fonctionnaire français, conseiller d'État, ministre du Travail de Vichy avant d'être révoqué pour son hostilité au régime et d'entrer dans la Résistance. Il représente le CFLN en zone occupée à partir de février 1944 et coordonne la libération de Paris. Ministre du Travail et de la Sécurité sociale du GPRF, il imprime sa marque à la création de celle-ci. Il mène ensuite une carrière de diplomate.

FICHE 11

Les bases d'un nouvel ordre international

En 1945, encore plus qu'en 1919, les États sont conscients que la paix durable suppose de renoncer à la force et de mettre en place des institutions internationales en vue d'une sécurité collective.

L'ESSENTIEL EN DATES

- **14 août 1941** : signature de la charte de l'Atlantique.
- **Juillet 1944** : conférence de Bretton Woods.
- **26 Juin 0945** : signature de la charte de San Fransisco instaurant l'ONU.
- **19 janvier 1946** : création du Tribunal militaire international de Tokyo (verdict : 22 novembre 1948).
- **1er octobre 1946** : verdict du Tribunal militaire international de Nuremberg.

1. La fondation d'une justice pénale internationale

Durant la Seconde Guerre mondiale, des crimes d'une ampleur inégalée ont été commis. La construction d'un nouvel ordre international passe par leur châtiment, qui doit être exemplaire afin qu'ils ne se reproduisent pas à l'avenir.

A. Le procès de Nuremberg : châtier pour l'avenir

Le Tribunal militaire international de Nuremberg juge le **premier procès international** de l'histoire. Les Alliés choisissent cette ville hautement symbolique qui accueillait autrefois les congrès nazis. Il s'agit de **dénazifier** le cœur du régime allemand. C'est aussi avec cet objectif que le procès est filmé, pour être largement diffusé et témoigner pour l'avenir.

Quatre chefs d'inculpation sont retenus contre 22 anciens dignitaires nazis : complot contre la paix (1), crime contre la paix (2), crime de guerre (3) et crime contre l'humanité (4). Ce dernier est défini rétroactivement et déclaré imprescriptible. Les accusés sont jugés selon un critère de **responsabilité individuelle** qui les empêche de s'abriter derrière l'obéissance aux ordres reçus.

Repère **Le crime contre l'humanité**

Selon le statut du Tribunal militaire international de Nuremberg, le crime contre l'humanité est imprescriptible. Il englobe « l'assassinat, l'extermination, la réduction en esclavage, la déportation et tout autre acte inhumain commis contre toute population civile, avant ou pendant la guerre, ou bien les persécutions pour des motifs politiques, raciaux ou religieux, lorsque ces actes ou ces persécutions, qu'ils aient constitué ou non une violation du droit interne du pays où ils ont été perpétrés, ont été commis à la suite de tout crime entrant dans la compétence du Tribunal ou en liaison avec ce crime ».

Nuremberg est le premier pas vers une **justice pénale internationale**. Celle-ci doit garantir le respect des droits de l'homme que proclament plusieurs textes à vocation universelle. Alors que le droit international gouverne principalement les rapports entre les États, il s'agit ici de **juger des personnes privées** qui ont commis des crimes. La guerre froide paralyse ensuite toute tentative de renouveler l'expérience. Elle inspirera néanmoins fortement les tribunaux pénaux internationaux mis en place à partir des années 1990.

Document essentiel

Le verdict du tribunal de Nuremberg

Accusés	Chefs d'accusation	Verdict
H. Goering, numéro 2 du Reich	1 à 4	Mort (se suicide en prison)
J. von Ribbentrop, ministre des Affaires étrangères depuis 1938	1 à 4	Mort
A. Rosenberg, théoricien et ministre pour les territoires de l'est	3 et 4	Mort
J. Streicher, idéologue, Gauleiter de Franconie	4	Mort
E. Kaltenbrunner, chef de l'Office suprême de Sécurité du Reich	3 et 4	Mort
H. Frank, gouverneur de Pologne	3 et 4	Mort
F. Sauckel, responsable du travail forcé	3 et 4	Mort
A. Seyss-Inquart, gouverneur d'Autriche puis des Pays-Bas	2, 3 et 4	Mort
W. Frick, ministre de l'Intérieur puis « protecteur » de Bohême-Moravie	2, 3 et 4	Mort
W. Keitel, chef d'état-major de la Wehrmacht	1 à 4	Mort
A. Jodl, général, chef des opérations militaires	1 à 4	Mort
M. Bormann, chef de la Chancellerie, secrétaire particulier d'Hitler	3 et 4	Mort par contumace
E. Raeder, commandant de la Marine	2, 3 et 4	Perpétuité (libéré en 1955)
W. Funk, ministre de l'Économie	2, 3 et 4	Perpétuité (libéré en 1957)
R. Hess, secrétaire d'Hitler	1 et 2	Perpétuité (mort en prison en 1987)
A. Speer, ministre de l'Armement	3 et 4	Perpétuité (libéré en 1966)
B. von Schirach, chef des Jeunesses hitlériennes	4	20 ans de prison

B. Le procès de Tokyo, une réplique imparfaite

Le **19 janvier 1946**, le commandement suprême des puissances alliées en Extrême-Orient décide de créer un tribunal militaire international sur le modèle de celui de Nuremberg pour juger les grands criminels de guerre japonais : 25 hauts dignitaires sont inculpés. Le 12 novembre 1948, sept d'entre eux sont condamnés à mort, seize à la prison à vie et deux à des peines de prison limitées. L'empereur Hiro-Hito est le grand absent du procès car les Américains veulent l'épargner pour que son maintien à la tête du Japon facilite la reconstruction de l'État.

C. Les droits de l'homme sont réaffirmés

Au lendemain du second conflit mondial, plusieurs textes internationaux servent de référence en matière de droits de l'homme. Même s'ils n'ont souvent qu'un effet juridique limité, ils ont le mérite d'exister. En **1948**, sont signées la **Déclaration universelle des droits de l'homme** (DUDH), inspirée de la déclaration française de 1789, ainsi qu'une convention pour la prévention et la répression du crime de génocide. À l'échelle régionale, l'Europe adopte en 1950 une **Convention européenne de sauvegarde des droits de l'homme** et des libertés fondamentales.

2. Création des Nations Unies pour « maintenir la paix et la sécurité internationales »

L'expérience de l'entre-deux-guerres convainc les dirigeants de la nécessité de reprendre le projet de la Société des Nations (SDN) de manière plus efficace : c'est l'Organisation des Nations Unies (ONU).

A. Organiser le monde pour une paix idéaliste

Le **14 août 1941**, dans la **Charte de l'Atlantique**, Roosevelt et Churchill réaffirment comme principes des relations internationales le « droit de tous les peuples à choisir la forme de gouvernement sous laquelle ceux-ci veulent vivre » et de « demeurer en sécurité à l'intérieur de leurs propres frontières ». Sans valeur juridique, ce texte inspire la déclaration des Nations Unies, signée le **1er janvier 1942** par 26 pays en guerre contre l'Allemagne, et sert ensuite de base pour la Charte des Nations Unies de 1945. C'est dans cet esprit que sont fondés l'ONU et un nouveau Système monétaire international (SMI).

Repère **Vision idéaliste, vision réaliste**

Les relations internationales sont classées en deux grands types de conception :

– la **vision idéaliste** considère que les relations internationales peuvent être organisées sur des valeurs et sur le droit, grâce à des institutions comme l'ONU, avec des mécanismes d'arbitrage et de sécurité collective, qui évitent le recours individuel à la force. Elle croit en la possibilité d'un « ordre mondial » ;

– la **vision réaliste** considère que seul l'intérêt des États et les rapports de force structurent les relations internationales. La paix n'est que l'absence de guerre et la sécurité collective est une utopie, souvent dangereuse car détournant de l'armement préventif nécessaire. Les États sont comparés à des « boules de billard » qui s'entrechoquent.

B. L'ONU, fille de la SDN ?

Le **26 juin 1945** est signée à San Francisco la **Charte des Nations Unies**, qui entre en vigueur en octobre suivant, lors de la ratification du 51e pays signataire, en l'occurrence la Pologne. Elle reprend la mission de la SDN (Société des Nations), dissoute en 1946. Dans son **préambule**, cette charte réaffirme des principes essentiels après la Seconde Guerre mondiale. Elle appelle à **maintenir la paix** par des mesures efficaces contre toute agression, à mettre en place des relations internationales fondées sur l'**égalité de droit des pays**, non sur une hiérarchie de puissance, et à promouvoir la coopération internationale. Les États signataires renoncent à l'**usage de la force** (article 4) sauf en cas de légitime défense (article 51). Il est précisé que l'ONU se limite aux questions internationales et qu'elle ne s'immisce pas dans les affaires intérieures (article 7). Des actions militaires « en cas de menace contre la paix, de rupture de la paix et d'acte d'agression » sont prévues. S'il est fait référence à une armée onusienne, celle-ci est restée lettre morte.

Repère **L'« ordre mondial »**

Cette notion renvoie à une vision idéaliste des relations internationales, organisées suivant des valeurs et des principes et non seulement le résultat des rapports de force entre puissances et intérêts de celles-ci (vision réaliste). Les Quatorze Points de Wilson en 1918 en sont la première formulation politique, mis en œuvre par la SDN en 1919. En 1945, l'ONU tente de poursuivre cet effort : la fin de la Guerre froide débloque son fonctionnement, offrant l'espoir qu'elle soit efficace pour maintenir « l'ordre mondial ».

C. Le système onusien

Dans sa structure, l'ONU s'inspire de l'organigramme de la SDN en le complétant. L'**Assemblée générale** de l'ONU traduit l'égalité juridique des États, chacun disposant d'une voix (l'URSS en a en fait négocié trois, au titre de l'URSS, de la Biélorussie et de l'Ukraine) mais ses décisions ne s'imposent qu'aux États qui les votent. **Le Conseil de sécurité** détient l'essentiel du pouvoir de décision : les cinq vainqueurs officiels (États-Unis, URSS, Chine, Royaume-Uni et France) en sont **membres permanents** et toute résolution doit recueillir leur voix (**veto** de fait). Il consacre le fait que les grandes puissances ont plus de poids que les autres. Son **siège est à New York** et il doit pouvoir se réunir à tout instant.

Document essentiel

Le système onusien aujourd'hui

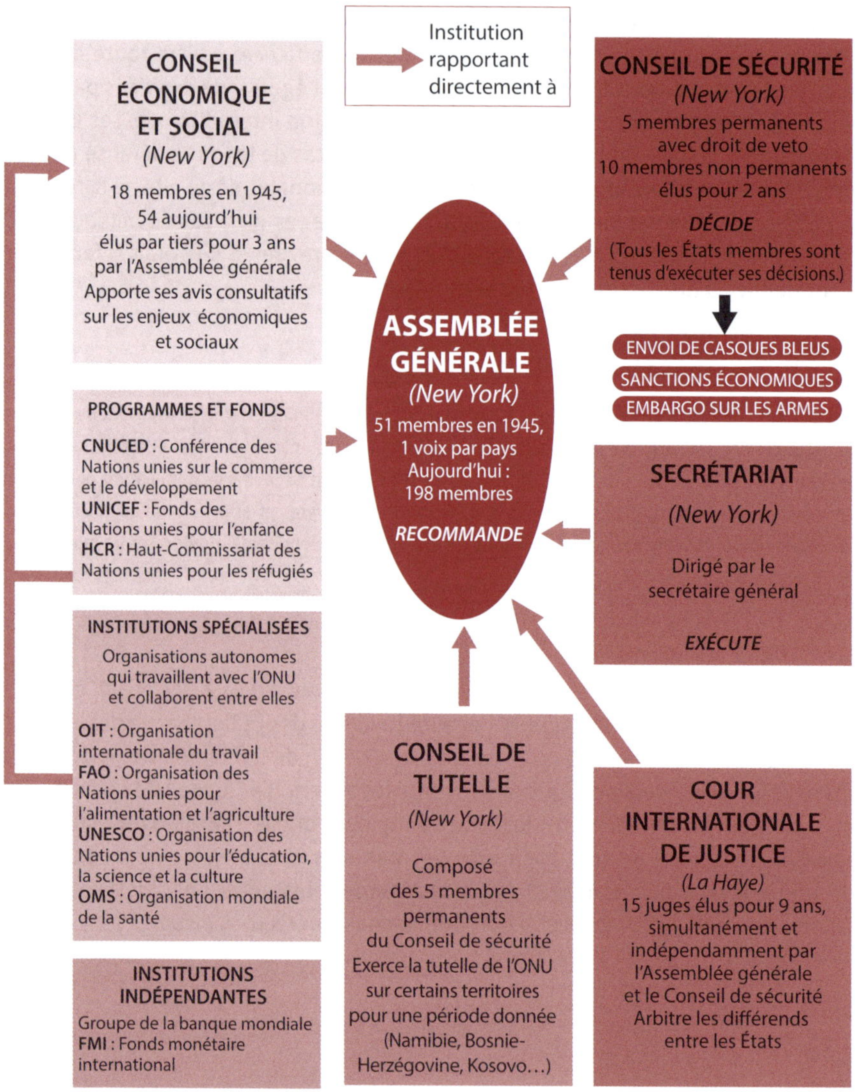

3. Des institutions pour faciliter les échanges économiques

La crise économique des années 1930 a largement contribué à l'entrée en guerre : construire la paix inclut donc la mise en place d'un cadre institutionnel stable pour les échanges économiques.

A. La conférence de Bretton Woods

Dès **juillet 1944**, 44 pays se retrouvent dans le New Hampshire (États-Unis), à Bretton Woods, pour poser les bases d'un nouveau **Système monétaire international** (SMI). Il s'agit d'éviter un retour à la crise économique internationale des années 1930, qui avait vu le cours des monnaies s'effondrer, les économies se fermer, aggravant la crise et favorisant les dictatures ainsi que l'entrée en guerre. La suprématie américaine permet à Washington de repousser le projet de monnaie fictive, le « **bancor** », défendu par le Britannique John Maynard Keynes et d'imposer un **retour au *Gold exchange standard*** ou **étalon dollar-or** : les monnaies sont convertibles en dollars, le dollar en or aux États-Unis.

B. Le SMI, garant de la stabilité monétaire ?

Le Fonds monétaire international (FMI) doit aider les États en difficulté de paiement en échange d'engagements de politique économique et financière. La Banque internationale pour la reconstruction et le développement (BIRD), appelée aussi Banque mondiale, prête aux États pour des investissements productifs mais contrôle leur utilisation effective. En **1947**, l'**accord général sur les tarifs douaniers et le commerce** (GATT) organise des cycles de négociations (*rounds*) pour réduire puis supprimer les obstacles douaniers ou normatifs aux échanges et **éviter un retour au protectionnisme** des années 1930. Aux termes de la clause de la nation la plus favorisée, tout avantage accordé par un État à un autre vaut pour tous les autres États.

Document essentiel

Le SMI et ses institutions

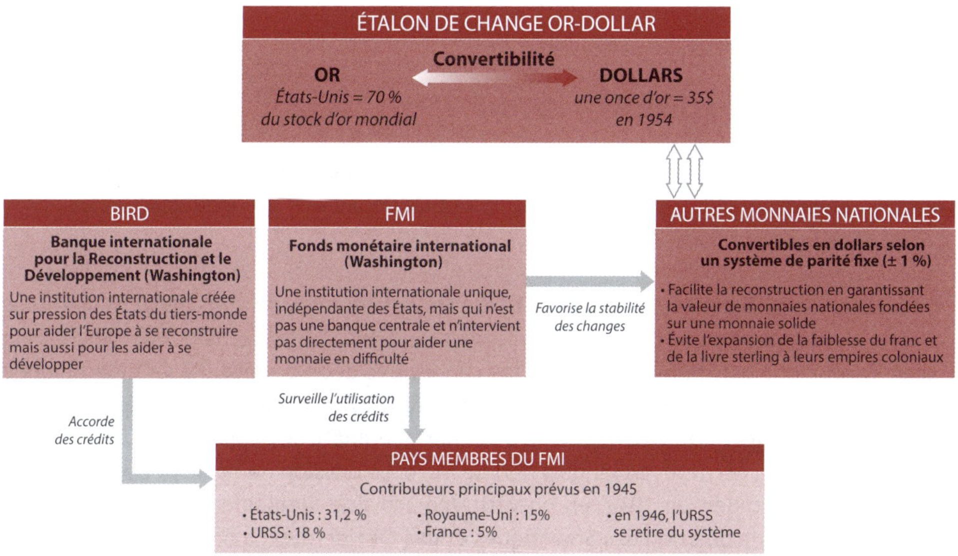

FICHE 12

Les nouvelles tensions : début de la guerre froide et conflits au Proche-Orient

Dès 1945, la Seconde Guerre mondiale à peine achevée, George Orwell évoque une nouvelle « guerre froide », expression popularisée par le journaliste américain Walter Lippmann en 1947. Il s'agit d'un épisode original des relations internationales qui voit s'opposer deux blocs idéologiques, sans conflit direct, que l'arme nucléaire rendrait fatal, mais avec de nombreux conflits périphériques, parfois très intenses.

L'ESSENTIEL EN DATES

- **22 mars 1945** : création de la Ligue arabe au Caire.
- **5 mars 1946** : discours de Churchill sur le « rideau de fer ».
- **12 mars 1947** : doctrine Truman.
- **25 février 1948** : « coup de Prague ».
- **14 mai 1948** : proclamation de l'État d'Israël.
- **22 juin 1948-12 mai 1949** : blocus de Berlin.
- **1er juin 1949** : fin de la première guerre israélo-arabe.

1. Le « Grand Schisme »

Dans son ouvrage *Le Grand schisme* paru en 1948, **Raymond Aron** définit la guerre froide comme « paix impossible, guerre improbable » entre deux blocs irréductibles.

A. La fin de la Grande Alliance

Le **25 avril 1945** est célébré comme l'***Elbe Day*** : vers midi, Américains et Soviétiques ont fait leur jonction sur l'Elbe, près de Torgau, en Saxe. Le lendemain, une poignée de mains symbolique est immortalisée par les clichés des deux armées : la Grande Alliance contre le nazisme atteint un sommet. Pourtant, dès le **12 mai 1945**, quatre jours après la capitulation, un télégramme de Churchill à Truman s'inquiète de l'apparition d'un « Rideau de fer » en Europe, derrière lequel plus rien ne filtre. La division de l'Europe apparaît donc déjà, avant de se muer, en 1947, en un véritable schisme idéologique et politique pour 40 ans. Dès **1946**, la position des Soviétiques et des Occidentaux à propos de l'Allemagne paraît inconciliable.

Repère **Le « rideau de fer »**

Churchill est le premier à utiliser l'expression de « rideau de fer » pour désigner la limite devenue impénétrable de la zone d'influence soviétique en Europe, par analogie avec le rideau qui occulte les boutiques ou les scènes de théâtre. Le **5 mars 1946**, dans un discours à l'université américaine de Fulton, dans le Missouri, l'ancien Premier ministre, tout juste battu aux législatives, dénonce le « rideau de fer descendu à travers le continent », « de Stettin sur la Baltique, à Trieste, dans l'Adriatique ». Jusqu'aux années 1950, des échanges ont pu subsister entre Européens de l'Est et Européens de l'Ouest, sur le plan culturel, voire économique, à l'exemple du charbon polonais consommé à l'Ouest. Progressivement, la barrière devient infranchissable, comprenant une série d'obstacles (*no man's land*, barbelés, chevaux de frise, systèmes d'alarme).

B. La doctrine Truman

Au début de l'année **1947**, la situation en Europe inquiète les États-Unis : l'hiver particulièrement rude et la pénurie font souffrir des populations que pourraient séduire des partis communistes puissants comme en France ou en Italie. La Turquie voit avec inquiétude l'URSS exiger des gains territoriaux à ses dépens. La **guerre civile fait rage en Grèce** entre les monarchistes, soutenus par les Britanniques, et les communistes du Front national de libération – Confédération des forces démocratiques grecques (EAM-ELAS). Face au coût de la guerre, le 21 février 1947, Londres annonce le retrait des 40 000 soldats déployés dans le pays. C'est dans ce contexte que le **président Truman s'adresse au Congrès, le 12 mars 1947**, pour demander des crédits en faveur de la Grèce : c'est la « doctrine Truman ».

FIGURE CLÉ **Harry Truman (1884-1972)**

Le 12 avril 1945, le démocrate F. D. Roosevelt meurt. Son vice-président Harry Truman devient aussitôt président des États-Unis. En juillet 1945, il prend la décision du **bombardement nucléaire** du Japon. Il doit ensuite assumer **l'entrée dans la guerre froide** contre l'URSS de Staline. Élu en 1947, malgré les pronostics de la presse, il doit céder la place au républicain Eisenhower en 1953.

La doctrine Truman a pour objectif de **contenir le communisme** menaçant de gagner l'Europe à la faveur des difficultés d'après-guerre : c'est le ***containment* ou endiguement**. Cette notion s'appuie sur un long télégramme de George Kennan (1904-2005), chef de mission à Moscou, rédigé le 22 février 1946. En juin, ce dernier la développe dans un article anonyme de la célèbre revue américaine *Foreign Affairs*. L'endiguement propose d'associer aide économique et alliances militaires : c'est dans ce contexte que se comprend la **pactomanie américaine** des années suivantes.

L'application directe de la doctrine Truman prend, le **5 juin 1947**, la forme du plan Marshall ou *European Recovery Plan*, programme d'aide proposé pour quatre ans. La proposition s'adresse à tous les Européens mais les bénéficiaires devront choisir leur camp. L'**URSS** refuse l'offre le **2 juillet** suivant. Après avoir pensé l'accepter, la Tchécoslovaquie est contrainte de s'aligner sur le refus soviétique : refuser ou accepter le plan Marshall fixe la coupure de l'Europe entre l'Ouest et l'Est. L'ambassadeur américain à Moscou, Bedell

Smith, note ainsi : « Dès lors, les lignes sont tracées. » Ce plan d'aide répond à un **double objectif** :

- d'une part, **économique** en lançant la reconstruction européenne et en évitant un *dollar gap* (si les Européens manquent de dollars, ils ne pourront rien acheter aux États-Unis) ainsi qu'une récession de type keynésien, caractérisée par une consommation trop faible, qui réduirait les débouchés américains ;
- d'autre part, **politique** en consolidant la démocratie libérale face aux menées des partis communistes et en incitant les Européens à coopérer entre eux. Au cours des mois suivants, les ministres communistes de trois États européens (Belgique, France et Italie) sont limogés.

L'essentiel de l'aide (85 %) consiste en des **dons**, le reste (15 %) étant constitué d'un prêt à long terme. L'injection de capitaux est massive puisque le total reçu par l'Europe s'élève à **13,6 milliards de dollars** (environ 100 milliards de dollars actuels), ce qui représente la moitié du PIB de la France en 1950 ou un peu plus de la moitié du budget de l'Union européenne pour 2013.

C. La réplique soviétique

Face au durcissement américain, Moscou ne se contente pas de refuser le plan Marshall et d'imposer ce choix aux États qui sont dans sa sphère d'influence : du 22 au 27 septembre 1947, **Andreï Jdanov**, idéologue du pouvoir, réunit secrètement les représentants de neuf partis communistes européens (sept de l'Est ainsi que le Parti communiste français et le Parti communiste italien) en Pologne. Un Bureau d'information communiste, ou *Kominform*, est créé. À l'Ouest, cet acte est interprété comme un retour au *Komintern* de 1919. Pourtant, hormis le journal *Pour une paix durable, pour une démocratie populaire*, aucune structure permanente n'existe.

Le rapport lu par Jdanov, connu sous le nom de **doctrine Jdanov** et considéré comme la réponse idéologique à la doctrine Truman, confirme l'idée d'un **monde bipolaire**, divisé en « deux camps fondamentaux », l'un « impérialiste et antidémocratique », l'autre « anti-impérialiste et démocratique ». Alors que Truman décrivait une Europe divisée, Jdanov élargit la cassure au monde entier. L'action qui en découle en tient compte : d'une part, les partis communistes occidentaux doivent refuser tout compromis ; d'autre part, le camp socialiste doit soutenir les mouvements de libération nationale dans les colonies pour déstabiliser les puissances colonisatrices de l'Ouest. Contrairement à ce qui est dit à l'époque, **Staline refuse d'inciter à l'insurrection**. Les grèves violentes de l'automne 1947 en France doivent surtout s'opposer au plan Marshall tandis que Moscou impose au Parti communiste italien (PCI) la voie légaliste et lui interdit de prendre le pouvoir par la force.

2. Prague, Berlin… ou les vrais débuts de la guerre froide

Les années 1947-1950 jouent un rôle crucial dans le processus qui conduit graduellement au « Grand Schisme » entre Est et Ouest.

A. La satellisation de l'Europe de l'Est

En **1947**, des élections truquées donnent le pouvoir en Pologne au « bloc démocratique » téléguidé par Moscou et renforcent la ligne dure en Hongrie avec les dirigeants Mátyás Rákosi et László Rajk tandis qu'en Bulgarie, Petkov, le héros de la résistance antinazie, est exécuté. Le 30 décembre 1947, les communistes forcent le roi Michel de Roumanie à abdiquer et proclament la République populaire roumaine. Le leader Gheorghe Gheorghiu Dej lance alors une soviétisation brutale du pays. Si elle garde son indépendance, la Finlande doit s'engager à une stricte neutralité et à une coopération économique avec l'URSS : cette tutelle est qualifiée de **finlandisation**.

Repère **Le glacis soviétique**

Initialement espace dégagé devant une fortification permettant de voir approcher l'ennemi et de lui tirer dessus, un glacis est aussi un territoire tampon avec l'extérieur. Les pays d'Europe de l'Est « satellisés » par l'URSS ont été ainsi qualifiés de glacis soviétique, contre un retour de la menace allemande et, surtout, contre le camp occidental perçu comme impérialiste.

B. Le « coup de Prague » parachève la mainmise soviétique

Au début de l'année **1948**, la situation de la Tchécoslovaquie est indécise. L'Armée rouge a évacué le pays à la fin de 1945 et le Parti communiste tchécoslovaque semble jouer le jeu de la **démocratie parlementaire** : il obtient 40 % lors des législatives de mai 1946, dans le cadre d'un scrutin libre, portant Klement Gottwald au poste de Premier ministre. Le **20 février 1948**, la démission de ministres appartenant à trois partis minoritaires provoque la crise : les sociaux-démocrates et deux ministres sans étiquette restent. L'un d'eux, **Jan Masaryk**, fils du président de la République de 1919, ministre des Affaires étrangères, est défenestré sous couvert d'un suicide. Le gouvernement est alors complété par des communistes ou des procommunistes : pression politique, défilé de milices dans la rue et noyautage des services de sécurité permettent aux **communistes de prendre le pouvoir le 25 février** et poussent le président Beneš à démissionner en juin. La brutalité de ces événements et la surprise créée ont fait parler d'un « **coup de Prague** ».

Pour les Occidentaux, 1948 a pu rappeler la **crise de Munich** de 1938, à propos de la Tchécoslovaquie, ce qui convainc le Benelux, le Royaume-Uni et la France de signer, dès le **17 mars 1948**, le **traité de Bruxelles** qui institue l'**Union occidentale**, dont l'article 4 pose le principe de solidarité collective contre une « agression armée en Europe ». Par ailleurs, craignant que le scénario de Prague ne se reproduise en **Italie**, lors des législatives d'avril 1948, les États-Unis versent secrètement d'abondantes subventions à la démocratie-chrétienne pour tenter de peser sur le résultat et éviter une victoire du PCI.

C. Le blocus de Berlin, archétype d'une crise de la guerre froide

Dès 1946, le sort de l'Allemagne divise Est et Ouest. Les Soviétiques conditionnent la signature d'un traité de paix au maintien de l'unité allemande. Or, la **fusion forcée** du parti social-démocrate (SPD) et du parti communiste (KPD) en un parti socialiste unifié d'Allemagne (SED) en avril 1946 laisse craindre la mainmise soviétique sur tout le pays. Le **1er janvier 1947** entre en vigueur la « bizone », fusion économique de la zone britannique et de la zone américaine, élargie à la zone française en juin 1948 avec l'introduction d'une monnaie, le Deutsche Mark. Moscou y voit le prélude à un État allemand hors de son contrôle et bloque les accès terrestres et fluviaux des secteurs occidentaux de Berlin du **24 juin 1948 au 12 mai 1949**.

Ce blocus de 322 jours ouvre la confrontation militaire de la guerre froide. Chaque camp va aussi loin qu'il le peut sans toutefois commettre l'irréparable. Les Occidentaux ne forcent pas le passage mais mettent en place un **pont aérien** pour ravitailler Berlin-Ouest. De leur côté, les Soviétiques ne tirent pas sur les avions, ce qui n'aurait posé aucune difficulté technique mais aurait évidemment déclenché un conflit.

Les conséquences sont multiples. Cette crise confirme la **division de l'Allemagne** en deux États jusqu'à la réunification du 3 octobre 1990 : le 23 mai 1949 est créée la République fédérale d'Allemagne (RFA), dite « Allemagne de l'Ouest », avec pour capitale provisoire Bonn, Berlin-Ouest constituant une entité juridiquement distincte. Le 7 octobre suivant lui répond la création de la République démocratique allemande (RDA), avec pour capitale Berlin-Est. Symbole du nazisme honni en 1945, **Berlin devient le bastion de la liberté** face à l'oppression soviétique, ce que renforce la construction du Mur en 1961. Enfin, le blocus de Berlin décide les Occidentaux à fonder l'**Organisation du traité de l'Atlantique Nord** (OTAN) le 4 avril 1949. Avec sa clause de solidarité entre membres, elle est la pièce maîtresse d'une véritable pactomanie américaine.

3. Un Moyen-Orient bouleversé au lendemain de la Seconde Guerre mondiale

Facteurs régionaux et guerre froide installent durablement le Moyen-Orient comme un foyer de conflits dans l'immédiat après-guerre.

A. L'affirmation des pays arabes face aux Occidentaux

La Seconde Guerre mondiale a vraiment diminué le prestige des Européens, particulièrement des Français. Incapables de réduire les nationalistes syriens malgré le bombardement sanglant de Damas le 29 mai 1945, ils doivent quitter la Syrie, indépendante en 1946. De leur côté, les Britanniques enregistrent aussi des reculs : ils quittent la citadelle du Caire en **1945** et accordent l'indépendance à la **Transjordanie**. Parallèlement, le **panarabisme** s'organise : le **25 septembre 1944**, avec l'appui des Britanniques, les représentants du monde arabe s'accordent sur un texte connu sous le nom de « **protocole d'Alexandrie** », du nom de la ville égyptienne où ils se réunissent. Le projet d'une union formée d'États indépendants arabes volontaires se réalise le **22 mars 1945**, au Caire, avec la création de la **Ligue arabe** : cet événement est perçu comme un signe majeur de l'émancipation arabe alors que de nombreuses régions sont encore sous domination coloniale.

Face à l'Égypte, alors centre du nationalisme arabe, l'**Arabie saoudite voit sa puissance augmenter avec le jaillissement du pétrole** à Dharan en 1938, six ans après la fondation du royaume par Ibn Saoud. Ces gisements colossaux, souvent qualifiés de « scandale géologique » (plus du quart des réserves mondiales), attisent l'appétit occidental. En 1944, est fondée l'**Aramco** (*Arabian American Oil Company*), consortium de cinq entreprises américaines. Le **14 février 1945**, au retour de la conférence de Yalta, le président F. D. Roosevelt rencontre le roi saoudien sur le croiseur *USS Quincy*. Les deux hommes scellent alors le « **pacte du Quincy** » pour 60 ans : l'Arabie saoudite garantit l'approvisionnement des États-Unis qui assurent en contrepartie la protection inconditionnelle de la famille royale et de son royaume contre toute menace. Dans les faits, dans le cadre du plan Marshall, le pétrole saoudien est **surtout destiné au marché européen**, par le canal de Suez, et n'approvisionne les États-Unis en quantité qu'à partir des années 1960.

B. L'Azerbaïdjan iranien, première crise de la guerre froide

Le 25 août 1941, le Royaume-Uni et l'URSS occupent simultanément l'Iran, jugé trop favorable à l'Allemagne. Il s'agit d'éviter que celui-ci ne livre du pétrole au *Reich* et d'utiliser son territoire pour livrer à l'Armée rouge du matériel américain. En novembre 1945, Staline soutient la proclamation d'une « république autonome d'Azerbaïdjan » dans le nord-ouest du pays, dans le but de mettre la main sur le pétrole iranien. Sous la pression des États-Unis et de l'ONU, l'URSS se retire le 10 mai 1946 en échange de la constitution d'une société pétrolière irano-soviétique. Le 12 décembre, Téhéran reprend par la force le contrôle de la région. Cet épisode a mis en œuvre **l'endiguement avant sa formulation officielle** par Truman et a marqué un tournant : en janvier 1946, le président déclare : « Le temps des compromis est passé ; je suis fatigué de pouponner les Soviétiques. »

C. La naissance d'Israël, un bouleversement pour la région

Au lendemain de la Shoah, la création d'un État juif apparaît nécessaire au mouvement sioniste, qui trouve un appui en la personne du président américain Truman, alors que Roosevelt y était hostile. À la suite de la **déclaration Balfour** (1917), qui envisage de créer un « foyer national juif » en Palestine, les Britanniques ont favorisé l'immigration juive (*alya*) dans les années 1920. Depuis les années 1930, ils la freinent. Le *Livre blanc* du 17 mai 1939 défend même l'idée d'un seul État composé d'un tiers de Juifs. Les Britanniques n'hésitent pas à refouler, le **11 juillet 1947**, le navire *Exodus*, chargé de 4 500 migrants, dont beaucoup sont des survivants de la Shoah.

Repère **Vocabulaire d'Israël**

- **Haganah** : mot hébreu signifiant « défense », qui désigne l'organisation militaire clandestine fondée en 1920 par les Juifs contre les attaques arabes. Elle est le point de départ de Tsahal.
- **Irgoun** : organisation militaire fondée par la droite dite « révisionniste », qui a rompu avec le mouvement sioniste.
- **Kibboutz** : village communautaire avec ferme collective des colons juifs, inspiré du kolkhoze russe.
- **Sionisme** : mouvement fondé par Theodor Herzl en 1897 qui vise à fonder un foyer national juif autour de Jérusalem, nommée Sion comme dans la Bible, par allusion à l'une de ses collines.
- **Tsahal** : armée israélienne qui réunit en 1948 les troupes de l'Irgoun, la Haganah et le « groupe Stern ».

Au lendemain de la guerre, la situation devient intenable : les violences entre Arabes et Juifs s'accroissent tandis que l'Irgoun massacre les Palestiniens (*Deir Yassin*, 9 avril 1948) et multiplie les attentats contre les Britanniques, comme à l'hôtel King David, quartier général britannique, le **22 juillet 1946**. Le 29 novembre 1947, l'Assemblée générale des Nations Unies adopte le **plan de partage de la Palestine**, qui prévoit la création de deux États et l'internationalisation de Jérusalem. Le **14 mai 1948**, sous le portrait de Theodor Herzl, David Ben Gourion proclame l'État d'Israël et en devient Premier ministre et ministre de la Défense. Dès le lendemain, ses voisins arabes l'attaquent : la **première guerre israélo-arabe** (1948-1949) donne un territoire plus vaste à l'État hébreu, dont la frontière est la « ligne verte » de cessez-le-feu jusqu'en 1967.

Document essentiel

Israël, projet de l'ONU et situation en 1949

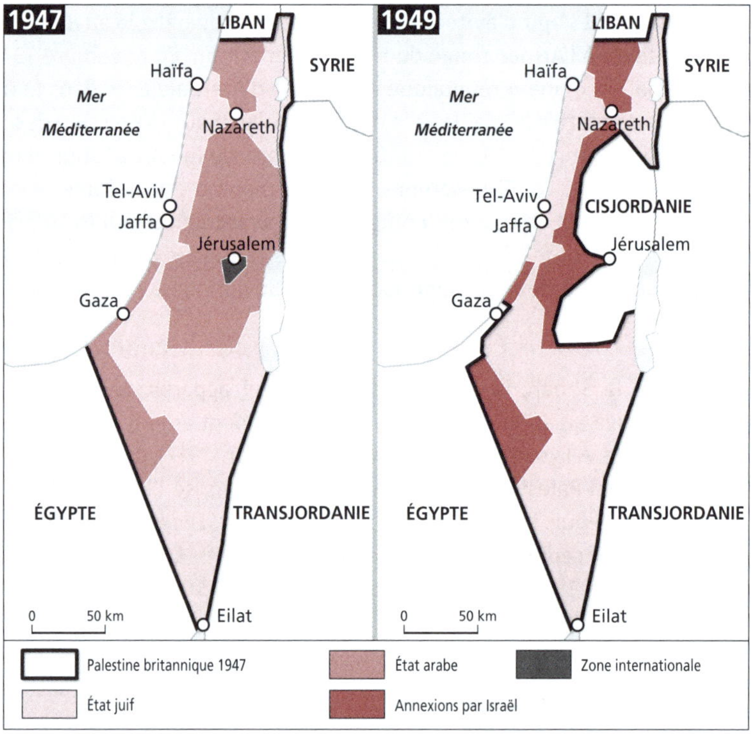

Partage de la Palestine proposé par l'ONU — **Israël suite à la première guerre israélo-arabe**

CHAPITRE 5

Une nouvelle donne géopolitique : bipolarisation et émergence du tiers-monde

FICHE 13

Les modèles des deux superpuissances et la bipolarisation

Durant la guerre froide, États-Unis et Union soviétique jouent le rôle de modèles idéologiques sur lesquels les autres États sont sommés de s'aligner, conduisant à une bipolarisation du monde. Ceci n'empêche pas des remises en cause partielles, internes et externes, qui se manifestent de manière nette en 1968.

L'ESSENTIEL EN DATES

- **5 mars 1953** : mort de Staline.
- **14 mai 1955** : création du pacte de Varsovie.
- **12 au 13 août 1961** : début de la construction du mur de Berlin.
- **22 au 30 octobre 1962** : crise de Cuba.
- **1er juillet 1968** : signature du traité de non-prolifération nucléaire.
- **3 mai 1968** : début des événements de Mai 68 en France.

1. L'affrontement de deux modèles sûrs d'eux

La guerre froide est d'abord l'affrontement de deux modèles idéologiques inconciliables, incarnés chacun par une superpuissance à la tête d'un bloc.

A. Entre leadership du monde libre et raidissement intérieur

La victoire américaine de 1945 est aussi celle d'une **démocratie qui fonctionne** face aux totalitarismes, organisée par la plus ancienne constitution en vigueur (1787), sur laquelle veille une Cour suprême. Alors que l'Europe connaît le rationnement jusqu'au début des années

1950, les États-Unis présentent une **société d'abondance**, où l'innovation triomphe. Le **fordisme**, qui a permis aux usines américaines de jouer le rôle « d'arsenal du monde libre » contre l'Allemagne et le Japon, se généralise dans les entreprises européennes. Les gains de productivité qu'il apporte permettent la baisse des prix réels et une montée du pouvoir d'achat. L'***American Way of Life*** exerce ainsi une séduction certaine à travers le monde, fabriquant des icônes planétaires comme **Marilyn Monroe**. Même Simone de Beauvoir fait part de l'admiration ressentie lors de son séjour américain en 1947, dans son ouvrage intitulé *L'Amérique au jour le jour*, puis dans *La Force des choses*.

Le combat idéologique et la peur d'une attaque surprise de l'ennemi conduisent à une véritable « **chasse aux sorcières** » avec l'installation d'une commission chargée d'enquêter sur les fonctionnaires déloyaux le **25 novembre 1946**. De 1950 à 1954, le **maccarthysme** (du nom du sénateur républicain **Joseph McCarthy**) mène la croisade contre les communistes. Le **19 juin 1953, les époux Rosenberg** sont exécutés pour espionnage : leur cause est l'objet d'une vaste campagne internationale contre les États-Unis. Depuis, leur culpabilité a été établie.

B. Un modèle stalinien triomphant

Sur les champs de ruines du second conflit mondial, l'URSS apparaît plus que jamais comme un modèle idéologique. De multiples affiches célèbrent « **l'étendard invincible** » qui associe Marx, Engels, Lénine et Staline. Pour le 70e anniversaire de ce dernier, des cadeaux du monde entier affluent à Moscou. En décembre 1949, Paul Éluard rédige ces vers : « (...) Et Staline dissipe aujourd'hui le malheur / La confiance est le fruit de son cerveau d'amour / La grappe raisonnable tant elle est parfaite. Grâce à lui nous vivons sans connaître d'automne / L'horizon de Staline est toujours renaissant... » L'enthousiasme se porte sur tout ce que soutient Staline, telle la biologie de **Trofim Lyssenko**, qui récuse les lois « bourgeoises » de l'hérédité de Mendel et ouvre des perspectives d'abondance illimitée grâce à une « science véritable ». À l'étranger, Louis Aragon s'improvise scientifique et le salue en affirmant que « pour la première fois, le travail d'un peuple entier est associé à la recherche scientifique ». Le 5 mars 1953, la mort de Staline est l'objet d'un deuil international.

Après les concessions de temps de guerre, le stalinisme revient au contrôle brutal de la société. Les paysans doivent « restituer » près de 10 millions d'hectares de terre aux kolkhozes, regroupés de force par Khrouchtchev, qui tente de déraciner les paysans en leur imposant des **« agrovilles »**, avant de devoir reculer. La pensée et les arts sont repris en main par Jdanov et son successeur, c'est la « **Jdanovchina** ». Les **camps du Goulag** se remplissent et comptent **jusqu'à 5 millions de Zek** ou « prisonniers ». Les *Récits de la Kolyma* de **Varlam Chalamov**, écrits à sa libération en 1953 mais publiés bien plus tard, sont le témoignage le plus connu de ce système concentrationnaire. En 1952, la dernière purge vise le « **complot des blouses blanches** », attribué aux médecins et marqué par un fort antisémitisme.

C. Les limites à l'influence des modèles

L'influence du modèle américain se heurte à l'**antiaméricanisme**, comme en France, qui s'exprime particulièrement sur le plan culturel. Il vise les *comics*, les pin-up, le chewing-gum et les films en technicolor, dont *Autant en emporte le vent* ouvre l'époque en 1939. Les **accords Blum-Byrnes de 1946** effacent une partie de la dette française mais Paris concède en échange la fin des restrictions aux importations américaines et à la diffusion des films américains. Devant le déséquilibre numérique vite apparu, le PCF organise une campagne contre cette invasion idéologique, et des quotas sont bientôt réintroduits. De même, en 1949-1950, plusieurs journaux dénoncent une « **coca-colonisation** » du pays : le coca-cola, symbole de l'Amérique, concurrence le vin traditionnel. Cet antiaméricanisme est toutefois très minoritaire : la population est globalement reconnaissante de l'aide apportée et admire la société américaine.

De son côté, la reprise en main par Staline conduit à la **rupture de l'URSS avec la Yougoslavie du maréchal Tito**, officielle le 28 juin 1948. Ce dernier est dénoncé comme « un adversaire et un ennemi », qualifié « d'agent hitléro-trotskyste ». Le « **titisme** » sert ensuite d'argument pour **deux vagues de procès** dans les démocraties populaires de 1948 à 1952, la première éliminant des leaders nationaux historiques au profit d'autres plus serviles envers Moscou, la seconde visant de nombreux juifs sous l'argument de « cosmopolitisme ».

2. De la « coexistence pacifique » à la « détente » entre les deux modèles

Au lendemain de la mort de Staline, Nikita Khrouchtchev impose progressivement une nouvelle ligne politique dite de « coexistence pacifique », devenue « détente » après la crise de 1962.

A. La « coexistence pacifique »

À partir de 1953, **Moscou** adopte une **attitude moins offensive** et permet le dénouement de trois sujets bloqués :

- les négociations enlisées entre les deux Corées aboutissent à l'armistice de **Panmunjom le 27 juillet 1953** ;
- la **guerre d'Indochine** est close par les **accords de Genève du 21 juillet 1954** ;
- le **traité d'État du 15 mai 1955** résout la question de **l'Autriche**, mettant fin à l'occupation quadripartite en échange de la neutralité du pays (solution défendue par Moscou pour l'Allemagne).

Toutefois, derrière l'apparence de concessions réciproques, les blocs se consolident. En 1953, la contestation en RDA est réprimée et la **création du Pacte de Varsovie** en 1955 doit unir les pays de l'Est face au réarmement de la RFA.

Repère **Berlin, 17 juin 1953**

En 1953, les débuts de la déstalinisation font croire aux Allemands de l'Est qu'ils peuvent exprimer leur mécontentement devant l'augmentation des normes de production exigées des ouvriers. **Le 17 juin**, le mouvement vire à l'**émeute à Berlin-Est**, l'immeuble du parti socialiste unifié (SED) est incendié et le drapeau soviétique arraché : les **chars soviétiques rétablissent l'ordre**. La répression ouvre une période d'exode : 1,5 million d'Allemands passent à l'Ouest de 1953 à 1961.

B. Une déstalinisation limitée

L'année 1956 marque à la fois l'apogée et les limites de la déstalinisation. Le 14 février 1956, à l'ouverture au Kremlin du xxe Congrès du PCUS, Khrouchtchev admet la pluralité des voies ouvertes aux pays en marche vers le socialisme. Dix jours plus tard, à huis clos, il **présente un « rapport secret » sur les crimes de Staline**. Leur dénonciation encourage la Tchécoslovaquie et la Pologne à réhabiliter les victimes des grands procès. En octobre, les Polonais négocient une déstalinisation limitée du régime en échange de leur fidélité au Pacte de Varsovie. À **Budapest**, le mouvement dérape : le 1er novembre, le pays proclame sa neutralité et sort du Pacte de Varsovie, croyant pouvoir suivre l'exemple de l'Autriche neutralisée un an plus tôt. **Le 4 novembre, l'Armée rouge rétablit l'ordre** et une répression féroce s'abat sur les Hongrois : la déstalinisation ne doit pas remettre en cause le bloc socialiste.

C. L'expérience fondatrice de 1961-1962

À peine entré en fonction, en janvier 1961, John F. Kennedy est confronté à la surenchère soviétique à propos de Berlin. L'exode des Allemands de l'Est par la ville déstabilise la RDA qui exige qu'il cesse. **Le 4 juin, lors de son entretien avec Nikita Khrouchtchev à Vienne**, dite la « **rencontre des deux K** », le président américain se voit réclamer le départ des Occidentaux de Berlin sous peine de guerre nucléaire. Finalement, les Soviétiques construisent un mur pour isoler Berlin-Ouest : les travaux débutent dans la **nuit du 12 au 13 août 1961**. Kennedy condamne ces agissements, mais le mur signifie qu'il n'y aura pas de guerre pour Berlin.

Repère « *Ich bin ein Berliner* »

Le **26 juin 1963**, JFK effectue une visite de quelques heures à **Berlin-Ouest**, qui est encerclée par le **mur** depuis le **13 août 1961**. Après une visite à la porte de Brandebourg et à *Checkpoint Charlie*, il s'adresse à 400 000 Berlinois depuis l'hôtel de ville. Il compare Berlin à la Rome antique, dont on se disait citoyen avec fierté. « Tous les hommes libres, quel que soit l'endroit où ils vivent, sont des citoyens de Berlin et, en tant qu'homme libre, je suis fier des mots : ***ich bin ein Berliner.*** » Cette phrase en allemand, qu'il a improvisée peu auparavant avec son interprète, est prononcée deux fois : le succès est immédiat et ce discours est resté comme l'un des plus célèbres de Kennedy et de la guerre froide.

Les préparatifs de la crise de Cuba ont lieu parallèlement à la crise de Berlin. L'année suivante, les tensions vécues à Berlin sont poussées à leur paroxysme à Cuba.

FIGURE CLÉ **Fidel Castro (1926-2016)**

Homme politique cubain, **Fidel Castro** parvient à renverser la dictature de Batista en 1959. Après des mesures sociales très populaires, il adopte officiellement le marxisme-léninisme, ce qui lui vaut l'opposition des États-Unis, qui tentent plusieurs actions contre lui, dont le débarquement d'opposants le **19 avril 1961 à la baie des Cochons**. En 1962, il pousse Khrouchtchev à la confrontation contre les États-Unis mais est discrètement désavoué par ce dernier. Après cet épisode, il soutient les guérillas communistes en Amérique latine et en Afrique, conçues comme des « foyers » de la révolution ou « *foco* ». Le « **leader maximo** » jouit alors d'un grand prestige auprès du tiers-monde. En 2008, son frère Raúl lui succède à la tête de Cuba jusqu'en 2018.

L'année 1961 a été marquée par une **escalade dans l'armement nucléaire** entre les deux grands : chacun multiplie les **tests destinés à impressionner l'autre**. C'est dans ce contexte que Moscou déploie secrètement des fusées nucléaires à Cuba. Les installations sont repérées par un avion-espion américain U2 le 14 octobre 1962. Le 22 octobre, Kennedy dénonce à la télévision une « menace explicite à la paix et à la sécurité de toutes les Amériques ». Il décrète un **embargo et un blocus naval** contre Cuba et exige le retrait des missiles soviétiques. Après plusieurs jours d'extrême tension, Moscou accepte les exigences de Washington en échange de l'engagement à ne pas renverser Castro. Secrètement, Washington s'engage à démanteler des missiles – dépassés – déployés en Turquie. La crise est close le 30 octobre. Elle a montré les dangers de la doctrine de « représailles massives » qui prévaut dans la première guerre froide. Désormais, le secrétaire d'État à la Défense **Robert McNamara** défend le principe de la « **riposte graduée** » : la réponse sera proportionnée à l'agression, la réplique nucléaire venant en dernier recours. La guerre froide entre en « Détente ».

Document essentiel

L'installation de missiles nucléaires soviétiques à Cuba permet, d'une part, de **dissuader les États-Unis** de renouveler des actions contre Castro (rôle de dissuasion), d'autre part, de disposer d'un **avantage stratégique**, les villes américaines se trouvant alors à 12 minutes de tir, ce qui réduit le temps de réaction des Américains. Washington ne peut tolérer une telle remise en question, dans une zone qui est « l'arrière-cour » des États-Unis depuis le XIXe siècle.

La menace soviétique

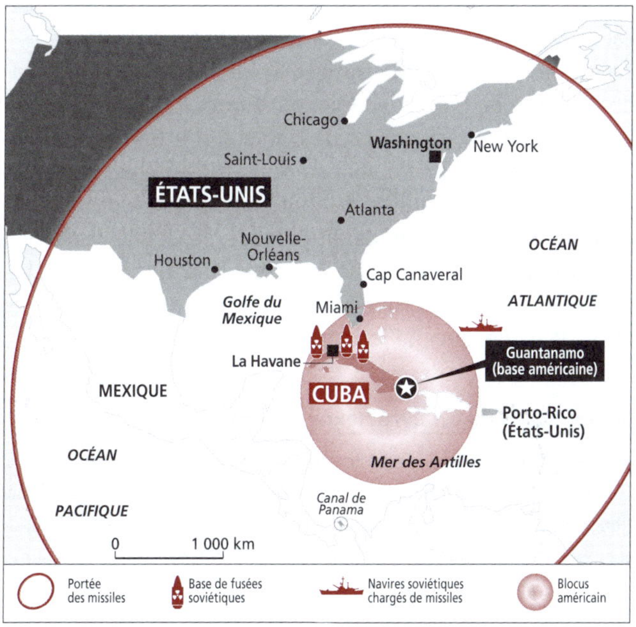

3. L'année 1968 dans le monde de la « Détente »

L'année 1968 est devenue un **mythe**, principalement en Occident, qui a rêvé d'une révolution tournée vers le modèle de l'Est, au moment où celui-ci écrase les aspirations des Tchécoslovaques et où la « révolution culturelle » chinoise prend forme. Cette année a été qualifiée « d'**année Janus** » par **Jean-François Sirinelli**, associant revendication et répression, détente et tension, rupture et continuité.

A. Prospérité et mal-être

C'est l'époque du « miracle économique allemand », de la « Haute croissance » au Japon, des « **Trente Glorieuses** » en France, appelées ainsi d'après l'ouvrage de Jean Fourastié. Les échanges commerciaux mondiaux progressent mais le **système monétaire international se déséquilibre** : l'augmentation de la masse de dollars à l'extérieur des États-Unis conduit à une spéculation contre la devise. En 1968, un accord est trouvé conduisant à la création des **droits de tirage spéciaux (DTS)** au sein du FMI l'année suivante, monnaie de réserve utilisable par ses membres.

Les baby-boomers aspirent à plus de liberté et remettent en cause la génération précédente, qui a reconstruit après la guerre. Le **modèle américain est contesté** de l'intérieur par les revendications des mouvements féministes, des Amérindiens et des Noirs : le ***Black Power*** affirme que « *Black is beautiful* » contrairement à l'Amérique *White Anglo-Saxon Protestant* (WASP). Le 4 avril 1968, le pasteur Martin Luther King, leader du mouvement des droits civiques, est assassiné. Sur le plan économique, les conséquences sur la Terre du modèle occidental de croissance suscitent la **création du Club de Rome**.

En France, mais avec un écho à l'étranger, le mal-être conduit à la **triple crise de « Mai 68 »**, selon l'analyse de l'historien **Michel Winock**. Il s'agit d'abord d'une **crise universitaire**, née à Nanterre le 3 mai, autour de Daniel Cohn-Bendit. En RFA, Rudi Dutschke mobilise les étudiants. À Mexico, une manifestation étudiante est réprimée dans le sang le 2 octobre. À partir du 13 mai, des grèves de soutien paralysent progressivement la France et causent une **crise sociale**. Le pouvoir paraît dépassé, de Gaulle disparaît quelques heures le 28 : c'est la **crise politique**. Ailleurs, influencée par une extrême gauche qui va jusqu'au terrorisme avec la « Fraction armée rouge » ou « RAF », la jeunesse dénonce une « *Kanzlerdemokratie* » liberticide d'Adenauer à Kiesinger.

Repère **Mai 68, accès de « fièvre hexagonale »**

Mai 68 est la dernière des huit crises (la Commune de Paris, le 16 mai 1877, le boulangisme, l'affaire Dreyfus, le 6 février 1934, le 10 juillet 1940, le 13 mai 1958, Mai 68 auquel s'ajoute en annexe l'année 1947) étudiées par **Michel Winock** dans son ouvrage classique intitulé *La fièvre hexagonale* (1986). Au-delà de l'unicité de chacune, il met en évidence des symptômes communs, telle la **permanence de la question institutionnelle** (la République tend certains groupes politiques, communistes et gaullistes sous la IVe République, la gauche sous la Ve République jusqu'en 1981). Il montre aussi combien les Français tendent à **s'opposer comme dans une guerre de religion** : c'est ce que **Stanley Hoffmann** a appelé les « **guerres franco-françaises** ». Ces crises sont souvent closes par une forme de recours à l'armée. En 1968, le retour de Charles de Gaulle de Baden-Baden, réconforté par le fidèle Massu, marque la reprise en main de la situation.

B. Une année de la Détente mais aussi des tensions bipolaires

Au lendemain de la crise des missiles de 1962, Américains et Soviétiques multiplient les gestes de bonne volonté pour « détendre » les relations internationales et éviter de frôler à nouveau l'apocalypse nucléaire : c'est le cas notamment du **Traité de non-prolifération nucléaire** (TNP), signé le 1er juillet 1968. Décembre 1968 marque une étape de la compétition pacifique des superpuissances dans l'espace : la mission américaine *Apollo 8* est la première à admirer directement et à photographier la face cachée de la Lune.

La guerre froide ne s'arrête pas pour autant. L'engagement américain au Vietnam, commencé en 1963, voit son échec à contrôler les villes souligné par **l'offensive du Têt**, lancée par le Viet-cong le 30 janvier 1968. En mai suivant, des pourparlers entre Vietnamiens et Américains s'ouvrent à Paris. En Europe, pendant qu'étudiants et intellectuels occidentaux rêvent de communisme, la **Tchécoslovaquie** expérimente quelques semaines le « **socialisme à visage humain** » autour de son dirigeant Alexander Dubček mais l'invasion par les troupes du Pacte de Varsovie, le 21 août 1968, ouvre la voie à une mise au pas qualifiée de « normalisation » ou « retour aux forces normales de la démocratie socialiste ».

C. Une année de recomposition ?

L'ébranlement du bloc de l'Est par le « Printemps de Prague » conduit l'URSS à formuler ce qui est resté comme la « **doctrine Brejnev** » ou « **doctrine de souveraineté limitée** » pour consolider le « glacis soviétique » : les membres du bloc socialiste ne sont pas libres de mettre en péril ce bloc. L'autre géant communiste, la République populaire de **Chine**, envoie l'Armée populaire de libération (APL) contre les « gardes rouges », la jeunesse d'abord encouragée à bouleverser le pays. La compétition entre ces deux pays s'accentue, la Chine maoïste attirant des pays comme la Tanzanie et l'Albanie, quittant même le Pacte de Varsovie en 1968. Le bloc de l'Ouest connaît aussi des tiraillements : la guerre du Vietnam suscite de **violentes critiques contre les États-Unis** par les Européens tandis que la France du **général de Gaulle prétend gagner en indépendance** face au « protectorat américain » qu'elle dénonce. Le général se rend ainsi en Roumanie en mai 1968 pour affirmer sa propre diplomatie.

1968 **secoue aussi le tiers-monde**. Avec la chute de Port-Harcourt et la fin de tout accès à l'océan Atlantique pour les sécessionnistes, la **guerre du Biafra** (1967-1970) entre dans une phase finale sanglante et illustre les difficultés de nombreux pays africains. **L'intervention française au Tchad** contre les rebelles au gouvernement souligne l'échec de nombreux États à construire une vie politique pacifique rythmée par l'alternance, aggravé par la guerre froide, ce qui conduit à une forme de néocolonialisme. En **Irak, le 17 juillet 1968**, un troisième coup d'État en dix ans porte des militaires au pouvoir avec le **parti Baas**, nationaliste et marqué par le socialisme.

FICHE 14

Les nouveaux États : des indépendances à leur affirmation sur la scène internationale

La Seconde Guerre mondiale et la guerre froide sont deux facteurs essentiels de la décolonisation : les Européens ont perdu de leur prestige et la doctrine Jdanov de 1947 encourage les « mouvements de libération nationale » à secouer le joug colonial. En vingt ans, la plupart des empires coloniaux disparaissent. Les nouveaux États se heurtent toutefois à la difficulté de s'affirmer vraiment.

L'ESSENTIEL EN DATES

- **17 août 1945** : proclamation de la République d'Indonésie par Sukarno.
- **15 août 1947** : partition des Indes, naissance de l'Union indienne et du Pakistan.
- **18-24 avril 1955** : conférence de Bandung, naissance du « tiers-monde ».
- **1er janvier 1956** : indépendance du Soudan.
- **23 mars 1964** : première réunion de la Conférence des Nations unies sur le commerce et le développement (CNUCED).
- **9 octobre 1967** : mort du « Che ».

1. La décolonisation de l'Asie

L'Asie est le premier continent touché par la décolonisation : c'est là que les effets de la Seconde Guerre mondiale sont les plus manifestes avec l'indépendance accordée par le Japon à plusieurs territoires et la promotion d'élites locales.

A. La naissance de l'Indonésie

Les Indes néerlandaises sont une colonie des Pays-Bas riche en matières premières. Dans l'entre-deux-guerres sont apparus un parti communiste et un **Parti national indonésien** dominé par **Ahmed Sukarno**. L'occupation japonaise écarte les Néerlandais et conduit à proclamer la République d'Indonésie le 17 août 1945. Libérés de l'occupation allemande, les Néerlandais tentent de récupérer leur colonie. Le 25 mars 1947, l'accord de Linggajati crée une Union néerlando-indonésienne mais les Néerlandais tentent de reprendre tout le pouvoir par deux « opérations de police » en juillet 1947 et décembre 1948, véritables guerres de reconquête. La résistance des indépendantistes est forte et les Pays-Bas sont unanimement condamnés sur la scène internationale. Voyant que Sukarno ne s'ouvrira pas au communisme, les Américains font pression sur l'ONU et sur La Haye, ce qui conduit à **l'indépendance, effective le 27 décembre 1949**.

B. La fin des Indes britanniques ou *Raj*

Les Indes britanniques sont la « **perle de l'empire colonial britannique** ». En 1935, les Britanniques ont dû concéder le *self government*. Au lendemain de la guerre, la pression est telle qu'ils doivent lui accorder l'indépendance le 15 août 1947, mais celle-ci s'accompagne d'une partition, suivant le projet d'Ali Jinnah (1876-1948), partisan de la théorie des deux nations, l'une hindoue, l'autre musulmane. L'Union indienne, laïque mais à majorité hindoue, est dirigée par **Nehru**, le Pakistan (actuel Pakistan et Pakistan oriental, devenu le Bangladesh en 1971), État musulman, est dirigé par Ali Jinnah. Les deux États se disputent le Pendjab (ou Cachemire), à majorité musulmane mais dirigé par un prince hindou.

C. La fin de l'Indochine française

Créée officiellement en **1887, l'Union indochinoise** est une fédération de territoires au statut différent, la colonie de Cochinchine et quatre protectorats, le Laos, le Cambodge, le Tonkin et l'Annam. À la veille de la Seconde Guerre mondiale, l'Indochine est le **territoire le plus rentable de l'empire français**, grâce à l'exploitation de mines, de plantations de caoutchouc et de riziculture. Ébranlée par la crise des années 1930, elle est remise en cause par le **Japon** : le **9 mars 1945, il renverse l'administration française vichyste**, tandis qu'en août, les communistes d'Hô Chi Minh s'emparent de Hanoï et que la **République démocratique du Vietnam est proclamée le 2 septembre**.

Pour reprendre leur colonie, les Français proposent une Fédération indochinoise avec un gouvernement central puissant mais ce projet s'oppose à l'existence d'une République démocratique du Vietnam et le conflit est inévitable entre le Vietminh et le Corps expéditionnaire en Extrême-Orient du général Leclerc. Le **6 mars 1946, les accords Sainteny-Hô Chi Minh** permettent un compromis, vite remis en cause : le 23 novembre 1946, le bombardement d'Haïphong ouvre la guerre d'Indochine.

La guerre d'Indochine se déroule en **trois phases** :

- les premiers affrontements de 1946 à Haïphong et Hanoï ;
- la guerre devient une **lutte anticommuniste** contre le soutien de la nouvelle République populaire de Chine au Vietminh. La **défaite française de Cao Bang (3-8 octobre 1950)** garantit la frontière avec la Chine aux nationalistes ;
- à partir de 1951, la France cherche à « **vietnamiser » la guerre** en opposant à la République démocratique du Vietnam le Laos, le Cambodge et l'empereur vietnamien Bao Dai. Les États-Unis financent la moitié des dépenses du conflit. Le **7 mai 1954, la capitulation de Dien Bien Phu** marque l'échec de cette étape.

Le **21 juillet 1954, les accords de Genève accordent l'indépendance** au Laos, au Cambodge et au Vietnam, coupé en deux États. Le conflit a tué 40 000 Français et environ 500 000 Vietnamiens, et a coûté une année de budget à la France. La partition du Vietnam est à l'origine de la guerre du Vietnam dans laquelle interviennent massivement les États-Unis à partir de 1964. La chute de Saigon en 1975 unifie le pays.

FIGURE CLÉ **Hô Chi Minh (Nguyen Tất Thành) (1890-1969)**

Après des études en France, il porte les espoirs d'indépendance à la conférence de la paix de 1919, sans succès. Adhérant au parti communiste, il tente d'intéresser le Komintern à l'Indochine. En 1945, il réussit à s'imposer comme le leader du nationalisme communiste vietnamien – dit « **Vietminh** » – et l'artisan de l'indépendance. En 1965, quand s'accroît l'engagement des États-Unis au Vietnam, il incarne la lutte anti-impérialiste à l'échelle mondiale.

2. La décolonisation de l'Afrique

En 1955, l'Afrique compte quatre États souverains. Ils sont 38 en 1965 et 54 aujourd'hui. La décolonisation a sorti le continent de sa relation quasi exclusive avec les métropoles et l'a replacé dans les relations internationales.

A. L'indépendance de l'Afrique noire anglaise

Réputée s'être déroulée pacifiquement, la décolonisation de l'Afrique noire anglaise présente une grande diversité de cas. **L'indépendance du Soudan, dès 1956**, s'explique dans le contexte de l'ascension de l'Égyptien Nasser et de la crise de Suez. Les Britanniques préfèrent donner l'indépendance à Khartoum pour contrecarrer le projet nassérien d'unifier l'Égypte et le Soudan, ce qui peut se justifier historiquement et ce que soutenait une partie des Soudanais. En 1957, l'indépendance du **Ghana** est l'aboutissement de la **lutte pacifique menée par Kwame Nkrumah (1909-1972)**, suivant les principes de non-violence sur le modèle de Gandhi. Les Britanniques doivent octroyer l'indépendance au Kenya, colonie de peuplement, le 12 décembre 1963, même s'ils ont vaincu l'insurrection des **Mau-Mau** (ou Maw-Maw). Plus au Sud, sur le modèle de l'Afrique du Sud, la **Rhodésie du Sud** proclame son indépendance le 11 novembre 1965 mais les colons blancs y instaurent un **régime d'apartheid** pour conserver leur pouvoir.

B. L'Afrique française, entre conflit et négociation

En 1956, la France doit donner l'indépendance à ses protectorats du Maroc (**2 mars 1956**) et de la Tunisie (**20 mars 1956**). Pour l'**Algérie**, ce n'est qu'après **huit années de guerre**, du 1er novembre 1954 au 5 juillet 1962. De son côté, si l'Afrique noire avait vu poser les bases d'une plus grande autonomie avec la **conférence de Brazzaville le 30 janvier 1944**, une répression impitoyable s'abat sur **le mouvement insurrectionnel lancé à Madagascar** le **29 mars 1947**. **Au Cameroun**, la guerre froide permet à Paris d'avoir les mains libres pour combattre l'Union des populations du Cameroun (UPC), communiste, qui réclame l'indépendance, jusqu'à l'exécution d'Ernest Ouandié, leader de l'UPC, le 15 janvier 1971. Ce conflit, qualifié de « **guerre cachée de la France** », aurait fait entre 70 000 et 120 000 victimes.

Repère **L'Union française**

La Constitution de la IVe République, en **1946**, institue l'**Union française**. Elle comprend, d'une part, la République française (Métropole, quatre départements d'outre-mer créés à cette occasion et les trois départements d'Algérie), d'autre part, les États et territoires associés de l'Empire français.

Pour les autres territoires, la première étape est la **constitution de la Communauté franco-africaine**, proposée par référendum en **1958**, dans le cadre de la Constitution de la Vᵉ République, qu'acceptent tous les territoires **sauf la Guinée, menée par Sékou Touré**, qui rompt avec Paris. Comme dans l'Afrique noire anglaise, une fédération est tentée avec la **Fédération du Mali**, associant le Soudan français (actuel Mali) et le Sénégal. C'est sous cette forme que l'indépendance est accordée le 20 juin 1960 mais dès août, le Sénégal s'en retire. Cette année-là, toute l'Afrique noire française devient indépendante, à l'exception de Djibouti.

C. Les colonies portugaises et espagnoles

Jusqu'en 1974, le Portugal s'épuise à vouloir conserver ses possessions africaines, d'autant que 500 000 de ses ressortissants y vivent. À partir de 1961, des guérillas aidées par le camp communiste déstabilisent les territoires et Lisbonne échoue à les contrer malgré l'aide américaine. En **1974, la révolution des Œillets** renverse la dictature : Lisbonne se désengage de ses possessions. L'Angola, le Mozambique, la Guinée-Bissau et Cabo-Verde deviennent indépendants. De la même manière, le dictateur Franco s'accrochait à ses possessions africaines : sa mort entraîne l'abandon du Rio de Oro ou Sahara occidental en **1975**.

3. La difficile affirmation du tiers-monde

Les États nouvellement indépendants font face à d'immenses défis intérieurs et peinent à exister indépendamment de l'antagonisme bipolaire : c'est tout le problème de l'affirmation du tiers-monde.

A. Des indépendances bien fragiles

Les nouveaux États doivent relever le défi de **nourrir une population en très forte augmentation** à cause de la **transition démographique**. Celle-ci s'accompagne d'une **urbanisation explosive**. Face au manque d'industrie, l'Algérie tente la voie originale du « **développement autocentré** », avec une industrie destinée à se substituer aux importations, mais les résultats sont très décevants. Au contraire, les **nouveaux pays industrialisés** (NPI) montrent qu'il est possible de réussir : c'est le cas des quatre « Dragons » asiatiques, la Corée du Sud, Taïwan, Singapour et Hong Kong, qui connaissent une forte croissance à partir des années 1960.

Repère **Le développement**

> Le **développement** est un ensemble de transformations d'une société, pouvant résulter de la croissance économique et mesuré principalement par l'indice de développement humain (IDH), mis au point par le Programme des Nations Unies pour le développement (PNUD). Il s'agit d'un **indice composite**, d'une valeur de 0 à 1, tenant compte du PNB/habitant, de l'espérance de vie à la naissance et du taux d'alphabétisation.

Le manque de cohérence ethnique et des frontières héritées de la colonisation favorisent les **velléités sécessionnistes**, par exemple au Nigeria, avec la **guerre du Biafra** (1967-1970), qui fait un million de morts. La stabilité politique n'est atteinte qu'au prix d'un **régime**

présidentiel paternaliste comme **au Sénégal**, avec **Léopold Sédar Senghor**, ou en **Côte d'Ivoire,** autour du « président prophète » **Félix Houphouët-Boigny**. Ailleurs, des dictatures plus ou moins sanguinaires se mettent en place, telle celle d'**Idi Amin Dada en Ouganda**, de **1971 à 1979**, ou de **Jean Bedel Bokassa**, qui se couronne « empereur de Centrafrique » lors d'une cérémonie fastueuse **le 4 décembre 1977**. Sans aller jusqu'à ces excès, la plupart des pays émancipés souffrent de leur « **bourgeoisie nationale** », expression utilisée pour qualifier leur élite, qui reprend à son compte le **comportement prédateur du colonisateur**. La richesse nationale est détournée, ce qui encourage le développement de l'économie parallèle. Enfin, à ces difficultés intérieures s'ajoutent la guerre froide et l'instrumentalisation de nouveaux États par l'un des blocs avec des effets déstabilisateurs. **L'URSS finance des guérillas**, envoie des **conseillers techniques** tandis que **Cuba déploie jusqu'à 500 000 combattants, les « *barbudos* »**, sur le continent. Le Congo belge est leur premier lieu d'action, en 1960, avant que le général Mobutu impose sa dictature anticommuniste en 1965. Cette déstabilisation touche également **l'Angola et l'Éthiopie**.

B. Ambitions du tiers-monde et tiers-mondisme

Du **18 au 24 avril 1955 se réunissent à Bandung**, en Indonésie, 29 représentants de pays récemment émancipés ou ne se reconnaissant pas dans l'ordre bipolaire, représentant 57 % de la population mondiale de l'époque. La déclaration finale énonce **plusieurs principes qui doivent régir les relations internationales**. Comme dans la charte des Nations Unies, les États s'engagent à **renoncer à la force** comme outil politique (principe de coexistence pacifique) et **refusent de suivre l'un des deux blocs**. Ils affirment le **droit à l'autodétermination des peuples**, ce qui contredit le colonialisme. Selon Léopold Sédar Senghor, la conférence a été un « **coup de tonnerre** » dans les relations internationales. Pour Aimé Césaire, poète martiniquais et chantre de la négritude : « En 1885, l'Europe se réunissait à Berlin pour se partager le monde ; en 1955, soixante-dix ans plus tard, le monde s'est réuni à Bandung pour signifier à l'Europe que le temps de l'Empire européen est fini. » La conférence procure un grand prestige à plusieurs leaders, Nasser en Égypte, Nehru en Inde et Sukarno en Indonésie mais, derrière cette unité, des tiraillements apparaissent bientôt.

Repère Tiers-monde et tiers-mondisme

Dans un article de *L'Observateur* du 14 août 1952, le démographe français **Alfred Sauvy** propose le terme de « tiers-monde », repris à leur compte par les pays concernés : « Nous parlons volontiers de deux mondes en présence oubliant trop souvent qu'il en existe un troisième. C'est l'ensemble de ceux qu'on appelle en style Nations Unies, les pays sous-développés, car enfin ce Tiers-Monde ignoré, exploité, méprisé comme le Tiers-État veut lui aussi être quelque chose. » La défense de ses intérêts, associée à la remise en cause des deux autres blocs, a constitué le tiers-mondisme.

En 1956, une **conférence est réunie à Brioni**, en Yougoslavie, pays qui n'était pas à Bandung. Nehru, Nasser et Tito y fondent le **« non-alignement »** mais ne s'accordent pas sur une définition commune : Nehru y voit un pacifisme non violent, Tito un neutralisme de principe entre Est et Ouest, Nasser un neutralisme « actif ». Il faut attendre la **conférence de Belgrade, du 1er au 6 septembre 1961** pour que soient précisés les critères du non-alignement par 24 pays qui fondent le **Mouvement des non-alignés** : une politique indépendante, le soutien aux mouvements de libération nationale, le rejet de toute alliance collective ou bilatérale avec l'un des Grands et le refus de bases militaires étrangères.

Le processus de décolonisation donne mathématiquement la majorité à l'Assemblée générale des Nations Unies aux pays du tiers-monde, qui forment en 1962 le **« groupe des 77 »**. Si les conséquences restent limitées, ils parviennent à faire créer des organismes spécialisés dans les questions du développement, conçus comme des outils pour améliorer les échanges internationaux : c'est le cas de la CNUCED en 1964 et, en 1966, du PNUD, qui apporte une assistance technique aux administrations des pays en développement. Il rédige aussi annuellement un *Rapport sur le développement humain* et est célèbre pour avoir défini plusieurs indicateurs statistiques, dont l'**IDH**, indicateur composite de développement humain.

Repère L'encyclique *Populorum progressio* (1967)

Une encyclique est une lettre du pape aux évêques. Depuis le XXe siècle, les encycliques connaissent une large diffusion à travers le monde. Rédigées pour la plupart en latin, elles ont pour titre leurs premiers mots.

Le 25 mars 1967, le pape Paul VI, élu en 1963, en publie une « pour le progrès des peuples ». Après avoir repris à son compte l'analyse de la « dégradation séculaire des termes de l'échange », il appelle à de **nouvelles bases pour le commerce international**.

« Les efforts qui sont faits pour aider au plan financier et technique les pays en voie de développement seraient illusoires, si leurs résultats étaient partiellement annulés par le jeu des relations commerciales entre pays riches et pays pauvres. La confiance de ces derniers serait ébranlée s'ils avaient l'impression qu'une main leur enlève ce que l'autre leur apporte (...) La justice sociale exige que le commerce international rétablisse entre partenaires au moins une certaine égalité de chances. Pour y parvenir, il faut dès maintenant créer une réelle égalité dans les discussions et négociations... »

Plusieurs tentatives sont faites pour unir une partie du tiers-monde, avec un succès toujours limité :

- le **panarabisme**, concrétisé par la Ligue arabe, fondée en 1945, et par l'éphémère République arabe unie (1958-1961) constituée par l'Égypte, la Syrie et le Yémen ;
- le **panafricanisme**, porté par Senghor, Nkrumah et le Négus d'Éthiopie, aboutit à la constitution de **l'Organisation de l'Unité africaine** (OUA), qui échoue toutefois dans son rôle de prévention des conflits. En 2002, le colonel Kadhafi tente de lui donner une nouvelle vie par une nouvelle fondation sous la forme de **l'Union africaine (UA)** ;
- l'internationalisme révolutionnaire mené par Cuba conduit à la conférence de la **Tricontinentale**, dont la première est réunie à **La Havane en 1966**. Elle cherche à fédérer l'aile révolutionnaire du mouvement des non-alignés mais s'essouffle vite, notamment par la disparition de plusieurs de ses leaders.

C. « Créer un, deux, trois Vietnam »

La guerre du Vietnam (1955-1975) est la suite directe de la guerre d'Indochine (1946-1954) qui a conduit à l'indépendance et au départ des Français. Les accords de Genève de 1954 avaient prévu des élections libres pour réunifier le pays mais la répression anticommuniste de Ngô Đình Diệm à la tête du sud annule cette perspective et relance la guérilla communiste (ou « Vietcong »), qui crée le **Front national de libération** (FNL). L'incapacité du pouvoir militaire pro-occidental de Saigon conduit à l'intervention des États-Unis, qui prétextent un incident naval en baie du Tonkin le 2 août 1964.

Secrétaire d'État à la Défense, Robert McNamara veut une **guerre « pour l'exemple »**, pour empêcher l'extension du communisme dans le tiers-monde. Les moyens déployés sont considérables, avec plus de 500 000 GI's sur place en 1969, des bombardements massifs contre le Vietnam du Nord et le Cambodge, l'utilisation de napalm et de défoliant. Pourtant, **l'offensive du Têt** lancée par les communistes le **30 janvier 1968** montre que les Américains échouent à sécuriser les villes et marque le **basculement de l'opinion publique américaine**, désormais majoritairement hostile à l'intervention, d'autant que des crimes de guerre (massacre de Mỹ Lai le 16 mars 1968) sont révélés peu après. L'administration se résout à négocier à partir de 1968 à Paris et à envisager la « vietnamisation » du conflit en transférant des opérations davantage aux Sud-Vietnamiens. Les **accords de Paris du 27 janvier 1973** aboutissent à une courte trêve, sans empêcher le Nord de prendre **Saigon le 30 avril 1975** et de réunifier le pays le 2 juillet 1976. Le conflit a fait 2 à 3 millions de morts dont 58 220 Américains. Il ternit durablement l'image des États-Unis et devient le symbole de leur enlisement face à une guérilla déterminée.

FIGURE CLÉ **Ernesto Guevara, dit le « Che » (1928-1967)**

Argentin et Cubain, Ernesto Guevara s'engage en 1956 dans la lutte armée contre le dictateur cubain Batista. En janvier 1959, il devient président de la Banque nationale et ministre de l'Industrie, ce qui le conduit en voyage en URSS. Il en retire la conviction que le modèle économique de l'URSS doit être adapté pour Cuba. Il prône un volontarisme plus que le totalitarisme et critique de plus en plus Moscou. À partir de 1964, il agit secrètement pour **créer des « foyers de révolution »** en Amérique latine et en Afrique, sous la forme de guérilla de paysans, première étape avant un parti de masse, selon la théorie de la « **révolution dans la révolution** ». Cette tactique est résumée par le slogan de **1967, « créer un, deux, trois Vietnam »** pour vaincre l'impérialisme. Le 9 octobre 1967, pourchassé par la CIA, il est exécuté par un officier bolivien.

FICHE 15

La Chine de Mao, l'affirmation d'un nouvel acteur international

Humiliée par les Occidentaux depuis les « traités inégaux » de la première moitié du XIXe siècle, la Chine redevient une puissance grâce la Seconde Guerre mondiale et la fondation de la République populaire par Mao.

L'ESSENTIEL EN DATES

- **1er octobre 1949** : proclamation de la République populaire de Chine.
- **Octobre 1971** : remplacement de Taïwan à l'ONU par la République populaire de Chine.
- **21 février 1972** : visite à Pékin de Richard Nixon.
- **9 septembre 1976** : mort de Mao.
- **16 décembre 1978** : reconnaissance de la République populaire de Chine par les États-Unis.

1. Le choix du modèle soviétique

Redevenue une puissance avec la Seconde Guerre mondiale, la Chine continentale choisit le modèle soviétique dans un premier temps, tandis que Taïwan joue le rôle de bastion occidental dans la guerre froide.

A. La fondation de la République populaire de Chine

Pendant la Seconde Guerre mondiale, **communistes de Mao et nationalistes de Tchang Kaï-chek (ou Jiang Jieshi, 1887-1975) s'unissent** contre les Japonais tandis que les États-Unis leur fournissent du matériel. En 1945, la Chine, comptée parmi les **vainqueurs**, est dotée d'un siège permanent au Conseil de sécurité des Nations Unies.

En **1946, la guerre civile reprend** dans le nouveau contexte de guerre froide, ce qui conduit Washington à fournir du matériel aux nationalistes, mieux équipés mais au commandement corrompu et peu motivé. À partir de 1947, les communistes ont l'avantage et triomphent en **1949 : le 1er octobre, Mao proclame la République populaire de Chine**, qu'il présente comme la naissance de l'État moderne chinois, appuyé sur les masses paysannes. Avec l'aide de la marine américaine, deux millions de nationalistes se replient sur l'île de Formose, rebaptisée Taïwan.

FIGURE CLÉ **Mao Zedong (1893-1976)**

Né dans une famille paysanne aisée, Mao participe à la fondation du Parti communiste chinois en 1921. Face au pouvoir, il pense que la révolution doit s'appuyer sur les campagnes et non sur les villes. Il se replie alors dans les collines du Jiangxi, avant d'en être chassé et de se réfugier au nord, lors de la Longue Marche (1934-1935). Après l'union sacrée face aux Japonais pendant la guerre, il reprend la lutte et triomphe en 1949. Sa biographie se confond alors avec l'histoire de la Chine, qu'il dirige depuis la Cité interdite de Pékin. Aujourd'hui, son portrait domine la place Tiananmen et reste la référence officielle de la Chine actuelle.

B. « L'URSS d'aujourd'hui, c'est la Chine de demain » (Mao)

En 1949, le chemin vers la puissance est tracé par l'URSS, dont le prestige est immense au lendemain de la Seconde Guerre mondiale. **Plusieurs milliers de techniciens soviétiques** viennent aider Mao à mettre en marche le pays, avec un certain succès. En 1952, la production agricole retrouve son niveau d'avant-guerre. C'est à cette époque qu'est construit l'essentiel du **réseau ferroviaire** dont disposera la Chine jusqu'aux années 1970. Suivant le modèle soviétique, un **plan quinquennal** (1953-1957) organise l'économie, privilégiant l'industrie aux dépens de l'agriculture, malgré des slogans qui affirment que **le communisme marche « sur les deux jambes »**. Pour tenir la société, le goulag soviétique inspire le ***laogai*** chinois, qui cherche à transformer réellement la population par le travail. Près de 40 millions de Chinois ont séjourné dans l'un de ses quelque 4 000 camps.

C'est dans cette logique que, le 14 février 1950, Mao signe un **traité d'amitié avec Staline**, officiellement contre une éventuelle agression japonaise, mais en réalité contre les États-Unis. La guerre de Corée donne l'occasion de l'appliquer. Cet alignement n'exclut pas des prises de position qui relèvent davantage du rang retrouvé de **puissance régionale**, notamment envers les **pays non alignés** : **le 21 octobre 1950, Pékin envahit le Tibet**, annexé en 1957 ; en 1954 et 1955, Mao fait bombarder les îlots nationalistes de Quemoy et Matsu et ne recule que devant la menace nucléaire américaine ; les Chinois, menés par le ministre des Affaires étrangères Zhou Enlai, jouent le rôle d'intermédiaire en Indochine pour les négociations entre Hô Chi Minh et la France en 1954.

C. La guerre de Corée : la Chine, relais de l'URSS en Asie

La **conférence de Yalta** a divisé la Corée en deux, le Nord sous influence soviétique avec le régime stalinien de Kim Il-Sung, le Sud en une zone occidentale dirigée par Syngman Rhee, les deux étant séparés par le 38ᵉ parallèle Nord. Avec l'accord de Staline, **250 000 soldats nord-coréens pénètrent au Sud le 25 juin 1950** et en occupent l'essentiel en un mois, à l'exception de la région de Pusan. S'appuyant sur des résolutions de l'ONU, Harry Truman envoie des troupes américaines commandées par le général MacArthur. Le 15 septembre, elles débarquent à Inchon pour prendre les troupes nordistes à revers. Le 1ᵉʳ octobre, elles franchissent le 38ᵉ parallèle : le *containment* se transforme alors en *roll back*.

Le **2 novembre 1950**, la guerre change de dimension avec l'intervention de la Chine communiste. Ses troupes refoulent les Américains selon la tactique des « **marées humaines** » qui submergent sous le nombre les GI. Le général MacArthur envisage un temps un **bombardement atomique** sur la Chine, ce que repousse Truman : cela signe le renoncement pour longtemps à envisager l'arme nucléaire comme une arme tactique, limitée à un terrain d'opération.

Successeur de MacArthur, le général Ridgway parvient à stabiliser le front proche du niveau initial : le 10 juillet 1951 s'ouvrent des négociations, qui aboutissent seulement le **27 juillet 1953 par l'armistice de Panmunjom**. Chaque Corée déplore environ un million de morts, tandis que les troupes d'intervention comptent 57 440 morts : si la guerre froide ne compte que des conflits périphériques, ceux-ci peuvent être de forte intensité. La Corée est coupée par une zone démilitarisée profonde de 4 kilomètres et longue de 285 kilomètres.

Repère **Le chapitre VII de la charte de l'ONU**

En 1950, l'URSS pratique la politique de la chaise vide et boycotte l'ONU : les États-Unis en profitent pour faire condamner l'agression coréenne et obtenir le mandat de la repousser (résolutions 83 et 84 du Conseil de sécurité), avec le droit d'arborer le drapeau des Nations Unies. Le chapitre VII de la charte de l'ONU traite en effet de « l'action en cas de menace contre la paix, de rupture de la paix et d'acte d'agression », notamment l'emploi de la force armée, soit en cas de légitime défense (art. 50), soit à la demande du Conseil de sécurité (art. 42). Durant la guerre froide, le Conseil de sécurité est paralysé par le veto des superpuissances et peu d'actions sur la base de ce chapitre peuvent être engagées. C'est le cas lors de la crise de Suez en 1956 (la résolution Acheson 377-V, adoptée le 3 novembre 1950, permet de contourner le veto français et britannique), ce qui marque la création des « casques bleus ». C'est aussi le cas lors de la crise du Congo de 1960.

2. Une Chine qui se pose en modèle

Le modèle soviétique apparaît vite inadapté à la réalité chinoise, tandis que Mao critique la déstalinisation et la coexistence pacifique menées par Khrouchtchev. Il lance le nouveau mot d'ordre que la Chine doit « compter sur ses propres forces ». La divergence provoque une rupture, qualifiée habituellement de « **schisme sino-soviétique** ». Appartenant au vocabulaire religieux, le mot de « schisme » rappelle que l'enjeu est largement idéologique, ce qui le place au cœur de la guerre froide.

A. L'expérience du « Grand Bond en avant »

Pour piéger le mécontentement d'une partie de la population face au modèle soviétique, Mao lance **en 1957** le **mouvement des Cent-Fleurs** : « que cent fleurs s'épanouissent, que cent écoles rivalisent » pour critiquer et proposer. Cette libération de la parole est suivie d'une répression féroce : c'est la première application à l'échelle du pays du principe de la « **révolution permanente** ».

Pour faire oublier ces difficultés est **lancé le « Grand bond en avant » (1958-1961)**, avec l'objectif de « rattraper la Grande-Bretagne en quinze ans » suivant une voie proprement chinoise, qui mobilise la paysannerie. Il s'agit d'une **vaste campagne productiviste**. Le travail des paysans est militarisé dans le cadre de 25 000 **communes populaires**, regroupant chacune environ 5 000 familles organisées en « brigades ». Elles doivent également fondre un maximum de métal dans deux millions de **« petits hauts-fourneaux » de terre séchée**. Le résultat est un **immense gâchis**, l'essentiel de l'acier est inutilisable et la production agricole s'effondre. La propagande attribue les difficultés au retrait de l'aide soviétique et aux aléas climatiques : près de **36 millions de Chinois meurent** d'épuisement et de faim.

Repère **Le maoïsme**

Le maoïsme est caractérisé par la **mobilisation politique des masses paysannes** pour suppléer au retard technique. Il utilise aussi la **mobilisation permanente** comme mode de gouvernement, permettant de renouveler le personnel politique et de détourner le mécontentement de la personne de Mao.

B. Les relations internationales selon Mao

Pour Mao, la **déstalinisation relève du « révisionnisme »,** c'est-à-dire de la déviation par rapport au léninisme. De même, la coexistence pacifique lui apparaît comme une trahison. En 1956, il dénonce en l'impérialisme américain un **« tigre de papier »**. En août 1958, alors qu'Américains et Soviétiques négocient sur une réduction éventuelle d'armements stratégiques, Mao bombarde à nouveau les îlots nationalistes Quemoy et Matsu, entraînant la mobilisation de la flotte américaine. Après avoir poussé Khrouchtchev à la guerre nucléaire lors de la crise de Cuba (octobre 1962), il déclare le 31 décembre suivant que « si une guerre atomique éclate, la moitié de la population du monde sera peut-être anéantie, mais il resterait encore l'autre moitié. L'impérialisme serait alors liquidé et le monde entier socialiste »... Le **16 octobre 1964 est testée la première bombe nucléaire chinoise**, le 14 juin 1967, la première bombe thermonucléaire. En **1969**, de violents **combats frontaliers** opposent Chinois et Soviétiques à propos de l'île Zhenbao du fleuve Oussouri.

La Chine cherche à concurrencer l'influence de l'URSS auprès du tiers-monde : dès la **conférence de Bandung**, en 1955, Zhou Enlai se pose en leader de l'anti-impérialisme (ici au sens de l'idéologie de lutte contre la domination des pays riches sur les pays pauvres). En 1965, **Lin Biao**, à la tête de l'armée populaire de libération (APL) et successeur désigné de Mao, compare l'Amérique du Nord et l'Europe aux « villes » du monde alors que les peuples révolutionnaires du tiers-monde seraient les « campagnes », prêtes à prendre le pouvoir comme en Chine...

Du **20 octobre au 20 novembre 1962**, la Chine est en **guerre contre l'Inde**, pays plutôt proche de l'URSS, à propos de la frontière du Cachemire : Pékin obtient une partie de cette région, avec une route stratégique qui relie le Tibet et le Xinjiang. L'Afrique est un autre terrain de lutte d'influence : **en 1965, Zhou Enlai visite la Tanzanie** dirigée par Julius Nyerere, qui décide d'expérimenter le maoïsme. La déclaration d'Arusha de 1967 définit un « socialisme humaniste » ou « *ujamaa* », proche du maoïsme, et prévoit de moderniser le pays au niveau de « communautés villageoises », calquées sur les communes populaires chinoises.

D'une manière générale, se rapprocher de la Chine est une **manière de montrer son indépendance** dans le contexte de guerre froide : la **Roumanie** se rapproche de Pékin en 1968-1971 pour prendre ses distances avec Moscou, de même que **l'Albanie** d'Enver Hoxha, brouillée avec la Yougoslavie en 1948 et l'URSS en 1961. À l'Ouest, le **général de Gaulle** prend ainsi l'initiative de reconnaître la République populaire de Chine en 1964.

3. De la révolution au réalisme

Pendant sa dernière décennie, Mao cherche à éliminer toute opposition par la Révolution culturelle tandis que, sur la scène internationale, la ligne pragmatique de Zhou Enlai domine.

FIGURE CLÉ **Zhou Enlai (1898-1976)**

Après des études en France, Zhou Enlai se distingue par la longévité de son action au PCC, de 1927 à 1976, notamment comme diplomate et administrateur. Rallié à Mao en 1935, après l'avoir combattu, il lutte avec lui jusqu'en 1949. Il devient alors ministre des Affaires étrangères et Premier ministre. C'est lui qui réhabilite Deng Xiaoping, touché par la Révolution culturelle.

A. La Révolution culturelle

L'échec du Grand Bond en avant nourrit des critiques contre Mao, qui ne supporte plus celles-ci et subit l'influence de sa femme Jiang Qing, avide de pouvoir. Pour remettre en cause l'appareil étatique, il **mobilise l'armée**, menée par **Lin Biao**, tout dévoué, et la **jeunesse**, invitée à « détruire l'ancien pour fonder le nouveau ». Du **13 au 25 août 1966**, Mao passe en revue 13 millions de **Gardes rouges** « illuminés » par sa pensée condensée dans le « **petit livre rouge** ».

Repère **« Petit livre rouge »**

À partir de 1966, la possession et l'étude du « petit livre rouge » sont obligatoires et tout le monde peut être interrogé par un Garde rouge dans la rue. Ce recueil de citations de Mao est une idée de Lin Biao, exprimée en 1964. Il s'agit de répandre « la bombe atomique spirituelle de la pensée de Mao », pour reprendre les termes officiels de la propagande.

Partis en province, les **Gardes rouges ravagent le pays** : ils brûlent les « mauvais livres », humilient les « bourgeois apatrides » et les « intellectuels puants », enseignants, médecins, savants qui sont forcés à l'autocritique publique humiliante puis à des travaux manuels. Dans la province reculée du Guangxi, où sont massacrées 100 000 à 150 000 personnes selon les estimations, de **macabres « banquets de chair humaine »** voient des Gardes rouges consommer entrailles et parties génitales de professeurs et autres « ennemis du peuple », épisode évoqué depuis par l'enquête de Zheng Yi, *Stèles rouges : Du totalitarisme au cannibalisme*, paru en 1993. En Chine, quatre millions de personnes meurent et **la moitié des adultes est victime de violences**. À partir d'août 1967, la répression s'abat sur les Gardes rouges, devenus incontrôlables. La Révolution culturelle provoque une rupture forte entre la population et le parti, et Lin Biao meurt en 1971 en s'enfuyant en URSS. En revanche, Mao peut amplifier le culte de sa personnalité.

B. Le réalisme sur le plan international

Pendant que la Chine s'enfonce dans le cauchemar de la Révolution culturelle, **c'est le pragmatisme de Zhou Enlai qui l'emporte** pour la diplomatie de Pékin. Il convainc Mao d'un **rapprochement tactique avec les États-Unis**. Le conseiller Henry Kissinger se rend secrètement à Pékin deux fois en 1971, négociant **l'admission de la Chine à l'ONU** à la place de Taïwan, bénéficiant d'un siège permanent au Conseil de sécurité. Des rencontres sportives sont l'occasion d'échanges, ce qui a été surnommé « la **diplomatie du ping-pong** », tandis que les affiches de propagande affirment que « la balle argentée transmet l'amitié ». L'année suivante, le **21 février 1972, le président américain Richard Nixon se rend en Chine** pour une visite historique, qui inclut une coopération militaire pour surveiller conjointement l'URSS.

Parallèlement, la Chine s'affirme comme grande puissance. À l'ONU, le **10 avril 1974**, Deng Xiaoping développe sa « **théorie des trois mondes** » selon laquelle la Chine est le leader naturel de ceux qui rejettent à la fois le monde occidental et le bloc soviétique, qui parlent de détente mais sont facteurs de tension dans le monde. En Asie, elle poursuit une politique de puissance régionale en soutenant les Khmers rouges au Cambodge, d'abord contre le prince Norodom Sihanouk, puis avec lui contre l'ingérence américaine. De 1975 à 1978, elle est alliée au Kampuchéa démocratique que dirige Pol Pot. Quand le Vietnam, proche de l'URSS, envahit le Cambodge, le 25 décembre 1978, la Chine mène une expédition punitive sur sa frontière avec **le Vietnam en février 1979**. En 1978, les **États-Unis reconnaissent la « Chine de Mao »,** deux ans après la mort de son artisan.

Document essentiel

Simon Leys, *Les Habits neufs du président Mao* (1971)

La Révolution culturelle **fascine les intellectuels occidentaux** : en 1968, **Pierre Cardin** lance même la mode du « **col Mao** » pour les chemises. La « révolution au sein de la révolution » séduit les trotskystes et ceux que l'URSS a déçus, notamment en écrasant le Printemps de Prague. Quelques-uns font le voyage en Chine, comme **Alain Peyrefitte**, qui rédige le célèbre *Quand la Chine s'éveillera...* en 1973. Au contraire, le Belge Simon Leys dénonce l'imposture de la « révolution culturelle » dans *Les Habits neufs du président Mao* en 1971 : « La Révolution culturelle qui n'a de révolutionnaire que le nom, de culturelle que le prétexte tactique initial, fut une lutte de pouvoir. À la faveur du désordre engendré par cette lutte, un courant de masse authentiquement révolutionnaire se développa à la base se traduisant par des mutineries militaires et par de vastes grèves ouvrières ; celles-ci, qui n'avaient pas été prévues au programme, furent impitoyablement écrasées. »

FICHE 16

Les conflits du Proche et Moyen-Orient

Si les grandes crises de la guerre froide se déroulent en Europe ou en Asie orientale, le Moyen-Orient est le théâtre d'affrontements bipolaires. Cette situation est renforcée par l'enjeu du pétrole et par la création d'Israël.

L'ESSENTIEL EN DATES

- **15 mai 1948** : première guerre israélo-arabe.
- **Août 1953** : coups d'État de la CIA en Iran.
- **26 juillet 1956** : discours d'Alexandrie annonçant la nationalisation du canal de Suez.
- **28 mai 1964** : création de l'Organisation de libération de la Palestine (OLP) par la Ligue arabe.
- **5-10 juin 1967** : guerre des Six Jours.
- **6-25 octobre 1973** : guerre du Kippour.

1. Un lieu d'affrontement bipolaire

Le Moyen-Orient est un théâtre secondaire de la guerre froide, dont les enjeux se mêlent aux dynamiques locales d'émancipation.

A. L'Iran, bastion du camp américain

La crise de l'Azerbaïdjan iranien fait de l'Iran, pays frontalier de l'URSS, un **bastion de l'endiguement anticommuniste**. Ceci explique la réaction américaine à la tentative d'émancipation menée par le gouvernement de **Muhammad Mossadegh**. À la tête d'un gouvernement appuyé sur le parti communiste iranien appelé « parti des masses d'Iran » ou « *Toudeh* », il nationalise l'exploitation du pétrole le 15 mars 1951. En **août 1953**, la **CIA** organise **un double coup d'État**, qui conduit Mossadegh en prison. L'Iran voit alors la présence militaire américaine augmenter, jusqu'à 30 000 « conseillers », et reçoit du matériel militaire de pointe, tandis que les compagnies américaines entrent dans le consortium qui exploite les champs pétroliers du pays.

B. Le Moyen-Orient dans les pactes occidentaux

En 1947, le Congrès américain vote une aide financière pour l'Iran et la Turquie, dans le cadre de la doctrine Truman. La région est intégrée à l'ensemble d'alliances militaires conclues, ce qui a été parfois qualifié de « pactomanie ». En **1951**, la Turquie est admise dans l'OTAN, ce qui permet de sécuriser les détroits (Dardanelles et Bosphore) et la frontière caucasienne avec l'URSS. À la fin de cette décennie, les Américains y déploient des missiles *Jupiter* et *Thor*, dont le retrait sert de monnaie d'échange lors de la crise de Cuba, en 1962. En **1955** est conclu le **pacte de Bagdad** entre la Turquie, l'Irak, l'Iran, le Pakistan et le Royaume-Uni, avec la coopération des États-Unis. En **1959**, un coup d'État éloigne l'Irak des Occidentaux, le pacte devient le **CENTO** ou Organisation du Pacte central, en activité jusqu'à la révolution iranienne de 1979. Il fait le lien entre l'OTAN à l'Ouest et l'OTASE à l'Est. Le 5 janvier 1957, la « **doctrine Eisenhower** » prolonge au Moyen-Orient celle qu'a formulée Truman : tout État arabe qui le souhaite peut recevoir une aide économique et militaire en cas d'agression par un pays communiste ou sous l'influence du communisme mondial.

C. L'Égypte au cœur des rivalités bipolaires

Le véritable pays pivot de l'affrontement bipolaire dans la première moitié de la guerre froide est **l'Égypte de Nasser**, dont les ambitions panarabes se heurtent rapidement, d'une part, aux États-Unis, qui refusent notamment de financer ses projets, d'autre part, à l'Arabie saoudite, qui s'oppose au panarabisme et au modernisme et est proche de Washington. Dès 1955, un **traité d'assistance** conduit à la venue en Égypte de **conseillers soviétiques**, ce qu'approuvent l'Irak et la Syrie comme un revers infligé à l'Occident colonisateur, en attendant la crise de Suez de novembre 1956, qui voit Nasser s'imposer face aux Français et aux Britanniques. Le **soutien soviétique à Nasser s'accroît dans les années 1960** avec le financement d'un tiers du coût de la construction du barrage d'Assouan et la livraison d'armes, en particulier en vue de la guerre des Six Jours de 1967.

FIGURE CLÉ **Gamal Abdel Nasser (1918-1970)**

Fondateur du Comité des officiers libres qui renverse en 1952 le roi Farouk Ier, perçu comme reste de la domination étrangère en Égypte, Nasser écarte peu après le général Mohammed Naguib qui dirigeait le pays et avait été élu président de la République – ou « *raïs* » – en 1956. Ses réformes intérieures évincent les élites traditionnelles au profit des classes moyennes et il combat impitoyablement les Frères musulmans. Sur la scène internationale, il devient l'un des leaders du tiers-monde et le héraut du panarabisme. L'échec cuisant de 1967 le conduit à démissionner le 9 juin, avant de revenir en poste sous la pression de la rue le lendemain. Ses funérailles, en 1970, témoignent de son prestige.

À la recherche de financement pour ses projets intérieurs, notamment le barrage d'Assouan, et devant l'opposition des États-Unis, Nasser décide de nationaliser la Compagnie universelle du canal de Suez, avec dédommagement des actionnaires, pour recouvrer les droits de péage. La décision est annoncée dans un discours à Alexandrie, le 26 juillet 1956, alors que le dernier soldat britannique a quitté l'Égypte le 13 juin. Son célèbre éclat de rire apparaît comme un défi aux anciennes puissances coloniales. La France et le Royaume-Uni montent une **opération militaire conjointe** avec Israël, dans la tradition de l'ancienne « diplomatie de la canonnière », typique de l'ère coloniale, et le 5 novembre, les parachutistes franco-britanniques sont sur le canal. L'URSS menace les Britanniques du feu nucléaire et Washington spécule contre la livre sterling : désavoués, **les Britanniques et les Français doivent rembarquer** pour laisser la place à des Casques bleus de l'ONU. Paris et Londres n'ont plus les moyens de peser dans le monde, Soviétiques et Américains ont réussi à imposer leur condominium et Nasser apparaît comme le dirigeant arabe capable d'humilier les puissances européennes.

Fort de son succès lors de la crise de Suez de 1956, Nasser convainc la Syrie de constituer le **5 février 1958** la **République arabe unie** (RAU), plutôt favorable à l'URSS, tandis que les États-Unis soutiennent la constitution d'une Fédération arabe, sans grande consistance. Il s'agit d'une **union politique**, la **Syrie devenant une province égyptienne**. En mars, le **Yémen** rejoint la RAU : le panarabisme nassérien semble triompher. Des mouvements favorables à cette forme de panarabisme secouent **le Liban et la Jordanie**, entraînant une intervention des Américains au Liban et des Britanniques en Jordanie, en application de la doctrine Eisenhower. Pourtant, la RAU est fragile et, le 28 septembre 1961, un coup d'État en Syrie conduit Damas à se retirer. Nasser tente de poursuivre l'aventure en soutenant militairement les forces favorables au Yémen, qui connaît la guerre civile (1962-1967).

Repère **Le nassérisme**

Reprenant la pensée et l'action de Nasser, le nassérisme est d'abord un anti-impérialisme colonial, qui soutient le FLN algérien et des mouvements de libération d'Afrique noire, refuse la logique de guerre froide imposée aux pays arabes et défend le non-alignement. Il veut unir les Arabes *via* le panarabisme. Il s'oppose aussi aux élites traditionnelles et aux structures héritées de la colonisation ou de l'empire ottoman, avec des mesures influencées par le socialisme.

La ligne de front Est-Ouest n'est toutefois pas nette. Nasser prône parfois l'islam contre le matérialisme marxiste. Le parti Baas de Syrie et d'Irak a un projet économique d'inspiration socialiste mais réprime les mouvements communistes. Après 1967, la France gaullienne s'éloigne de son alliance avec Israël et se rapproche de divers pays arabes. Le **soutien américain inconditionnel à Israël à partir de 1962** pousse les pays arabes vers la coopération soviétique.

Repère **Le baassisme**

Du mot « *Ba'ath* » signifiant « résurrection », le baasisme est l'une des versions du panarabisme. Il est fondé en 1943 par **Michel Aflaq**, Syrien chrétien. Il se veut **panarabe**, **socialiste** en économie et **laïque**. Des partis baas sont fondés en Jordanie, au Liban, en Irak, recrutant dans les couches moyennes occidentalisées. Il arrive plusieurs fois au pouvoir en **Syrie** (1954, 1961 et de 1966 à aujourd'hui) et en **Irak** (1958, 1963 et 1968).

2. Israël et la question palestinienne

La naissance d'Israël provoque un choc entre l'arabisme et le sionisme, à l'origine de cinq guerres israélo-arabes de 1948 à 1982.

A. Des conflits existentiels

Au lendemain de la proclamation d'Israël, le **15 mai 1948**, cinq pays arabes envahissent Israël. Le jeune État sort vainqueur du conflit le 7 janvier 1949, avec un **territoire agrandi de 6 000 km²** par rapport au partage prévu par l'ONU, soit un total de 20 700 km². C'est une guerre très meurtrière pour Israël : 5 800 morts, dont 8 % des 19-21 ans. Les pertes palestiniennes sont d'environ 13 000 morts, le double, ce qui correspond environ au rapport des populations. Les armées arabes perdent 3 700 combattants. La « **Nakba** »

– ou « catastrophe » – pousse **700 000 Palestiniens à fuir à l'étranger**, tandis que 156 000 restent et deviennent citoyens israéliens. La « **Nakba** » – ou « catastrophe » – pousse **700 000 Palestiniens à fuir à l'étranger**, tandis que 156 000 restent comme citoyens israéliens. Israël s'associe aux Français et aux Britanniques dans le cadre de la crise de Suez en envahissant la péninsule du Sinaï le **29 octobre 1956**, mais doit évacuer celle-ci quelques mois plus tard, sous la pression américaine.

Du **5 au 10 juin 1967, Israël attaque ses voisins**, constatant leurs préparatifs militaires : c'est la **guerre des Six Jours**. Les Arabes perdent 20 000 combattants, Israël 760. L'aviation ennemie est détruite au sol par surprise. Le camp socialiste rompt ses relations diplomatiques tandis que de Gaulle met fin à la coopération militaire : Washington devient l'allié privilégié. La **résolution 242 de l'ONU** du 22 novembre 1967 exige l'évacuation des « **territoires occupés** » en échange de l'établissement d'une véritable paix.

Document essentiel

La guerre des Six Jours conforte l'existence d'Israël

Israël se dote d'un vaste **glacis stratégique** comprenant le plateau du Golan, la Cisjordanie, Gaza, le Sinaï, et réunifie Jérusalem en annexant la partie arabe.

Source : F. Encel, *Atlas géopolitique d'Israël*, Paris - 2008.

La guerre des Six Jours marque la **réunification de Jérusalem**. C'est à Tel-Aviv qu'est proclamée l'indépendance de l'État d'Israël, le 14 mai 1948. Conformément au plan de partage de la Palestine préparé par l'ONU, Jérusalem est partagée entre Israël (Jérusalem-Ouest) et la Jordanie (Jérusalem-Est) par une « ligne verte » en 1949. Le 23 janvier 1950, le jeune État proclame pourtant Jérusalem-Ouest comme sa capitale, et y installe son Parlement, la Knesset. Avec 190 000 habitants, la ville a toutes les fonctions d'une capitale, mais n'est pas reconnue comme telle par les autres pays. À l'Est, la Jordanie ne cherche pas à développer son côté de la ville qui ne compte que 70 000 habitants. La ville est coupée par un mur érigé en 1962 pour protéger l'Ouest des tireurs palestiniens. En 1967, Jérusalem-Est n'est pas un but de la guerre des Six Jours : c'est l'attaque jordanienne qui amène l'armée de défense d'Israël, Tsahal, à prendre la partie arabe de la ville le 7 juin. Quant à ses habitants, pour la plupart, ils restent chez eux. Le 21 mai 1968, la résolution 252, adoptée à l'unanimité par le Conseil de sécurité de l'ONU, condamne la politique israélienne à Jérusalem.

Repère **Le « mur des Lamentations » et Israël**

En 1948, le projet sioniste est de bâtir une nation moderne et laïque, autour du modèle du kibboutz, exploitation agricole communautaire. L'annexion de 1967 intègre à Israël le mur des Lamentations, lieu le plus sacré pour les juifs, base de la colline sur laquelle s'élevait le Temple construit par Salomon. Le 10 juin, les bulldozers rasent le quartier dit « des Maghrébins », après en avoir expulsé les habitants, pour dégager l'esplanade du Mur et permettre aux juifs d'y prier. La conquête de Jérusalem-Est marque un retour du sacré dans le projet israélien.

B. L'impossible revanche arabe

Le 6 octobre 1973, l'Égypte et la Syrie attaquent Israël par surprise le jour de la fête du **Yom Kippour**. Après quelques jours de succès, qui expliquent la célébration de la « victoire d'Octobre » dans de nombreux pays arabes, les armées arabes sont repoussées par une contre-attaque d'Israël, approvisionné par un **pont aérien américain**. Les pays arabes exportateurs de pétrole tentent un **embargo** contre les alliés d'Israël. Moscou et Washington s'accordent sur la **résolution 338 du 22 octobre** qui exige un cessez-le-feu : la menace d'un conflit direct américano-soviétique force Israël à accepter. C'est la **guerre israélo-arabe la plus internationalisée**. Cet échec permet au président égyptien Anouar el-Sadate de proposer la paix à Israël en 1977.

FIGURE CLÉ **Anouar el-Sadate (1918-1981)**

Sadate est un compagnon d'armes de Nasser, avec qui il renverse le roi Farouk en 1952. Il lui succède en **1970**. En 1973, il lance son pays dans une revanche contre Israël, sans succès. **Le 20 novembre 1977**, devant la Knesset, Parlement israélien, il propose la paix et est le premier pays arabe à reconnaître l'État hébreu. En 1978, il signe les **accords de Camp David**, qui lui rendent la péninsule du Sinaï. Cette politique lui vaut d'être exclu de la Ligue arabe et d'être **assassiné par des Frères musulmans en 1981** lors d'une parade militaire célébrant la « victoire d'Octobre » 1973.

C. La question palestinienne

La guerre des Six Jours place la question palestinienne au sein d'Israël, qui occupe la Cisjordanie et Gaza, où vivent 1,5 million de Palestiniens. À l'extérieur, **l'OLP** est fondée par la Ligue arabe en 1964. En 1969, le mouvement du Fatah de **Yasser Arafat** en prend le contrôle. En septembre 1970, l'OLP détourne des avions de ligne en Jordanie en 1970 et attaque les athlètes israéliens aux JO de Munich (1972) : ce nouveau terrorisme international fait connaître sa cause, d'où la notion de « terrorisme publicitaire » forgée par Gérard Chaliand. L'action de 1970 déstabilise la Jordanie : lors de **l'opération « septembre noir » (1970)**, le royaume chasse les combattants palestiniens, qui se réfugient au Liban : c'est alors ce pays qui est fortement déstabilisé, facteur majeur de la guerre civile qui débute le 13 juillet 1975 par une fusillade entre milices chrétiennes libanaises et Palestiniens. Le 13 novembre 1974, Yasser Arafat s'adresse à **l'ONU**, organisation dans laquelle l'OLP vient de recevoir un **statut d'observateur comme « seul représentant légitime »** des Palestiniens. Cette année marque un tournant dans la stratégie palestinienne : après la lutte armée avec les États arabes puis le terrorisme, l'offensive est désormais diplomatique.

FIGURE CLÉ **Yasser Arafat (1929-2004)**

Né en Égypte, où il milite aux côtés des Frères musulmans, Yasser Arafat, « Abou Amar » de son nom de combattant, fonde le Mouvement de libération nationale Fatah au Koweït en 1957, auteur d'une première action contre Israël en 1965. Victorieux d'une colonne de blindés israéliens en 1968, il prend le contrôle de l'OLP en 1969. Chassé de Jordanie, il se réfugie au Liban, qu'il doit quitter en 1982 pour Tunis. En 1988, s'opposant au Hamas, il renonce à l'objectif d'un État unitaire pour accepter l'idée de deux États coexistants. En 1996, il prend la tête de l'Autorité palestinienne créée par les accords d'Oslo mais est confiné à Ramallah par Israël de 2001 jusqu'à sa mort, à l'hôpital du Val-de-Grâce à Paris.

THÈME 3

Les remises en cause économiques, politiques et sociales des années 1970 à 1991

CHAPITRE 6

La modification des grands équilibres économiques et politiques mondiaux

FICHE 17

Les chocs pétroliers : la crise économique occidentale et la nouvelle donne économique internationale

Après la période de croissance, la décennie 1970 voit les difficultés économiques l'emporter. Les chocs pétroliers en sont les moments les plus visibles.

L'ESSENTIEL EN DATES

- **15 août 1971** : fin de la convertibilité du dollar en or pour les banques centrales.
- **17 octobre 1973** : début du premier choc pétrolier.
- **8 janvier 1976** : accords de la Jamaïque.
- **16 janvier 1979** : fuite du shah d'Iran, déclanchant le 2e choc pétrolier.
- **12 avril 1979** : accord tarifaire au GATT.
- **22 septembre 1980** : attaque l'Iran par l'Irak.

1. Un système monétaire international en difficulté

À la fin de la décennie, plusieurs éléments dérèglent le Système monétaire international (SMI) de Bretton Woods : la balance des paiements américaine devient déficitaire, conduisant à une accumulation de dollars hors de ce pays : ce sont les **eurodollars.**

A. Les déséquilibres américains

La guerre du Vietnam écorne la puissance américaine également sur le plan économique. Les dépenses liées au conflit ne jouent pas le rôle de relance escomptée mais creusent le **déficit budgétaire**. Les importations augmentent et en 1971 apparaît le **déficit commercial** : désormais, les « **déficits jumeaux** » (*twin deficits*) sont la caractéristique de l'économie américaine avec la question récurrente de leur durabilité. Les décisions de 1971 se comprennent aussi comme une tentative – vaine – de corriger ces déséquilibres.

B. Les eurodollars

Repère Eurodollars et pétrodollars

Les eurodollars sont des avoirs bancaires libellés en dollars circulant à l'extérieur des États-Unis. Il s'agit donc d'une monnaie scripturale. Leur nom vient de l'Eurobank, filiale de la banque d'URSS, dans laquelle les Soviétiques ont transféré leurs avoirs en dollars lors de la guerre de Corée de crainte que Washington décide de les geler. Au sens strict, le terme d'« eurodollars » ne renvoie donc pas aux dollars détenus en Europe. Même si l'usage du terme de « pétrodollars » pour ceux que détiennent les États exportateurs de pétrole a pu restreindre le sens d'eurodollars aux dollars détenus en Europe.

L'augmentation des eurodollars conduit à une **spéculation contre la devise**. La méfiance envers la monnaie américaine est renforcée par la contraction du stock d'or de la Banque fédérale américaine, notamment parce que des banques centrales, comme la Banque de France, multiplient les conversions en or de leurs avoirs en dollars : de Gaulle cherche ainsi à remettre en cause le rôle du dollar comme monnaie du commerce mondial au profit d'un retour à l'or. En 1968, les banques centrales s'engagent à cesser cette conversion. En 1969, le **FMI crée des droits de tirage spéciaux (DTS)**, monnaie de réserve utilisable par les États. Les États-Unis pouvaient s'en servir pour racheter des dollars. Les DTS ont cependant eu un usage limité.

Repère Le paradoxe de Triffin

Le **paradoxe ou dilemme de Triffin** (du nom de l'économiste belge Robert Triffin, professeur et conseiller aux États-Unis), énoncé dès 1960, décrit les contradictions du SMI de Bretton Woods, qui se concrétisent à la fin des années 1960 : soit les échanges des États-Unis avec le reste du monde sont excédentaires, ce qui renforce la valeur du dollar par la réserve d'or qu'ont les États-Unis mais risque de conduire à un *dollar gap* des autres pays ; soit ils sont déficitaires, ce qui permet aux autres pays d'engranger des dollars. Cela favorise donc les échanges internationaux libellés dans cette monnaie, mais crée un écart entre la masse des dollars en circulation et la réserve en or, laissant la place à une spéculation contre le dollar. C'est le cas dans les années 1960. Triffin en conclut que la monnaie de référence mondiale ne peut pas être la monnaie de l'un des pays.

C. La fin du système de Bretton Woods

Le **15 août 1971, le président Richard Nixon** prend une double décision contradictoire avec les accords de Bretton Woods, sans concertation avec les autres pays : la convertibilité en or du dollar est suspendue et les importations sont surtaxées de 10 % pour compenser l'insuffisante réévaluation – aux yeux de Washington – des monnaies de fournisseurs comme la RFA ou le Japon. Un accord est trouvé en décembre suivant, supprimant cette surtaxe, dévaluant légèrement le dollar (de 35 à 38 dollars l'once d'or) et autorisant un flottement des monnaies de 2,25 % autour du cours pivot. En 1973, Washington renonce et les **accords de la Jamaïque, les 7 et 8 janvier 1976**, enterrent Bretton Woods, laissant flotter les monnaies. Le billet vert est devenu référence mondiale sans contrepartie, ce qui ouvre la voie à la planche à billets et à un endettement extérieur massif : il quadruple de 1971 à 1976, puis presque autant d'ici 1985. La masse des eurodollars est multipliée par sept en 10 ans...

Parallèlement, la CEE cherche à remplacer régionalement le SMI : les accords de Bâle d'avril 1972 mettent en place une coopération monétaire pour encadrer le flottement des monnaies membres : l'ensemble ou « **serpent monétaire** » doit flotter au sein d'un « tunnel », mais les fortes différences de performance de prix de la France et de l'Allemagne limitent son fonctionnement.

2. Les chocs pétroliers : catalyseurs d'une nouvelle donne

L'invocation des chocs pétroliers sert souvent à expliquer la crise et la nouvelle donne qui s'ensuit : ils ne sont que les déclencheurs de tendances déjà engagées et d'une redistribution chaotique.

A. La création de cartels pétroliers

Issues du premier âge du pétrole, les « **Sept Sœurs** » ou sept plus grosses entreprises pétrolières (cinq Américaines et deux Européennes, British Petroleum et Royal Dutch Shell) forment un **véritable cartel du pétrole**, adepte de **l'intégration verticale**, du puits à la pompe, ce qui leur permet de **maintenir le prix du baril entre 10 et 15 dollars**, au bénéfice du consommateur occidental et aux dépens des États exportateurs, qui ne tirent qu'un profit limité de cette exploitation. Celle-ci augmente néanmoins : l'Arabie perçoit 20 millions de dollars en 1947, 112 millions en 1950 et 200 millions en 1954, tandis que le Koweït passe de 0,8 million de dollars à 217 millions sur la même période. Dans les années 1950, les « **pétromonarchies** », comme on commence à les appeler, parviennent à porter à 50 % les royalties et taxes qu'elles empochent. L'argent accumulé, qualifié de « **pétrodollars** », est investi dans les économies occidentales, dans des dépenses somptuaires, ainsi que dans l'achat d'armements aux États-Unis.

Si la crise de Suez pousse le baril à la hausse, il retrouve son cours normal dès 1959. Pour tenter de contrer cette politique, les pays exportateurs fondent un cartel, **l'Organisation des pays exportateurs de pétrole (OPEP) en 1960, siégeant à Vienne**. Née dans l'indifférence, cette organisation regroupe dix ans plus tard 13 pays et représente **85 % des exportations mondiales**. Elle est complétée en 1968 par la création de l'Organisation des pays arabes exportateurs de pétrole (**OPAEP**) dont le siège est à Koweït-City.

En 1971 s'ouvre une période de « **décolonisation pétrolière** » : plusieurs pays **nationalisent progressivement les compagnies occidentales** qui exploitaient leurs gisements et forment des compagnies nationales pétrolières, qui contrôlent les trois quarts des réserves. C'est le cas de l'Algérie avec la Sonatrach et de la Libye, devenues fournisseurs privilégiés des Européens depuis la fermeture du canal de Suez en 1967. Leur exemple encourage les autres producteurs à faire de même : l'Irak nationalise l'ancienne Irak Petroleum Company (IPC) en 1961 et achève la création d'une compagnie nationale en 1972, le Koweït fait de même en 1975. L'Arabie Saoudite nationalise par étapes l'Aramco, prenant 25 % du capital en 1972, 60 % en 1974, puis la totalité, la rebaptisant alors **Saudi Aramco**.

B. Pétrole et matières premières : le choc avant les chocs

Le choc pétrolier de 1973 est le résultat de **deux logiques initialement distinctes**. Face à la dévaluation du dollar en 1971 et à l'inflation qui rognent leur pouvoir d'achat, les membres de l'OPEP veulent une **augmentation du prix du baril** de 40 % quand les compagnies proposent 15 % lors de leur rencontre du 8 octobre 1973. À côté de cette logique des prix se développe une logique politique : dès janvier 1973, le Koweït envisage publiquement **d'utiliser le pétrole comme arme** contre Israël en cas de conflit.

Ces manœuvres autour du pétrole s'intègrent dans une dénonciation plus générale des déséquilibres des échanges commerciaux internationaux : les **cours des matières premières restent très bas**, nourrissant l'idée d'une « dégradation des termes de l'échange » au profit des pays industrialisés et au prix d'un pillage du tiers-monde. En 1972, les producteurs de coton et de sucre obtiennent une hausse des cours, ceux de caoutchouc et de cacao également en stockant une partie de leur production. Le café et le cuivre se cartellisent sur le modèle du pétrole pour peser davantage. Au 1er janvier 1974, le Maroc triple le prix de ses phosphates, les producteurs de bauxite quadruplent les leurs. La spéculation conduit le cours du sucre à doubler de 1972 à 1974. C'est dans ce contexte que **Houari Boumediene**, président algérien, s'adresse à l'Assemblée générale des Nations unies le 10 avril 1974 pour réclamer un « **nouvel ordre économique international** », notamment avec un transfert aux pays du tiers-monde de technologies et du contrôle des matières premières afin de rééquilibrer les échanges.

Repère **La théorie de l'échange**

La théorie de la « dégradation séculaire des termes de l'échange » affirme que les prix des produits agricoles et des matières premières vendus par les pays du tiers-monde tendent à baisser, contrairement à celui des produits manufacturés, ce qui rendrait le bilan ou les « termes de l'échange » désavantageux pour le tiers-monde. Cette théorie a eu une grande influence sur le tiers-mondisme. Elle s'appuie sur les analyses d'économistes marxistes de l'ONU à partir de statistiques de la Société des Nations (SDN) pour une période peu significative. Cette théorie, largement contestée aujourd'hui, n'a de pertinence que sur certaines périodes. Globalement, les prix des produits manufacturés baissent pour un service rendu croissant. Par ailleurs, les **Nouveaux Pays industrialisés** (NPI) témoignent du profit que peut tirer un pays qui s'industrialise et participe fortement aux échanges commerciaux.

C. Des chocs géopolitiques

La **guerre du Kippour** fournit les conditions pour un choc pétrolier. Le **6 octobre 1973**, lors de la fête du Yom Kippour, profitant de l'effet de surprise, les Égyptiens traversent le canal et enfoncent les défenses israéliennes de la ligne Bar-Lev : l'opération Badr est fêtée comme la **victoire d'Octobre** dans le monde arabe. À partir du 11 octobre, les Israéliens contre-attaquent et Ariel Sharon pénètre en territoire égyptien. Face à ce retournement, **l'OPAEP se réunit à Koweït** et décide le **17 octobre** d'augmenter de 70 % le baril d'*Arabian Light* et de réduire de 5 % par mois leurs livraisons jusqu'à ce que les Israéliens se soient retirés des territoires occupés et aient rétabli dans leurs droits les Palestiniens. La décision est reprise et amplifiée par l'OPEP dans les jours qui suivent. En cinq mois, les **prix quadruplent**. Les deux logiques se réunissent : le pétrole comme arme contre Tsahal et ses alliés et comme outil d'un transfert de richesses au profit des Arabes.

Jusqu'au 21 décembre, les **réactions occidentales sont mesurées** : les opinions publiques occidentales observent plutôt les bons chiffres de la croissance et les Texans ne sont pas mécontents de la hausse de leurs gains. Le prix à la pompe en Europe n'augmente que peu. À l'approche de Noël, des **mesures d'urgence** sont prises : interdictions de circulation, limitations de vitesse, rationnement... Les Néerlandais prennent l'autoroute à vélo ! Les pays consommateurs négocient chacun dans leur coin avec les fournisseurs et les États-Unis **échouent à constituer un cartel d'importateurs** (OPIP), tout le monde comprenant qu'il serait leur outil... Le 7 janvier 1974, l'OPEP baisse ses prix et déclare vouloir stabiliser le marché.

Le choc de 1979 anéantit une partie des efforts budgétaires et monétaires des pays de l'OCDE mais aussi des pays de l'Est. Les pays de l'OPEP doublent leurs résultats annuels avec un **cours doublé**. Pourtant, **ce choc diffère de celui de 1973** : il n'a **pas de logique économique** et n'est pas voulu politiquement. Il résulte d'**une panique** au vu de la révolution iranienne, aggravée avec l'invasion de l'Afghanistan par l'URSS et le début de la guerre Iran-Irak (1980-1988), et nullement d'une décision de l'OPEP : au contraire, les Saoudiens en profitent pour jouer les intermédiaires nécessaires avec des prix compétitifs...

Document essentiel

Le cours du baril en dollars

Le pétrole est mesuré en barils, par référence au vieux baril de bois de 159 litres du XIXe siècle. Il présente des qualités variables selon les lieux d'extraction. La densité est mesurée par l'American Petroleum Institute (API), et va de 10° API (niveau conventionnel de l'eau) pour un pétrole très lourd à 35° API pour un pétrole très léger. Les pétroles légers, pauvres en soufre, sont plus chers car ils requièrent moins de raffinage, contrairement aux plus lourds. Parmi les très nombreuses catégories de pétrole brut, trois servent de références sur le marché mondial, le *West Texas Intermediate* (WTI) américain, le Brent à Londres et l'*Arabian Light*.
Le cours est en dollars de 2010 : en 1973, le baril passe de 2,7 à 11 dollars de l'époque, il y a bien quadruplement.

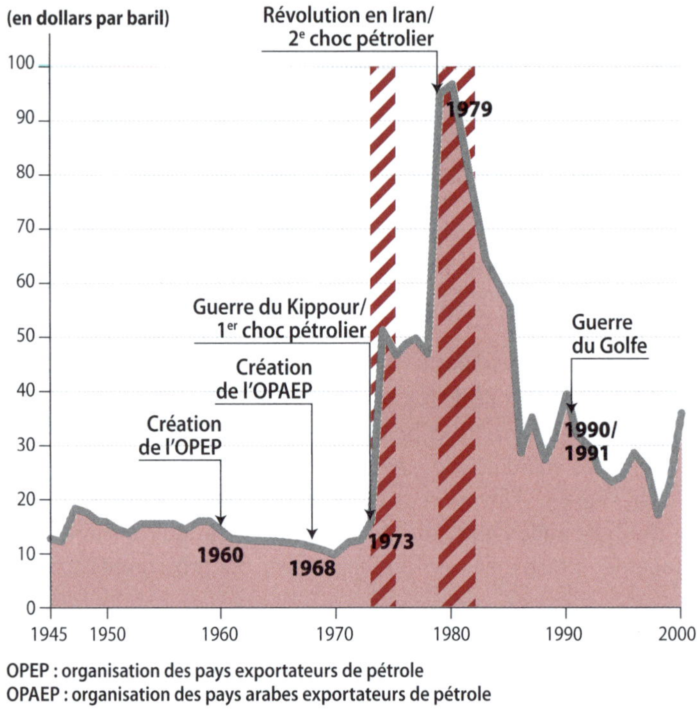

En dollars 2010 par baril.

Source : BP Statistical Review of World Energy, 2010

3. Une nouvelle donne économique internationale

A. Les échanges commerciaux internationaux résistent

Le choc de 1973 n'entraîne pas le repli du commerce mondial qui était craint : la baisse de 1975 de 3 % et celle de la production mondiale de 1 % sont largement effacées l'année suivante. La croissance des échanges est moins forte mais continue, passant de 8,9 % pour 1963-1973 à 3 % pour 1973-1983. **L'ouverture des économies s'accentue** comme l'indique l'écart croissant entre exportations et production : le taux d'ouverture passe de 5,5 % à 10 %

aux États-Unis de 1970 à 1979, de 16 % à 22,5 % en France (ce taux est souvent supérieur dans les petits pays, les grands disposant d'un vaste marché domestique). Au sein de l'OCDE, la **RFA et le Japon** s'imposent comme des champions de l'exportation. Les pays pétroliers importent massivement des armes et font construire des infrastructures, les NPI importent les pièces qu'ils assemblent et exportent. Le commerce intrabranche progresse fortement, ce qui correspond en partie à la montée en puissance des **multinationales**. Les négociations tarifaires ouvrent toujours plus les marchés : 12 accords sont signés le **12 avril 1979**, dans le cadre du « ***Tokyo round*** » organisé par le *General Agreement on Tariffs and Trade* (GATT) pour réduire les tarifs douaniers mais aussi les obstacles non tarifaires (normes servant à évincer un concurrent). Malgré cela, des réflexes protectionnistes persistent et conduisent les plus dynamiques, comme le Japon, à accepter des « restrictions volontaires à l'exportation » : une partie de la production est transférée dans les pays cibles, cela ouvre la voie à d'autres NPI, tels que la Corée du Sud.

B. Nouvelle donne énergétique

Les chocs ouvrent une ère d'incertitude sur le plan énergétique et d'à-coups qui perturbent durablement les économies. Pour tenter d'atténuer ces derniers, l'**Agence internationale de l'énergie** (AIE), fondée en 1974, encadre la constitution de stocks stratégiques par les pays membres. Le pétrole représente la moitié de la consommation énergétique de l'OCDE mais le « tout pétrole » a vécu. La consommation européenne diminue avant même les mesures d'économie d'énergie, puis on **cherche à diminuer la consommation** en soutenant par la fiscalité les moteurs à diesel, plus économes, et les travaux d'isolation. En France, on lance la « chasse au GASPI » (slogan de 1979). D'autres sources d'énergie sont encouragées : le **développement du nucléaire** est accéléré en France et au Japon, très dépendant du pétrole, l'Allemagne se tourne vers son charbon ou le gaz de l'URSS et de la Norvège. Cette dernière et le Royaume-Uni exploitent les gisements ***offshore* de la mer du Nord**.

C. Nouvelle donne monétaire et stagflation

Avec les chocs pétroliers, l'ère de flottement monétaire inaugurée en 1971 rebat les cartes : le yen japonais et le Deutsche Mark (RFA) deviennent des monnaies fortes, soutenues par les exportations. Elles sont accompagnées par le franc suisse. La lire italienne et la livre sterling plongent, rejointes par le dollar à la fin des années 1970. Lè franc français se trouve en situation intermédiaire. À cela s'ajoute une crise des paiements extérieurs avec le creusement du déficit des pays de l'OCDE, à commencer par les États-Unis. L'abondance en dollars vient sauver la mécanique. L'endettement s'accentue, dans l'OCDE, dans le bloc socialiste et dans le tiers-monde : en août 1982, la cessation de paiement du Mexique ouvre une crise bancaire dans les pays émergents.

Pour les pays européens, le premier choc pétrolier a représenté une ponction de 1,5 point de PIB et a encouragé l'inflation. Le second choc, en 1979, avec un doublement des prix, vient renforcer la tendance. Pourtant, l'énergie ne représente qu'un quart de **l'inflation** : d'autres facteurs l'expliquent, comme l'indexation de salaires sur les prix, l'anticipation sur de futures hausses (phénomène **d'inflation de second tour**) et les dépenses croissantes de l'État-providence. Elle est aussi stimulée par le recyclage des pétrodollars qui sont investis en Occident. Or cette inflation se combine de manière originale avec la stagnation, d'où le nouveau terme de « **stagflation** » : en 1974, l'inflation américaine dépasse 10 % et le PIB baisse d'ici 1975. La stagnation est le résultat de la crise industrielle : les gains de productivité s'arrêtent, les entreprises sont en surcapacité, la demande se ralentit. Tous les pays de l'OCDE, sauf la RFA et le Japon, voient **l'investissement dans l'industrie chuter à partir de 1976**. En conséquence, le plein-emploi n'est plus atteint et le chômage augmente rapidement : il y a un million de chômeurs en France en 1980. Le chômage atteint 8,2 % des actifs de l'OCDE, hormis le Japon où il représente seulement 2,5 %.

Repère La récession

Une **récession** est un ralentissement de la croissance après une période d'expansion, c'est-à-dire quand le taux de croissance, toujours positif, diminue durant deux trimestres consécutifs. Le terme est parfois utilisé par anglicisme pour **contraction**, qui désigne une croissance négative. La France n'a été dans ce cas qu'en 1974, 1993 et 2009.

FICHE 18

Libéralisation et dérégulation

Les années 1970-1980 voient triompher une nouvelle forme de capitalisme, influencé par le néolibéralisme, sur lequel s'appuie la mondialisation à la fin de la guerre froide.

L'ESSENTIEL EN DATES

- **11 septembre 1973** : coup d'État au Chili.
- **1976** : prix Nobel d'économie attribué à Milton Friedman.
- **Décembre 1978** : plénum du Parti communiste chinois (PCC) et lancement des réformes de Deng Xiaoping.
- **3 mai 1979** : Margaret Thatcher élue Premier ministre britannique.
- **Juin 1979** : ouverture des zones économiques spéciales (ZES) aux étrangers.
- **5 octobre 1979** : Paul Volcker élu président de la FED.
- **20 janvier 1980** : investiture de Ronald Reagan.
- **3 juin 1989** : répression du printemps de Pékin sur la place Tiananmen.

1. Un modèle américain

Les difficultés à surmonter les effets de la crise des années 1970 conduisent au triomphe partiel de nouvelles analyses économiques, sur le continent américain, puis dans une bonne partie du monde capitaliste.

A. Un nouveau paradigme économique

À partir des années 1950, des économistes autour de **Milton Friedman**, à **l'université de Chicago**, contestent le néokeynésianisme qui fait alors consensus. Si leur audience est alors limitée, elle s'étend dans la décennie 1960. La crise des années 1970 et l'apparition de la **stagflation** semblent valider en partie leurs analyses et leur critique des politiques de relance, qui inspirent plus ou moins directement la politique économique de nombreux pays.

FIGURE CLÉ — **Milton Friedman (1912-2006)**

Statisticien ayant préparé une thèse sous la direction de Simon Kuznets, prix Nobel d'économie et inventeur de l'agrégat « PIB », Milton Friedman entre à l'université de Chicago en 1946 et y fonde ce qu'on a appelé « l'école monétariste de Chicago », renouvelant la théorie quantitative de la monnaie. Parallèlement à son enseignement universitaire, il est conseiller de Richard Nixon, puis exerce une forte influence sur la politique économique du Chili. En 1976, il reçoit le prix Nobel d'économie. En 1980, avec son épouse, Rose, il réalise une série d'émissions et publie un livre intitulé *Free to Choose*, paru en français sous le titre *La Liberté du choix*. Cet ouvrage influença fortement la politique économique des anciens pays de l'Est après 1989.

Pour Friedman, il n'y a **pas d'arbitrage entre inflation et chômage**, d'une part, parce qu'il y a un **« chômage naturel »** en fonction des structures de chaque pays, auquel on aboutit nécessairement à terme ; d'autre part, parce que les politiques monétaires discrétionnaires sont inefficaces à cause des anticipations adaptatives (les agents anticipent l'avenir en fonction du passé). Une politique monétaire expansive n'agit que sur les prix et produit nécessairement de l'inflation sans réduire le chômage – sauf à court terme concède Friedman – et les délais risquent de transformer cette action contracyclique en pro-cyclique. La politique monétaire doit se limiter à **caler la croissance de la masse monétaire sur celle de l'économie réelle** pour empêcher l'inflation, et non jouer sur les taux comme dans le raisonnement keynésien.

Les analyses de Friedman sont durcies par les **néoclassiques**, qui évoquent des **anticipations rationnelles** pour dénier toute utilité à une politique d'expansion monétaire. Pour eux, la dépense publique financée par l'emprunt évince totalement celle des entreprises et est contre-productive à cause de l'éviction par l'emprunt (elle fait monter les taux d'intérêt aussi pour les entreprises) et de l'éviction par l'impôt (on anticipe de nécessaires hausses d'impôt). Ces analyses sont complétées par deux auteurs critiques envers le poids de l'État dans l'économie, le Français **Frédéric Bastiat**, en particulier avec l'ouvrage *La Loi* (1850), ainsi que l'économiste et philosophe britannique d'origine autrichienne **Friedrich Hayek** (1899-1992), avec *La Route de la servitude* (1944).

Repère **La courbe de Laffer**

Selon l'économiste Arthur Laffer, né en 1940, la courbe du rendement de la pression fiscale forme un U inversé, une même collecte fiscale correspondant à deux taux d'imposition. Selon lui, au-delà d'un certain seuil, l'alourdissement du taux d'imposition provoque une baisse du montant total des recettes fiscales, ce qui a été traduit par le slogan « trop d'impôt tue l'impôt ». Ce seuil conduit à une « zone inadmissible ». Elle serait expliquée d'abord par « l'effet revenu » (l'augmentation d'impôt diminue le revenu disponible et incite à davantage travailler, donc augmente la collecte fiscale), puis par « l'effet substitution » (le travail ne « paie » plus, on travaille moins ou de manière illégale, la collecte baisse). Le raisonnement est appliqué aux revenus du travail mais aussi à ceux du capital. Cette théorie sert à justifier un programme de baisse fiscale pour inciter les ménages à accroître leur offre de travail et leur épargne, sources de recettes fiscales à terme. On reproche à cette courbe son imprécision qui empêche de connaître d'avance le taux d'imposition optimal, même si un « effet Laffer » permet d'estimer la pente de la courbe. Qui plus est, elle ne prend pas en compte la redistribution aux ménages souvent permise par la dépense publique financée par l'impôt. Laffer est le représentant majeur de « l'école de l'offre ».

B. Les premières mises en pratique

Le désordre monétaire ouvert en 1971 conduit plusieurs banques centrales à mener une politique de contrôle des agrégats monétaires, comme la FED américaine à partir de 1972, la Bundesbank ouest-allemande en 1974 et, en 1976, la Bank of England et la Banque de France. Toutefois, c'est au **Chili** que les théories néolibérales sont l'objet d'une expérimentation complète. Des étudiants chiliens étaient venus précédemment se former à Chicago dans le cadre d'échanges universitaires. Ayant noué des liens avec les militaires de leur pays, notamment au sein de la Marine, ces économistes, surnommés les « ***Chicago boys*** », se voient confier la politique économique du Chili par le général Pinochet, à la suite du coup d'État du **11 septembre 1973**. Milton Friedman vient les conseiller en 1975.

Aux États-Unis, la mise en pratique commence dès les années 1970 à plusieurs niveaux. Dans l'État de **Californie**, la **« proposition 13 »**, d'inspiration néolibérale, limite les impôts fonciers que peut prélever l'État. Elle est adoptée par référendum d'initiative populaire en 1978 (d'où son nom de « *proposition* »). Au niveau fédéral, la **dérégulation du transport aérien** est entamée en 1978 sous le démocrate Jimmy Carter tandis que le monétarisme triomphe avec la **nomination de Paul Volcker** à la tête de la FED : d'octobre 1979 à 1982, il contrôle la masse monétaire en application des idées de Friedman et parvient à casser l'inflation.

C. Ronald Reagan, l'économie comme arme de guerre froide

Le 20 janvier 1981, l'investiture de Ronald Reagan est le début d'une « **révolution conservatrice** » selon l'expression de l'essayiste Guy Sorman : pour le président, le travail est moralement salvateur et peut régénérer la puissance américaine si l'on rend sa liberté au marché écrasé par la bureaucratie de l'État fédéral et amolli par un État-providence accusé d'entretenir la misère en la rendant supportable. Reprenant Frédéric Bastiat, il affirme ce jour-là : « Dans cette crise actuelle, l'État n'est pas la solution à notre problème ; l'État est le problème. »

FIGURE CLÉ **Ronald Reagan (1911-2004)**

Sa première carrière de reporter sportif, comédien et présentateur télévisé en a fait un maître de la communication. Fervent partisan du libéralisme, à partir de 1952, il sillonne l'Amérique pour le compte de *General Electric* afin d'expliquer le néolibéralisme, notamment Frédéric Bastiat, économiste français du XIXe siècle. Gouverneur de Californie de 1967 à 1975, il met en pratique le néolibéralisme avec une baisse d'impôt actée par référendum en 1978. Après son échec à l'investiture américaine en 1976, il est largement élu face à Carter en 1980, puis réélu en 1984, et est l'un des présidents les plus populaires de l'histoire américaine. Son vice-président, George H. Bush, lui apporte la caution des grands entrepreneurs de la *Sun Belt*.

Sa politique comprend quatre piliers, surnommés « ***reaganomics*** » par la presse :

- **la réduction des dépenses de l'État fédéral sauf sur le plan militaire** (+ 65 % en cinq ans) : il doit batailler contre le Congrès pour faire voter des budgets déficitaires à cause des réductions d'impôts et des dépenses militaires ;
- **la baisse des impôts en invoquant la courbe de Laffer** : en 1981, l'*Economic Recovery Tax Act* abaisse le taux marginal d'imposition de 70 à 50 %, puis en 1986 le *tax cut* le ramène à 28 % ;
- **les dérégulations** de larges secteurs : Reagan n'hésite pas à mettre à pied 12 000 aiguilleurs du ciel en grève en août 1981…
- le soutien à la politique de Paul Volcker à la FED de réduire la masse monétaire pour **lutter contre l'inflation** : il met fin à la stagflation et la croissance revient après 1982.

Reagan favorise la bourse. Les actionnaires reprennent la main sur les entreprises aux dépens des managers, remettant à plat le capitalisme industriel. Le nouveau « capitalisme actionnarial » conduit les firmes à se concentrer sur « leur cœur de métier », le reste étant laissé au marché. Ceci se traduit par l'externalisation des tâches et la sous-traitance remplace le modèle de la grande firme qui intègre tout. Ce modèle accentue les disparités, dues aux inégalités entre les firmes de prestation de services et les autres. De plus, le krach boursier de 1987 vient ternir cette évolution.

Le renouveau économique appuie aussi une position plus dure face à l'URSS, qualifiée « d'empire du Mal ». Ses slogans électoraux affirment « *Let's make America great again* » en 1980, « *America is back* » en 1984. Washington n'hésite pas à intervenir à Grenade contre un gouvernement socialiste en 1983, à aider la guérilla des Contras au Nicaragua et à opposer aux SS20 soviétiques déployés en Europe de nouveaux missiles Pershing II lors de la crise des euromissiles (1977-1987), tandis qu'il lance le programme IDS ou « guerre des étoiles », présenté comme capable d'arrêter les missiles intercontinentaux soviétiques. Ce réarmement ne représente que quelques pourcents du PIB américain alors que l'URSS s'épuise : l'économie est la grande arme des États-Unis.

2. D'autres pays prennent exemple sur les États-Unis

Les années 1980 voient la libéralisation et la dérégulation marquer fortement les politiques économiques à travers le monde.

A. Le « thatchérisme »

Le « thatchérisme » est l'application de la libéralisation et de la dérégulation défendue par le néolibéralisme au Royaume-Uni de 1979 à 1990 par Margaret Thatcher. C'est aussi une pratique du pouvoir intransigeante (elle répond à ses détracteurs « *There is no alternative* », résumé en « TINA »). Pour redonner au peuple le goût du travail et du risque, elle casse le poids des syndicats par l'*Employment Bill* en 1979 et triomphe d'une grève des mineurs qui dure un an (1984-1985).

FIGURE CLÉ **Margaret Thatcher (1925-2013)**

Fille d'un épicier méthodiste, diplômée d'Oxford, « Maggie » est députée du *Tory* à partir de 1959, ministre de l'Éducation de 1970 à 1974, avant de prendre le contrôle du parti en 1975 et de lui donner une couleur plus radicale. Elle s'inspire ouvertement de Milton Friedman, Friedrich Hayek et Frédéric Bastiat. Le 3 mai 1979, elle devient la première femme à la tête d'un gouvernement occidental. Elle inflige au Royaume-Uni un traitement de choc qui en fait un Premier ministre adulé des uns, détesté des autres. Elle incarne aussi l'euroscepticisme et est restée célèbre pour sa phrase « *I want my money back* » qui a conduit au rabais britannique. En 1982, elle n'hésite pas à envoyer la *Navy* contre l'Argentine qui a envahi les îles Malouines (ou *Falklands*). En 1990, son autoritarisme et son obstination à défendre la *poll tax* (taxe par personne égale pour tous) conduisent à son éviction au profit de John Major. À cause de sa dénonciation de l'ennemi soviétique, la presse de l'URSS la surnomme la « Dame de fer ».

Face à des violences urbaines en 1981 et le doublement du chômage, sa politique permet un **ralentissement de l'inflation** en 1982. La balance commerciale redevient positive, l'industrie gagne en productivité tandis que les privatisations bénéficient à l'épargne populaire.

Repère Le « consensus de Washington »

Ce terme désigne un ensemble de « bonnes pratiques », d'inspiration néolibérale. Elles sont formalisées par John Williamson en « Dix commandements », qui doivent être posés en condition aux aides financières accordées par le Fonds monétaire international et la Banque mondiale, dont le siège est à Washington. Son adoption s'est faite sous la forte influence de Ronald Reagan et Margaret Thatcher. Les plans d'ajustement structurel (PAS) qui accompagnent toute aide visent à déréguler largement l'économie du pays aidé. On leur a reproché d'avoir aggravé les difficultés de la population en diminuant les dépenses sociales. Le PAS permet de résoudre la crise de la dette du Mexique en 1982, mais au prix de mesures amères pour la population jusqu'en 1989.

B. Le néolibéralisme imprime sa marque sur la construction européenne

La Communauté économique européenne (CEE) cherche à stabiliser le marché monétaire européen et à lever les obstacles au commerce intrazone, tout en s'ouvrant aux produits de ses anciennes colonies avec la **convention de Lomé de 1975**, renouvelée en 1979, avec les pays ACP (Afrique, Caraïbes, Pacifique). En avril 1979, le « serpent monétaire » laisse la place à un **Système monétaire européen** (SME) qui repose sur trois principes :

- maintien des taux de change autour d'un étalon constitué de l'**ECU** (*European Currency Unit*), monnaie commune de compte définie à partir d'un panier de monnaies, chaque pays y participant en proportion de son poids économique dans la CEE. Plusieurs réajustements de parité ont été nécessaires jusqu'en 1986 ;
- la mutualisation par le **Fonds européen de coopération monétaire** (FECOM) de l'intervention des banques centrales en faveur de la monnaie qui atteindrait son cours plancher ;
- la diminution, grâce à l'ECU, du risque de change pour les échanges intracommunautaires pour les entreprises, contribuant à l'objectif de marché unique.

Après plusieurs ajustements (dévaluations du franc français notamment), le système parvient à **maintenir les parités entre monnaies de 1987 à 1992**, avant une nouvelle période de turbulences. Il **réduit l'inflation générale** de la CEE et les écarts entre les pays sur ce point, les plus inflationnistes bénéficiant de l'effet de « **crédibilité importée** », au cœur de la conception monétariste du rôle des banques centrales. Le néolibéralisme marque aussi l'**Acte unique européen de 1986**, qui fixe l'objectif du grand marché unique au 1er janvier 1993.

C. Le poids grandissant de l'Asie-Pacifique

Les mutations économiques sont également à l'œuvre dans l'Asie-Pacifique. En 1968, le Japon est devenu la 2e économie mondiale. Les **Nouveaux Pays industrialisés** (NPI) sont encore discrets mais connaissent une croissance accélérée. À **Singapour**, l'autoritaire **Lee Kuan Yew** applique à sa manière la dérégulation à la fin des années 1960. La législation du travail est « simplifiée », les conflits du travail étant désormais soumis à une cour d'arbitrage industrielle qui veille aux « intérêts de la communauté dans son ensemble ». Une réforme radicale des finances publiques permet de dégager un excédent de 10 % au début des années 1970. La retraite par capitalisation est rendue obligatoire, ce qui permet rapidement de financer la moitié des investissements publics ! Ceux-ci se portent aussi sur l'industrie : la production de téléviseurs est multipliée par 50 de 1970 à 1980, puis la cité devient le premier exportateur mondial de disques durs dans la décennie suivante. L'exemption fiscale sur 90 % des profits générés fait de Singapour le premier récipiendaire d'investisseurs au monde. Comme les autres **Dragons** (Corée du Sud, Taïwan, Hong-Kong), Singapour fait la synthèse entre libéralisme économique et dirigisme étatique.

Face au choc sur ses coûts de production issu des chocs pétroliers, le **Japon** réalise une « **mue industrielle** » remarquable comme en témoigne le secteur de l'aluminium : 2e producteur mondial en 1977, il renonce à l'essentiel de sa production, délocalisée, et se spécialise dans les pièces à usinage spécialisé. Une partie de la production est délocalisée tandis que les **exportations de produits de haute technologie** deviennent la locomotive pour équilibrer les échanges en quadruplant de 1973 à 1983. **L'investissement dans l'innovation** est massif tandis que les sociétés de services ou *shosha* aident PME et grands groupes (ou *keiretsu*) à conquérir les marchés. **L'investissement à l'étranger double tous les quatre ans** : en 1984, il est libéralisé avec la suppression de l'autorisation préalable du MITI (le puissant *Ministry of International Trade and Industry*).

La force du Japon inquiète Européens et Américains : le **22 septembre 1985, les accords du Plaza** donnent satisfaction à Washington qui exige une réévaluation du yen face au dollar, mais cela n'empêche pas Reagan de lancer la guerre commerciale contre les Japonais en 1987.

Repère **Le toyotisme**

Si le fordisme est le modèle des Trente Glorieuses, c'est plutôt le toyotisme japonais qui l'emporte dans les années 1980. Reposant sur le modèle du « juste-à-temps » sans stock et sur l'externalisation, il permet de s'adapter à une conjoncture fluctuante. La participation de tous les salariés à la recherche du « zéro défaut » dans les cercles de qualité les valorise et répond à la critique de l'aliénation de l'OS (ouvrier spécialisé) par le fordisme. Le modèle est contesté à son tour à la fin des années 2000 : d'une part, la mobilisation permanente des salariés les épuise (phénomène de *burn-out*) ; d'autre part, la qualité connaît des ratés avec le rappel de grandes quantités de véhicules Toyota pour des défauts liés à l'excès d'externalisation.

3. « M. Deng » ouvre la Chine

À la mort de Mao, le 9 septembre 1976, Deng Xiaoping parvient progressivement à s'imposer contre la « **bande des Quatre** », menée par la veuve de Mao. Le PCC proclame la fin officielle de la Révolution culturelle en 1977 et lance le pays dans une ouverture prudente au commerce international et au capitalisme.

FIGURE CLÉ **Deng Xiaoping (1904-1997)**

Né dans une famille paysanne du Sichuan, il étudie en France, puis participe à la conquête du pouvoir par le PCC. En 1954, il devient secrétaire général du Parti et démontre une grande capacité de travail, ce dont Mao finit par prendre ombrage. La Révolution culturelle le force à faire son autocritique, ce qui lui évite d'être condamné par Mao. Dès 1973, Zhou Enlai le rappelle discrètement au pouvoir. À la mort de Mao, il est écarté par la « bande des Quatre ». Il parvient alors à associer les « modérés », d'anciens cadres victimes de la Révolution culturelle et les paysans. À partir de 1977, il est l'homme fort de Pékin, tout en laissant d'autres occuper les postes officiels, se contentant de diriger « derrière le rideau » au poste clé de président de la Commission des affaires militaires du Comité central. « M. Deng » ouvre la Chine et la modernise, tout en réprimant toute velléité de remettre en cause le rôle du PCC.

A. Le grand tournant économique

De 1978 à 1981, Deng Xiaoping réussit à impulser de profondes réformes socio-économiques pour éviter une stagnation comparable à celle qui caractérise l'URSS de Brejnev. À ceux qui s'émeuvent d'un retour au capitalisme, il répond que « peu importe la couleur du chat, pourvu qu'il attrape la souris ». Alors que Mao voyait dans la natalité une arme contre l'impérialisme étranger, la **politique de l'enfant unique** est introduite en 1978 pour freiner l'augmentation rapide de la population. Surtout, le profit et l'entreprise privée sont réhabilités. En 1984 est institué le « système de responsabilité » pour toute l'économie. Si elle reste théoriquement propriété de l'État, la **terre est rendue aux paysans**, qui peuvent vendre pour eux les surplus. Sous la direction de l'État, l'industrie est développée. Cet ensemble de réformes est résumé par le thème des « Quatre modernisations » pour l'agriculture, l'industrie, la défense, la science et les technologies, qu'avait déjà lancé discrètement Zhou Enlai en 1975. En 1979, quatre **zones économiques spéciales** (ZES) sont ouvertes aux étrangers, comme des enclaves du capitalisme en terre socialiste. Peu après, les villes du littoral sont également ouvertes : la Chine peut alors devenir un **pays atelier**, avec ses usines dont la main-d'œuvre, disciplinée et nombreuse, assemble à bas coût les pièces fabriquées à l'étranger pour les multinationales. Pour Deng, l'enrichissement de la Chine passe par son insertion dans le marché mondial.

Repère « L'économie socialiste de marché »

La conversion progressive de la Chine à l'économie capitaliste tout en conservant la référence politique au socialisme et en laissant à l'État, dominé par le PCC, un rôle éminent de régulation a donné naissance à l'expression paradoxale d'« économie socialiste de marché » ou de « socialisme aux couleurs de la Chine ».

B. Le grand refus politique

Les réformes de Deng Xiaoping doivent assurer la survie du système politique et non l'abolir. Pékin redoute toute évolution comparable à celle de l'URSS de Gorbatchev : la « **cinquième modernisation** », la démocratie, est catégoriquement refusée. Le 70e anniversaire du mouvement du 4 mai 1919 (mouvement étudiant contre le transfert des concessions allemandes au Japon mais aussi contre le passé archaïque chinois) est l'occasion de manifestations étudiantes de plus en plus massives, aboutissant à l'occupation de l'immense **place Tiananmen**, devant le lieu du pouvoir. Du 3 au 4 juin, l'armée réprime violemment le mouvement, faisant plusieurs milliers de morts.

FICHE 19

La révolution islamique d'Iran et le rejet du modèle occidental

En apparence, la révolution iranienne exprime le rejet du modèle occidental dans un pays qui en était un bastion régional, d'une manière qui se veut exemplaire pour d'autres contestations : elle en est en fait largement le produit.

L'ESSENTIEL EN DATES

- **16 janvier 1979** : départ en exil du shah Muhammad Reza Pahlavi.
- **1er février 1979** : retour à Téhéran de l'ayatollah Khomeiny.
- **4 novembre 1979** : prise d'otages à l'ambassade américaine de Téhéran.
- **20 septembre 1980 – 19 juillet 1988** : guerre Iran-Irak.
- **3 juin 1989** : mort de l'ayatollah Khomeiny.

1. Une révolution contre l'occidentalisation ?

Dans le contexte de renouveau des tensions de la « guerre fraîche », la révolution iranienne a pu paraître comme une nouvelle remise en cause du modèle occidental par les pays du tiers-monde.

A. L'Iran impérial, bastion de l'Occident

Mis sur le trône en 1941 à l'âge de 22 ans par les Britanniques pour évincer son père, jugé trop favorable à l'Allemagne nazie, le **shah d'Iran Muhammad Reza Pahlavi** (1919-1980) doit son pouvoir au soutien des États-Unis. Le 19 août 1953, la CIA met fin au gouvernement de Mossadegh, appuyé sur le parti communiste Toudeh : pour le sentiment national iranien, c'est une source de **profond ressentiment** envers Washington.

Au sein de l'Organisation du traité central (CENTO ou *Central Treaty Organisation*), l'Iran est un **bastion du camp occidental** face à l'URSS. Jusqu'à **40 000 « conseillers » américains** avec statut diplomatique encadrent une **armée suréquipée**, dont les dépenses représentent jusqu'à 25 % du PIB. La politique d'occidentalisation du shah s'accélère en 1962 avec la « **révolution blanche** », qui comprend une réforme agraire, une réforme électorale favorable aux femmes, un échange d'actions d'entreprises publiques contre de grands domaines confisqués et une campagne d'alphabétisation : ces réformes suscitent l'opposition du clergé chiite, qui perd ses biens fonciers, et des grands propriétaires, tandis que le petit peuple des campagnes ne trouve pas d'emplois en ville et se trouve au chômage. De **violentes manifestations** secouent le pays le **4 juin 1963** et conduisent l'ayatollah Khomeiny en exil. Durant la décennie 1970, le régime sombre dans la mégalomanie (fêtes somptueuses du 2 500e anniversaire du pays) et la corruption (on parle de « *Pahlavi connexion* ») tandis que le président Jimmy Carter le fragilise par ses critiques sur les droits de l'homme. Le régime tient par une **élite affairiste occidentalisée** et la répression par la redoutable police Savak.

B. La révolution de 1978-1979

En 1978, les chefs politiques rejoignent les 180 000 mollahs (religieux, équivalant d'un curé de paroisse) pour mobiliser les masses contre le régime impérial lors d'émeutes dans la ville sainte de Qom du 7 au 9 janvier, à Tabriz le 18 février et surtout le **8 septembre à Téhéran**, « **vendredi noir** », où l'armée doit intervenir à la place des forces de police débordées. En décembre, les cérémonies de l'Achoura débordent : le 31 décembre, le shah appelle le libéral **Chapour Bakhtiar** à former un gouvernement mais il est trop tard et le souverain quitte l'Iran le 16 janvier 1979.

Le **1er février 1979, l'ayatollah Khomeiny rentre en Iran** et désigne comme Premier ministre Mehdi Bazargan, un libéral, qui démissionne lors de la crise des otages américains. Le 31 mars, par référendum, la population approuve **l'instauration d'une « République islamique »**. L'ayatollah Khomeiny est nommé « **Guide suprême** » par « l'assemblée des experts » (88 religieux élus) tandis qu'un président de la République est élu pour quatre ans renouvelables une fois, tout comme une assemblée ou *Majlis*. Une justice expéditive révolutionnaire, la nationalisation des grandes entreprises et la répression de la révolte des minorités consolident le régime, qui est contesté par les partis non islamistes comme l'Organisation des Moudjahidins du peuple iranien et fait face à une série d'attentats conduisant à une véritable guerre civile de l'été 1981 au printemps 1982. En 1983, le parti communiste Toudeh est dissous.

Le **4 novembre 1979**, les difficultés des premiers mois poussent des radicaux à envahir l'ambassade américaine, symbole du soutien occidental au shah. Ils prennent en **otages** les diplomates qui s'y trouvent et exigent l'extradition du shah en vue de son jugement. Les 24 et 25 avril 1980, le fiasco du commando américain chargé de les libérer ridiculise le « Grand Satan américain », tandis que la mort du souverain, le 27 juillet 1980, bloque la situation. Les otages sont libérés la veille de l'investiture de Ronald Reagan, après 444 jours de détention.

FIGURE CLÉ **Ruhollah Khomeiny (1902-1989)**

Né en 1902 dans une famille de « *sayyed* » ou descendants du Prophète (ce qu'indique son turban noir), Ruhollah Khomeiny présente ses thèmes d'enseignement dans *La Clé des secrets* : il rejette l'Occident, le régime impérial et théorise le concept de *velāyat-e faqīh* (v. *infra*). Opposant de premier plan lors des émeutes du 4 juin 1963 contre la « révolution blanche », il s'exile en Irak en 1964. En 1978, expulsé, il est accueilli par la France à Neauphle-le Château avant de rentrer en Iran le 1er février 1979 pour prendre la tête de la République islamique. Sa mort, le 3 juin 1989, s'accompagne de grandioses funérailles populaires.

C. L'occidentalisation, une des causes de la révolution

Le régime impérial a voulu occidentaliser l'Iran et a procédé à des réformes de fond mais il a échoué à fédérer la population autour de cette politique. Le faste de la cour et la démesure du shah, qualifié de « lumière des Aryens » (« Iran » signifie « pays des Aryens »), ont choqué. Pourtant, l'opposition au régime est en partie issue de l'occidentalisation du pays, soit par les groupes sociaux pénalisés par l'évolution, soit par les intellectuels qui ont intégré les idées occidentales, notamment l'idéologie marxiste, pour critiquer le régime. Khomeiny inscrit ainsi son projet dans le cadre d'un État-nation moderne et son islamisme emprunte des notions à l'Occident, traduites par les néologismes « idéologie » (*īdeolozhī*), « souveraineté » (*ḥākimiyya*), ou même « révolution » (*enqelāb*).

Repère **Islamisme**

Le terme a plusieurs sens selon le contexte. Au sens politique, il fait de l'islam une idéologie politique pour établir un État au sens moderne. Il est représenté par le mouvement des Frères musulmans fondé en Égypte, la Jama'at-i Islami en Inde ou le chiisme de Khomeiny. Ses fondateurs ne viennent pas du fondamentalisme traditionnel mais sont des intellectuels modernes (instituteurs, ingénieurs, journalistes).

2. L'Iran, État islamique ?

L'habitude a été prise de voir dans l'Iran une théocratie (le pouvoir politique est aux mains des religieux) et une « **République des ayatollahs** » : la réalité est beaucoup moins nette, ce qui explique les difficultés internes et extérieures de la République islamique.

A. Chiisme et Iran

Depuis 1501, **l'Iran est le seul État où le chiisme est religion officielle** : issu de la défaite de l'imam Hussein à la bataille de Kerbala (actuel Irak) en 680, le 10 de Muharram en calendrier musulman, célébrée par la fête de l'Ashura, le chiite a l'habitude d'être persécuté, de vivre caché, et a développé des tendances quiétistes. Pendant plusieurs siècles, le chiisme se constitue comme groupe transnational, présent particulièrement au Liban et en Irak, les grands ayatollahs résidant dans les villes saintes de Nadjaf Kerbala et Samarra en Irak, comme Khomeiny de 1964 à 1978. Le clergé s'organise en corps autonome, capable « d'effort d'interprétation » (*ijtiād*) sous l'autorité d'un ayatollah, ce qui le distingue du sunnisme.

Plusieurs éléments constitutifs du chiisme se prêtent à une idéologie révolutionnaire, comme le sens de l'histoire, le millénarisme avec l'attente du retour de l'imam caché, l'aspiration à la justice sociale et le culte du martyre avec la personne de Hussein, tandis que sa sœur Zaynab offre un modèle de femme politisée. Pour autant, les **grands ayatollahs répugnent à l'engagement politique** et Khomeiny s'appuie sur ses anciens élèves, simples *hojjat ol-islam*, niveau subalterne de la science religieuse.

Repère **Ayatollah, charia, chiisme, mollah**

- **Ayatollah** : littéralement « signe de Dieu », membre le plus élevé du clergé chiite.
- **Charia** : ensemble des textes normatifs musulmans organisant la société. Le contenu précis de la charia varie fortement au sein du monde musulman.
- **Chiisme** : 15 % des musulmans sont des chiites. Ils considèrent que ce sont les descendants d'Ali, gendre de Mahomet, qui sont imams ou guides spirituels. Les chiites se divisent en plusieurs familles, en partie en fonction du nombre d'imams reconnus. En Iran, les duodécimains (du latin « *duodecim* », « douze ») attendent le retour du 12e imam, le *Mahdi*.
- **Mollah** : les mollahs (les « maîtres ») constituent la base du clergé chiite.

B. Le *Velāyat-e faqīh*

Le concept de *Velāyat-e faqīh* est au cœur de la pensée de l'ayatollah Khomeiny et de la République islamique qu'il fonde en 1979. Il pose que « la souveraineté du docte » (docte en droit islamique ou *faqīh*) guide l'État, ce qui se traduit par **l'institution du « Guide suprême »** au sommet de la République islamique. Nommé à vie par le Conseil des experts, il prend les grandes orientations de l'État et peut révoquer le président de la République. Ce principe est loin de dériver de la tradition chiite et les grands ayatollahs rejettent l'engagement politique des clercs.

C. La République islamique est-elle vraiment une théocratie ?

Le Guide suprême est un ayatollah à la tête de la République islamique, tandis que le Conseil des gardiens est composé de clercs et de « juristes ». Il joue un rôle de filtre en validant les candidatures aux élections. Pour celles-ci, le suffrage universel est la seule source de légitimité. **C'est la Constitution du 31 mars 1978 qui répartit les pouvoirs**, y compris les pouvoirs religieux. Dans une lettre du 7 janvier 1989, Khomeiny affirme que la logique révolutionnaire et les lois de l'État priment sur la charia. Hommes et femmes sont à égalité juridique, les non-musulmans n'ont pas de statut comparable aux *dhimmis* même s'il existe des restrictions à leur égard pour certains postes. Le Guide est un clerc mais ne représente pas le clergé. Khomeiny s'appuie plus sur la base religieuse que sur le haut clergé constitué des ayatollahs, seul l'ayatollah Montazéri le suivant un moment. Olivier Roy propose de qualifier ce régime original de « **théocratie constitutionnelle** ». Il serait moins l'archétype de l'État islamique qu'une triple exception associant chiisme, nationalisme persan et anti-impérialisme de gauche.

Repère Olivier Roy, *L'échec de l'islam politique*

Philosophe de formation et spécialiste de l'islam en Iran, Afghanistan et Tadjikistan, Olivier Roy a observé sur place la résistance afghane à l'URSS. En 1992, il publie *L'échec de l'islam politique*, dont le titre surprend alors que l'islamisme semble progresser dans plusieurs pays. De fait, ce titre ne signifie pas que des islamistes ne puissent pas arriver au pouvoir ni qu'il n'y ait pas de « moment religieux » dans une révolution politique, comme c'est le cas de l'Iran en 1978-1979, mais qu'il y a contradiction fondamentale dans l'islamisme (et finalement en toute théocratie) : soit la religion détruit l'État, soit l'État détruit la religion. Si la charia est la référence, pourquoi établir des lois positives ? Si la loi de l'État est la loi religieuse, qui définit celle-ci en l'absence d'autorité unique ? Quand l'État se veut islamique, c'est lui qui définit le religieux et, finalement, a un effet sécularisant, poussant la religiosité à se déplacer vers d'autres formes de vie religieuse. À terme, soit les partis islamiques deviennent des partis légalistes jouant l'alternance, soit l'application stricte de la charia renonce à toute vision politique, comme c'est le cas du salafisme. Selon Olivier Roy, le djihadisme ne dérive pas de cet islamisme mais est une réaction à la mondialisation et le fruit d'une déculturation de l'islam.

3. Le « grand perturbateur »

Issu d'une révolution qui fait trembler les monarchies pétrolières voisines et concurrence d'autres discours révolutionnaires comme le baassisme irakien, l'Iran de Khomeiny joue le rôle de « grand perturbateur » des relations internationales (Thérèse Delpech, voir fiche 22, p. 173).

A. La guerre Iran-Irak (1980-1988)

L'Iran est **attaqué le 20 septembre 1980** par l'Irak de Saddam Hussein, qui est seul à la tête du pays depuis 1979 et remet en cause les accords d'Alger du 6 mars 1975 réglant la frontière des deux pays à l'embouchure du Tigre et de l'Euphrate, région dite du « Chatt el-Arab ». La guerre connaît plusieurs phases :

- après des succès irakiens, le front se stabilise en 1982 : l'Iran exige une capitulation et refuse l'offre irakienne de revenir aux accords de 1975 ;
- en 1983-1984, le conflit s'enlise et est marqué par le bombardement des villes iraniennes par l'Irak (la « **guerre des villes** ») ;
- en 1985, la « **guerre des pétroliers** » implique les marines occidentales dans le Golfe pour le contrôle de la route du pétrole. En 1986, les Iraniens prennent la ville de Fao, ce qui inquiète le Koweït ;
- le **20 juillet 1987**, le Conseil de sécurité des Nations unies adopte à l'unanimité la **résolution 598** qui exige un cessez-le-feu avec des termes suffisamment ambigus pour être acceptables par tous : l'Irak accepte, l'Iran tergiverse. Les revers de 1988 (perte de Fao) le poussent à accepter le 19 juillet 1988. Objet de bilans contradictoires, la guerre aurait fait 500 000 morts pour les deux pays.

Le conflit renforce l'isolement du pays, mais l'ONU refuse de condamner clairement l'agression irakienne et ne proteste pas lors de l'usage des armes chimiques par Bagdad.

Repère L'*Irangate*

Le 3 novembre 1986, un journal libanais révèle que les États-Unis ont négocié la libération d'otages détenus par le Hezbollah contre des ventes d'armes à l'Iran. Celles-ci visent à financer le soutien américain à la guérilla *Contra*, antisandiniste, au Nicaragua. Cette aide se heurte au vote du Congrès, qui l'avait interdite expressément, à cause d'accusations de trafic de drogue des Contras. Après avoir nié, Reagan est contraint d'avouer les ventes d'armes mais n'est pas poursuivi. Le scandale est ainsi nommé par allusion au Watergate, dont il est le pendant pour la politique étrangère.

B. Une puissance au Moyen-Orient

L'Iran de Khomeiny joue un rôle de puissance régionale sur trois plans :

- des minorités chiites se reconnaissent dans la République islamique d'Iran, souvent à la suite de migrations qui les ont arrachées à leur cadre traditionnel, exode rural au **Liban**, exode de guerre en Afghanistan. Cela les place dans les mains d'un clergé très influencé par l'Iran où il est formé désormais. En revanche, la radicalisation de ces communautés a commencé avant l'instauration de la République islamique, qui n'a fait que l'universaliser. En **1982, la création de la milice chiite libanaise du Hezbollah** (« Parti de Dieu ») sur le modèle des *pasdaran* ou « gardiens de la révolution » offre à Téhéran un relais de puissance au Levant et un moyen de faire pression sur les Occidentaux par des **attentats** (Beyrouth 1983) et des **prises d'otages**.
- l'Iran est en rivalité de puissance et de *leadership* islamiste avec **l'Arabie saoudite**, que Khomeiny qualifie de « régime impie » qui souille les lieux saints. La pression est forte puisqu'en 1979, des extrémistes wahhabites mènent une prise d'otages à La Mecque avant d'être massacrés. Elle s'exerce aussi par la montée en puissance des pèlerins

iraniens, dont le chiffre est décuplé jusqu'au **31 juillet 1987**, jour de sanglants affrontements entre pèlerins iraniens et forces saoudiennes ;
- Téhéran reprend à son compte la **cause palestinienne** et lutte contre l'État d'Israël, qualifié « d'entité sioniste », mais dont il reçoit des armes pour lutter contre l'Irak...

Document essentiel

La République islamique d'Iran et le contexte géopolitique régional (1979 – fin des années 1980)

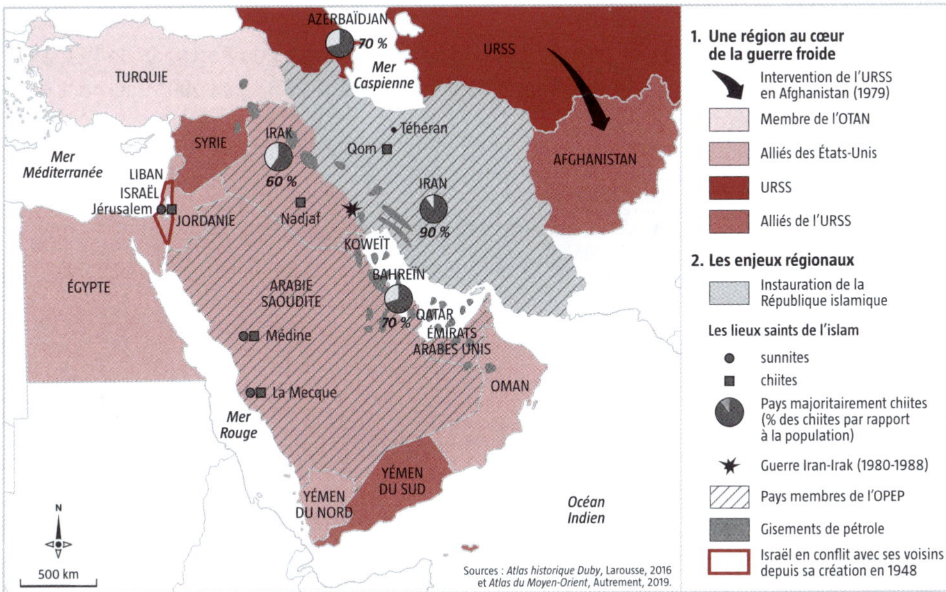

C. Un discours plus révolutionnaire qu'islamiste

Malgré ses efforts, la République islamique **échoue à fédérer l'islamisme** et à prendre la tête du milliard de musulmans, même si, le 14 février 1989, Khomeiny proclame une *fatwa* (énoncé juridique) condamnant à mort l'écrivain britannique Salman Rushdie pour son livre *Les Versets sataniques* pour chercher à capitaliser la vague d'indignation suscitée par l'ouvrage. De plus, l'activisme des Frères musulmans et du wahhabisme est ouvertement anti-chiite. En revanche, le discours tiers-mondiste et la dénonciation du « Grand Satan » américain ont fait de Khomeiny une figure de l'anti-impérialisme des années 1980. Téhéran préfère **soutenir des guérillas révolutionnaires** que les moudjahidin afghans jugés trop conservateurs. À partir de 1986, il organise de grandes conférences du « front du refus » réunissant des oppositions aux différentes monarchies sunnites mais leur succès reste très limité. En revanche, l'anti-impérialisme **nourrit une action terroriste** qui isole toujours plus l'Iran, comme en 1987 avec la « guerre des ambassades » : Londres et Paris rompent leurs relations diplomatiques, accusant l'ambassade d'Iran d'accueillir des terroristes (affaire de Wahid Gordji à Paris, sujet du débat électoral entre Jacques Chirac et François Mitterrand...).

FICHE 20

La démocratisation de l'Europe méridionale et les élargissements de la CEE

Par-delà les particularités de chaque pays, la démocratisation du Portugal, de l'Espagne et de la Grèce ouvre la voie à une « 3e vague de démocratisation » et à l'élargissement de la construction européenne.

L'ESSENTIEL EN DATES

- **21 avril 1967** : coup d'État, « régime des colonels » en Grèce.
- **27 septembre 1968** : Marcel Caetano élu président du Conseil au Portugal.
- **22 juillet 1969** : Juan Carlos de Borbón désigné successeur officiel de Franco.
- **1er janvier 1981** : la Grèce intègre la Communauté économique européenne (CEE).
- **1er janvier 1986** : « Europe des Douze » avec l'Espagne et le Portugal.

1. Une « Europe du Sud » en marge de la CEE

Pendant que la CEE se construit, le Portugal, l'Espagne et la Grèce forment une « Europe du Sud » qui paraît en marge à plus d'un titre alors que la géographie et l'histoire les rattachent à leurs voisins de la CEE.

A. Politiquement en marge

Alors que la CEE réunit six puis neuf démocraties libérales, l'Europe du Sud est marquée par une histoire politique chaotique et l'instauration de dictatures. Le Portugal présente la plus **longue dictature avec « l'*Estado Novo* »** fondé par **Antonio Salazar** en 1933, qui avait dirigé l'économie du pays au lendemain d'un coup d'État militaire en 1926. Ce régime organiciste, mettant en avant la patrie, la famille et le travail, a fortement influencé le régime français de Vichy. La répression policière y est féroce et est à l'origine de la fondation d'Amnesty International en 1961. Malade, Salazar laisse la place à **Marcelo Caetano** comme président du Conseil en **1968**, pendant que le président de la République Américo Tomás, aux fonctions purement représentatives, fédère les « durs » du régime contre la timide libéralisation de Caetano.

En Espagne, **Francisco Franco** conquiert le pouvoir à partir du putsch du 17 juillet 1936 contre la République et devient « *Caudillo* » ou « guide » du pays. Son anticommunisme lui vaut le soutien américain à la fin de la Seconde Guerre mondiale : en 1953, un accord lui offre d'importants crédits en échange de bases militaires américaines. En 1956, il confie le secteur de l'économie à des technocrates, qui ouvrent le pays au tourisme international. En **1969, il désigne Juan Carlos** de Borbón (Bourbon) comme son successeur officiel.

Au lendemain de la Seconde Guerre mondiale, la Grèce est déchirée par la guerre civile entre monarchistes et communistes en 1946-1949. Sous la façade d'une monarchie constitutionnelle, le pays est contrôlé par des élites conservatrices qui s'inquiètent des mesures libérales prises par Giórgos Papandréou à la tête d'une Coalition du centre dans les années 1960, alors que l'économie se développe. En juillet 1965, le roi Constantin pousse ce dernier à la démission. Puis, le **21 avril 1967**, avec le soutien des États-Unis, un groupe d'officiers prend le pouvoir et forme le « **régime des colonels** ». D'abord intégré au régime, le roi s'inquiète de la répression et est écarté en 1973, date à laquelle la République est proclamée.

B. Une participation inégale aux relations internationales

Alors que l'histoire et la géographie les rattachent aux autres pays européens, le Portugal, l'Espagne et la Grèce ne participent qu'inégalement aux échanges économiques européens et aux relations internationales. Si la **Grèce est membre fondateur de l'ONU en 1945**, l'Espagne et le Portugal doivent attendre la « coexistence pacifique » pour y être admis en 1955. En revanche, le contexte de guerre froide permet à la Grèce et au Portugal de bénéficier du plan Marshall et d'être membres fondateurs de l'Organisation du traité de l'Atlantique nord (OTAN) en 1949. Au contraire, le **régime de Franco est isolé diplomatiquement**, Londres et Paris se méfiant de l'ancien partenaire d'Hitler, la frontière des Pyrénées est même fermée en 1946. L'admission de l'Espagne à l'ONU est repoussée jusqu'en 1955 et elle se voit refuser l'accès au plan Marshall et à l'OTAN. En 1953, les accords de Madrid la rapprochent des États-Unis.

2. La « 3e vague démocratique » de l'Europe

Des tensions intérieures, aggravées par la crise de 1973, conduisent à la fin des dictatures.

Repère « 3E vague démocratique »

La démocratisation du Portugal, de la Grèce et de l'Espagne ouvre la « 3e vague démocratique » selon l'analyse de l'universitaire américain Samuel Huntington, dans un essai publié en 1991 et intitulé *The Third Wave : Democratization in the Late Twentieth Century*. Après les deux premières vagues de 1828-1926 et de 1943-1962, la troisième voit le triomphe de la démocratie du sud de l'Europe jusqu'à ses confins orientaux avec la fin du bloc soviétique en 1989-1991.

A. Des dictatures sous tension

Selon les pays, trois facteurs peuvent mettre les dictatures sous tension :

- la « **coexistence pacifique** » atténue l'intérêt de soutenir des dictatures anticommunistes, d'autant que des sociodémocrates de la CEE interviennent ponctuellement pour **encourager**

les réformistes et écarter les plus révolutionnaires au sein de la gauche méridionale, comme le fait le SPD allemand auprès du Parti socialiste ouvrier espagnol (PSOE) ;
- la **décolonisation** déstabilise l'Estado Novo portugais, avec des guérillas communistes particulièrement vigoureuses en Angola et au Mozambique. Le Portugal mobilise jusqu'à 40 % de ses ressources pour les guerres coloniales ! La population les rejette massivement, d'autant qu'elles conduisent à l'envoi des appelés du service militaire : le taux de désertion passe de 12 % au début des années 1960 à plus de 20 % dix ans plus tard tandis que l'émigration sextuple, puis double sur ces périodes, clandestinement pour la moitié. Au sein de l'armée se développe une opposition d'officiers subalternes sous la forme du **Mouvement des Forces armées** (MFA) ;
- la croissance des années 1960 et la crise à partir de 1973 produisent de profonds changements économiques et sociaux face auxquels ces régimes opposent globalement un **fort immobilisme**. La contestation étudiante apparaît en Grèce avec d'importantes manifestations (20 novembre 1972 et 1973), entraînant un durcissement du régime avec le remplacement du colonel Papadopoulos par le général Ghizikis.

Repère **La transition démocratique**

La transition démocratique désigne la période ouverte par une crise qui met fin à une dictature et conduit à une démocratie. L'analyse théorique distingue souvent trois phases : la **libéralisation** qui conduit à la libération progressive de prisonniers politiques et à la légalisation de différents partis politiques, la **démocratisation** qui donne naissance à un processus constituant, la **consolidation** qui passe par la tenue d'élections libres, pierre de touche du caractère démocratique du nouveau régime. La transition pose la question de négociations (« tables rondes ») entre le régime et ses opposants, avec la possibilité de garanties offertes aux « durs » ou « *hard-liners* », et donc d'éventuelles compromissions. Elle interroge aussi sur le recyclage des élites pour une transition pacifique, avec des processus d'amnistie ou de poursuites judiciaires. La réflexion s'est nourrie de la démocratisation de l'Europe du Sud, puis de l'Amérique latine et des pays de l'Est, en particulier des propos d'Adam Przeworski, dans *Democracy and the Market* (1991).

B. Des gouvernements provisoires

C'est le Portugal qui ouvre le processus de démocratisation. La question coloniale conduit de jeunes « **capitaines d'avril** » du MFA à rechercher le soutien de généraux, ce qu'ils trouvent en la personne du **général António de Spínola**, qui a combattu en Guinée-Bissau et a été démis de ses fonctions pour son opposition aux guerres coloniales. Avec le slogan « Démocratisation, décolonisation, développement », ils organisent un coup d'État militaire le **25 avril 1974**, qui appelle au soutien d'autres unités et de la population : c'est la « **révolution des Œillets** », la fleur rouge symbolisant les aspirations sociales et le pacifisme d'une révolution qui associe armée et peuple, exprimée par le mot d'ordre « Peuple-MFA ». Spínola devient président de la République jusqu'à sa démission, le 30 septembre 1975, mécontent de l'influence communiste dans le gouvernement provisoire, dès juillet 1974. Une **nouvelle Constitution** est proclamée le **2 avril 1976**, instaurant un régime parlementaire. Les élections libres sont remportées par les socialistes. Les militaires s'effacent définitivement derrière les civils. Dans les mois qui suivent, l'indépendance est négociée avec la Guinée-Bissau et le Cap-Vert, tandis que l'Angola et le Mozambique sont abandonnés au chaos de la guerre civile, 300 000 Européens fuyant l'Angola.

Dans l'Espagne voisine, la **mort de Franco, le 20 novembre 1975** conduit au couronnement de Juan Carlos, le 22 novembre suivant. Après quelques mois incertains avec répression policière, le roi s'appuie sur les franquistes réformateurs, tel **Adolfo Suarez**. Une loi de réforme politique est approuvée le 15 décembre 1976 par référendum. En 1977, la légalisation du parti communiste marque la fin du franquisme tandis que, le 15 octobre 1977, est votée une **amnistie générale réciproque** pour les partisans et les opposants de la dictature. Par référendum, les Espagnols approuvent une constitution de **monarchie parlementaire le 6 décembre 1978**.

En Grèce, le régime des colonels tente de détourner la contestation par une aventure extérieure à Chypre présentée comme achevant l'unité nationale (*Enôsis*) commencée au début du XIXe siècle. Indépendante du Royaume-Uni depuis 1960, l'île est dirigée par monseigneur Makarios, qui inquiète les États-Unis par ses prises de position favorables au non-alignement. La politique chypriote est aussi marquée par la présence de populations turques, dont les droits théoriques ne sont pas pleinement respectés. Avec le soutien de la CIA, Athènes encourage le **coup d'État de partisans de l'union à Nicosie** le **15 juillet 1974**, ce qui déclenche le débarquement de troupes turques le 20. Refusant une guerre entre deux membres de l'OTAN, Washington impose un cessez-le-feu : cette humiliation entraîne la **fin du régime des colonels le 22 juillet 1974** et le retour au pouvoir de Constantin Caramanlis, hostile à la dictature. La vie politique renaît et une nouvelle Constitution inspirée de celle de la France est adoptée en juin 1975.

Document essentiel

La *métapoliteusis* grecque

La *métapoliteusis* est la déclinaison grecque de la transition démocratique de la cité (*polis*), le préfixe « méta- » exprimant la transformation comme dans la « métamorphose ».

« Pour la Grèce actuelle, celle de la *métapoliteusis**, c'est-à-dire la démocratie parlementaire instaurée en 1974 sur les ruines de la dictature des Colonels, 1973 est une indéniable référence. C'est en effet en novembre de cette année qu'a eu lieu la révolte étudiante de l'École polytechnique d'Athènes, qui, violemment réprimée par les chars à l'aube du 17 novembre, a marqué le début de la fin de la junte militaire. Incapable de se relever après cet épisode sanglant, celle-ci fut prise en main le 25 novembre par un coup d'État de ses officiers les plus durs qui cherchèrent, en juillet 1974, une désastreuse fuite en avant à Chypre. L'échec de leur tentative de renverser le président chypriote Mgr Makarios pour annexer l'île à la Grèce les obligea, alors même que le pays était au bord de la guerre avec la Turquie, à laisser le pouvoir à un gouvernement civil [...]. À bien des égards, les évènements de 1973 constituent un mythe fondateur de la *métapoliteusis*, à tel point que la génération de l'après-guerre, qui a dominé cette période, a été appelée "génération de l'École polytechnique". »

Lorenz Plassmann et Constantin Prévélakis, « 1973 et la Grèce : année des révoltes ou année des complots ? », *La Revue internationale et stratégique*, n° 91, IRIS Éditions, Armand Colin, 2013.

* « Transition vers un nouveau régime ». Le terme a d'abord été utilisé pour décrire le passage en douceur de la dictature à la démocratie en 1974, puis le régime républicain instauré cette année et toujours en vigueur.

C. Des transitions pas si pacifiques ?

La démocratisation de ces trois pays a longtemps été présentée comme un modèle de transition pacifique, avec une alternance politique en 1979 au Portugal, en 1981 en Grèce et en 1982 en Espagne, comme preuve de l'ancrage de la démocratie. Aujourd'hui, de nombreux travaux de recherche ont souligné qu'elles **n'ont pas été si consensuelles dès le début** et qu'il ne faut pas oublier une réelle incertitude sur leur succès. Malgré une réelle culture du consensus, ces pays ont connu de fortes contestations, l'activisme de forces régionalistes et même des tentatives de coups d'État.

Au Portugal, le pouvoir provisoire fait face à **plusieurs tentatives de coups d'État**, le 28 septembre 1974 appelant la « majorité silencieuse » à barrer l'influence communiste, puis à un putsch conservateur le 11 mars 1975 et un autre d'extrême gauche l'été suivant. Les projets de réforme agraire, de nationalisations et de syndicat unique inquiètent les pays de l'OTAN et les tensions sont vives entre les partisans du modèle soviétique et ceux qui prônent le multipartisme. Finalement, les civils s'imposent définitivement avec la Constitution du 2 avril 1976, mais l'instabilité politique perdure avec des scrutins à répétition. Les socialistes dominent jusqu'en 1979 puis à partir de 1983.

En Espagne, la question régionale prend un tour sanglant avec la « guerre des vacances » à l'été 1978, campagne d'attentats de l'ETA (*Euskadi Ta Askatasuna*, Pays basque et liberté) au Pays basque. Le 23 février 1981, le lieutenant-colonel Tejero prend en otage le Parlement, témoignant des difficultés d'une partie des militaires d'accepter de laisser les civils gouverner le pays. Le roi refuse de soutenir le putsch et se pose en rempart de la Constitution face aux putschistes. Aujourd'hui, la mémoire de la dictature ressurgit, remettant en cause une partie du consensus élaboré lors de la transition, dont témoigne le transfert des cendres de Franco hors du sanctuaire de la Valle de los Caídos en 2019.

FIGURE CLÉ **Juan Carlos Ier, roi d'Espagne (1975-2014)**

Né en 1938, Juan Carlos est un Bourbon d'Espagne, descendant de Louis XIV, petit-fils d'Alphonse XIII, renversé par la République en 1931. Il épouse Sophie, fille de l'avant-dernier roi de Grèce, Paul Ier. Franco le désigne comme son successeur en 1969, puis il est chef de l'État par intérim pendant les derniers mois du dictateur. Le 22 novembre 1975, il prête serment devant le Parlement de réconcilier le pays et mène la transition vers la démocratie. En 2014, il abdique au profit de son fils Felipe VI. Son image est écornée par plusieurs scandales financiers.

3. Le projet européen conforté

L'intégration européenne des trois pays méditerranéens consolide leur démocratisation et conforte le projet européen lancé par les six fondateurs en 1951. Celui-ci s'appuie désormais sur l'approfondissement et sur l'élargissement.

A. La Communauté économique européenne (CEE) entre approfondissement et euroscepticisme

Dans les années 1970, la CEE « approfondit » la construction politique ouverte par la création de la Communauté européenne du charbon et de l'acier (CECA) en 1951 et les traités de Rome de 1957. Le 21 avril 1970, elle est dotée de ressources propres, composées, d'une part, de prélèvements douaniers et agricoles, d'autre part, de la TVA et d'un versement proportionnel au PIB. En 1974, un **Conseil européen des chefs d'État et de gouvernement** se réunit régulièrement et une politique régionale est instituée, dite aussi politique structurelle ou politique de cohésion. À partir de 1979, le Parlement européen est désormais élu au suffrage universel direct pour cinq ans. Par ailleurs, la CEE devient un acteur des relations internationales. En 1975, elle signe les accords de Lomé avec les pays « ACP » (Afrique-Caraïbes-Pacifique), favorisant l'entrée de certains de leurs produits agricoles sur le marché européen. En 1979, le **Système monétaire européen** (SME) encadre le flottement des monnaies, crée l'*European Currency Unit* (ECU) comme monnaie commune de compte et un Fonds européen de coopération monétaire (FECOM).

Les années 1980 sont caractérisées par l'opposition du Premier ministre britannique **Margaret Thatcher** à tout progrès de l'intégration européenne. Comme son pays profite peu de la PAC, elle réclame un « rabais » sur sa contribution au budget européen par le slogan « *I want my money back* » : en 1984 lui est accordé un tel dispositif connu sous le nom de « chèque britannique ». Malgré le développement de l'**euroscepticisme**, le couple franco-allemand **Mitterrand-Kohl** et **Jacques Delors**, président de la Commission de 1985 à 1995, relance la construction européenne. Signés en 1985, les accords de **Schengen** organisent la fin des contrôles aux frontières entre la France, la RFA et le Benelux et, en 1986, **l'Acte unique européen** prévoit la réalisation d'un marché unique au 1er janvier 1993 et ouvre la voie aux réformes qui aboutissent au traité de Maastricht. Cette même année, la CEE adopte officiellement le **drapeau** déjà utilisé par le Conseil de l'Europe, bleu avec douze étoiles d'or, et un arrangement de la *Neuvième Symphonie* de Beethoven devient l'hymne européen.

B. Le début de l'élargissement

Le 1er janvier 1973 marque le début de l'élargissement de la construction européenne. Repoussée deux fois par de Gaulle, la candidature du Royaume-Uni débouche sur son adhésion, accompagnée de celle de l'Irlande et du Danemark, tandis que la Norvège renonce suite à un référendum.

Parallèlement à ces élargissements, les Européens parviennent à s'unir autour de thèmes précis. La **conférence d'Helsinki** de 1973-1975 les réunit pour poser le principe d'intangibilité des frontières et de respect des droits de l'homme : la Grèce, l'Espagne et le Portugal y participent. Dans le domaine industriel, le consortium Airbus produit son premier avion, l'A300, en 1972, deux ans après sa création. En 1975 est fondée l'Agence spatiale européenne (l'Espagne y participe) qui conduit le programme de fusée européenne Ariane, dont le premier tir a lieu le 24 décembre 1979. En 1985, le programme Eurêka est lancé pour soutenir et labelliser les projets innovants européens.

Repère La candidature turque

En 1957, le Premier ministre turc Adnan Menderes annonce sa volonté d'un rapprochement avec la CEE, dans la ligne de l'européanisation décidée par Mustafa Kemal lors de la fondation de la Turquie en 1923. En 1959, Ankara est candidate à l'association, qui fait l'objet d'un accord avec Bruxelles en 1963. La candidature à l'adhésion est déposée en 1987 mais se heurte vite à la question de la reconnaissance du génocide arménien et du respect de la minorité kurde. En 1995 est conclu un accord d'union douanière. Les négociations d'adhésion débutent en 2004 mais restent inachevées à ce jour.

C. La signification de ces élargissements

Le **1er janvier 1981, la Grèce devient le 10e État membre de la CEE**, ce qui semble achever sa démocratisation et, symboliquement, renforce la CEE. Dans le cadre du regain de tensions de la « guerre fraîche », c'est aussi une consolidation du camp occidental, d'autant que le pays retourne pleinement dans le commandement intégré de l'OTAN. Son intégration vient soutenir son développement économique mais, parallèlement, la vie politique grecque perd en crédibilité avec « **l'État-PASOK** » d'Andréas Papandréou, marqué par un clientélisme à grande échelle.

L'Espagne et le Portugal doivent attendre le 1er janvier 1986 pour devenir membres de la CEE, en partie à cause de l'importance des implications économiques de leur adhésion, du fait de leur retard en richesse et de la concurrence représentée par leur agriculture pour la France et l'Italie. En Espagne, la préparation de l'adhésion s'est faite sous la direction du socialiste **Felipe González**, président du gouvernement d'Espagne de 1982 à 1996. Au Portugal, cette phase est menée par le **socialiste Mário Soares** : elle **met fin aux utopies de la révolution des Œillets** : le modèle libéral l'emporte avec la fin de la réforme agraire et la privatisation des entreprises nationalisées. L'intégration de ces trois pays les a « normalisés » et a été un moteur économique pour la CEE puis l'Union européenne.

FIGURE CLÉ **Mário Soares (1924-2017)**

Né à Lisbonne, l'universitaire Mário Soares doit s'exiler en France à cause de son opposition au régime de Salazar et devient l'un des principaux cadres du parti socialiste. La révolution des Œillets lui permet de rentrer au Portugal. Il est brièvement ministre dans le gouvernement provisoire. La victoire des socialistes aux législatives de 1976 en fait le Premier ministre jusqu'à l'éclatement de sa coalition en 1978. À nouveau au pouvoir en 1983, il négocie l'adhésion à la CEE. Vaincu aux législatives de 1985, il est ensuite président de la République de 1986 à 1996. En 2006, il échoue à être le candidat socialiste à la tête de l'État.

FICHE 21

L'effondrement du bloc soviétique et de l'URSS

En 1991, l'URSS et toutes les démocraties populaires ont disparu d'Europe alors que jusque-là, toutes les tentatives de révolte avaient été réprimées par les chars soviétiques. Pourtant, des signes de dysfonctionnement et d'ouverture étaient visibles ponctuellement. C'est le changement de politique intérieure et extérieure de Moscou, impulsé par Mikhaïl Gorbatchev, qui ouvre la voie à ce bouleversement, qu'il n'a lui-même pas voulu car il espérait réformer le système.

L'ESSENTIEL EN DATES

- **1973** : publication à Paris de *L'Archipel du goulag* de Soljenitsyne.
- **11 mars 1985** : Mikhaïl Gorbatchev est nommé secrétaire général du Parti communiste d'Union soviétique (PCUS).
- **1989** : fin de « l'Europe de l'Est » (voir la fin de la fiche).
- **8 décembre 1991** : création de la Communauté des États indépendants (CEI).
- **25 décembre 1991** : Mikhaïl Gorbatchev annonce à la télévision qu'il met fin à ses fonctions de président de l'URSS.

1. Un modèle fossilisé

Si elle est marquée par quelques réformes et par une politique de détente avec l'Ouest, l'époque de Leonid Brejnev est celle de la fossilisation de l'URSS, accompagnée d'une perte de puissance malgré l'importance des dépenses d'armement.

FIGURE CLÉ **Leonid Brejnev (1906-1982)**

Sa carrière illustre le modèle de l'*apparatchik*, homme qui fait carrière au sein de l'appareil du PCUS : d'abord au sein de l'administration provinciale d'Ukraine et de Moldavie, il préside le Soviet suprême en 1960. Artisan de l'éviction de Khrouchtchev, il devient secrétaire général du Parti en 1966. Au pouvoir jusqu'à sa mort en 1982, il mène une politique conservatrice, qui conduit à une véritable fossilisation du régime. Il réprime toute réforme dans les pays satellites. S'il est capable ponctuellement d'ouverture à l'Ouest, il n'hésite pas à employer la force, comme en Afghanistan en 1979.

A. La stagnation politique

S'il rétablit une forme de **culte de la personnalité**, Brejnev n'est pas Staline : les honneurs (sept ordres de Lénine, quatre fois héros de l'URSS, médaille d'or de Karl Marx, prix Lénine…)

qu'il reçoit lui sont concédés pour le satisfaire. Il permet ainsi au PCUS de contrôler le pays et à ses membres de profiter pleinement d'un système de plus en plus sclérosé. Quand le Politburo le fait « maréchal de l'URSS », le 7 mai 1976, c'est une manière pour le PCUS de renforcer son contrôle sur l'armée. La **nouvelle Constitution de 1977** consolide son rôle dirigeant. Le pouvoir est en fait aux mains d'une direction collégiale, composée en particulier de d'Alexis Kossyguine comme chef de gouvernement. Mikhaïl Souslov est responsable de l'idéologie, Andreï Gromyko – surnommé « Monsieur Niet » – est ministre des Affaires étrangères et Kirilenko ministre de la Défense. L'équipe dirigeante se renouvelle tellement peu que la moyenne d'âge du Politburo en 1985 est de 75 ans : on parle de « **gérontocratie** ».

Repère **Le PCUS**

Le Parti communiste d'Union soviétique (PCUS) compte 17,5 millions de membres en 1981, soit un adulte sur 10, contre 7,2 millions en 1956. Il compte 150 000 permanents (ou *apparatchiks*), qui préparent la liste des candidats aux postes à responsabilités (ou *nomenklatura*). Entre 1 500 et 2 000 hauts fonctionnaires du Parti bénéficient de privilèges très importants et siègent au Politburo ou au Comité central. Ils sont aussi à la tête de mafias. Face à la corruption, le KGB incarne la pureté du régime.

La notion de « socialisme avancé » est inventée par Brejnev pour désigner l'État actuel de l'URSS : aboutissement, il ne nécessite plus d'évolution. L'innovation est suspecte, pouvant remettre en cause les avantages de la *nomenklatura*.

B. L'impossible réforme économique

Après le volontarisme de Khrouchtchev, Brejnev se limite à de timides tentatives de modernisation. Kossyguine met en œuvre la « réforme Liberman » pour le huitième plan de 1966-1970 : l'objectif est de développer l'autonomie des entreprises, mais les mesures contradictoires limitent les résultats positifs. À partir de 1976, la **crise du système** est patente : le niveau de vie baisse, la démographie montre des signes inquiétants, les magasins sont vides, à l'opposé du projet de société de consommation de l'ère Khrouchtchev. L'incompétence généralisée est exprimée par la célèbre boutade : « vous faites semblant de nous payer, nous faisons semblant de travailler. » Des campagnes sont délaissées : les communes à la population trop faible sont qualifiées de « **villages sans avenir** » et les services publics s'en retirent. La société s'urbanise (on passe d'un tiers de la population en 1950 à deux tiers en 1990), ce qui s'accompagne d'une élévation du niveau d'instruction. Cette évolution permet la formation de « micro-univers urbains » (selon le sociologue Oleg Ianitski), structures informelles qui permettent à une opinion publique critique de se développer. L'économie parallèle se développe tandis que le « rapport de Novossibirsk » dénonce la corruption et les organisations mafieuses.

Repère **La démographie de l'URSS**

Avec 22 millions de kilomètres carrés, l'URSS compte 241,7 millions d'habitants en 1970, 264,5 millions en 1980 et 288,6 millions en 1990. En 1979, la mortalité infantile est de 30 ‰ (8 ‰ en France), soit une augmentation de 5 points en dix ans. Il y a 8 millions d'avortements pour 5 millions de naissances…

Au niveau macroéconomique, l'URSS fait le choix du type tiers-monde : elle **exporte ses richesses naturelles** extraites de Sibérie pour payer les importations de biens de consommation. Produisant beaucoup de pétrole, elle bénéficie de l'augmentation des cours de la décennie 1970, avant d'être asphyxiée par leur chute dans les années 1980. En 1979, elle est touchée par l'embargo américain sur les céréales, en représailles de l'invasion de l'Afghanistan par l'Armée rouge.

C. La perte de prestige et le raidissement

La période de détente est plutôt favorable à la puissance soviétique et à son image. Les traités signés tentent de rassurer le monde sur ses ambitions tout en entérinant des équilibres stratégiques souvent en sa faveur. Les **accords d'Helsinki de 1975** lui permettent de rendre définitif l'ordre territorial en Europe imposé par Staline en 1945. Ce côté positif est entaché par la répression du printemps de Prague en août 1968, qui révèle l'oppression soviétique à ceux qui n'avaient pas été convaincus par l'épisode de Budapest en 1956. En 1973, la publication de *L'Archipel du goulag* popularise ce mot et ternit profondément l'image soviétique. En 1980, les JO de Moscou sont ainsi dénoncés comme les « Jeux du goulag », objet du boycott par les États-Unis et plusieurs pays occidentaux.

FIGURE CLÉ **Alexandre Soljenitsyne (1918-2008)**

Issu du Caucase, Alexandre Soljenitsyne est condamné à huit ans de travaux forcés pour des lettres imprudentes en 1945, alors qu'il combat sur le front. Interné notamment au Kazakhstan, il retrouve la foi au goulag. Libéré en 1953, il peut publier avec l'appui personnel de Khrouchtchev *Une journée d'Ivan Denissovitch* en 1962, sur la vie d'un paysan en camp. Ses œuvres suivantes lui attirent une censure croissante mais aussi le prix Nobel de littérature en 1970, qu'il ne peut recevoir que quatre ans plus tard, une fois expulsé d'URSS. En 1973, la publication à Paris de *L'Archipel du goulag* est un choc. La même année, sa *Lettre aux dirigeants de l'URSS* dénonce « le mensonge général, imposé, obligatoire ». Il rentre en Russie en 1994.

Plus généralement, cet événement renvoie au phénomène de la **dissidence**, qui apparaît en URSS dans la seconde moitié des années 1960. Elle réclame le respect des droits de l'homme ainsi que des droits garantis officiellement par la Constitution de l'URSS et multiplie les publications clandestines ou *samizdat*. Les dissidents sont poursuivis au motif « d'activités antisoviétiques » soutenues par l'étranger. Plusieurs sont internés au goulag, sinon assignés à résidence surveillée ou traités de force dans des hôpitaux psychiatriques, où leur sont infligés des traitements pour briser leur personnalité. Les plus connus sont **Alexandre Soljenitsyne**, qui est exilé, et **Andreï Sakharov** (1921-1989). Ce dernier, père de la bombe thermonucléaire soviétique, reçoit le prix Nobel de la paix en 1975 pour ses déclarations sur la menace constituée par une « URSS surmilitarisée ». Il est assigné à résidence à Gorki jusqu'à sa réhabilitation en 1988. À la différence des démocraties populaires, les dissidents sont célèbres, surtout à l'Ouest. Ils sont peu nombreux, au mieux quelques centaines.

Repère La chute de l'empire prédite ?

Deux ouvrages ont prédit la dislocation de l'empire soviétique. En **1976**, l'historien et sociologue **Emmanuel Todd publie *La Chute finale*** : il y démontre le mensonge des statistiques officielles grâce aux tendances. Il souligne la désorganisation complète du pays et l'effondrement des conditions de vie, dont témoigne l'augmentation de la mortalité infantile, ce qui devrait conduire à son effondrement. En **1978**, c'est sur la base de la démographie des républiques musulmanes d'URSS qu'**Hélène Carrère d'Encausse** diagnostique la fin de la puissance soviétique dans ***L'Empire éclaté***. Son ouvrage a rencontré davantage de succès, même si c'est la thèse de Todd qui s'est vérifiée. L'éclatement est venu davantage des pays baltes que des républiques socialistes soviétiques d'Asie centrale.

2. Gorbatchev et l'impossible « restructuration »

Après la stagnation brejnévienne, plusieurs réformes sont tentées, timides sous Andropov, plus massives sous Gorbatchev, conduisant à la dislocation de la puissance soviétique.

A. La succession de Brejnev

Le 10 novembre 1982 meurt Léonid Brejnev. Le surlendemain, ce n'est pas son dauphin officiel Konstantin Tchernenko mais **Iouri Andropov (1914-1984)** qui est nommé à la tête de l'URSS. Artisan de la répression de Budapest en 1956, il est le pilier de la lutte contre les dissidents par le KGB. Reprenant les éléments du programme Liberman, il lance la réforme « *Experiment* » mais sans succès. Son mandat est de courte durée. Il meurt à son tour le 11 février. **Konstantin Tchernenko (1911-1985)** lui succède alors qu'il est déjà malade. Dès l'été suivant, il confie la gestion du pouvoir à Mikhaïl Gorbatchev jusqu'à sa mort. Le 11 mars 1985, ce dernier est nommé secrétaire général du PCUS.

FIGURE CLÉ **Mikhaïl Gorbatchev (1931-)**

À la suite d'une carrière effectuée au sein du PCUS, notamment du Komsomol, Mikhaïl Gorbatchev entre au Comité central du Parti en 1971 : il est donc un parfait ***apparatchik***. Le 11 mars 1985, il est élu secrétaire général du Parti, puis président de l'URSS en 1990. Il cherche à réformer celle-ci en s'appuyant sur de nouveaux responsables tel Boris Eltsine. **« Gorbi »** incarne l'espoir de temps meilleurs dans les démocraties populaires et les changements qu'il impulse lui valent le **prix Nobel de la paix** en 1990. Toutefois, son programme de Perestroïka conduit à la décomposition du pays et il démissionne en décembre 1991.

B. La *Perestroïka*

Lorsqu'il arrive au pouvoir, Mikhaïl Gorbatchev correspond à la fois au profil classique du dirigeant soviétique, comme *apparatchik*, mais diffère par sa jeunesse relative. Conscient des dysfonctionnements de l'URSS, que souligne de manière dramatique la catastrophe de Tchernobyl, il veut lui rendre sa puissance par une **politique de « restructuration » ou « *Perestroïka* »**, qui touche l'économie, la vie politique et les relations internationales. Comme il le précise dans *Perestroïka*, ouvrage destiné à expliquer sa politique aux Occidentaux, il s'agit bien de réforme dans le cadre du socialisme et non d'une sortie vers le capitalisme.

Sa mise en œuvre se fait **en deux temps** :

- **de 1985 à 1988**, Gorbatchev parvient à **renforcer son pouvoir**. Il renouvelle largement les cadres du Parti et de l'État. Ce dernier sort renforcé face au PCUS de la réforme constitutionnelle de 1988. Cette année-là, la **loi sur les coopératives** crée un secteur privé du crédit, du reste limité ;
- à partir du début de 1989, le mouvement semble lui échapper, le poussant d'abord à une **volte-face conservatrice en 1990**, puis à perdre tout pouvoir. Ses réformes achèvent de désorganiser le pays et privent d'emplois 16 millions d'actifs ! Le 26 mars 1989, les premières législatives libres depuis 1917 le lient davantage encore au parlement. Finalement, le 15 mars 1990, il abroge le rôle dirigeant du PCUS, ce qui renforce aussi l'opposition. Sur le plan extérieur, il est contraint de lancer le premier emprunt international depuis 1917. Son appel à l'aide financière en 1991 essuie un humiliant refus du G7.

Repère La catastrophe de Tchernobyl (26 avril 1986)

Le plus grave accident de l'atome civil est **un « accident soviétique »** à plus d'un titre, symptôme de la déliquescence de l'URSS. En 1979, un rapport d'Iouri Andropov, pour le KGB, signale de **nombreuses malfaçons majeures** dans la construction de la centrale. Le **type de réacteur RBMK** est structurellement difficile à maîtriser. Enfin, le personnel de la centrale ignore tout de la conduite à tenir en cas d'accident. La direction a été nommée pour son militantisme et non pour ses connaissances techniques. Elle est caractéristique en cela de l'époque brejnévienne.

Dans la **nuit du 25 au 26 avril 1986**, une **expérience insensée** est menée pour augmenter le rendement énergétique : elle conduit à **l'explosion d'un réacteur**, puis à un **gigantesque incendie**, éteint en plus de 15 jours. Le monde apprend la catastrophe par la Suède, qui relève une radioactivité anormale. Le 14 mai, Gorbatchev reconnaît l'accident à la télévision et promet la transparence ou « ***glasnost*** » : c'est un tournant. Pourtant, une dernière campagne soviétique est menée : avec des slogans comme « le peuple soviétique est plus fort que l'atome », **700 000 militaires** et techniciens construisent un sarcophage de béton pour enfermer le réacteur. Près de **250 000 personnes sont évacuées** en trois mois, véritable traumatisme qui leur évoque 1941. La radioactivité touche un **territoire de 145 000 km²** et 4 millions de personnes. L'ONU estime que **4 000 personnes sont mortes** en conséquence de la catastrophe.

Sur le plan international, Gorbatchev propose une « nouvelle pensée » qui conduit à la reprise des négociations de désarmement avec les États-Unis. Du **19 au 21 novembre 1985, Reagan et Gorbatchev se rencontrent** directement à Genève, une première depuis 1979. Le climat apparaît chaleureux et l'URSS fait des propositions sur le désarmement, qui butte sur le programme IDS américain. Si le début de l'année 1987 voit reprendre les essais nucléaires de part et d'autre, elle s'achève par le **traité de Washington qui porte sur l'option « double zéro globale »** : tous les missiles intermédiaires comme les euromissiles seront démantelés, en Europe et en Asie. C'est la première fois qu'un accord prévoit la destruction d'armes nucléaires. Le **31 juillet 1991, l'accord START** réduit de 25 à 30 % les arsenaux nucléaires stratégiques. En novembre 1990, l'OTAN et le pacte de Varsovie se sont accordés sur la parité de leurs forces conventionnelles en Europe (accord FCE). Réunis à Paris, Européens et Soviétiques signent une « Charte de Paris pour une nouvelle Europe », qui institutionnalise la Conférence sur la sécurité et la coopération en Europe (CSCE), tandis que Gorbatchev appelle à construire une « **Maison commune européenne** » de l'Atlantique à l'Oural.

Repère La « nouvelle pensée »

Traduction de la *Perestroïka* dans les relations internationales, la « nouvelle pensée » proposée par Gorbatchev au XXVIIe congrès du PCUS en février 1986 marque un tournant majeur. Elle renonce à envisager une offensive nucléaire et invite à cesser la course aux armements. Elle abandonne la logique de confrontation bipolaire et donc la doctrine Brejnev : idéologiquement, la guerre froide est finie :

« Le principe fondamental de la nouvelle approche politique est simple : la guerre nucléaire ne peut être un moyen de parvenir à ses objectifs, qu'ils soient politiques, économiques, idéologiques ou autres (...). Du point de vue de la sécurité, la course aux armements est devenue une absurdité parce que sa logique conduit à la déstabilisation des relations internationales et, au bout du compte, à un conflit nucléaire (...). La sécurité universelle à notre époque repose sur la reconnaissance du droit de chaque nation à choisir sa propre voie vers le progrès social, sur la renonciation à l'ingérence dans les affaires intérieures des autres États (...). Une nation doit pouvoir choisir le capitalisme ou le socialisme. C'est son droit souverain... »

M. Gorbatchev, *Perestroïka, vues neuves sur notre pays et sur le monde*, Flammarion, Paris, 1987.

Le nouveau climat soviéto-américain permet la **résolution de plusieurs conflits périphériques** liés à la guerre froide :

- le 24 mars 1988 est conclu un cessez-le-feu entre le pouvoir sandiniste et la Contra au Nicaragua. Les sandinistes s'effacent pacifiquement en 1990 suite à des élections ;
- le 14 avril 1988, un accord sur le retrait d'Afghanistan de l'Armée rouge est signé à Genève en présence du secrétaire général de l'ONU ;
- le 20 août 1988, le conflit Iran-Irak, commencé en 1980, prend fin ;
- le pouvoir communiste éthiopien vacille et, le 21 mai 1991, Mengistu s'exile au Zimbabwe ;
- en 1991 prend fin la guerre civile en Namibie et en Angola.

C. La fin de l'URSS

La libération de la parole publique bénéficie aux **mouvements nationalistes**, étouffés jusque-là. Ceux-ci s'appuient sur la situation minoritaire des Russes dans les républiques socialistes soviétiques pour réclamer le bilinguisme, ainsi que sur la coupure entre le centre et la périphérie pour demander plus d'autonomie. Enfin, s'appuyant sur leur annexion brutale en 1939-1940, les pays baltes exigent de se retirer de l'URSS. Des **émeutes** éclatent au Kazakhstan en 1986, puis en Arménie et en Estonie en 1988. Plus grave, Moscou ne maîtrise plus les tensions entre nationalités, résultats du découpage de l'époque stalinienne, qui veillait à éviter toute homogénéité ethnique des républiques pour lutter contre tout séparatisme. La querelle pour le Haut-Karabakh provoque des massacres puis un conflit entre l'Arménie et l'Azerbaïdjan, suivi de l'**embrasement de tout le Caucase** à partir de 1990. Les Baltes commémorent leur annexion par une immense chaîne humaine le 23 août 1989, pour le 60e anniversaire du pacte germano-soviétique, et exigent leur indépendance. La Lituanie proclame celle-ci dès 1990. Moscou tente d'abord d'empêcher ces mouvements par la force mais doit reculer rapidement, d'autant que la pression monte de la Russie : en 1990, la République socialiste fédérative soviétique de Russie (RSFSR) proclame la supériorité de ses lois sur les lois soviétiques, suivie des autres républiques socialistes soviétiques, ce qui revient à contester le fédéralisme. À partir de février 1991, Boris Eltsine, d'abord soutien de Gorbatchev, réclame sa démission. Le 12 juin, Boris Eltsine devient l'élu direct du peuple. Du **18 au 22 août 1991**, les conservateurs tentent un **putsch** sur le modèle de celui de 1964 : l'armée reste neutre tandis qu'Eltsine prend la tête de la résistance à Moscou, dans la rue. L'échec du putsch est son triomphe. Le 8 décembre 1991, le traité de Minsk voit la fondation d'une Communauté des États indépendants (CEI) par la Russie, la Biélorussie et l'Ukraine, les trois fondatrices de l'URSS en 1922. Huit anciennes républiques socialistes soviétiques les rejoignent le 21 décembre par la déclaration d'Alma-Ata. La CEI doit prolonger des liens de coopération et non plus de sujétion. Le **25 décembre 1991**, Mikhaïl Gorbatchev annonce à la télévision qu'il met fin à ses fonctions ; le drapeau russe succède au drapeau soviétique sur le Kremlin.

3. Crise et fin des démocraties populaires

La fin des démocraties populaires pose la question du rôle joué par la société civile, entraînant ensuite des interrogations sur les compromissions avant et après la fin des régimes communistes.

A. « Normalisation » et compromis

Au lendemain du printemps de Prague en 1968, la Tchécoslovaquie est mise au pas sous le terme de « **normalisation** » ou « retour aux forces normales de la démocratie socialiste ». L'ensemble de la société civile doit se conformer au moule et les dirigeants doivent faire allégeance totale à Moscou. Dans ce cadre, une certaine diversité est parfois tolérée, en version nationaliste dans la Roumanie de Ceaușescu ou avec une modeste ouverture culturelle et économique dans la Hongrie de János Kadar. En Pologne, l'ouverture est plus chaotique, avec de grandes grèves dites « du Littoral », dans les ports de Gdansk, Gdynia et Szczecin, en 1970.

Dans plusieurs pays se met en place un contrat plus ou moins explicite de type « consumériste » : accepté, le régime apporte un minimum de confort matériel. La Pologne d'Edward Gierek (1970-1980) prône un « **socialisme consumériste** » ; la RDA d'Erich Honecker est une « **dictature de l'entente** », qui promet travail, logement et voiture (le modèle Trabant) à ceux qui se coulent dans le moule, sous la surveillance de la Stasi ; en Hongrie, on évoque un « **socialisme du goulasch** ». Or, rapidement, l'économie socialiste est décrite comme une « **économie de la pénurie** » par l'économiste hongrois János Kornai en 1984, marquée par le marché noir, la débrouillardise qui brouille les repères moraux en généralisant le petit vol aux dépens de l'entreprise d'État.

Repère L'*Ostpolitik*

En 1969, la victoire du *Sozialdemokratische Partei Deutschlands* (SPD, Parti social-démocrate d'Allemagne) aux législatives permet l'arrivée à la chancellerie du social-démocrate Willy Brandt, qui met en œuvre l'*Ostpolitik*. Elle tente de capitaliser pour l'Allemagne la détente qui règne entre les deux blocs en dialoguant avec le bloc de l'Est. Elle propose le « **changement par le rapprochement** » (*Wandel durch Annäherung*). Sa mise en œuvre passe par la signature de plusieurs traités, d'abord avec l'URSS le 12 août 1970, puis avec la Pologne et la Tchécoslovaquie en 1973. Plusieurs voyages sont organisés en RDA, où Walter Ulbricht, hostile à tout rapprochement, est remplacé par Erich Honecker, plus favorable. Ceci aboutit au « traité fondamental » interallemand du 21 décembre 1972 : RFA et RDA se reconnaissent mutuellement et deviennent membres de l'ONU en 1973. Les relations entre les Allemands des deux États s'améliorent au quotidien. En 1974, Willy Brandt doit démissionner mais cette politique est poursuivie.

B. Une contestation grandissante

Les années 1970 voient le maintien ou le retour d'une **société civile, à l'abri de lieux de sociabilité préservés**, cercles en tous genres, parfois Églises clandestines mais surtout jardins ouvriers et maisons de campagne, phénomène typique d'Europe de l'Est. La **« 3e corbeille » des accords d'Helsinki de 1975** permet à cette dissidence intérieure de prendre une autre ampleur : des groupes revendiquent le respect des droits de l'homme en affirmant ne pas faire de politique mais seulement réclamer l'application de ce qui a été signé par le gouvernement. Cette position est au cœur de la **Charte 77** menée par Vaclav Havel en Tchécoslovaquie, ou du mouvement ouvrier polonais qui réclame l'application de la liberté syndicale, accordée officiellement par les **accords de Gdansk en 1980**. En **Hongrie**, le chantier du **barrage sur le Danube à Gabčíkovo-Nagymaros** fait naître un débat sur les conséquences écologiques qui devient un véritable débat démocratique, même s'il est limité à un sujet précis.

Document essentiel

Jean-Paul II reçoit Lech Walesa le 16 janvier 1981

Élu pape le 16 octobre 1978, le Polonais Karol Wojtyla prend le nom de Jean-Paul II. Ses voyages en Pologne sont l'occasion pour les opposants de prendre conscience de leur nombre. En août 1980, de grandes grèves aboutissent à la fondation de Solidarność par Lech Walesa : c'est le premier syndicat libre du bloc socialiste. En le recevant au Vatican, le pape soutient ce mouvement et l'aide à ne pas apparaître comme politique. Le 13 décembre 1981, le général Jaruzelski déclare « l'état de guerre » et tente d'interdire le syndicat. Il doit céder en février 1989 et négocie avec Walesa. Le 13 mai 1981, Jean-Paul II est victime d'une tentative d'attentat de la part des services bulgares.

Rencontre au Vatican, 16 janvier 1981,
© KEYSTONE-FRANCE/GAMMA-RAPHO.

C. L'année 1989, l'effondrement de l'Europe de l'Est

L'évolution majeure vient d'abord de Moscou : la ***Perestroïka* de Mikhaïl Gorbatchev** donne une impulsion réformatrice décisive. Surtout, la **Nouvelle pensée** prend le contre-pied de la doctrine Brejnev : chaque pays est libre de son destin et l'Armée rouge ne réprimera plus les mouvements de liberté. Dès lors, les *apparatchiks* ne peuvent plus compter sur la répression militaire.

Dans beaucoup de pays, les changements ont finalement été largement négociés. En **Pologne**, après avoir expérimenté la répression avec le **coup d'État du 13 décembre 1981**, le **général Jaruzelski** opte pour une politique de « **Table ronde** » avec un accord le 5 avril 1989, qui prévoit des élections législatives libres. En Hongrie, en 1988, la commémoration de la révolution de 1848, jusque-là rejetée et considérée « bourgeoise », est l'occasion de réhabiliter Imre Nagy, dirigeant de 1956. Elle permet aux **réformateurs comme Imre Poszgay** de penser la transition vers la démocratie. C'est la Hongrie qui ouvre le rideau de fer avec l'Autriche à l'été 1989 : commence alors l'exode d'Allemands de l'Est, qui déstabilise le régime de Honecker en enclenchant un vaste mouvement pacifique de contestation. Le 9 novembre, dans la confusion, les nouveaux dirigeants est-allemands, autour d'Egon Krenz, ouvrent le mur de Berlin. L'étape suivante se joue en Tchécoslovaquie : le 17 novembre, la commémoration de la manifestation héroïque d'étudiants contre les nazis lance la « **révolution de velours** », qui porte le Forum civique de Vaclav Havel au pouvoir en quelques semaines. Le 10 novembre, une révolution de palais écarte Todor Živkov, à la tête de la Bulgarie depuis 1956. La seule véritable révolution a lieu en **Roumanie** : le 22 décembre, Nicolae Ceaușescu fuit la contestation et est exécuté le 25. Des combats de rue opposent manifestants et chars de la *Securitate*.

Document essentiel

L'année 1989 dans le monde

Europe

6 mars : le Parti communiste italien (PCI) adopte une ligne réformiste.

2 mai : la Hongrie ouvre le « rideau de fer ». Exode de citoyens de RDA par ce passage.

18 juin : élections européennes.

14 juillet : défilé-spectacle sur les Champs-Elysées pour le bicentenaire de la Révolution française.

23 août : 50 ans du pacte germano-soviétique : chaîne humaine d'un million de Baltes dénonçant leur annexion à l'URSS à cette date.

7 octobre : le PC de Hongrie renonce au marxisme-léninisme.

9 novembre : ouverture du mur de Berlin.

17 novembre : « révolution de velours » en Tchécoslovaquie.

28 novembre : plan de réunification de Helmut Kohl.

22 décembre : révolution contre Ceaușescu en Roumanie.

Monde

Février : chute du dictateur Alfredo Stroessner à la tête du Paraguay depuis 35 ans.

15 février : fin du retrait soviétique d'Afghanistan.

3-4 juin : répression du « printemps de Pékin » place Tian An Men.

22 octobre : accords de Taëf, fin de la guerre civile au Liban.

2-3 décembre : sommet Reagan-Gorbatchev à Malte sur le désarmement.

20 décembre : intervention américaine contre le général Noriega au Panama.

THÈME 4

Le monde et l'Europe depuis les années 1990, entre coopérations et conflits

CHAPITRE 7

Nouveaux rapports de puissance et enjeux mondiaux

FICHE 22

Les nouvelles formes de conflit

La fin de la menace soviétique et de l'apocalypse nucléaire ne signifie pas la victoire de la paix : des guerres interétatiques « à l'ancienne » sont menées tandis que de nouvelles formes de conflictualités apparaissent.

L'ESSENTIEL EN DATES

- **2 août 1990** : invasion irakienne du Koweït.
- **25 juin 1991** : indépendance de la Slovénie et de la Croatie.
- **11 décembre 1994** : début de la guerre en Tchétchénie.
- **11 septembre 2001** : attentats d'al-Qaida aux États-Unis.
- **7-12 août 2008** : guerre russo-géorgienne.
- **18 mars 2014** : annexion russe de la Crimée.
- **29 juin 2014** : proclamation du « califat » par Daech.
- **24 février 2022** : invasion de l'Ukraine par la Russie.

Repère Guerre, conflit, crise

Ces termes sont l'objet de multiples définitions et nuances.

La **guerre** est une lutte armée entre des entités politiques comparables, aux buts politiques inconciliables, dans un cadre juridiquement défini. Elle peut prendre plusieurs formes : guerre internationale, guerre intra-étatique, guerre conventionnelle ou non, guerre courte ou longue, guerre totale ou limitée.

Un **conflit** oppose les intérêts d'acteurs politiques sans mener nécessairement au « conflit armé » (terme employé par le SIPRI, l'Institut international de recherches sur la paix de Stockholm). Les conflits impliquent de plus en plus au moins un acteur non étatique.

Une crise est un état transitoire, période et situation d'instabilité, pouvant mener au conflit.

1. La prolifération de conflits dans la décennie 1990

La fin de la guerre froide et de la contrainte de l'antagonisme américano-soviétique ouvre un espace pour l'éclatement de nombreux conflits multiformes.

A. La guerre du Koweït et le « nouvel ordre mondial »

La guerre Iran-Irak (1980-1988) a considérablement endetté l'Irak envers ses voisins arabes du Golfe, qui ont financé ses achats d'armement pour se protéger de l'Iran chiite. En 1990, Saddam Hussein lorgne sur le pétrole koweïtien, qui représente 10 % des réserves mondiales, soit autant que celles de l'Irak.

Le 2 août 1990, Saddam Hussein commet un fait unique depuis 1945 : il **envahit** cet État voisin et prétend l'annexer, considérant que ce territoire relevait de la province irakienne de Bassorah au temps de l'Empire ottoman. Longtemps soutien de l'Irak, l'URSS vote la **résolution 660 du 3 août 1990** du Conseil de sécurité de l'ONU, qui condamne l'invasion et exige l'évacuation de l'émirat. Le **29 novembre, l'usage de la force est autorisé par la résolution 678** contre l'Irak s'il n'a pas évacué le Koweït à la date du 15 janvier 1991. Une coalition de 750 000 hommes, commandée par le général américain Schwarzkopf, se déploie en Arabie saoudite, composée non seulement d'Américains, de Français et de Britanniques mais aussi de troupes issues de nombreux pays arabo-musulmans. Elle passe à l'offensive le 17 janvier 1991, sous le nom de code de « **Tempête du désert** ». Les combats durent jusqu'au 28 février. Selon les sources américaines, la coalition a perdu 350 hommes tandis qu'ont été tués au moins 130 000 Irakiens.

L'invasion du Koweït correspond pleinement à la définition de la **guerre d'agression** formulée par la résolution 3314 prise par l'Assemblée générale des Nations Unies, le 14 décembre 1974, et viole la Charte de San Francisco par laquelle les États membres « s'abstiennent, dans leurs relations internationales, de recourir à la menace ou à l'emploi de la force ». Cette nouvelle efficacité de l'ONU est décrite par le président américain George Bush comme un « **nouvel ordre mondial** ».

B. Le retour de la guerre en Europe

En 1991, la guerre est de retour sur le continent européen : fédération multiethnique, la Yougoslavie est déchirée par le nationalisme qui peut s'exprimer depuis la mort du maréchal Tito en 1980 et avec la fin de la division de l'Europe. Le 25 juin 1991, Slovénie et Croatie déclarent leur indépendance : après la « guerre de Dix Jours » en Slovénie, le 25 août, la guerre commence vraiment à Vukovar. En 1992, c'est au tour de la Bosnie-Herzégovine et, pendant presque quatre ans, sa capitale est assiégée : 80 ans après la Première Guerre mondiale, Sarajevo est en guerre ! Le conflit aboutit à l'éclatement de la Yougoslavie en Slovénie, Croatie, Bosnie-Herzégovine, Ancienne République yougoslave de Macédoine (Macédoine du Nord depuis 2019) et Serbie. En 1999, devant l'ampleur des massacres et des déplacements de population au Kosovo, province de Serbie, l'OTAN bombarde Belgrade et l'ONU impose ensuite un protectorat sur la région, indépendante de fait. En 2008, l'indépendance paraît la seule issue. En 2006, le Monténégro se sépare de la Serbie.

Le Caucase est lui aussi ravagé par la guerre, particulièrement la Tchétchénie. Cette République de la Fédération de Russie veut faire sécession en 1994 au lendemain de la dislocation de l'URSS, puis devient une plaque tournante du trafic de drogue, du détournement des flux de pétrole par oléoducs et de mouvements islamistes. **La première guerre de Tchétchénie (1994-1996)** s'achève par une semi-défaite de la Russie malgré le siège sanglant de la capitale Grozny, faisant 80 000 morts. En 1999, plusieurs attentats sont attribués aux Tchétchènes. Le Premier ministre Poutine ordonne la reprise des combats en Tchétchénie (**deuxième guerre de Tchétchénie : 1999-2004**), ainsi qu'au Daghestan voisin. La solution passe par la « tchétchénisation » de la République : un gouvernement prorusse est formé par **Ramzan Kadyrov**, fils de l'ancien président tchétchène et ancien grand mufti, assassiné en 2004. Il fait régner l'ordre, en partie par la terreur, avec des troupes personnelles ou « Kadyrovtsy », qui échappent totalement à Moscou, et par le clientélisme.

Repère **« Zones grises », « quasi-États » et « conflits gelés »**

Dans les anciennes Républiques d'URSS, plusieurs entités autonomes créées par la politique des nationalités de Staline ont tenté d'acquérir leur indépendance à la fin de l'époque soviétique ou lors de la dissolution de l'URSS. La Russie a souvent appuyé ces mouvements pour conserver un pouvoir de nuisance dans son « étranger proche ». C'est le cas du Haut-Karabakh en Azerbaïdjan, de l'Ossétie du Sud et de l'Abkhazie en Géorgie ou de la Transnistrie en Moldavie. Ces conflits sont dits « gelés » dans la mesure où ils sont sans issue politique ni évolution depuis les cessez-le-feu. Ces territoires constituent souvent des « zones grises », propices aux trafics en tout genre, voire des « quasi-États », sans reconnaissance internationale. Le terme suppose une possible reprise du conflit comme en 2008 avec la Géorgie.

C. Le chaos en Afrique

Toute une partie du continent africain connaît la guerre dans la décennie 1990. L'Algérie est déchirée par la guerre de 1992 à 2000, quand l'armée interrompt les élections qui allaient être remportées par les islamistes du Front islamique du salut (FIS). Environ 100 000 personnes sont tuées. Dans l'Afrique de l'Ouest, cette forme de guerre touche le Liberia de 1989 à 1997 (environ 200 000 morts), puis s'étend à la Sierra Leone (1991-2002) sous l'action de Charles Taylor, président libérien. Celui-ci se distingue par la terreur que faisaient régner ses enfants-soldats ou *Small boys unit*.

La guerre s'accompagne de massacres ethniques massifs, comme celui des Hutus par les Tutsis au Burundi en 1993, suivi du génocide des Tutsis et des Hutus modérés par les Hutus extrémistes au Rwanda en 1994 (800 000 morts). En 1996, le conflit s'étend à la République démocratique du Congo. Au Soudan, le Darfour est le théâtre de massacres et de viols systématiques de la population par des milices gouvernementales à partir de 2003.

Fondée en Ouganda en 1988 lors de la guerre civile par Joseph Kony comme mouvement armé fondamentaliste chrétien, l'Armée de résistance du Seigneur (LRA pour *Lord's Resistance Army*) sème encore aujourd'hui la terreur dans le nord de l'Ouganda et dans les pays voisins. Selon l'ONU, elle a tué plus de 100 000 personnes et enlevé 60 à 100 000 enfants pour en faire des enfants-soldats.

En 1991-1992, la Somalie est un exemple de disparition progressive de l'État en conséquence de la guerre civile : c'est le phénomène de *failed State* ou État failli, facteur évident d'insécurité pour le pays et pour son voisinage. L'intervention de l'ONU, avec des Casques bleus lors de l'opération *Restore Hope* de décembre 1992 à mai 1993, est un échec retentissant, forçant les Américains à se retirer. La Somalie cesse d'exister comme État unifié mais se divise en deux « quasi-États », le Somaliland et le Puntland, le reste étant aux mains de chefs de guerre.

2. La mondialisation et le terrorisme planétaire

Le terrorisme international apparaît à la fin des années 1960, d'une part, avec les mouvements d'extrême gauche en Europe, d'autre part, avec le terrorisme palestinien. L'évolution du Moyen-Orient, la montée en puissance de l'islamisme et le développement de médias à l'échelle planétaire (Internet et chaînes de télévision satellitaires) lui donnent une nouvelle ampleur jusqu'à l'hyperterrorisme du 11 septembre 2001.

Repère **L'ensauvagement**

« L'ensauvagement » est un néologisme utilisé par Thérèse Delpech dans son ouvrage *L'ensauvagement : le retour de la barbarie au XXIe siècle* (2005). Il s'oppose à l'idée d'une fin de l'histoire irénique, soulignant, comme Pierre Hassner, le rôle retrouvé des passions dans les relations internationales. Pour Delpech, « une sauvage indifférence aux êtres humains, telle est la plus importante régression du XXe siècle » qui semble conditionner le début du XXIe siècle.

A. La passion égalitaire face aux inégalités de développement

Au XIXe siècle, Alexis de Tocqueville a analysé la force de la passion égalitaire qu'il a observée aux États-Unis et en France : celle-ci se nourrit désormais de la comparaison permanente avec le reste du monde grâce aux chaînes d'information satellitaires et surtout grâce à Internet. Le rapport du Programme des Nations Unies pour le développement (PNUD) de 2002 sur le monde arabe, qui fournit de nombreux chiffres sur le retard de développement et de niveau de vie, est ainsi en libre accès et a été téléchargé plus d'un million de fois. Reprises et éventuellement déformées, ces données servent les discours de haine contre un Occident accusé d'être la cause de ces inégalités. Selon ce rapport, le PNB des 22 pays de la Ligue arabe était alors de l'ordre de celui de l'Espagne, tandis qu'un tiers de la population concernée vivait avec moins de deux dollars par jour et que la moitié des jeunes Arabes avaient comme rêve d'émigrer... Dans plusieurs ouvrages engagés, le sociologue Jean Ziegler analyse la mondialisation comme une nouvelle manière pour l'Occident de dominer les autres régions selon un « ordre cannibale du monde », qui suscite un peu partout une « haine de l'Occident ». La piraterie maritime ou les hackers africains justifient en partie leurs activités par la volonté de reprendre un peu aux « Blancs » ce dont la mondialisation les fait bénéficier. Par ailleurs, si ce n'en est pas la seule cause, les « jours de colère » ont constitué la première étape des Printemps arabes à partir de décembre 2010 : il s'agissait de dénoncer les injustices sociales de régimes autoritaires.

Repère **Le « choc des civilisations » de Samuel P. Huntington**

En 1993, l'universitaire américain Samuel P. Huntington diagnostique un « choc des civilisations » dans un article suivi d'un livre. Pour Huntington, la fin de l'affrontement idéologique de la guerre froide libérerait un choc entre civilisations, définies comme entités de regroupement le plus élevé, par des éléments comme la langue, l'histoire, la religion, les coutumes et les institutions. La fin de l'affrontement aurait renforcé leur cohésion par le « syndrome du pays frère » et par les réactions identitaires à la mondialisation. Peu lu en France, il y est devenu un épouvantail au politiquement correct. Les attentats de 2001 ont d'abord semblé justifier ses analyses. En réalité, il s'agit moins d'un retour aux sources des religions que de leur transformation, en réaction à la mondialisation.

B. Al-Qaida et la guerre globale contre la terreur (GWOT)

Le 11 septembre 2001, après plusieurs années d'attentats contre les intérêts américains, al-Qaida en commet quatre simultanément aux États-Unis avec un bilan humain et matériel inégalé qui fait parler « **d'hyperterrorisme** » : deux avions de ligne sont détournés pour s'écraser sur les tours du World Trade Center de New York, un autre sur le Pentagone à Washington et un dernier s'écrase finalement dans la forêt, les pirates échouant à maîtriser les passagers. Cette attaque conditionne l'action américaine des années qui suivent, notamment le lancement d'une « **guerre globale contre la terreur** » par George W. Bush. C'est dans ce cadre que les Américains attaquent l'**Afghanistan** des talibans le 7 octobre 2001, qui refuse de livrer Ben Laden se trouvant sur son sol. L'année suivante, l'**Irak** est mise en cause par Washington pour ses efforts d'acquisition d'armes de destruction massive et pour de supposés liens avec al-Qaida. Le **20 mars 2003**, 100 000 Américains et Britanniques attaquent et Bagdad est prise le 12 avril.

Repère Al-Jazeera

Lancée en 1996, la chaîne satellitaire Al-Jazeera tient son nom de la presqu'île du Qatar, qui l'abrite (*jazeera* signifie « île » en arabe). Cette chaîne d'information continue d'audience mondiale illustre l'utilisation de la mondialisation pour défendre une culture face à l'occidentalisation. Elle a joué le rôle de « caisse de résonance » du terrorisme des Palestiniens dans la Seconde Intifada ou d'al-Qaida. Son utilisation des réseaux sociaux pour collecter l'information et la mettre à disposition sur Internet en streaming lui a permis de jouer un rôle de premier plan lors des Printemps arabes, aidant les manifestants à s'organiser et à se souder : de grandes banderoles ont proclamé, au Caire notamment, « *Thank you Al-Jazeera* » ou « *I love Qatar* ». Sa version anglophone *Al-Jazeera English*, créée en 2006, a informé l'Occident des événements.

Plus d'un quart de siècle après le premier attentat contre le World Trade Center (le 26 février 1993), al-Qaida a renouvelé son équipe dirigeante avec Ayman al-Zawahiri et désormais Hamza, fils d'Oussama Ben Laden dont la tête est mise à prix par les États-Unis. Le système de **« label » ou de « franchise »** d'al-Qaida lui permet d'exister encore sur quatre fronts :

- dans la zone historique de l'organisation, dans l'**Af-Pak**, depuis le Waziristan pakistanais, les talibans étant des alliés historiques ;
- **en Irak**, même si son activité y est réduite ;
- **al-Qaida dans la Péninsule arabique (AQPA)** est à l'origine de l'attaque contre *Charlie Hebdo* le 7 janvier 2015 mais, depuis, elle est en perte de vitesse. De plus, son chef yéménite Qassem al-Rimi a été tué en février 2020 par un drone américain ;
- créée en 2007, l'organisation **al-Qaida au Maghreb islamique (AQMI)** a pris le contrôle du nord du Mali en 2012, avant de refluer face à l'intervention française. Elle connaît toutefois un regain de vitalité dans la zone sahélo-saharienne.

FIGURE CLÉ **Oussama Ben Laden (1957-2011)**

Fils d'un richissime entrepreneur saoudien et diplômé en management international, Ben Laden organise le djihad contre les Soviétiques en Afghanistan. Il fonde alors une organisation dénommée al-Qaida, « la base ». Il devient antiaméricain quand l'Arabie saoudite choisit les États-Unis pour combattre Saddam Hussein en 1991, alors qu'il offre ses services. Réfugié au Soudan, il s'installe en Afghanistan quand les talibans y prennent le pouvoir en 1996. Il y organise plusieurs attentats dont ceux du 11 septembre 2001. En décembre 2001, il échappe à l'attaque de sa base dans les montagnes afghanes. Dans la nuit du 1er au 2 mai 2011, les forces spéciales américaines le tuent au Pakistan. Son corps est jeté dans l'océan Indien : c'est la fin officielle de la GWOT.

C. Daech, surenchère de l'horreur et rêve territorial

La naissance de l'État islamique du Levant (« **Daech** » selon l'acronyme arabe) en 2013 s'explique par des divergences au sein du mouvement islamiste al-Qaida. L'objectif de Daech est de viser les chiites et non seulement les Occidentaux et de créer une base territoriale. Ayant proclamé capitale la ville syrienne de Raqqa, Daech fait la conquête éclair d'une partie du nord de l'Irak et de l'est de la Syrie, soit un territoire grand comme le Royaume-Uni, peuplé de 8 à 10 millions d'habitants et riche en champs pétroliers, terrains agricoles et stocks militaires et bancaires. Le **29 juin 2014**, son chef Abou Bakr al-Baghdadi proclame la restauration du « **califat** ». Il serait à la tête de 20 à 100 000 combattants, selon les estimations, dont environ 10 000 djihadistes étrangers, comprenant approximativement 1 300 Français. Daech subit des frappes aériennes internationales puis, en 2017, les Irakiens reprennent Mossoul tandis que les Forces démocratiques syriennes (FDS) arabo-kurdes reconquièrent Raqqa. En 2019, Daech a perdu son territoire mais constitue une menace d'autant plus forte que les Occidentaux ont largement quitté la région avec la crise du coronavirus.

Repère **Djihad et djihadisme**

Le **djihad** est un mot arabe qui signifie d'abord « effort », effort sur ses passions pour le « djihad majeur », en vue d'une action ponctuelle, éventuellement militaire, impliquant la communauté pour le « djihad mineur ». Il ne prend le sens de « combat pour Dieu » qu'au IXe siècle et s'inscrit avant tout dans un contexte tribal. L'expansion de l'islam à partir du VIIe siècle se fait sur le mode des razzias, puis comme guerre d'expansion classique. Sa dimension religieuse est le fait de combattants irréguliers et marginaux, et a un rôle plus mobilisateur que pratique : le djihad relève de la fiction littéraire plus que de l'histoire, ce qu'oublient les djihadistes contemporains.

Le **djihadisme** est une idéologie qui fait du djihad un moyen et un but. Il s'appuie sur deux idéologues principaux : **Sayyid Qutb** (1906-1966), des Frères musulmans égyptiens, et **Maulana Maududi** (1903-1979), pakistanais. Selon Gilles Kepel, il connaît plusieurs vagues : en Afghanistan contre l'URSS dans les années 1970-1980 ; contre les régimes militaires en Algérie et en Égypte, ainsi que lors de la guerre de Bosnie dans la décennie 1990 ; puis le djihad contre l'Occident, prôné notamment par al-Qaida ; enfin, un djihad plus territorialisé avec Boko Haram au Nigeria, Daech en Syrie et en Irak, et les shebabs en Somalie.

Les succès territoriaux de Daech nourrissent un flux sans précédent de volontaires djihadistes vers la Syrie, où ils sont formés à l'égorgement et habitués à déshumaniser leur ennemi. Endoctrinés, les combattants peuvent devenir des « **loups solitaires** » en revenant en Europe. Abondamment utilisée par la presse et les autorités, cette expression occulte le fait que ces combattants ont été formés sur le terrain et qu'ils suivent un guide commun, l'*Appel à la résistance islamique mondiale* d'Abou Moussab al-Souri. Rejetant le djihad « pyramidal et centralisé » d'al-Qaida et le djihad à front ouvert, qui ont échoué en Afghanistan et en Irak, ce manuel de plus de 1 600 pages, mis en ligne en 2004, théorise un « **djihad individuel avec de petites cellules terroristes** », qui s'appuie sur un réseau souple d'individus isolés en apparence, pour terroriser l'ennemi en frappant des cibles comme des casernes, des institutions juives (écoles, synagogues, etc.) ou des rassemblements sportifs. C'est le « modèle » qu'ont notamment suivi pour al-Qaida Mohammed Merah (2012) et les frères Kouachi (2015, AQPA), pour Daech Amedy Coulibaly (France, 2015) et Mehdi Nemmouche (Bruxelles, 2014). S'ensuivent des attaques au véhicule bélier comme à Nice (2016). Revendiqués par Daech, les attentats de Paris du 13 novembre 2015 reprennent le scénario de plusieurs attaques successives, inauguré à Mumbai du 26 au 29 novembre 2008 par les islamistes pakistanais du Lashkar-e-Taiba. La rivalité entre al-Qaida et Daech aboutit à une surenchère de l'horreur à travers les médias, qui participe du **retour des passions** dans les relations internationales.

Repère **Gilles Kepel *versus* Olivier Roy**

L'interprétation du djihadisme contemporain divise les spécialistes, conduisant à une véritable guerre médiatique entre deux grands spécialistes de la question. Selon Gilles Kepel, plusieurs attentats depuis 2016 voient advenir une sorte de « djihadisme *low cost* », dérivé de celui de la « 3e génération », s'attaquant brusquement à un militaire comme au Louvre le 3 février 2017 ou à Orly le 18 mars, ou fonçant sur la foule avec un véhicule bélier comme à Nice le 14 juillet 2016, à Berlin le 19 décembre 2016, à Londres les 22 mars et le 3 juin 2017 ou à Stockholm le 7 avril 2017. Pour Olivier Roy, il s'agit désormais d'un « djihadisme de *losers* », venant conclure leur parcours erratique : ce n'est pas l'échec du multiculturalisme britannique ni de l'intégration à la française, ni le produit d'une incubation en milieu salafiste, mais la récupération par Daech de « paumés ». Ce serait l'islamisation d'une radicalité et non la radicalisation de l'islam.

3. Des conflits multiformes

A. Le conflit asymétrique israélo-palestinien

La décennie 1990 semble d'abord marquée par ce qu'on appelait le « **processus de paix** ». Signés le 13 septembre 1993 par le Premier ministre israélien Yitzhak Rabin et le leader palestinien Yasser Arafat, **les accords d'Oslo** mettent en place progressivement une **Autorité palestinienne**, embryon d'État dont la souveraineté est très restreinte. Situé à **Ramallah**, le siège de l'Autorité n'est compétent que pour certains domaines et que sur une partie de la bande de Gaza et sur trois zones de la Cisjordanie, qui n'en représentent que 10 %. **L'assassinat d'Yitzhak Rabin en 1995** stoppe le processus, Israël refusant de céder davantage de territoires.

L'année 2000 marque un tournant. En juillet, le **sommet israélo-palestinien de Camp David** organisé par Clinton échoue. En septembre, la visite d'Ariel Sharon sur l'esplanade des Mosquées est perçue comme une provocation et déclenche la **Seconde Intifada** (2000-2003). Pour se protéger, l'État hébreu commence à élever un mur, nommé « **bar-**

rière de sécurité », entre Israël et les territoires palestiniens. Arafat est assiégé à Ramallah tandis que les infrastructures palestiniennes sont détruites. En **2005**, Israël décide unilatéralement son **retrait de Gaza** (2 millions d'habitants aujourd'hui sur 360 km^2), où vivaient 8 000 colons. Le **Hamas** gagne les législatives de 2006, puis **prend le contrôle de Gaza le 14 juin 2007**.

Repère **La seconde Intifada (2000-2003)**

La première Intifada (« soulèvement » en arabe) de 1987 avait été celle « des pierres » jetées contre les troupes israéliennes, la seconde est celle des attentats-suicides. La stratégie de l'attentat-suicide était utilisée par l'Iran depuis la guerre avec l'Irak (1980-1988). D'une part, elle correspond à la tradition chiite du martyre ; d'autre part, elle permet à Téhéran de compenser son infériorité en équipements par les masses fournies par une démographie vigoureuse. Dans les années 1990, cette stratégie est reprise par le mouvement chiite libanais du Hezbollah puis par le Hamas palestinien sunnite lors de la seconde Intifada. Les « martyrs » ont alors droit à des biographies complaisamment diffusées en boucle sur Al-Jazeera. Al-Qaida cherche le parallèle entre ses actions et les attentats-suicides palestiniens.

La menace palestinienne pour Israël est désormais incarnée par le Hamas, qui tire des roquettes depuis son implantation à Gaza, et le Hezbollah au Liban, qui soutient la cause palestinienne. Du 12 juillet au 14 août 2006, la « **guerre des Trente-trois Jours** » voit Tsahal envahir le sud du Liban pour désarmer le Hezbollah : celui-ci la met en échec et apparaît comme la seule force capable de résister à Israël. Du 27 décembre 2008 au 21 janvier 2009, Israël bombarde massivement Gaza (**opération « Plomb durci »**) pour contrer le Hamas, ce qui est renouvelé régulièrement depuis.

Repère **Hezbollah et Hamas**

Le Hezbollah (ou « Parti de Dieu ») est fondé au Liban en 1982 par des dissidents du mouvement chiite Amal. Soutenu par l'Iran, il recourt massivement au terrorisme et son chef Hassan Nasrallah s'aligne sur le Guide suprême iranien Khomeiny, puis Khamenei, avec le soutien de la Syrie. En 2000, il force Israël à un retrait sans gloire du sud du Liban et fait échouer ses opérations militaires de l'été 2006 dans la même région. Ces succès en font un élément de « l'axe du mal » dénoncé par G. W. Bush et alimentent la crainte d'un « arc chiite » dans les États sunnites voisins.

Le Hamas (« zèle » en arabe), ou Mouvement de la résistance islamique, est un mouvement fondé en 1987 dans le cadre de la première Intifada ou « révolte des pierres ». Issu de la confrérie égyptienne des Frères musulmans, il marque l'entrée dans la lutte palestinienne de l'islamisme alors que jusque-là, le nationalisme dominait. Plus que la création d'un État, il défend le « zèle » contre Israël. Le bras armé du Hamas prend le nom de Brigades Izz al-Din al-Qassan. Mouvement sunnite, il s'appuie sur deux alliés chiites, le Hezbollah et l'Iran.

Le 29 novembre 1947, le plan de partage de l'ONU prévoyait un État arabe occupant **44 % du mandat** britannique de la Palestine. Le **23 septembre 2011**, devant l'Assemblée générale des Nations Unies, le président palestinien Mahmoud Abbas plaide pour la reconnaissance d'un État **couvrant 22 % de l'ancien mandat**. Le 29 novembre 2012, l'Assemblée générale de l'ONU reconnaît à l'Autorité palestinienne le statut d'État observateur : si ce n'est pas la naissance d'un État, ce nouveau statut est vécu comme un espoir par les Palestiniens. Notons que certains envisagent de revenir à la **solution d'un État binational**, initialement envisagée : il est vrai qu'Israël compte 1,5 million de citoyens palestiniens, issus des 156 000 Palestiniens restés en 1948, sur 7,7 millions d'habitants, soit 20 %. En janvier 2020, Donald Trump a proposé un **plan de paix qui reconnaît l'annexion par Israël** de Jérusalem-Est et des colonies de Cisjordanie…

B. Moyen-Orient : une nouvelle guerre de Trente Ans ?

En 2020, le Moyen-Orient paraît dominé par le **clivage confessionnel, principalement entre chiites et sunnites**, même s'il habille en fait des antagonismes politiques. Ceux-ci sont renforcés par l'intervention plus ou moins directe de puissances régionales comme l'Iran et l'Arabie saoudite, ou extérieures à celle-ci, principalement la Russie, qui fait son retour dans la région, et les États-Unis. Ces caractéristiques font parler d'une « nouvelle guerre de Trente Ans », sur le modèle de celle qui a ensanglanté l'Europe de 1618 à 1648.

Le clivage joue **à plusieurs échelles** : dans la région, la **rivalité entre l'Arabie saoudite et l'Iran** est présentée comme un conflit confessionnel par Mohammed Ben Salmane (MBS), prince héritier et homme fort de Riyad. Les Saoudiens se posent en effet en leader du sunnisme face à « l'arc chiite » mené par Téhéran, avec qui ils rompent les relations diplomatiques en janvier 2016. En 2017, ils font **pression sur le Liban** en tentant de forcer le Premier ministre sunnite Saad Hariri à démissionner, car il est jugé trop conciliant avec le Hezbollah pro-iranien. Qui plus est, ils **imposent un blocus au Qatar**, trop coopératif avec Téhéran. En 2018, le nucléaire iranien et la puissance du Hezbollah sont deux sujets de convergence pour les Saoudiens et les Israéliens, qui amorcent un discret rapprochement.

Repère **Le Qatar, nouvelle puissance**

Le petit émirat du Qatar (11 586 km²) s'est imposé comme le nouvel acteur majeur au Moyen-Orient au début de la décennie 2010. L'émir Hamad bin Khalifa Al-Thani a choisi d'utiliser la manne des hydrocarbures pour faire de son pays une véritable puissance d'influence. Lancée en 1996, la chaîne satellitaire Al-Jazeera a su s'imposer comme la référence en langue arabe à travers le monde. Son rôle au cours des Printemps arabes a placé le Qatar au cœur du mouvement. Outre l'influence culturelle (nouveaux musées, centre pour le marché de l'art, universités), le *soft power* du pays s'exerce aussi par les investissements à l'étranger, le soutien aux mouvements islamistes et l'aide aux Palestiniens du Hamas à Gaza. Au pouvoir depuis 2013, l'émir Tamim ben Hamad ben Khalifa Al-Thani a dû réduire les ambitions de son pays : le 5 juin 2017, plusieurs pays arabes voisins rompent leurs relations diplomatiques et lui imposent un blocus pour le forcer à modifier sa politique dans la région.

Plusieurs pays sont traversés par le clivage confessionnel. Ayant fait environ 380 000 morts, dont 115 000 civils, et ayant déplacé plus de la moitié de la population (23 millions d'habitants) depuis 2011, **la guerre civile en Syrie** voit le régime de Damas soutenu non seulement par la Russie mais aussi par l'Iran et le Hezbollah, tandis que les rebelles sunnites sont appuyés par les Saoudiens et les Turcs. Ce clivage est **brouillé par des intérêts stratégiques**. Fin 2018, les Américains ayant annoncé leur départ, les Kurdes se rapprochent de Damas pour se protéger de la Turquie qui ne veut pas d'un Kurdistan autonome à ses frontières.

L'antagonisme politico-religieux nourrit aussi la **guerre au Yémen : commencée en 2014** après une période instable, la guerre civile est amplifiée par **l'intervention d'une coalition**

sunnite menée par les Saoudiens. Elle vise les **chiites du Nord ou zaydites**, conduits par Abdel Malek al-Houthi – d'où vient le nom de ses partisans, les « Houthis » –, qui reçoit le soutien de l'Iran. Dans l'est du pays, le chaos facilite le développement d'al-Qaida dans la Péninsule arabique, appelé Ansar al-Charia depuis 2011. Sur le plan stratégique, les **Émirats arabes unis** sont particulièrement impliqués dans le contrôle des ports, cherchant à accéder à la façade maritime pour anticiper une éventuelle menace iranienne sur les ports du Golfe. Plusieurs bilans circulent à propos du conflit, peut-être **plus de 100 000 morts**, plusieurs millions de Yéménites manquant de soins et de nourriture, tandis que des trésors culturels sont délibérément détruits par les bombardements saoudiens. En 2020, le conflit est dans l'impasse totale.

Repère **L'arc chiite**

Depuis 2006, plusieurs dirigeants sunnites ont lancé l'expression « arc chiite » pour dénoncer la montée en puissance d'un monde longtemps opprimé et désormais puissant, allant de l'Iran préparant l'arme nucléaire au Hezbollah libanais, en passant par un Irak chiite aux deux tiers et par une Syrie aux mains du clan Assad, appartenant aux Alaouites, branche lointainement rattachée au chiisme. Malgré l'hétérogénéité du chiisme et du sunnisme dans la réalité, ce clivage tend à s'accentuer, les sunnites ayant le sentiment de n'être représentés dans aucun État du Proche-Orient. Le spécialiste Bernard Hourcade évoque plutôt un « archipel chiite » de communautés sur lequel s'appuie la nouvelle puissance iranienne. Celle-ci se matérialise par les brigades Al-Qods (« Jérusalem » en arabe, environ 15 000 hommes), forces spéciales dirigées par le général Qassem Soleimani, tué par les États-Unis le 3 janvier 2020, et par le soutien au Hezbollah, qui sert de modèle à diverses milices chiites syriennes ou irakiennes, au point qu'on parle de leur « hezbollahisation ».

C. La Russie, puissance nerveuse

Si elle est sortie affaiblie de la décennie 1990, comme l'avait notamment montré la gestion catastrophique de l'accident du sous-marin nucléaire *Koursk* en 2000, la puissance militaire russe a connu un renouveau majeur dans les années 2000 et Vladimir Poutine n'hésite pas à s'en servir pour appuyer le retour de son pays au Moyen-Orient ou en Afrique : l'armée russe appuie le régime de Damas, ce qui lui permet de tester son matériel et d'impressionner les autres puissances.

La Russie excelle surtout à **déstabiliser ses cibles**. Elle est ainsi passée experte en **cyberattaques**, les premières massives ayant ciblé l'Estonie en 2007, en représailles du déplacement d'un monument en l'honneur de l'Armée rouge. En 2015-2017, elle aurait mené plusieurs attaques contre les réseaux électriques d'Ukraine, qu'elle cherchait à ramener sous son influence, et contre le Bundestag allemand. Elle serait intervenue dans les campagnes présidentielles américaine et française. En 2019, la Géorgie est frappée.

En effet, en 2008, pour punir la Géorgie du président Mikhaïl Saakachvili de se rapprocher de l'OTAN et d'accueillir des exercices militaires sur son sol, Moscou manipule son voisin et l'entraîne dans une « **guerre de Cinq Jours** » (7-12 août 2008) à propos de l'Ossétie du Sud. Accusant son voisin de purification ethnique, il refoule l'armée géorgienne avant de reconnaître l'indépendance de l'Ossétie du Sud et de l'Abkhazie : cette reconnaissance est une réplique explicite à celle du Kosovo, région sécessionniste de Serbie, alliée de la Russie, par les Occidentaux.

En 2014, Vladimir Poutine n'hésite pas à envoyer des troupes dont l'uniforme est à peine maquillé pour épauler les indépendantistes de **Crimée**. Après un référendum sous influence, il signe le décret d'annexion qui ramène ce territoire et le port stratégique de Sébastopol dans la mère patrie russe. Dans la foulée, il appuie la proclamation de la **République populaire du Donbass** dans l'Est russophone de l'Ukraine, afin de perturber durablement la vie d'un pays qui se rapprochait trop de l'Union européenne et de l'OTAN.

Le 24 février 2022, Vladimir Poutine renoue avec la guerre traditionnelle en envahissant l'Ukraine pour « libérer » les républiques du Donbass et de Louhansk, dont il reconnaît alors l'indépendance, et pour « dénazifier » le pouvoir ukrainien. Si le mot « guerre » est remplacé par l'expression officielle d'« opération spéciale », il s'agit, cette fois, d'une invasion classique avec l'emploi de toute la panoplie des armes non nucléaires.

FICHE 23

Le renouvellement de l'affrontement des puissances

Depuis la fin de la guerre froide, laissant les États-Unis seule hyperpuissance, le monde devient progressivement multipolaire, ce qui renouvelle la hiérarchie des puissances et les rapports de force.

L'ESSENTIEL EN DATES

- **1er novembre 1993** : naissance de l'Union européenne avec le traité de Maastricht.
- **1er juillet 1997** : rétrocession de Hong Kong à la Chine.
- **26 mars 2000** : Vladimir Poutine devient président de Russie.
- **20 mars 2003** : invasion de l'Irak par les États-Unis malgré l'ONU.
- **1er août 2017** : inauguration de la base chinoise de Djibouti.
- **12 juin 2018** : « *deal* » de Donald Trump et Kim Jong-Un.

1. Les États-Unis face au défi de l'hyperpuissance

Sans rival de même rang, les États-Unis hésitent sur l'emploi de leur puissance, alternant recherche de multilatéralisme et raidissement unilatéral, associant souvent les deux. Derrière les discours, l'élection d'Obama en 2009 n'a pas conduit à une rupture aussi nette qu'il y paraissait tandis que la politique étrangère de Donald Trump n'est pas sans présenter des points communs avec celle de son prédécesseur.

A. L'hyperpuissance et le nouvel ordre mondial (1991-2001)

Au lendemain de la disparition de l'URSS, les États-Unis sont une « **hyperpuissance** » sans équivalent dans le monde et même dans l'histoire, pour reprendre le terme proposé par Hubert Védrine, diplomate et ancien ministre français des Affaires étrangères. Jamais une puissance n'avait concentré entre ses mains de tels moyens et de telles performances. Première économie au monde, les États-Unis mobilisent un **budget militaire** qui représente presque **la moitié des dépenses militaires mondiales** mais ne pèse que 4 % de leur PIB ! Ce budget leur offre un équipement de haute technologie, l'armée américaine étant la seule à avoir accompli la « révolution des affaires militaires ». Sur le plan quantitatif, elle est calibrée selon le principe 4-2-1, c'est-à-dire qu'elle doit pouvoir simultanément exercer une dissuasion sur quatre zones, contre-attaquer sur deux et mener une opération majeure, ceci grâce à une **exceptionnelle capacité à projeter** ses forces à travers le monde.

Repère *Hard power, soft power, smart power*

L'ouvrage de Joseph Nye, *Soft Power: The Means to Success in World Politics*, publié à New York en 2004, est à l'origine de la distinction courante entre *hard power* et *soft power.* De manière superficielle, elle recoupe en partie le clivage entre force militaire, éventuelle base d'impérialisme, et influence civile. On a pu dire aussi que le *hard power* renvoyait au pouvoir de coercition des États-Unis tandis que le *soft power* serait le pouvoir d'influence de l'Union européenne, ou sa « puissance de la norme ». En réalité, les deux aspects sont souvent imbriqués, ce qui conduit au *smart power* (ou « pouvoir de l'intelligence »), associant armée forte et partenariats. Cette dernière notion a été défendue par Hillary Clinton lorsqu'elle était secrétaire d'État de l'administration Obama.

L'extraordinaire puissance militaire américaine a l'occasion de se déployer pour jouer le rôle de « **gendarme du monde** » lors de la **crise du Koweït en 1991** mais échoue face au chaos somalien en 1992, dans le cadre de l'opération *Restore Hope*. L'impuissance européenne face aux guerres de l'ex-Yougoslavie conduit Washington à intervenir en Bosnie puis au Kosovo. En **1994**, les élections législatives de mi-parcours ou *midterms* donnent une **majorité républicaine** au Congrès face à Bill Clinton. Celle-ci rejette le multilatéralisme au profit d'une vision plus dure : d'un côté, plus réaliste (le monde est dangereux et la force doit défendre les intérêts américains), de l'autre, plus idéaliste (la force, voire la guerre, doit permettre de répandre la démocratie). Le Congrès vote ainsi les **lois extraterritoriales** Helms-Burton et d'Amato-Kennedy, qui imposent des sanctions aux entreprises étrangères commerçant avec Cuba, l'Iran ou la Libye et **refuse de ratifier les protocoles de Kyoto** de 1997 et de participer à la mise en place de la Cour pénale internationale en 1998.

B. Le risque de la démesure (2001-2009)

Les attentats du 11 septembre 2001 révèlent que l'hyperpuissance n'est pas sans fragilité et que le territoire américain n'est pas invulnérable. L'attaque réveille les **souvenirs de Pearl Harbor**, ce qui a plusieurs conséquences :

- elle conforte l'**image de l'Américain défenseur de la liberté** face au régime afghan des talibans ;
- elle conduit à la notion de « **guerre globale contre le terrorisme** » **(GOWT)** utilisée par George W. Bush dans ses discours. Celle-ci associe l'idée de « croisade » pour la liberté, envisage un « néo-impérialisme » et une « diplomatie de la transformation », quitte à passer par une étape de « chaos constructif » pour exporter la démocratie au Moyen-Orient. L'invasion de l'Irak en 2003 vise ainsi à abattre la tyrannie de Saddam Hussein ;
- cette référence sous-tend aussi le **discours sur « l'Axe du mal » du 29 janvier 2002**, dans lequel Bush associe les notions de *rogue States*, le souvenir de « l'Empire du mal » de Reagan et de l'Axe de la Seconde Guerre mondiale.

Repère **Le néoconservatisme**

La présidence de G. W. Bush, particulièrement l'invasion de l'Irak, a mis en avant un mouvement néoconservateur, souvent surnommé « néocons ». Il est né dans les années 1960, autour de Norman Podhoretz et de la revue mensuelle *Commentary*. Il mélangeait les thèmes de la « nouvelle gauche » américaine, avant de basculer plutôt dans le camp républicain, et l'enseignement du philosophe Leo Strauss. Les néoconservateurs partagent une vision idéaliste fondée sur le triomphe de la liberté et de la démocratie à travers le monde et le possible recours à la force, le multilatéralisme étant vu comme une dangereuse illusion. Dans cette mouvance, Philip Zelikow défend l'usage préemptif de la force face au terrorisme et aux États voyous, doctrine utilisée contre l'Irak en 2003.

Ce contexte interroge sur les réponses que peut apporter une démocratie au défi du terrorisme. Le 26 octobre 2001 est adopté le ***Patriot Act***, qui limite certaines libertés des citoyens au nom de la lutte contre le terrorisme, tandis que l'ordre militaire présidentiel du 13 novembre prévoit procédures spéciales et torture pour les combattants d'al-Qaida capturés en Afghanistan et **internés dans la base américaine de Guantánamo** à Cuba. L'intervention en Irak se fait contre le Conseil de sécurité, bloqué par le veto de la France, et sa légitimité est mise à mal lorsqu'il apparaît que l'accusation envers l'Irak de détenir des armes de destruction massive était mensongère.

L'hyperpuissance montre aussi des faiblesses dans le domaine de l'économie malgré le **premier rang mondial** de son PIB. Monnaie de réserve et de règlement à peine concurrencée par le yen et par l'euro, le dollar permet aux Américains de faire financer leurs « déficits jumeaux » (*twin deficits*), commercial et budgétaire, par le reste du monde, avide de placements. Cet afflux de liquidités contribue toutefois à l'apparition de **bulles spéculatives**, comme celle des nouvelles technologies en 2000, qui provoque une récession et une montée du chômage, ou celle des crédits immobiliers en 2007 avec la crise des *subprimes*. Celle-ci entraîne la faillite de **Lehman Brothers**, première banque d'affaires américaine, fondée en 1850. La crise se propage ensuite aux banques du reste du monde, qui avaient acquis des parts de ces créances par le biais de leur titrisation.

C. Une puissance qui hésite sur son rôle

Face à la crise financière, Obama a appelé au « patriotisme économique » et obtenu le rapatriement d'emplois et d'activités (*reshoring* ou relocalisation), de Google et d'Apple notamment. Son successeur, Donald Trump, décide de **lutter frontalement contre le déficit commercial américain** par la guerre commerciale en surtaxant de nombreux produits importés au mépris des règles de l'OMC. Il retire les États-Unis du Partenariat transpacifique (TPP) signé – mais non ratifié – en 2015, et abandonne les négociations en vue du Partenariat transatlantique de commerce d'investissement (TTIP). Concernant l'Accord de libre-échange nord-américain (ALENA), il impose au Mexique une renégociation plus contraignante sur les produits importés, suivie d'un accord avec le Canada, aboutissant à **l'Accord Canada-États-Unis-Mexique ou ACEUM**. Alors qu'elle a largement dessiné la mondialisation, la puissance américaine semble préférer plus de protectionnisme, au risque de déstabiliser l'économie mondiale. Joseph Nye y voit le « **piège de Kindleberger** », du nom de l'économiste Charles Kindleberger, qui a analysé les conséquences catastrophiques du refus américain de jouer le rôle de stabilisateur de l'économie mondiale en 1929.

Repère *Zero Dark Thirty* **et les troubles de conscience de l'Amérique**

Sorti le 11 janvier 2013 aux États-Unis, *Zero Dark Thirty* évoque la traque d'Oussama Ben Laden depuis l'Afghanistan jusqu'à sa capture et son exécution par un commando américain, le 1er mai 2011, à « minuit trente » (d'où le titre…) au Pakistan. Premier film consacré au fondateur d'al-Qaida, il s'appuie sur l'enquête de Mark Boal, représentant éminent du journalisme littéraire, qui avait déjà inspiré le film *Démineurs* (2004). L'assaut des *Navy Seals* est représenté en temps réel (40 minutes), de manière particulièrement réaliste. Deux aspects du film ont nourri la polémique : la nature des sources (informations classifiées, fuites à la CIA ?) et l'évocation de la torture, mal vécue par une société américaine traumatisée par le conflit irakien. Autorisée par G. W. Bush, la torture par simulation de noyade – ou *waterboarding* – a été utilisée pour obtenir l'une des informations permettant de localiser Ben Laden. La victoire d'Obama serait donc à nuancer. Une partie du jury des Oscars a ainsi violemment rejeté le film, qui a néanmoins obtenu de prestigieuses distinctions.

L'entrée en fonction de Barack Obama a marqué un **retour de la politique étrangère américaine vers plus de multilatéralisme** et des appels au dialogue après les années Bush. Ce changement a été salué par la communauté internationale à travers le **prix Nobel de la paix** remis au président le 9 octobre 2009. Washington signe **l'accord de la COP 21** sur le climat en 2015, et la négociation du Partenariat transpacifique (TTP) et du Partenariat transatlantique de commerce et d'investissement (TTIP) est conçue pour **renforcer la face démocratique de la mondialisation** face à la vision russe ou chinoise. Quant à la conclusion de l'accord sur le nucléaire iranien ou *Joint Comprehensive Plan of Action* (JCPOA) en 2015, il illustre la volonté de **renforcer la lutte multilatérale contre la prolifération nucléaire** dans le cadre du traité de non-prolifération de 1968.

Pour la **vision « réaliste » de Trump** et de ses conseillers, il n'y a pas de communauté internationale et seule compte une **diplomatie transactionnelle**, qui enchaîne des *deals* au service des États-Unis, comme appelait à le faire son slogan de campagne « *Make America great again* ». Trump retire bruyamment les États-Unis de l'accord de la COP 21, arguant qu'il a été élu « pour représenter les habitants de Pittsburgh, pas de Paris ». Il n'hésite pas à **bousculer vigoureusement ses partenaires des institutions de coopération** que sont le G7 ou l'OTAN. En 2018, il **dénonce l'accord avec l'Iran** et impose aux autres pays de renouer avec la politique de sanctions. À l'inverse, après une année 2017 de tension extrême sur le dossier nucléaire nord-coréen, il conclut seul un ***deal* avec Kim Jong-Un** le 12 juin 2018, qui semble bien fragile au vu de la reprise de gesticulations militaires par Pyongyang en 2019.

Vice-président d'Obama, Joe Biden entre à la Maison-Blanche en janvier 2021 et renoue partiellement avec une diplomatie plus consensuelle. Il relance ainsi l'accord sur le nucléaire iranien. Toutefois, il n'hésite pas à brusquer ses alliés, comme le 15 septembre 2021 : États-Unis, Royaume-Uni et Australie annoncent la formation d'une alliance « AUKUS », laissant de côté la France, qui perd brusquement le contrat de fourniture de sous-marins à l'Australie. La crise ukrainienne le contraint à renforcer massivement la présence américaine en Europe.

2. Des puissances en profond renouvellement

Face à l'hyperpuissance américaine, deux zones voient leur puissance se renouveler. La Russie doit gérer la dissolution de l'URSS et définir des bases solides pour la puissance russe. L'Union européenne hésite à s'affirmer mais, dans les faits, est amenée à exercer sa puissance, parfois plus qu'elle ne l'imagine ou ne le veut…

A. La Russie, le renouveau

La décennie 1990 est celle d'une douloureuse mutation. La dislocation de l'URSS **ampute le pays d'un quart de son territoire** et de près de la moitié de sa population. Les **forces centrifuges** menacent l'intégrité de la Fédération de Russie et conduisent à **deux guerres en Tchétchénie** (1994-1996 et 1999-2004).

Repère « Étranger proche » et « pieds-rouges »

Durant les années Eltsine, l'ancien espace soviétique est qualifié « d'étranger proche » pour signifier la volonté de maintenir une influence russe dans cet espace d'importance stratégique pour Moscou, peuplé de 25 millions de « pieds-rouges », Russes se retrouvant brutalement avec le statut de minorité dans un pays étranger. La Russie utilise souvent les rivalités ethniques pour s'imposer comme médiateur tout en soutenant les sécessionnismes et en maintenant une présence militaire : c'est le cas dans la République sécessionniste de Transnistrie en Moldavie, ou en Abkhazie et Ossétie du Sud en Géorgie. Plus loin s'étend « l'étranger lointain » perdu au profit de l'OTAN, tandis que « l'étranger intérieur » désigne les minorités de Russie (19 % de la population), dont certains rêvent d'indépendance comme la Tchétchénie.

La réforme de l'économie suit le modèle du « consensus de Washington », comme pour les autres anciens pays de l'Est. Prix et salaires sont désindexés, conduisant à une **contraction de 44 % du PIB de 1991 à 1998** (22 % en tenant compte de l'économie informelle) et **l'hyperinflation** ruine retraités et fonctionnaires. La privatisation du gigantesque secteur public se fait au bénéfice des patrons d'entreprise de l'ancienne *nomenklatura* ou « barons rouges », des enrichis de l'économie parallèle et des détenteurs des comptes secrets du KGB. En 1995, l'opération « prêts contre actions » permet aux proches du pouvoir de mettre la main sur les secteurs les plus profitables : ce sont les « **oligarques** ». En comparaison, les privatisations n'ont rapporté à l'État que 1 % du PIB ! Proche de la faillite en 1998, l'État doit faire un humiliant appel au FMI, dont l'aide est partiellement détournée comme le révèle le scandale **Russiagate** en 1999…

L'arrivée au pouvoir de Vladimir Poutine s'accompagne d'une énergique restauration de l'État appelée « **stabilisation** » tandis que la promotion de la « **verticale du pouvoir** » signifie une nouvelle centralisation de la Fédération de Russie. Le **secteur énergétique** permet de rembourser la dette héritée de l'ère Eltsine et le PIB sextuple durant les deux premiers mandats du président. Comme la Russie tsariste et la défunte URSS, la Russie de Poutine reste toutefois une « **puissance pauvre** » : elle exporte des ressources naturelles, comme le gaz avec Gazprom ou le blé, mais peu de biens manufacturés, ce qui la soumet aux variations des cours mondiaux. Son PIB (1 600 milliards de dollars en 2019) est 13 fois inférieur à celui des États-Unis, huit fois à celui de la Chine et presque deux fois moins que celui de la France !

FIGURE CLÉ **Vladimir Poutine (1952-)**

Vladimir Poutine est né à Saint-Pétersbourg, alors appelée Léningrad. Officier du KGB, il entre au cabinet du maire de sa ville natale en 1989. Ses relations le conduisent à la tête du FSB (nouveau nom des services secrets) en 1998. Ayant aidé Eltsine à discréditer le procureur général qui enquêtait sur la corruption du pouvoir, il devient son dauphin puis le deuxième président de la Fédération de Russie en 2000. En 2008, il cède la place à Dimitri Medvedev, originaire de la même ville, dont il devient le Premier ministre, avant de revenir à la présidence le 7 mai 2012 pour six ans après allongement du mandat présidentiel. Réélu en 2018 avec plus de 76 % des votes dès le premier tour, il obtient en 2020 du Parlement et de la Cour suprême une remise à zéro du compteur de ses mandats, devant être validée par référendum, repoussé à cause du coronavirus. Il pourra alors rester au pouvoir jusqu'en 2036.

Dénonçant devant la Douma le 25 avril 2005 la fin de l'URSS comme « la plus grande catastrophe géopolitique du xxe siècle », Poutine poursuit l'objectif de restaurer la puissance de Moscou. L'extension de l'OTAN et de l'Union européenne à l'est de l'Europe provoque de vives tensions à plusieurs reprises. Les « **révolutions colorées** » sont vues comme le fruit d'un complot occidental et Poutine n'hésite pas à couper l'approvisionnement en gaz en hiver des pays voisins pour faire pression sur eux, ou à construire des gazoducs contournant les partenaires peu dociles comme la Pologne, contournée par le *Nord Stream* : on parle d'« **énergocratie** ». Les relations sont houleuses sur ce sujet avec l'UE, qui est pourtant son premier partenaire commercial.

Repère **Les « révolutions colorées »**

Le terme de révolutions colorées renvoie à la série de mouvements en faveur de la démocratisation de l'ancien espace soviétique dans la décennie 2000 : 2003, « révolution des roses » en Géorgie ; 2004, « révolution orange » en Ukraine ; 2005, « révolution des tulipes » en Kirghizie ; 2006, « révolution des jeans » ou « des bleuets » en Biélorussie, qui échoue. Moscou les attribue à l'activisme occidental, notamment des branches de l'ONG de George Soros, l'*Open Society Institute*, ce qui n'est qu'une explication partielle. Ces mouvements sont surtout le fruit d'une volonté de changement et du discrédit des élites politiques, largement formées d'anciens dirigeants de l'URSS, à l'image d'Edouard Chevardnadze en Géorgie, ou de partisans de liens avec Moscou comme Viktor Ianoukovytch.

Vladimir Poutine n'hésite pas à remettre en cause brutalement les équilibres politiques dans son voisinage immédiat, y compris par la force comme lors de la **guerre avec la Géorgie** en 2008, ou le rattachement de la **Crimée** et la crise dans l'est de l'Ukraine depuis 2014. Par ailleurs, sa vision s'appuie fortement sur **l'« eurasisme »**, doctrine géopolitique des années 1920 modernisée par l'homme politique Alexandre Douguine dans les années 1990 (néo-eurasisme). Elle voit dans la Russie un pont entre Asie et Europe, appuyé sur une zone centrale de la puissance mondiale, le *heartland* de la géopolitique anglo-saxonne. En 2011, V. Poutine propose ainsi de rassembler la Communauté économique eurasiatique (Eurasec) et l'Union douanière qui associe Russie, Biélorussie et Kazakhstan : le 29 mai 2014 naît l'**Union économique eurasiatique**, espace économique commun associant Russie, Kazakhstan, Biélorussie, Arménie et Kirghizstan. En 2022, l'Ouzbékistan hésite toujours à la rejoindre et multiplie les déclarations contradictoires à ce sujet. Les États s'engagent à y garantir la libre circulation des produits, services, capitaux et travailleurs, et tentent de mettre en œuvre des politiques concertées dans plusieurs domaines. Le projet politique voulu par Moscou est peu concrétisé pour l'instant. Plus loin, Moscou cherche à **renforcer ses relations avec la Chine**, sur le plan commercial et au sein cadre de **l'Organisation de coopération de Shanghai** (OCS), fondée en 2001. D'imposantes manœuvres militaires sont régulièrement organisées dans ce cadre. Les deux puissances partagent le même discours accusant l'Occident de vouloir imposer sa voie au monde.

Les bouleversements au Moyen-Orient depuis 2011 ont par ailleurs été l'occasion d'un **grand retour de la puissance russe** dans la région : en Syrie, la base navale de Tartous et la base aérienne de Humaymim sont deux points d'appui solides qui permettent à Moscou de s'imposer face aux États-Unis, qui souhaitent se désengager. En Iran, en Libye, en Égypte, mais aussi dans d'autres pays africains comme la Centrafrique ou le Mali, la Russie multiplie les coopérations stratégiques et l'envoi de mercenaires de la société militaire privée Wagner (8 000 hommes selon des journalistes).

Le **24 février 2022**, en envahissant brutalement son voisin ukrainien, Poutine franchit une nouvelle étape, n'hésitant plus à utiliser la force et à menacer de représailles, y compris nucléaires, ceux qui s'opposeraient à lui. Les premières semaines du conflit mettent toutefois en lumière les limites de la puissance russe : les pertes matérielles sont massives et l'armée russe présente les mêmes faiblesses (manque de coordination, absence d'esprit de corps, faible motivation) que l'Armée rouge en Afghanistan quarante ans plus tôt... Elle cherche à les compenser en massacrant et violant sciemment les civils et en dévastant des régions entières.

B. L'UE, nouveau type de puissance ?

Soixante-dix ans après la déclaration Schuman, commémorée par la journée de l'Europe du 9 mai, l'Union européenne est une construction sans équivalent : cela fait sa force mais questionne sur la définition de sa place dans les relations internationales et dans quelle mesure elle constitue une puissance. Construite par des États qui se sont abondamment affrontés jusque dans un passé récent et qui manifestent, pour la plupart, une aversion au risque et un refus de la force, **l'Europe ne s'est jamais vraiment pensée comme puissance**, c'est-à-dire comme un ensemble d'outils coercitifs pouvant être mobilisés pour imposer à d'autres une vision du monde. De plus, depuis 1945, les Européens de l'Ouest, rejoints avec zèle par ceux de l'Est inquiets de voir revenir leur voisin russe, ont pris l'habitude de **s'appuyer sur les États-Unis comme garantie** ultime de leur sécurité. Les décisions imprévisibles et solitaires de Donald Trump soulignent la fragilité de cette position.

Ce constat peut être nuancé sur plusieurs points. Depuis Maastricht, des efforts ont été faits pour donner plus de réalité à une défense et à une diplomatie européennes, surtout après l'impuissance dont a témoigné l'UE face aux conflits de l'ex-Yougoslavie. Progressivement s'est construite une **Politique européenne de sécurité commune** (PESC), avec une composante militaire, la **Politique de sécurité et de défense commune** (PSDC). Elle est dirigée aujourd'hui par un haut représentant de l'Union pour les Affaires étrangères et la Politique de sécurité, qui dispose d'un **Service européen pour l'action extérieure** (SEAE). La PESC mène désormais des **opérations militaires** à l'extérieur, six en 2019 pour un total de 7 000 militaires, une en Bosnie-Herzégovine et cinq en Afrique, dont **l'opération navale Atalante contre la piraterie**, au large de la Somalie, lancée en 2008. Depuis 2017, les discours officiels invoquent l'objectif d'une « **autonomie stratégique** » européenne, sans que le contenu de la notion ne soit vraiment précisé : ce n'est pas nouveau dans la construction européenne.

L'absence de *hard power* européen ne se limite pas à la répugnance à utiliser des moyens militaires, qui ne sont pas nécessairement les plus adaptés à de nombreux enjeux mondiaux actuels. L'Europe cherche non pas à transformer le monde, caractéristique du *hard power*, mais à l'infléchir, suivant une **logique de *soft power*. L'attractivité de son marché unifié** est telle qu'elle donne à l'UE une très **forte influence normative**, ressort de « l'énigme de la puissance européenne » selon le politologue Zaki Laïdi. Au cœur de la construction européenne, le marché unique forme une « **puissance structurelle** » au sens de l'économiste Susan Strange. Les partenaires de l'Europe tendent à en adopter les normes sans contrainte physique et l'UE conçoit les relations internationales selon une vision idéaliste, opposée à la *Realpolitik*, comme devant être ordonnées par le droit. Elle défend ainsi vigoureusement les instruments multilatéraux de lutte contre le réchauffement climatique, des protocoles de Kyoto de 1997 à la COP 21 de 2015.

L'invasion de l'Ukraine par la Russie en 2022 montre les limites du modèle de puissance européen : face au retour de la guerre la plus brutale sur le continent, l'UE est contrainte d'agir en puissance classique. La question de son indépendance énergétique est brusquement posée tandis qu'elle doit se résoudre à fournir du matériel militaire à Kiev et renforcer ses moyens de défense.

3. La Chine change de paradigme de puissance

La Chine illustre parfaitement la définition d'un pays émergent : son insertion dans le commerce mondial nourrit une forte croissance, qui l'enrichit à grande vitesse et lui donne aussi les moyens de jouer un nouveau rôle dans les relations internationales.

Repère **Les BRICS**

La Chine fait partie des BRICS, acronyme anglais qui associe cinq pays émergents se réunissant régulièrement : le Brésil, la Russie, l'Inde, la Chine et l'Afrique du Sud. La réalité de leur communauté d'intérêts fait l'objet de débats mais leur association témoigne d'une même volonté de peser davantage dans les relations internationales.

A. Les impacts géopolitiques de la croissance chinoise

Avec un **PIB de plus de 14 800 milliards de dollars** (2021), la Chine est devenue la **deuxième économie** du monde, devant le Japon qui tenait cette place depuis longtemps, derrière les États-Unis, même si le PIB en parité de pouvoir d'achat la place en première place. Elle s'appuie sur **900 millions d'actifs** contre 160 millions pour les États-Unis ! Depuis 2010, elle est le **premier exportateur mondial** de marchandises, elle contribue à 10 % du commerce mondial et à 30 % de la croissance mondiale. D'abord « pays atelier », la **Chine est montée en gamme** ; elle est également la **première destination du capital-risque** depuis 2014 et regroupe le plus grand nombre de « licornes » (start-up valorisées à plus d'un milliard de dollars) hors États-Unis. D'abord connu pour ses composants électroniques et ses liens avec l'espionnage militaire, **Huawei** s'impose aujourd'hui dans le smartphone de qualité, doublant Apple en nombre de ventes en 2018 et présentant une avance technologique pour développer la 5G. La Chine est aussi devenue le premier marché automobile mondial et devrait jouer un **rôle clé dans le moteur électrique** en fournissant la moitié des investissements mondiaux dans ce domaine. Elle domine le marché du lithium, du nickel, du cobalt et des terres rares utilisées pour ces véhicules. Enfin, face aux GAFA (Google, Amazon, Facebook et Apple) américaines, Beijing aligne ses **BATX** (Baidu, Alibaba, Tencent et Xiaomi).

Repère **Shanghai**

Son nom signifie « ville sur la mer » en chinois. Shanghai est le symbole de la nouvelle puissance chinoise. Après une première heure de gloire dans l'entre-deux-guerres, comme port pour les Occidentaux, le long du Bund, la ville est délaissée de 1949 à 1979. Le renouveau se fait net dans la décennie 1990. La ville s'équipe d'un nouveau port sur le fleuve Yangzi, puis du **port à conteneurs de Yangshan**, construit sur des terre-pleins à 32 km au large et devenu le plus grand terminal à conteneurs automatisé au monde. Le **nouveau quartier financier et commercial de Lujiazui** est célèbre pour sa *skyline*, notamment avec la tour de la télévision et la Shanghai Tower de 632 mètres, inaugurée en 2015. **L'Exposition universelle de 2010** a attiré 73 millions de visiteurs, chinois à 95 %.

L'extraordinaire croissance économique de la Chine en a fait le **premier importateur de pétrole** devant les États-Unis depuis 2015. La Chine exerce à présent une pression inflationniste sur les matières premières par sa consommation. Ses importations posent aussi la question de leur sécurisation : c'est le sens du « **collier de perles** » pour la route maritime, surnom donné par les Américains aux différents points d'appui maritimes obtenus par la Chine. C'est aussi **l'enjeu du contrôle de la mer de Chine**, objet de tensions avec le Vietnam, Taïwan et le Japon, et donc avec l'*US Navy*, dont 60 % des effectifs se trouvent dans la région… La **périphérie du territoire chinois**, parfois riche en matières premières (le Xinjiang contient un tiers des réserves en hydrocarbures du pays et 40 % du charbon) mais surtout lieu de transit pour les hydrocarbures par voie terrestre, revêt un caractère stratégique (Tibet, Xinjiang). Elle doit aussi être l'interface pour le vaste **projet de la « nouvelle route de la soie »**.

Bénéficiant d'une **réserve de change de 3 118 milliards de dollars** mi-2018 grâce à son excédent commercial, Beijing peut acquérir des parts d'entreprises stratégiques en Occident. La crise de la zone euro offre ainsi des occasions inespérées, qui font penser parfois à une colonisation à l'envers : en 2008, en mal de liquidités, la Grèce concède ainsi pour 35 ans au géant du transport maritime chinois Cosco deux des trois embarcadères du port du Pirée, et le reste en 2016, le droit du travail chinois s'y appliquant. C'est une sorte de revanche sur Hong Kong, île cédée au Royaume-Uni en 1842 et rétrocédée à la Chine en 1997.

B. Une puissance westphalienne traditionnelle

Repère **Le modèle westphalien**

En 1648, mettant fin à la guerre de Trente Ans, les traités de Westphalie, une région allemande, marquent le triomphe du modèle de souveraineté selon lequel les **États sont pleinement souverains sur leur territoire**, sans concurrence extérieure ni obstacle intérieur, et sont les acteurs des relations internationales, sans institutions au-dessus d'eux. Cette conception privilégie donc une **vision réaliste** des relations internationales.

Si elle a cherché à rassurer ses voisins en présentant son ascension comme un développement harmonieux et pacifique, la Chine **défend une conception westphalienne traditionnelle** de la puissance, qui s'appuie sur la puissance de l'État et sur des outils de *hard power* comme l'armée. Elle réalise ainsi un effort militaire colossal : au **2e rang mondial**, son budget militaire est le triple ou le quadruple de celui de la France selon les estimations, mais seulement le tiers de celui des États-Unis. La Chine est une **puissance nucléaire** qui se dote progressivement d'équipements de projection de force, en particulier pour sa marine, avec de nombreux sous-marins et **deux porte-avions** : en quatre ans, elle a construit l'équivalent de la marine française...

De manière plus discrète, la Chine a acquis une remarquable capacité informatique de nuisance. Quelque 20 000 hackers nationalistes multiplient les cyberattaques contre les sites institutionnels occidentaux pour les tester ou les pirater. La Chine a mis en place un Internet national au sein de l'Internet mondial, les deux étant séparés par un pare-feu surnommé « **Bouclier doré** » **(*Great Firewall*)**, par allusion à la Grande Muraille. Depuis 2004, le pouvoir utilise aussi des ***honkers***, des commentateurs. Au nombre d'environ 280 000 sur **800 millions d'internautes chinois**, ils rédigent des commentaires en faveur du pouvoir sur les sites où les internautes peuvent contribuer au contenu.

La puissance chinoise s'affirme aussi dans le domaine spatial, qui combine image forte du pays et technologie de pointe, pouvant avoir des applications militaires. Lancé en 1956, le programme spatial chinois a connu un nouvel essor dans les années 2000, avec le premier vol habité par un **taïkonaute en 2003**. En 2019, le ***rover* « Lapin de Jade 2 » (Yutu 2) parcourt la face cachée de la Lune**, une première mondiale. Cette nouvelle puissance a inquiété les États-Unis quand elle a pu **détruire ou aveugler des satellites en 2006-2007** et on a alors parlé d'un « Pearl Harbor spatial ». Autre domaine associant prestige et puissance technologique, **l'exploration polaire** intéresse également la Chine depuis la première base en 1985. Elle en prépare aujourd'hui une cinquième et s'impose par ses travaux polaires sur le réchauffement climatique.

FIGURE CLÉ **Hu Jintao (1942-)**

Ingénieur, Hu Jintao doit son ascension à Deng Xiaoping qui le remarque. Il est d'abord envoyé au Tibet pour réprimer des troubles en 1988-1992, ce qui lui vaut le surnom de « boucher de Lhassa », puis entre au Bureau politique et au Comité central. En 2002, il est élu secrétaire général du PCC puis président de la République en 2003 pour deux mandats de cinq ans.

L'ascension chinoise ne se limite pas à l'économie ni à la puissance militaire : elle comprend **une forme de *soft power***, dont témoigne par exemple **l'organisation d'événements mondiaux** comme les JO d'été 2008 et JO d'hiver 2022 à Beijing ou l'Exposition universelle de Shanghai en 2010. En 2007, puis en 2012, la Miss Monde élue est chinoise.

Sur le modèle des instituts Goethe allemands, la Chine a créé les **instituts Confucius** en 2004, aujourd'hui 500 dans 143 pays, qui drainent des personnes intéressées par les certificats d'aptitude au chinois, dont l'enseignement connaît un vif engouement dans des pays comme la France. De plus en plus d'**étudiants étrangers** sont séduits par la Chine, près de 500 000 par an désormais.

FIGURE CLÉ **Xi Jinping (1953-)**

Chef de file du « Parti des princes héritiers », c'est-à-dire des descendants des révolutionnaires historiques, marié à une chanteuse très connue de l'armée, Xi Jinping prend la tête du PCC et de l'Armée populaire de libération nationale (APL). Son accession au sommet de l'État a été préparée pendant longtemps, soutenue par sa capacité à dégager un consensus, sous une apparente bonhomie qui tranche avec le style glacé de Hu Jintao. Pour éviter la dérive vers un pouvoir personnel comme sous Mao, il est d'abord entouré de six autres responsables qui forment le Secrétariat permanent du bureau politique du PCC. En 2018, derrière un sourire chaleureux, il surprend en annonçant une modification de la Constitution qui le rend président à vie...

C. Vers la première puissance en 2049 ?

L'adoption du « rêve chinois » en 2013 et de son volet extérieur de la « **nouvelle route de la soie** » (dénommée aussi « ***One Belt, One Road*** » ou OBOR) marque un tournant pour la Chine : c'est la première fois que Beijing dévoile un programme d'action à l'échelle mondiale. La Chine est le seul pays actuellement à avoir une telle vision à long terme.

Repère **Le « rêve chinois »**

Défini par Xi Jinping en 2013 avec un nom qui évoque le « rêve américain » de la guerre froide, le « rêve chinois » est un programme idéologique qui oppose aux « forces étrangères hostiles », ou valeurs occidentales, le « modèle chinois » de développement. Sans démocratisation, celui-ci a fait sortir en trente ans 700 millions de Chinois de la pauvreté (que Beijing définit avec un seuil plus bas que l'ONU), fait sans précédent dans l'histoire. Sur le plan intérieur, le développement d'Internet doit permettre d'associer davantage les campagnes reculées, au Yunnan, notamment grâce à l'e-commerce, mais, couplé à la vidéosurveillance, il permet aussi un contrôle accru sur la population : les citoyens sont dotés d'un « crédit social » et leur loyauté envers le Parti et la société notée selon leurs actes quotidiens. Des campagnes de lutte contre la corruption – comme la « chasse aux tigres et aux mouches », les « tigres » étant les hauts responsables et les « mouches » les cadres subalternes, en référence à une campagne lancée par Mao en 1951 – sont l'occasion de neutraliser les opposants à la ligne de Xi Jinping. Un million de personnes ont été touchées par cette campagne.

Ce programme comprend deux itinéraires, inspirés de la route historique. La ***Silk Road Economic Belt***, terrestre, part du Xinjiang, traverse le Kazakhstan et ses voisins méridionaux, le nord de l'Iran, l'Irak, la Turquie pour arriver en Europe, avec un autre itinéraire par la Russie par voie ferrée. Depuis dix ans ont été ouvertes des liaisons ferroviaires entre la Chine intérieure, recherchée désormais par les entreprises car la main-d'œuvre y est moins chère que sur le littoral, et Duisburg, premier port fluvial mondial, Madrid ou Lyon. Cette route comprend aussi des « corridors » complémentaires qui incluent Afghanistan et Pakistan et offrent à la Chine des **accès plus sécurisés que le détroit de Malacca** tout en désenclavant des régions frontalières. La seconde route, maritime, baptisée ***21st Century Maritime Silk Road***, part des grands ports chinois, notamment Canton (Ghuangzhou), et doit être jalonnée de ports à conteneurs dans des pays amis (Malaisie, Singapour, Indonésie, Thaïlande, Sri Lanka, Seychelles, et même le Vietnam, avec lequel les relations sont parfois tendues), évitant l'Inde, s'appuyant sur le fameux **« collier de perles »**, ensemble de bases ou de facilités pour la marine chinoise dont se dote Beijing selon les Américains. Pour les deux itinéraires, la construction d'infrastructures est une aubaine pour les entreprises chinoises alors que ce marché est saturé en Chine.

Trois outils pour financer ces infrastructures colossales ont été lancés. Deux sont multilatéraux, avec la nouvelle **Banque asiatique d'investissement pour les infrastructures** (AIIB), qui associe aujourd'hui 100 pays, et la **Nouvelle Banque de développement des BRICS** (NDB BRICS), inaugurée à Shanghai le 21 juillet 2015, qui se pose en rivale du FMI. Le troisième outil est purement chinois : en mars 2015, le Premier ministre Li Keqiang a présenté le fonds souverain porteur du projet, le ***Silk Road Fund***, grâce auquel Beijing pourra investir directement et sans contrôle 40 milliards de dollars, tirés de ses réserves de change. Ces outils confirment que la « nouvelle route de la soie » doit permettre à Beijing de **redessiner la mondialisation** selon ses vues. Il est probable qu'au moins un tiers des sommes investies par la Chine sera perdu mais ces investissements placent de nombreux pays sous influence de Beijing, y compris en Europe. Déjà 10 % des équipements portuaires européens sont contrôlés par la Chine. Depuis 2012, le sommet annuel du « Format 16 + 1 » réunit la Chine et 16 pays d'Europe centrale et orientale, dont 11 membres de l'Union européenne : derrière la coopération commerciale croissante (+ 28 % d'échanges), il y a prise d'influence aux dépens de la cohésion de l'UE et déjà certains pays adoptent des positions sur certains sujets conformes aux souhaits de Beijing.

Repère **La « Chinafrique »**

En 2009, la Chine est devenue le premier partenaire commercial de l'Afrique, après avoir détrôné la France puis les États-Unis : la « **Chinafrique** » remplace l'ancienne « Françafrique ». Depuis 2000, les **investissements chinois en Afrique ont été centuplés** et un million de Chinois y résident. En échange d'hydrocarbures, de produits miniers ou de bois, Beijing inonde le continent de produits bon marché et **réalise près de la moitié des programmes d'infrastructures**. Elle détient désormais 40 % de la dette africaine et fournit un tiers de l'armement importé sur le continent. Depuis 2000, Beijing réunit les chefs d'État africains dans le ***Forum on China-Africa Cooperation*** (FOCAC) : elle y propose un partenariat simple, qui n'évoque ni droits de l'homme ni démocratie comme le font les Occidentaux. L'Afrique sert à Beijing de rempart contre l'influence occidentale. Cette présence a conduit à l'ouverture en 2017 de la **première base chinoise à l'étranger, à Djibouti**, à l'entrée de la mer Rouge.

L'accélération de la puissance chinoise sous Xi Jinping ainsi que la revendication d'être un modèle idéologique et de redéfinir la mondialisation est un immense défi lancé aux Européens et aux Américains. À la suite de l'historien américain Graham Allison, dans un ouvrage de 2017 *Vers la guerre : l'Amérique et la Chine dans le piège de Thucydide ?*, des analystes et les Chinois eux-mêmes évoquent le risque du **piège de Thucydide** : la montée en puissance chinoise face à la puissance établie américaine est comparable à celle d'Athènes face à Sparte, qui déclencha la guerre du Péloponnèse, décrite par l'historien Thucydide, pour ne pas attendre le « plein de puissance » de sa rivale… En 2020, la crise du **coronavirus**, partie de la ville chinoise de Wuhan, semble renforcer les risques de ce scénario. Trump dénonce d'abord un « virus chinois », puis Beijing tente de s'imposer à la tête de la santé mondiale face à la menace. Washington accuse l'Organisation mondiale de la santé (OMS) d'être aux mains de la Chine et menace non seulement de s'en retirer mais aussi de se livrer à des représailles contre le pays à l'origine de l'épidémie…

Son successeur Joe Biden n'adopte pas une position beaucoup plus conciliante envers Pékin. La guerre en Ukraine place la Chine dans une position délicate entre sa coopération avec la Russie et ses intérêts commerciaux avec l'Europe et l'Amérique. Elle observe avec attention l'évolution du conflit, qui n'est pas sans présenter des éléments de comparaison avec la question de Taïwan. Pour Jean-Pierre Cabestan, dans *Demain la Chine : guerre ou paix ?*, il n'y a pas de transfert de puissance car Washington n'a pas dit son dernier mot : Chine et États-Unis s'installeraient plutôt dans une nouvelle bipolarité. De son côté, le roman *Ghost Fleet* des analystes stratégiques P. W. Singer et August Cole montre comment la Chine pourrait, à moyen terme, évincer les Américains du Pacifique et sortir vainqueur d'un affrontement régional.

Repère **La Chine « prédateur » ?**

L'ouvrage publié par François Heisbourg en 2020, *Le Temps des prédateurs. La Chine, les États-Unis, la Russie et nous*, analyse le défi pour l'Europe représenté par le tournant impulsé par Xi Jinping à la Chine. Celle-ci a été la proie des prédateurs européens au XIXe siècle, sans perdre la conscience de sa puissance à travers les siècles. Aujourd'hui viendrait le temps de sa revanche. Les réussites mais aussi les maladresses de la « diplomatie du masque » au cours de la crise du coronavirus montrent que cette superpuissance émergente manque encore d'expérience dans ce nouveau statut mais tout change très vite. En 2007, l'auteur s'interrogeait sur la manière dont Beijing ferait face à « l'épaisseur du monde », titre d'un autre ouvrage, de la mondialisation multipolaire, alors dominé par les États-Unis et, dans une moindre mesure, par les normes européennes. Aujourd'hui, il y aurait urgence que l'Europe sorte de son « somnambulisme stratégique » face aux ambitions de Beijing : cette expression de Heisbourg reprend celle qu'utilise Christopher Clarke à propos de l'Europe de 1914...

FICHE 24

Crimes de masse, génocides et justice pénale internationale

La fin de la guerre froide a eu un effet paradoxal : d'une part, non seulement la guerre mais aussi les crimes de masse et les génocides sont redevenus d'actualité ; d'autre part, la justice pénale internationale, initiée avec le Tribunal militaire international de Nuremberg, est relancée.

L'ESSENTIEL EN DATES

- **30 juin 1991** : abolition de l'apartheid en Afrique du Sud.
- **7 avril 1994** : début du génocide des Tutsis.
- **11-15 juillet 1995** : génocide partiel à Srebrenica.
- **1er juillet 2002** : entrée en fonction de la Cour pénale internationale.

1. « Des crimes qu'on ne peut ni juger ni pardonner »

Crimes de guerre, crimes de masse, crimes contre l'humanité, autant de termes dont la définition s'est affinée progressivement pour tenter d'analyser et de juger « des crimes qu'on ne peut ni juger ni pardonner » selon le titre d'un ouvrage d'Antoine Garapon (2002), magistrat spécialiste de la question. Dépassant les limites ordinaires, ces crimes ont suscité une justice extraordinaire et posent de redoutables questions sur la nature et le rôle de la justice.

A. Définir le crime et le criminel

La notion de **crime de guerre**, très ancienne, implique la notion de « lois de la guerre ». Les définitions actuelles remontent au statut du Tribunal militaire international de Nuremberg, fixé par l'accord de Londres du 8 août 1945. Cette notion est ensuite reformulée dans les Conventions de Genève du 12 août 1949, puis codifiée dans le statut de la Cour pénale internationale (CPI) de 1998. Les crimes de guerre regroupent les « violations graves du droit international humanitaire commises à l'encontre de civils ou de combattants ennemis à l'occasion d'un conflit armé international ou interne, violations qui entraînent la responsabilité pénale individuelle de leurs auteurs ».

La notion de **crime contre l'humanité**, apparue avec le tribunal de Nuremberg, a été codifiée depuis dans les statuts de la CPI. Il regroupe différents faits inhumains causant intentionnellement de grandes souffrances ou atteintes graves à l'intégrité physique ou à la santé physique ou mentale « dans le cadre d'une **attaque généralisée ou systématique** lancée contre toute population civile et en connaissance de cette attaque ». Parmi ces crimes se trouvent la déportation, la réduction en esclavage, le viol comme arme de guerre, le génocide mais aussi l'apartheid ou les disparitions forcées.

Outre les statuts du tribunal de Nuremberg, le **génocide** est l'objet de la Convention pour la prévention et la répression du crime de génocide (1948), dont la définition est aujourd'hui celle de la CPI, à savoir une série d'actes graves « commis dans **l'intention de détruire**, en tout ou en partie, un groupe national, ethnique, racial ou religieux, comme tel ». Cette intention spécifique distingue le génocide au sein des crimes contre l'humanité. La Convention prévoit de punir non seulement l'exécution du crime mais aussi sa planification ou l'incitation à le commettre. L'URSS a insisté pour exclure de la définition les groupes politiques ou économiques pour éviter les poursuites. L'ONU reconnaît aujourd'hui cinq génocides : celui des Arméniens dans l'Empire ottoman (1915-1916), celui des Juifs (1941-1945), celui des Tutsis par le pouvoir hutu au Rwanda (1994), celui, partiel, à Srebrenica de Bosniaques par des Serbes (1995) et celui contre les minorités cham et vietnamiennes par le régime des Khmers rouges en 1975-1979.

Le **crime d'agression** est défini précisément par la résolution 3314 de l'Assemblée générale de l'ONU en 1974 : il recouvre l'emploi de la force en premier alors que les signataires de la Charte de l'ONU y ont renoncé explicitement.

Dans les années 1960, la notion de **crime de masse** (*Massenverbrechen*) apparaît en RFA dans la réflexion de juristes, comme le procureur général Fritz Bauer, sur les crimes commis par le nazisme. Le terme regroupe les mises à mort d'une ampleur massive, ordonnées et organisées par des gouvernements ou des organisations semi-gouvernementales, préméditées ou non, comme dans les représailles. Dans les années 1990, cette notion est reprise par des historiens, tel Jacques Sémelin à propos de la Yougoslavie. Le crime de masse est souvent lié au projet de « purifier » un territoire en soumettant ou éradiquant un groupe, qui nourrit peurs et fantasmes, hérités du passé. Le passage à l'acte se fait souvent dans une sorte de huis clos, par exemple un village cerné, qui facilite la perpétuation d'atrocités, déshumanisant la victime.

La justice internationale s'est construite contre l'idée d'une culpabilité collective de peuples entiers : la difficulté est alors, en jugeant des individus précis, de ne pas en faire des boucs émissaires. Pour dégager juridiquement les responsabilités individuelles d'un crime collectif, les questions portent souvent sur la place de l'accusé dans la hiérarchie, le caractère direct ou indirect de sa participation, la nature des contraintes qui pesaient sur l'exécutant et sa conscience du contexte criminel général.

B. L'étape des tribunaux ad hoc

La justice pénale est chargée de punir les crimes. L'énormité de ceux commis par des États ou groupes politiques lors de conflits dans les années 1990 pousse à reprendre la dynamique née du procès de Nuremberg. Des **tribunaux *ad hoc*** sont alors créés pour juger un conflit précis. Ils sont composés de juges internationaux. En 1993 est ainsi créé le Tribunal pénal international pour la Yougoslavie (**TPIY**), siégeant à La Haye, chargé de juger les crimes commis à partir du 1er janvier 1991, puis en 1994 le Tribunal pénal international pour le Rwanda (**TPIR**) pour les crimes de 1994, dit aussi « tribunal d'Arusha », son siège se trouvant dans cette ville de Tanzanie. Ces deux tribunaux ont été remplacés en 2012-2013 par le « **Mécanisme international** appelé à exercer les fonctions résiduelles des Tribunaux pénaux » (« Mécanisme »).

C. La CPI

Signé officiellement le **17 juillet 1998**, le **Statut de Rome** définit la Cour pénale internationale, qui voit le jour le **1er juillet 2002**. Elle se différencie par le fait d'être **permanente** et distincte de l'ONU, avec laquelle elle a signé un accord de coopération en 2004. Elle ne se substitue pas aux juridictions mais les complète quand elles ne peuvent ou ne veulent pas agir. La **saisine** de la CPI peut se faire selon trois modalités :

- le crime est commis sur le territoire ou par un ressortissant d'un État ayant ratifié le Statut de Rome ;
- le crime est commis sur le territoire ou par un ressortissant d'un État reconnaissant la compétence de la CPI ;
- la CPI est saisie par le **Conseil de sécurité** des Nations Unies, sur la base du chapitre VII de la charte (« Actions en cas de menace contre la paix, de rupture de la paix et d'acte d'agression »).

Le procureur est en mesure d'ouvrir une enquête, pouvant déboucher sur la saisine. Elle juge les personnes accusées de crime de génocide, de crime de guerre, de crime contre l'humanité et, depuis 2017 et avec des restrictions, de crime d'agression.

Le 7 janvier **2009**, sept ans après sa création, **s'est ouvert le premier procès de la CPI** contre **Thomas Lubanga**. Ce chef de guerre au sein de l'Union des patriotes congolais (UPC) semait la terreur au nord-est de la République démocratique du Congo dans les années 1990. Lubanga s'était distingué en recrutant massivement des « enfants-soldats ». En revanche, la chute du régime de Kadhafi en **Libye** a conduit à un **double échec** pour la CPI : Kadhafi a été achevé lors de son arrestation. Son fils Saïf Al-Islam Kadhafi, organisateur de la répression, a été arrêté mais est détenu par la Libye, qui refuse de le remettre à la CPI. Celle-ci a été forcée d'accepter un jugement sur place. En revanche, destitué en 2019, **l'ancien président du Soudan Omar el-Béchir** devrait être livré à la CPI par son pays selon une déclaration de 2020 : il est poursuivi pour les massacres au Darfour en 2003, qui auraient fait 300 000 morts.

Pour les crimes commis antérieurement ou extérieurs au champ d'intervention de la CPI ont été créés des **tribunaux mixtes** ou **juridictions hybrides**, associant juges nationaux et juges internationaux sous l'égide de l'ONU :

- le Tribunal spécial pour la **Sierra Leone**, actif de 2002 à 2013, a condamné en 2012 l'ancien président du Liberia **Charles Taylor** pour crimes contre l'humanité et crimes de guerre. Il s'agit du **premier ancien chef d'État** condamné de la sorte ;
- les crimes des **Khmers rouges** ont été jugés par des **chambres extraordinaires** au sein des tribunaux cambodgiens. Ces tribunaux devaient juger des crimes antérieurs à la création de la CPI ;
- en 2013 ont été créées les **Chambres africaines extraordinaires** au sein des juridictions sénégalaises, associant magistrats sénégalais et magistrats nommés par l'Union africaine (UA) pour juger « au nom de l'Afrique » **Hissène Habré**, dirigeant du Tchad de 1982 à 1990 et réfugié au Sénégal. Il est a été condamné à perpétuité en 2017 ;
- le **Tribunal spécial pour le Liban**, a été créé en 2009 pour juger les auteurs de l'attentat contre le Premier ministre Rafic Hariri en 2005, ce qui **fait entrer le terrorisme**, exclu du champ d'action de la CPI, au sein des crimes jugés par la justice pénale internationale.

Pour les crimes commis par **Daech**, le plus simple est qu'ils soient jugés par la justice des États où sont commis les crimes ou dont les accusés sont ressortissants. Ni l'Irak ni la Syrie n'ont ratifié le Statut de Rome et la Russie et la Chine ont mis leur veto à toute saisine par le Conseil de sécurité des Nations Unies. Il en est de même pour les crimes du **régime de Damas**.

2. En ex-Yougoslavie, crime de masse et « entreprise criminelle commune »

La dislocation de la Yougoslavie ramène la guerre et les crimes contre l'humanité en Europe : elle est aussi l'occasion de fonder une justice pénale internationale.

A. Les guerres de Croatie et de Bosnie-Herzégovine (1991-1995)

Depuis la mort du maréchal Tito en 1980, la Yougoslavie est dirigée par une présidence tournante et les tendances séparatistes s'accentuent, dans un contexte de sclérose socio-économique. Avec la fin de la guerre froide et la dislocation de l'URSS, les nationalismes ressurgissent plus fortement, nourris de la mémoire des atrocités commises pendant la Seconde Guerre mondiale. Le 25 juin 1991, la Slovénie et la Croatie déclarent leur indépendance, suivies de la Macédoine le 8 septembre. Le 30 août, les forces fédérales contrôlées par les Serbes attaquent la ville de Vukovar et la prennent le 18 novembre : c'est le début de la politique de « purification ethnique » ou « nettoyage ethnique » alors que la Croatie n'est croate qu'aux deux tiers. Les régions serbes proclament la « République serbe de Krajina » : à Belgrade, Slobodan Milošević prétend réaliser une « Grande Serbie »...

Le 6 avril 1992 s'ouvre la guerre de Bosnie-Herzégovine avec l'offensive simultanée de forces irrégulières serbes et de milices locales faisant le siège de Sarajevo (6 avril 1992-14 décembre 1995) avec l'appui des forces fédérales : les *snipers* ciblent les civils et les massacres se multiplient, tels les bombardements du marché de Markale le 5 février 1994 et le 28 août 1995 (jours de marché). Le 6 août 1992, des journalistes britanniques montrent les images du camp d'Omarska en Bosnie : l'Europe retrouve sur son sol ce qui ressemble à un camp de concentration, avec des détenus affamés. Du 11 au 15 juillet 1995, 8 172 Bosniaques musulmans sont massacrés par les milices serbes à Srebrenica : le génocide revient sur le continent... La nouvelle Union européenne se découvre impuissante, ses dirigeants divisés sur l'action à mener. L'ONU envoie des Casques bleus mais leur mission est mal définie et la Russie bloque toute réaction efficace contre Belgrade, son allié historique. À Srebrenica, les Casques bleus ont involontairement facilité le massacre en triant la population et en les regroupant dans une enclave, qu'ils n'ont ensuite pas pu protéger.

En 1993, des forces aériennes ciblées de l'OTAN sur les milices serbes obligent Belgrade à négocier, tandis que les Croates, aidés officieusement par les Américains, « nettoient » la région de la Krajina et chassent 200 000 civils serbes. Le 14 décembre 1995, les accords de Dayton mettent fin à la guerre : la Bosnie-Herzégovine devient une fédération placée sous protectorat de l'ONU. La guerre en Croatie a fait environ 20 000 morts, 100 000 en Bosnie-Herzégovine, auxquels s'ajoutent 2,1 millions de déplacés.

Document essentiel

Guerres et « nettoyage ethnique » en ex-Yougoslavie

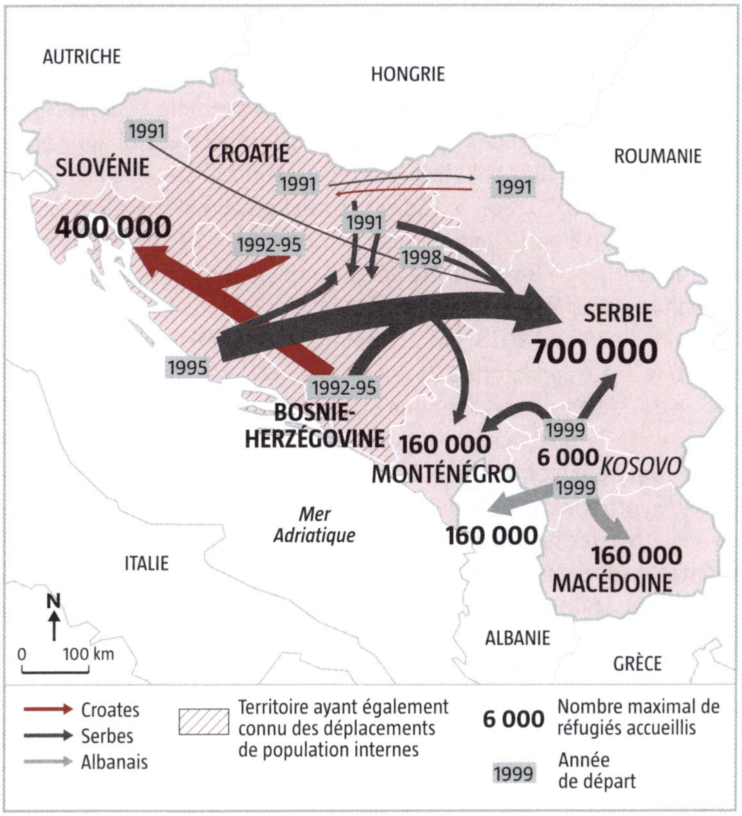

B. La guerre du Kosovo

Les accords de Dayton ne portent pas sur le Kosovo, province serbe dont l'autonomie a été supprimée par Belgrade en 1989. La région est le berceau de l'identité serbe mais la population est très majoritairement albanaise. En 1998 se crée l'armée de libération du Kosovo (UCK) qui mène une guérilla contre les autorités serbes. Celles-ci déclenchent une répression violente : un million de Kosovars sont chassés de chez eux. Du 24 mars au 9 juin 1999, l'OTAN bombarde Belgrade et les unités serbes pour imposer l'arrêt des combats. Le Kosovo est placé sous administration de l'ONU. Devant l'impasse de la situation, le 17 février 2008 est proclamée l'indépendance de la province : c'est l'un des rares cas de sécessionnisme reconnu, mais pas par tous les pays.

C. La création du TPIY

En 1993 est créé le Tribunal pénal international pour l'ex-Yougoslavie (TPIY), premier tribunal pénal international depuis ceux de Nuremberg et de Tokyo. Il a **mis en accusation plus de 160 personnes**, dont une partie a plaidé coupable, apportant par ses aveux des informations nouvelles aux proches des victimes. Inculpant largement dans un premier temps, il a connu une période d'engorgement, ce qui a conduit à la **création en 2005 d'une Chambre spéciale pour les crimes de guerre**. Si elle comprenait au début des juges internationaux, elle est progressivement intégrée au système judiciaire bosniaque. Le TPIY a pu ainsi se concentrer sur les inculpés de haut rang. En 2013, le relais est pris par le « Mécanisme ».

En 2001, **Slobodan Milošević** est arrêté et transféré au TPIY en vue de son procès, interrompu par sa mort le 11 mars 2006. Arrêté en 2011, **Ratko Mladić** a été reconnu coupable de génocide comme commandant des forces serbes de Bosnie : c'est lui qui a organisé le massacre de Srebrenica, ce qui lui a valu le surnom de « boucher des Balkans ». Une procédure d'appel est en cours en 2020. Son bras droit, **Zdravko Tolimir**, a été condamné à la réclusion à perpétuité pour sa participation à ce génocide. En 2019, **Radovan Karadžić**, ancien chef politique des Serbes de Bosnie, a été définitivement condamné à perpétuité pour crime contre l'humanité et pour le génocide de Srebrenica.

Du côté croate, le **29 mai 2013, Jadranko Prlić, ancien président du gouvernement des Croates de Bosnie**, a été condamné à 25 ans de prison pour le transfert forcé de populations musulmanes en Bosnie en vue de créer une « grande Croatie ».

Le TPIY a précisé la qualification juridique de génocide et a surtout utilisé la notion « **d'entreprise criminelle commune** » à propos des crimes de guerre et des crimes contre l'humanité pour synthétiser l'idée de « **responsabilité de commandement** ». Cette notion a conduit à acquitter des responsables militaires, ce qui a été très critiqué mais témoigne aussi d'un véritable souci de justice équilibrée.

Le 3 février 2015, la Cour internationale de justice (CIJ) a statué en refusant de qualifier de génocide le conflit qui a opposé Croates et Serbes de 1991 à 1995. La Croatie avait déposé une accusation en 1999, la Serbie en 2010.

Repère **La Cour internationale de justice**

Instituée par la charte des Nations Unies en 1945 et siégeant à La Haye, aux Pays-Bas, la Cour internationale de justice est le principal organe judiciaire de l'ONU. Elle juge les litiges des États entre eux, ou les litiges impliquant des organisations internationales, émet des avis consultatifs sur une question juridique et examine en appel les décisions rendues par le tribunal administratif de l'Organisation internationale du travail impliquant des fonctionnaires internationaux. Elle ne juge pas les individus et ne relève pas de la justice internationale pénale.

3. Rwanda, le « génocide au village »

Troisième du xxe siècle, le génocide rwandais a été qualifié de « génocide au village » par l'historienne Hélène Dumas. Si le génocide juif a été institutionnalisé à une échelle industrielle, celui des Tutsis a été accompli de manière planifiée mais localement, au sein du village, entre voisins…

A. Le fruit d'un demi-siècle de racisme officiel

Sur le moment, les médias ont souvent présenté le génocide rwandais comme une énième manifestation des conflits interethniques récurrents en Afrique. Hutus et Tutsis sont pourtant deux peuples proches par leurs origines et c'est la colonisation – allemande d'abord, belge ensuite – qui les a éloignés en leur appliquant une **idéologie raciale** qui croyait distinguer les « Nègres en tant que tels », ici les Hutus, assimilés au groupe bantou, et des peuples venus d'Orient ou croisés avec des Européens, jugés supérieurs de ce fait, ici les Tutsis. Cette vision est progressivement intériorisée par ces populations, notamment les Tutsis, privilégiés, davantage scolarisés sous les Belges, qui imposent la mention de l'ethnie sur les papiers d'identité en 1931.

En **1959-1961, une « révolution sociale »** prépare l'indépendance en appelant les Hutus à prendre la place des Tutsis. En 1962, le Rwanda, le « pays aux mille collines », est indépendant. En 1963-1964, plusieurs raids sont menés par des Tutsis exilés, depuis l'Ouganda et le Burundi, déclenchant, en représailles, le massacre de 20 000 Tutsis et l'exil de 300 000 d'entre eux. Ces incursions nocturnes leur valent le surnom de « cafards » ou « *inyenzi* » en langue kinyarwanda. En 1973, **Juvénal Habyarimana** prend le pouvoir et impose une « révolution morale » et une IIe République. Le régime associe nouvel exil de Tutsis et discours modéré, ce qui lui vaut le soutien international. Il refuse de façon intransigeante le retour des exilés et fixe un plafond de 9 % de Tutsis dans les écoles et emplois.

La question de ces exilés conduit à la **création par des Tutsis du Front patriotique du Rwanda (FPR) en 1987**, qui multiplie les raids de guérilla. Les troupes françaises repoussent ces incursions au nom de la protection des ressortissants européens. Le début de la décennie 1990 voit une radicalisation du discours politique, profitant de la relative démocratisation de l'expression publique et dénonçant les compromis acceptés par Juvénal Habyarimana. Ce dernier signe les **accords d'Arusha** avec le FPR le 4 août 1993. Ces accords prévoient le retour des exilés sous le contrôle des Casques bleus de la Mission des Nations Unies au Rwanda (MINUAR). On remarquera qu'au Burundi voisin, 100 000 Hutus sont massacrés en 1972. En 1993, un coup d'État mené par l'armée, à majorité Tutsi, déclenche des massacres réciproques entre Hutus et Tutsis.

B. « Le génocide des voisins »

Le **7 avril 1994 débute le génocide des Tutsis au Rwanda**. Quelques heures auparavant, l'avion du président Juvénal Habyarimana est abattu dans des conditions encore incertaines : les partisans du Hutu Power prennent le pouvoir et incitent au massacre, relayés par la Radio-Télévision libre des mille collines. Le 21 avril, le Conseil de sécurité des Nations Unies décide à l'unanimité le retrait presque total de son personnel, en plein massacre… Le 22 juin, les troupes françaises de **l'opération « Turquoise »** entament une mission ambiguë : elle sauve des vies mais est perçue comme un soutien des Hutus. Elles laissent fuir les génocidaires, voire les protègent dans les faits. Le 22 juillet, elles sont relayées par la MINUAR 2. Le **4 juillet, le FPR contrôle la capitale Kigali**, les massacres cessent progressivement. Les militaires poussent deux millions de Hutus en exil au Zaïre, qui en est déstabilisé.

En **100 jours, entre 800 000 et un million de Tutsis sont massacrés**, soit les trois quarts de la population initiale. Autorités administratives, élites locales et citoyens s'associent dans le massacre : les gendarmes trient et regroupent les Tutsis, qui sont laissés un moment sans nourriture ni eau pour les affaiblir, milices (les *Interahamwe* ou « qui travaillent ensemble ») et civils les massacrent ensuite, tandis que préfets et maires déploient les moyens techniques pour « nettoyer » les espaces des cadavres. Environ **800 000 personnes participent au génocide**. Il s'agit d'un « génocide des voisins » selon Hélène Dumas : **60 % des victimes**

sont assassinées par leurs proches sur leur colline. Des Tutsis confient leurs enfants à des villageois hutus, qui les nourrissent… puis les assassinent. Les médias évoquent le meurtre à la machette : en fait, « tuer » se dit « travailler » (*gukora*) à l'aide « d'outils » (*ibikoresho*) agricoles et armes, méticuleusement préparées parfois pour infliger de grandes souffrances. Les autorités soutiennent un « programme de cruauté », selon l'expression de l'historienne Véronique Nahoum-Grappe : la grande proximité entre victimes et bourreaux conduit à une recherche de cruauté. Pauline Nyiramasuhuko, ministre de la Promotion féminine et de la Famille, première femme de l'histoire condamnée pour génocide en 2011, exhorte elle-même les miliciens, dont son fils, à violer les femmes tutsis : **200 000 sont violées**, en partie pour les contaminer volontairement au VIH.

C. Le crime de masse le plus jugé de l'histoire

Selon Antoine Garapon, le génocide rwandais est le crime de masse le plus jugé de l'histoire. Il l'a été à trois niveaux : le TPIR créé en 1994, les justices nationales et les *gacaca*, tribunaux populaires d'inspiration traditionnelle.

Le TPIR a mis en accusation près d'une centaine de personnes et en a condamné une soixantaine, dont de hauts responsables comme le Premier ministre Jean Kambanda. En 2012, ses activités sont poursuivies par le Mécanisme international, qui doit juger prochainement Félicien Kabuga, le « financier » du génocide, arrêté en France le 16 mai 2020. Il a établi que la planification des massacres ne résidait pas dans un document mais dans leur processus concret et l'intention constitutive du génocide apparaît à travers la radicalité et l'asymétrie des massacres, portant sur des vieillards ou des nouveau-nés. En revanche, il n'a pu juger que les crimes commis par les Hutus et non les exactions perpétrées par le FPR, ce qui alimente les discours négationnistes. Ceux-ci ne contestent pas les massacres de Tutsis mais nient sa spécificité génocidaire et dénoncent le génocide des Hutus par le FPR. Toutefois, la justice rwandaise jouit d'une reconnaissance internationale puisque de nombreux États lui ont transféré des personnalités capturées sur leur sol.

Le mécanisme de **compétence universelle pour le génocide** permet à n'importe quel État de juger ce crime même s'il n'a pas de lien direct avec les faits. Ainsi, en 2014, le gendarme Pascal Simbikangwa a été condamné à 25 ans de réclusion pour complicité de génocide, ce qui en fait la première condamnation de ce type par une cour d'assises française.

Le génocide a été massif, décentralisé, de proximité : les ***gacaca*** ont été conçus comme une justice massive, décentralisée et de proximité. D'inspiration traditionnelle, ce sont des tribunaux populaires, dirigés par 138 505 juges élus par leur communauté, qui ont examiné 1,9 million de dossiers. **800 000 personnes – dont 5 000 enfants – ont été condamnées**, souvent à des peines autres que la prison. Critiqués par des juristes occidentaux, les *gacaca* sont considérés par d'autres, tels Antoine Garapon, comme un laboratoire d'une justice qui cherche aussi à reconstruire une société brisée.

Le régime de Paul Kagamé a fait de cette reconstruction sa priorité, avec une certaine réussite mesurable à la croissance économique, même si c'est au prix d'une forte surveillance policière et d'interminables interventions en République démocratique du Congo, dont les ressources sont en partie pillées par Kigali. La mention de l'appartenance ethnique est désormais interdite par la loi. L'inscription officielle du génocide dans la lignée de celui des Arméniens et des Juifs vise aussi à permettre aux Hutus d'avoir une place dans leur pays.

4. La voie originale de l'Afrique du Sud

Repère L'apartheid

En 1910 est créée l'Union sud-africaine fédérant les deux colonies britanniques du Cap et du Natal et les deux Républiques boers d'Afrique du Sud et l'État libre d'Orange. C'est dans ce cadre que le *Land Act* de 1913 définit des réserves africaines, restes des royaumes africains anciens, représentant environ 10 % du territoire total, en dehors desquels les non-Blancs ont des droits restreints. À partir de 1948, le régime d'apartheid (ou « développement séparé ») durcit la séparation. La population est classée en quatre catégories raciales (Blancs, Noirs, Asiatiques et Colorés, c'est-à-dire n'entrant dans aucun des trois autres groupes), les Noirs étant divisés en neuf groupes ethnolinguistiques. Ils doivent séjourner dans les réserves dites bantoustans, dont certaines sont déclarées « indépendantes », ou dans les *townships* en terre blanche. Les *townships* sont séparés de l'agglomération par un espace vide, rural ou industriel, à l'écart des routes principales. Ils obéissent à un impératif sécuritaire car leur forme permet de les encercler rapidement en cas d'émeute. Environ 5 millions de Noirs sont déplacés. À côté de ce « grand apartheid », un « petit apartheid » organise la ségrégation au quotidien, interdisant aux Noirs l'accès à de nombreux espaces et toute relation sexuelle mixte.

A. La fin de l'apartheid

En 1989, dans le contexte de fin de guerre froide et de poussée de la démocratie, le président sud-africain Pieter Willem Botha échoue à pérenniser l'apartheid et démissionne. Son successeur, **Frederick De Klerk**, négocie la fin du système avec Nelson Mandela. Le **11 février 1990**, ce dernier **sort de prison** à 71 ans. Un an plus tard, le **30 juin 1991, l'apartheid est aboli**. Les mois qui suivent sont ponctués d'incidents mais les élections présidentielles se préparent.

FIGURE CLÉ **Nelson Mandela (1918-2013)**

Né dans le Transkei, dans une famille de l'aristocratie thembu, Nelson Mandela ouvre un cabinet d'avocats après des études de droit. En 1944, il fonde l'*African National Congress Youth League*, branche « jeune » de l'*African National Congress* (ANC), fondé en 1912, qu'il souhaite radicaliser. Les événements de Sharpeville en 1960 (la police tirant sur la foule) conduisent à sa condamnation à la prison à perpétuité en 1964 : ses 27 ans de détention lui donnent une autorité morale de niveau mondial. En 1989, le président sud-africain Pieter Botha le rencontre mais refuse de mettre fin à l'apartheid. Frederick De Klerk, son successeur, le libère en 1990. Les deux hommes reçoivent conjointement le prix Nobel de la paix en 1993. Président d'Afrique du Sud de 1994 à 1999, il mène ensuite divers engagements nationaux et internationaux. Ses funérailles sont un événement planétaire.

Le **27 avril 1994** se tiennent les **premières élections présidentielles démocratiques**. À cette occasion, Mandela pose les bases de la « nation arc-en-ciel » que l'Afrique du Sud peut devenir : « Nous prenons l'engagement de bâtir une société dans laquelle tous les Sud-Africains, blancs ou noirs, pourront marcher la tête haute sans aucune crainte au fond de leur cœur, assurés de leur droit inaliénable à la dignité humaine – **une nation arc-en-ciel en paix avec elle-même et avec le monde.** » Le 10 mai suivant, il est investi comme premier président noir du pays, après trois siècles et demi de domination blanche. Il multiplie les gestes invitant Blancs et Noirs à se réconcilier.

B. La Commission Vérité et réconciliation

Mise en place en 1993, active jusqu'en 1998, présidée par **monseigneur Desmond Tutu**, archevêque anglican de Johannesburg et prix Nobel de la paix en 1984 pour sa lutte contre l'apartheid, la **Commission Vérité et réconciliation** a permis une sortie pacifique de l'apartheid et une réconciliation exemplaire en Afrique du Sud. Son statut d'organisme constitutionnel aux décisions souveraines en fait un outil clé de la naissance d'une nouvelle Afrique du Sud, parallèlement aux travaux de l'Assemblée constituante. Elle a été conçue dans le cadre de la théologie protestante, notamment des écrits de saint Paul : la confession publique de ses fautes est l'occasion de restaurer l'intégrité de la communauté, l'accompagnant d'actes de réparation comme des embrassades ou le lavement des pieds des victimes. Ces scènes ont été nommées « *ubuntu* » par Desmond Tutu, terme bantou proche du concept d'humanité et de fraternité, soulignant « qu'un être humain n'est humain que par d'autres humains ». C'est aussi le sens de la nation arc-en-ciel, le signe biblique de l'alliance entre la communauté et Dieu.

L'amnistie était promise à ceux qui viendraient **confesser leurs exactions** devant la commission, à la double condition que **tout soit avoué** et qu'ils aient **agi sur ordre, croyant servir un objectif politique**, non pour des motifs personnels. Les auditions ont été évoquées dans plusieurs ouvrages traduits en français dont *La Douleur des mots* d'Antje Krog ou *Amnistier l'apartheid*, sous la direction de Desmond Tutu. La commission amnistie des actes, non les personnes, et seulement une partie (1 312 amnisties sur 7 116 demandes). Elle a révélé aussi le **programme secret « Project Coast »** d'expérimentations médicales et chimiques sur les Noirs, en particulier pour mettre au point une bactérie tueuse ciblant les Noirs ou les rendant stériles. En revanche, le régime lui-même, qui entre dans le champ du crime contre l'humanité, n'a jamais été jugé.

FICHE 25

La mise en place d'une gouvernance mondiale face aux défis contemporains

Depuis les années 1990, les relations internationales sont marquées par une accentuation des efforts en vue d'établir une gouvernance mondiale capable de répondre aux défis posés par la mondialisation. Cela n'empêche pas des remises en cause régulières, contestant les faiblesses des institutions ou, au contraire, leur caractère intrusif.

L'ESSENTIEL EN DATES

- **5 avril 1991** : résolution 688 du Conseil de sécurité des Nations Unies sur l'Irak.
- **3-14 juin 1992** : Sommet de la Terre à Rio.
- **11 décembre 1997** : Protocole de Kyoto sur les émissions de gaz à effet de serre.
- **2 avril 2009** : G20 de Londres sur la crise mondiale.
- **19 décembre 2018** : l'Assemblée générale des Nations Unies adopte le Pacte mondial sur les migrations.

1. Le renouveau de l'ONU et du multilatéralisme

Depuis le début des années 1990, l'ONU est le pilier du multilatéralisme ; elle en a aussi les limites.

A. Le renouveau de l'ONU

La fin de l'antagonisme bipolaire permet un renouveau de l'ONU, visible lors de la guerre du Golfe, avec le **déblocage du Conseil de sécurité**, visible au nombre de résolutions adoptées : un peu plus de 600 de 1945 à 1990, de 1900 depuis, plus de trois fois plus en 30 ans... L'emploi des **Casques bleus**, honorés par le prix Nobel de la paix à titre collectif en 1988, connaît un nouveau succès et l'ONU multiplie les « **opérations de maintien de la paix** » au titre du chapitre VI de la Charte de San Francisco, voire d'imposition de la paix au nom du chapitre VII, avec usage de la force. Les missions se diversifient avec le « ***State building*** », notamment au Cambodge, au Timor oriental ou en Bosnie-Herzégovine, où l'ONU exerce un véritable protectorat international.

En septembre 2000, le sommet de l'ONU fixe des **objectifs du Millénaire** portant sur la réduction de la pauvreté, l'accès à l'eau potable, l'amélioration de la condition des femmes, de l'éducation et de la santé. Il lance la réflexion sur une **réforme institutionnelle**, en particulier pour élargir le cercle des membres permanents du Conseil de sécurité à l'Allemagne, au Japon, à un grand pays du Sud comme le Brésil... sans résultat. À partir de 2000, l'ONU fait face à l'opposition de l'administration républicaine de G. W. Bush, qui voit dans l'institution la preuve des limites du multilatéralisme, limité à la faible Europe mais peu adapté à la réalité féroce du monde. C'est dans ce contexte qu'il faut comprendre l'impuissance de l'ONU à empêcher l'intervention anglo-américaine en Irak, en 2003, bien loin de la vaste coalition internationale de 1991.

Malgré ses limites, l'institution témoigne d'une réelle capacité à s'adapter aux nouveaux besoins de régulation des relations internationales. Plusieurs résolutions lui permettent ainsi d'intervenir dans des situations exclues de la Charte initiale. Onze jours après les attentats du 11 septembre 2001 est ainsi adoptée la **résolution 1373 qui classe le terrorisme** dans les menaces contre la paix, dont traite le chapitre VII de la Charte ; auparavant, l'ONU ne pouvait décider une action qu'à l'encontre d'un État, ce qui est rarement le cas pour le terrorisme. De la même manière, plusieurs résolutions ont classé la **piraterie** dans ces « menaces contre la paix » à partir de 2010, complétant les dispositions de la Convention des Nations Unies sur le droit de la mer – ou Convention de Montego Bay – de 1982, donnant ainsi un cadre juridique international à la lutte contre ce fléau qui connaît une nouvelle ampleur avec la fin de la guerre froide.

Repère **Gouvernance mondiale et biens publics mondiaux**

La notion de gouvernance mondiale ou globale, consistant en la recherche de solutions communes à des problèmes communs aux États, en l'absence d'une autorité supérieure qui pourrait s'imposer, porte sur plusieurs domaines, notamment sur l'environnement et la question énergétique. Elle concerne aussi la gestion des biens publics mondiaux, « ensemble des biens accessibles à tous les États qui n'ont pas nécessairement un intérêt individuel à les produire » (Charles Kindleberger, économiste). On peut citer comme exemples un système monétaire stable, la liberté du commerce, une monnaie d'échange, l'existence d'un prêteur en dernier ressort monétaire mais aussi la préservation de l'environnement et de la couche d'ozone, du fond des océans ou de la paix dans le monde.

L'ONU rencontre des succès dans la non-prolifération dans la première décennie post-guerre froide. Plusieurs pays renoncent à leur programme nucléaire, tel le Brésil en 1990 ou la Libye en 2003, voire à la possession de l'arme nucléaire comme l'Afrique du Sud, selon l'Agence internationale de l'énergie atomique, seul exemple d'un pays qui abandonne la maîtrise de cette arme. En **1996, la Cour internationale de justice** émet un avis selon lequel l'emploi des armes nucléaires est contraire au droit international sauf en cas d'extrême légitime défense. En revanche, en 2005, les États parties échouent à s'accorder pour rénover le Traité de non-prolifération (TNP) de 1968.

Repère **Le Traité de non-prolifération**

Signé le 1er juillet 1968 et entré en vigueur le 5 mars 1970 pour 25 ans, le TNP distingue les États détenteurs de l'arme nucléaire à la date du 1er janvier 1967 – c'est-à-dire les États-Unis, l'URSS, le Royaume-Uni, la France et la Chine – et les États non détenteurs de l'arme nucléaire. Ces derniers ne doivent pas chercher à acquérir cette arme. En échange, ils peuvent bénéficier d'une coopération pour développer le nucléaire civil. C'est ce cadre qui vaut toujours pour les dossiers actuels de l'Iran et de la Corée du Nord.

L'année **2002** marque, en revanche, un recul net avec la révélation de programmes nucléaires militaires illégaux menés par l'Iran et par la Corée du Nord : les États-Unis de G. W. Bush les classent dans la catégorie des « États voyous » ou « *rogue States* ». **Le 28 avril 2004**, le Conseil de sécurité des Nations Unies adopte la **résolution 1540 qui inscrit la prolifération parmi les « menaces contre la paix »**. Il faut toutefois attendre **la résolution 1737 du 23 décembre 2006** pour que les premières sanctions soient prises contre Téhéran, répétées ensuite jusqu'à l'accord historique du 14 juillet 2015, remis en cause depuis par Donald Trump. De son côté, la Corée du Nord prétend quitter le TNP en 2003, ce qui n'était pas prévu par le traité et peut donc être considéré comme illégal.

B. Le droit d'ingérence

Due à Jean-François Revel en 1979, l'expression « droit d'ingérence » trouve son origine dans **l'expérience de la Shoah** et dans la question morale : « Pourquoi n'a-t-on rien fait pour empêcher Auschwitz ? » Elle s'appuie sur l'objectif de la Charte de San Francisco de protéger la dignité humaine et sur plusieurs textes internationaux qui proclament des normes pour les individus par-dessus l'autorité des États, comme la Déclaration universelle des droits de l'homme de 1948 et le Pacte international relatif aux droits civils et politiques de 1966. En revanche, cette notion se heurte à l'article 2-7 de la Charte de l'ONU qui exclut de son action tout ce qui relève de la compétence nationale d'un État, selon l'ordre westphalien.

La résolution 43/131 de l'Assemblée générale des Nations Unies du 8 décembre 1988 est le premier texte onusien à le définir dans le cadre de « l'assistance humanitaire aux victimes des catastrophes naturelles et situations d'urgence du même ordre ». La résolution 688 du Conseil de sécurité des Nations Unies, adoptée le 5 avril 1991, impose à l'Irak d'assurer « un accès immédiat [aux] organisations humanitaires internationales » pour apporter de l'aide aux populations kurdes, victimes d'une répression brutale de la part du pouvoir central. Ces **couloirs humanitaires** sont la première pierre d'un droit d'ingérence qui est complété par la création de « zones de sécurité » au Rwanda et en Bosnie. Pourtant, d'un strict point de vue juridique, il n'y a pas encore vraiment de « droit » s'imposant au pays en question. Un autre aspect de cette ingérence est l'institution d'une **zone d'interdiction aérienne**, comme celle qui est imposée à l'Irak en 1991, pour empêcher le massacre d'une partie de la population. Le « tout-humanitaire » a rapidement trouvé ses limites : s'il permet aux puissances de rassurer en montrant qu'elles interviennent sans trop s'engager, il tend à brouiller les limites entre militaires et personnels de soin, aux dépens des deux types de personnels.

Près de 300 résolutions institutionnalisent progressivement cette notion en affirmant que « la violation massive des droits de l'homme par un gouvernement constitue une menace ou une atteinte à la paix », autrement dit concerne le **chapitre VII de la Charte de l'ONU**, qui peut légitimer l'emploi de la force. Il comprend les **quatre éléments** suivants : un principe de libre accès aux victimes des catastrophes naturelles et politiques pour les organismes porteurs de secours, un usage éventuel de la force pour protéger les convois humanitaires, une intervention armée possible pour protéger les victimes face à leurs bourreaux (dans ces deux derniers cas, seule une résolution du Conseil de sécurité de l'ONU peut décider ou autoriser une opération de contrainte militaire), enfin des poursuites judiciaires internationales à des fins préventives et répressives s'organisent progressivement contre les responsables des crimes les plus graves dans le cadre du développement de la **justice pénale internationale**. En 1999, **Kofi Annan**, secrétaire général des Nations Unies, propose d'instaurer un devoir d'ingérence de la communauté internationale, mais il se heurte au refus des États membres. En 2005, le « droit d'ingérence » est reformulé en « **responsabilité de protéger** ».

C. Multilatéralisme et gouvernance mondiale

La fin de la guerre froide détend les relations internationales et ouvre de vastes zones du globe à des échanges plus intenses : entamée au lendemain de la Seconde Guerre mondiale, la mondialisation prend désormais une autre ampleur. Le multilatéralisme permet aussi d'**articuler l'hyperpuissance américaine au reste du monde** : celle-ci verrouille le monde et qualifie ses ennemis au nom de tous d'**États voyous**. En échange, les autres pays bénéficient des avantages procurés par la puissance américaine suivant la stratégie dite du « **passager clandestin** », ce que font les Européens pour leur défense ou la Chine pour le commerce. Régulièrement, le multilatéralisme se heurte aux intérêts américains : en 2003, Washington passe outre l'ONU pour envahir l'Irak.

Les institutions de régulation économique et financière sont ainsi rénovées : le GATT (Accord général sur les tarifs douaniers et le commerce) de 1947 devient l'**Organisation mondiale du commerce** (OMC) en 1995 ; ce n'est pas une institution spécialisée de l'ONU mais elle lui est étroitement associée. Elle se caractérise en particulier par l'Organe de règlement des différends, qui confie les conflits commerciaux à l'arbitrage international. Le G7, qui réunit les sept pays les plus industrialisés, accueille la Russie pour former le **G8**, jusqu'à ce que la crise de Crimée, en 2014, ne l'en exclue de nouveau. Le **G20** réunit G8, Union européenne et pays du Sud, tandis que les ministres des Finances et gouverneurs des banques centrales du G20 se retrouvent dans un Conseil de stabilité financière, aux réunions informelles mais importantes pour la coordination des politiques monétaires.

2. Gouvernance et mondialisation

La montée en puissance de la mondialisation pose régulièrement la question de sa gouvernance. Les crises ou soubresauts la rendent toujours plus nécessaire pendant que d'autres y voient la confirmation que la mondialisation doit être profondément changée.

Repère **Altermondialisme**

Né de la contestation violente de l'OMC lors du sommet de cette organisation à Seattle en 1999, l'altermondialisme s'est progressivement structuré en mouvement politique international pour réclamer une mondialisation qui profite à tous et non aux plus riches. Depuis, il regroupe des organisations syndicales, des médias, parfois des hommes et des femmes politiques, pour revendiquer un « autre monde », plus juste. Il peut apparaître comme un produit de la mondialisation en tant que mouvement social planétaire, mais il semble manquer de cohérence à l'échelle mondiale. Il organise un Forum social mondial qui se veut la réponse au Forum de Davos (réunion en Suisse d'acteurs prestigieux de la mondialisation). La promotion du commerce équitable (partenariat visant à dépasser la seule loi du marché entre vendeur et acquéreur en intégrant des objectifs environnementaux et surtout sociaux) est l'un de ses domaines d'action concrète.

A. Globalisation financière et crise : comment réguler ?

Les années 1990 voient se mettre en place une globalisation financière qui permet aux Occidentaux d'investir massivement à l'étranger, comme l'indique **l'explosion des flux d'investissements directs à l'étranger (IDE)** : de 1996 à 2000, ils sont multipliés par trois pour atteindre un pic de 1 300 milliards de dollars. L'Europe et les États-Unis en sont les principaux émetteurs et récepteurs mais ils sont de plus en plus concurrencés par le Japon et, surtout, par la Chine. L'appétit de l'épargne mondiale pour l'économie américaine encourage l'endettement de cette dernière, laquelle cumule déficit public et déficit commercial (déficits jumeaux ou *twin deficits*), ce que permet le statut particulier du dollar.

Repère **Les IDE**

Les IDE sont des prises de participation d'au moins 10 % d'une entreprise étrangère. Ils sont donc principalement le fait des firmes transnationales. Ils se distinguent des autres investissements à l'étranger, appelés investissements de portefeuille.

Venue des États-Unis, causée par une bulle immobilière et les *subprimes*, la **crise de 2008** est apparue comme le choc économique le plus violent depuis la Grande Dépression des années 1930 et a constitué un défi majeur pour l'idée de gouvernance mondiale. Pour éviter un effondrement de l'activité et des échanges internationaux, les États ont massivement **injecté des liquidités** : les plans de soutien ou de sauvetage pour 2008 sont sans commune mesure avec ceux des crises précédentes, y compris celle de 1998, qui, partie d'Asie en 1997, avait touché l'Amérique latine. Cette intervention s'est faite de manière plus coordonnée qu'on ne pouvait l'imaginer : en **avril 2009, le sommet du G20** à Londres a abouti à un plan de soutien et de relance de 5 000 milliards de dollars sur deux ans, mis en œuvre ensuite par les États.

Ces interventions ont aggravé l'endettement des États et la crise bancaire s'est transformée en crise de la dette souveraine. En Europe, l'envolée de sa dette souveraine place la Grèce au bord de la faillite, faisant craindre la sortie du pays de la zone euro – ou « *Grexit* » –, voire l'implosion de l'Union européenne, dans la mesure où l'endettement de l'Espagne et de l'Italie est également massif. Une deuxième « réplique » de la crise entraîne la chute de la monnaie de pays émergents comme l'Inde, la Turquie, le Brésil ou la Russie.

La crise bancaire de 2008 est due largement à l'exubérance des investisseurs et à la mauvaise évaluation des risques en partie à cause de dissimulations et de manquements de la part d'organismes de régulation. Pour assainir le secteur bancaire, plusieurs mesures ont été engagées. Des progrès ont été réalisés dans les **normes prudentielles** imposées aux banques et un **Conseil de stabilité financière** (*Financial Stability Board* ou FSB), issu des réunions informelles des ministres des Finances et des gouverneurs de banques centrales du G20, a été institutionnalisé. Certaines de ces règles peuvent néanmoins avoir des effets pervers et ne garantissent pas de la répétition d'une telle crise.

Cherchant tous les moyens pour alléger le fardeau de la dette, les États se sont engagés dans la **lutte contre les paradis fiscaux**, qui bénéficiaient d'une large complaisance jusque-là. En 2009, on estimait que 72 paradis fiscaux offshore abritaient 11 500 milliards de dollars d'actifs financiers et voyaient transiter la moitié des flux financiers mondiaux. Dans le sillage des États-Unis, plusieurs pays européens font voler en éclat le secret bancaire suisse. Les particuliers sont les premiers visés (environ 25 % des avoirs estimés sont rapatriés dans le cas de la France), puis les multinationales, dont « l'optimisation fiscale » fait perdre 700 milliards de dollars au Trésor américain et 1 000 milliards de dollars aux États de l'Union européenne.

Repère **Délocalisations et guerre économique**

> Le terme de **délocalisation** désigne la fermeture d'une unité de production pour en ouvrir une autre dans un pays à plus faibles coûts. La production est ensuite réimportée.
> La compétitivité est souvent associée à la **guerre économique**, notion plus large renvoyant aussi aux stratégies d'entreprise et à l'intelligence économique. Il s'agit d'une notion très controversée. Apparue dans les années 1970, la guerre économique est devenue une stratégie largement soutenue par l'expert américain en stratégie économique Edward Luttwak, qui alarme en 1995 contre le « nouveau combat » qui s'annonce et forge le terme de « géoéconomie ».

Douze ans plus tard, en 2020, les conséquences économiques de la **crise sanitaire du coronavirus** relancent la nécessité d'une gouvernance mondiale alors que la notion est rejetée par les États-Unis de Donald Trump et plusieurs grands pays qui empruntent la voie du populisme et tiennent un discours protectionniste. Des secteurs entiers sont sinistrés, tel le tourisme ou le secteur aérien, tandis que le confinement a eu des effets dramatiques sur les plus fragiles, en Afrique ou en Inde notamment. En mars 2020, en tant que présidente du **G20** pour cette année, l'Arabie saoudite a organisé en vidéoconférence un sommet de l'institution, qui a décidé d'un **plan de soutien de 5 000 milliards de dollars**.

B. La question de l'environnement

De 1945 à la fin de la décennie 1980, le développement économique a été considéré globalement comme prioritaire. Progressivement se sont imposées **deux questions**, celle de l'**épuisement à terme de ressources non renouvelables** telles que les hydrocarbures, celle des **évolutions climatiques et des modifications environnementales** attribuables à l'activité humaine. Le **sommet de Rio, dit « sommet de la Terre » (1992)**, a adopté la Convention-cadre des Nations Unies sur les changements climatiques (CCNUCC) et a posé le principe de **développement durable**, mode de développement qui prendrait en compte les besoins actuels sans hypothéquer l'avenir des générations futures. Sa mise en œuvre concrète est sujette à de nombreux débats. Son cadre est parfois résumé par la volonté de **concilier économie, environnement et équité** (règle des « 3 e »).

La CCNUCC de 1992 a créé une Conférence des parties (ou COP). En **1997**, la COP 3 adopte le **Protocole de Kyoto** sur la réduction des émissions des gaz à effet de serre : ses objectifs sont atteints en 2012 à cause de la crise économique… En 2007, la COP 13 à Bali adopte l'objectif de limiter le réchauffement climatique à + 2 °C par rapport à l'ère préindustrielle. En 2009, la COP 15 de Copenhague échoue à décider d'objectifs contraignants pour les États, qui les appliqueraient ensuite selon une procédure « *top-down* ». La COP 15 adopte **le principe du « *bottom-up* » pour les négociations ultérieures**, c'est-à-dire de discuter d'abord du fond entre experts, puis seulement de la forme des accords. Deux ans plus tard, à Durban, la COP 17 adopte le principe d'un cycle de négociation en vue « d'un protocole, d'un autre instrument juridique ou d'un résultat ayant force de loi » au plus tard en 2015 avec effet au plus tard en 2020, avec l'objectif de stabiliser l'augmentation des températures à + 2 °C par rapport à l'époque postérieure à l'industrialisation. Réunie à Paris du 30 novembre au 11 décembre 2015, la COP 21 a suscité des espoirs avec un « agenda de solutions » et un ensemble d'engagements très largement adoptés à travers le monde, même si Donald Trump en a formellement retiré les États-Unis en 2017.

D'une manière plus large, les négociations climatiques ont renouvelé le rôle des acteurs non étatiques, notamment celui des **collectivités locales**. Elles ont fait naître des **réseaux destinés à échanger les bonnes pratiques**, comme *C40 Cities and Local Governments for Sustainability* (ICLEI) ou *Regions of Climate Action* (R20). Les villes peuvent diminuer leurs émissions en densifiant les centres et en développant des réseaux de transports publics. Les régions ou États de fédérations, eux, peuvent agir sans attendre que l'État central ne le fasse : la Californie a ainsi mis en place le deuxième marché mondial de quotas d'émission, après celui de l'UE, rejointe par l'Ontario et le Québec, ce qui lui permet de renchérir la pollution et de faire ainsi pression, indépendamment de la politique fédérale.

Fin 2019, la COP 25 a confirmé la faible efficacité de ces réunions face à l'enjeu climatique. Ces limites sont à l'origine de la « **grève pour le climat** » organisée les vendredis (*Fridays For Future*) à l'initiative de la jeune Suédoise **Greta Thunberg**. La mobilisation de 70 000 collégiens et lycéens en Europe, Amérique du Nord, Japon et Australie témoigne d'une forme d'opinion publique mondiale, consciente de l'enjeu général du climat et des limites de la capacité de la gouvernance actuelle à y répondre. Quant à la COP 26 de 2021, son bilan est maigre.

C. Migrants et réfugiés : vers une gouvernance ?

Selon l'**Organisation internationale pour les migrations**, organisme spécialisé de l'ONU, un migrant est une « personne qui déplace sa résidence habituelle d'un pays à un autre, pour une durée plus ou moins longue, et pour des raisons qui ne sont pas liées aux loisirs, aux vacances, aux affaires, au pèlerinage, à la santé ». Selon cette définition, il y a **281 millions de migrants** dans le monde, soit environ **3,6 % de la population mondiale** (1 habitant sur 30), contre 75 millions en 1965. Une partie des migrations est clandestine et ne peut qu'être estimée. À cela s'ajoutent quelque **70 millions de réfugiés et de déplacés**. Les **raisons qui poussent à migrer** se rangent dans deux grands ensembles, la **peur** et l'**insécurité physique** à cause de la guerre, de la persécution, de massacres ou de la répression ; l'**insécurité économique et sociale** due à la pauvreté ou à la précarité. La Banque mondiale estime que **143 millions** de personnes migreront aussi pour des **raisons climatiques** d'ici à 2050.

Le phénomène s'est accentué dans les années 1990, avec la fin du Rideau de fer. En 1994, la **Conférence du Caire sur la population et le développement** suggère pour la première fois une action concertée sur le sujet. L'ONU, qui dispose d'un Haut-Commissariat aux Réfugiés pour faire appliquer la Convention de Genève sur les réfugiés de 1951, crée une Commission mondiale sur les migrations internationales en 2003. Plusieurs séries de consultations sont organisées et, en **décembre 2018**, à Marrakech, est ouvert à la signature le Pacte mondial pour des migrations sûres, ordonnées et régulières, dit **Pacte de Marrakech**, qui a suscité d'importantes polémiques dans plusieurs pays : l'opinion publique y a vu parfois le prélude à un « monde sans frontières » annonçant une vague de migrants et réfugiés alors qu'il s'agit plutôt d'élaborer un cadre normatif fondant une gouvernance mondiale des migrations.

CHAPITRE 8

La construction européenne entre élargissement, approfondissement et remises en question

FICHE 26

L'Union européenne depuis le traité de Maastricht

Le changement de dimension de la construction européenne s'accompagne d'un changement de nom – de la Communauté économique européenne (CEE) à l'Union européenne (UE) –, qui est surtout le passage à une structure institutionnelle davantage fédérale, même si le terme est soigneusement évité pour des raisons politiques. À chaque étape revient cette hésitation à transformer l'Europe en un État, avec pour résultat une identité institutionnelle unique en son genre.

L'ESSENTIEL EN DATES

- **1er novembre 1993** : entrée en vigueur du traité de Maastricht.
- **1er janvier 2002** : mise en circulation de l'euro.
- **1er mai 2004** : élargissement à dix nouveaux membres de l'UE.
- **1er janvier 2009** : entrée en vigueur du traité de Lisbonne.
- **31 janvier 2020** : Brexit effectif à minuit.

1. La fin de la guerre froide et l'inévitable élargissement

La disparition du Rideau de fer relance les projets paneuropéens qui avaient buté sur cette coupure du continent au début de la guerre froide. Plusieurs questions se posent alors : à quel rythme et à quelles conditions intégrer ces nouveaux pays ? Jusqu'où l'élargissement doit-il aller ?

A. L'ambigu « retour en Europe »

La fin de la guerre froide marque un « retour en Europe » et fait prendre conscience du fossé matériel mais aussi intellectuel entre Européens de l'Ouest et Européens de l'Est. Les anciens pays de l'Est, désormais appelés **pays d'Europe centre-orientale** (PECO), ont un niveau de vie très inférieur, une culture politique marquée par le centralisme et par le nationalisme. Le retour de ce dernier conduit au « divorce de velours » entre Tchèques et Slovaques en 1992, mais aussi au retour de la guerre sur le continent, en Yougoslavie, d'abord à propos de la Croatie en 1991, de la Bosnie-Herzégovine en 1992, puis du Kosovo en 1998. De manière concrète, le retour en Europe se manifeste massivement par l'**adhésion au Conseil de l'Europe**, dont l'ambition paneuropéenne de sa fondation en 1949 trouve son aboutissement : en faire partie est vécu comme un premier label de normalité européenne. Fondée à Helsinki en 1975, la Conférence sur la sécurité et la coopération en Europe (CSCE) rédige la **Charte de Paris pour une nouvelle Europe** en 1990 : elle définit des procédures de concertation et d'arbitrage pour prévenir les conflits en Europe et prévoit la transformation de la CSCE en une Organisation pour la sécurité et la coopération en Europe (OSCE), réalisée en 1995. Parallèlement, le 1er juillet 1991, la **dissolution du pacte de Varsovie** met fin à la division de l'Europe en deux grandes alliances militaires : **l'élargissement de l'OTAN** se met progressivement en place, les premiers pays étant reçus en 1999. C'est là le parachèvement de l'alliance fondée en 1949.

FIGURE CLÉ **Václav Havel (1936-2011)**

Ses origines bourgeoises le conduisent à être privé d'études supérieures par le régime et à mener une vie en marge de la société. Auteur de pièces de théâtre, il devient une personnalité dominante de la Charte 77, qui réclame le respect des droits de l'homme en Tchécoslovaquie, dans le sillage des accords d'Helsinki. Cette dissidence le conduit plusieurs fois en prison. En novembre 1989, il prend la tête du Forum civique, qui mène la « révolution de velours » contre le régime communiste. En décembre, il est élu président de la République de Tchécoslovaquie, puis de la République tchèque en 1993, et effectue deux mandats jusqu'en 2003. Il défend l'idée que l'Europe doit davantage s'appuyer sur l'expérience vécue par l'Est et par l'exigence morale qu'elle a impliquée, et non se limiter à être une zone de croissance économique.

B. Des élargissements sans précédent

Dans ce contexte, le **principe de l'élargissement de l'UE aux PECO** paraît évident, d'autant qu'en 1995 sont admises l'Autriche, la Finlande et la Suède. En 1993, le Conseil européen de Copenhague fixe les critères d'adhésion : le pays candidat doit **respecter les droits de l'homme, les libertés fondamentales et garantir les droits des minorités**, disposer d'une **économie de marché** compatible avec les autres membres et **assimiler l'acquis communautaire**, c'est-à-dire intégrer dans son ordre juridique interne la législation européenne et les traités signés par les Européens. Le **1er mai 2004**, l'Union européenne reçoit dix nouveaux membres, dont huit PECO, parmi lesquels trois anciennes républiques d'URSS : à peine 15 ans après la fin du communisme, c'est un exploit. Le 1er janvier 2007, la Roumanie et la Bulgarie sont admises, ainsi que la Croatie le 1er juillet 2013, aboutissant à l'UE à 28 : l'Europe s'étend à l'essentiel du continent européen et les pays balkaniques sont destinés, à terme, à rejoindre l'Union.

Ces élargissements n'empêchent pas les premières désillusions : l'**euroscepticisme** gagne ainsi la République tchèque et la Pologne. En 2003, l'éventualité d'une intervention américaine en Irak divise les Européens. Profondément atlantistes, car ne donnant crédit qu'à la garantie militaire américaine contre un éventuel retour de la domination russe, les futurs nouveaux membres approuvent Washington, qui vante la « nouvelle Europe », opposée à une « vieille Europe » menée par Paris et Berlin.

Repère **Le tunnel sous la Manche**

L'élection de François Mitterrand relance le projet de relier le Royaume-Uni au continent européen par un tunnel sous-marin. Après l'examen de plusieurs options, le traité bilatéral de Cantorbéry, ratifié en 1987, fournit le cadre juridique. Le tunnel est inauguré le 6 mai 1994 et la ligne à grande vitesse est intégrée au Réseau transeuropéen de transport RTE-T, objectif de l'UE depuis le traité de Maastricht.

2. L'évolution du projet européen

Malgré l'euroscepticisme et la désunion des Européens face aux défis de l'après-guerre froide, l'approfondissement progresse, poussé par le couple franco-allemand incarné par Helmut Kohl et François Mitterrand.

A. Le traité de Maastricht

Signé en 1992, le traité de Maastricht crée, le 1er novembre 1993, l'**Union européenne**, fondée sur trois piliers : la Communauté européenne, la Politique étrangère et de sécurité commune (PESC) et la coopération « Justice et Affaires intérieures ». Le premier pilier est **fédéral**, faisant appel souvent à la procédure de codécision, qui articule Commission, Parlement et Conseil des ministres, les deux autres relèvent de la coopération intergouvernementale.

Le traité crée **une citoyenneté européenne**, qui s'ajoute à celle du pays et comprend le droit de vote et l'éligibilité partout dans l'UE aux élections européennes et locales sous restrictions, la possibilité sous conditions de saisir un médiateur européen et le droit de pétition devant le Parlement, une représentation diplomatique et consulaire commune dans un pays tiers et la garantie de la liberté de circulation et d'établissement dans l'UE. Il ouvre la voie de la **monnaie unique** en instituant une **Union économique et monétaire**. Le **principe de subsidiarité** doit garantir que l'Europe ne se saisit d'un domaine d'action que si elle peut être plus efficace que les États.

FIGURE CLÉ **Helmut Kohl (1930-2017)**

Né en Rhénanie-Palatinat, région tournée vers la France, Helmut Kohl est élu député chrétien-démocrate (CDU) dès 1959 et devient ministre-président de son *Land* en 1969-1976. Président de la CDU en 1973, il dirige l'opposition à la social-démocratie (SPD) au pouvoir. En 1982, il est élu chancelier à la place de Helmut Schmidt pour un mandat de 16 ans jusqu'à la victoire du SPD en 1998. Dès l'ouverture du Rideau de fer, il défend le principe de la réunification allemande malgré les réticences intérieures et extérieures. Avec François Mitterrand, il est un artisan majeur du traité de Maastricht (1992).

B. Traité constitutionnel de 2004 et traité de Lisbonne de 2007

Fruits de compromis laborieux, les **traités d'Amsterdam** (en vigueur en 1999) et **de Nice** (2003) élargissent le champ de la codécision et autorisent des coopérations renforcées entre pays volontaires : c'est « **l'Europe à la carte** ». Ils peinent néanmoins à répondre à la critique du « **déficit démocratique** » de l'Europe : la démarche originale mise en œuvre pour préparer la « Constitution » de l'UE cherchait à y répondre. Le 15 décembre 2001, la déclaration de Laeken des chefs d'État et de gouvernement des Quinze convoquait une **Convention sur l'avenir de l'Europe**, chargée de réfléchir aux adaptations nécessaires du cadre institutionnel et politique de l'UE. Présidée par **Valéry Giscard d'Estaing**, elle a réuni du 28 février 2002 au 18 juillet 2003 des membres des institutions européennes mais aussi des représentants de la société civile. La Convention a émis des propositions et réécrit les textes institutionnels pour les fondre en un seul, plus simple et plus lisible, un projet constitutionnel. Une Conférence intergouvernementale (CIG) a ensuite examiné et entériné le projet. Proposer une **Constitution européenne** visait à rapprocher les peuples, rassembler les traités en un seul texte et progresser dans l'approfondissement. Le projet est formellement adopté par les États membres par la signature du **traité à Rome, le 29 octobre 2004**. Sa ratification se heurte au refus des électeurs français et néerlandais lors de référendums, les 29 mai et 1er juin 2005 : la poursuite du processus par les autres pays ne permet pas de débloquer la situation.

C'est dans ce contexte que les chefs d'État et de gouvernement s'accordent en 2007 sur un traité parfois appelé « traité simplifié », rédigé par la CIG et signé à Lisbonne le 13 décembre 2007. Ratifié, il entre en vigueur au 1er janvier 2009 et constitue le cadre actuel de l'UE, reprenant l'essentiel de ce qui avait été prévu lors du traité de 2004. Il institue un président du Conseil européen, nommé pour deux ans et demi, Charles Michel, et un haut représentant de l'Union pour les affaires étrangères et la politique de sécurité, Josep Borrell. Les compétences de l'Union sont désormais réparties en trois volets : « exclusives » (union douanière, politique de la concurrence, politique monétaire en zone euro, politique commune de la pêche et politique commerciale), « partagées » avec les États et « de coordination ».

C. Au cœur de l'intégration : la mise en place de l'euro

Le traité de Maastricht prévoit la mise en place d'une **monnaie unique**, conçue comme un moyen d'intégrer les États sur un modèle fédéral sans le nommer, notamment en transférant la politique monétaire à la Banque centrale européenne (BCE). En **1997**, le Pacte de stabilité et de croissance fixe les « **critères de Maastricht** » (dont déficit public inférieur à 3 % du PIB et dette publique inférieure à 60 % du PIB) que doivent respecter les candidats à l'euro. Dans le cas contraire, est prévue une procédure pour déficits publics excessifs avec un calendrier d'alerte et de sanction. Au 1er janvier 2002, 12 pays mettent l'euro en circulation : c'est l'**Eurozone** ou **Euroland**. Celui-ci compte actuellement 19 membres avec l'entrée de la Lituanie au 1er janvier 2015.

Les années 2000 ont été marquées par un apparent bon fonctionnement de la zone euro, la monnaie unique protégeant ses membres de tout choc monétaire. Pourtant, plus de la moitié des pays ont fait l'objet d'une alerte précoce et plusieurs d'une procédure de contrôle des déficits publics excessifs. **En 2003, l'Allemagne et la France sont visées**, mais pèsent alors de tout leur poids pour faire annuler la procédure. La crise des *subprimes* de 2007 a mis en évidence d'importants dysfonctionnements. La **révélation du trucage des statistiques grecques en 2009** remet en cause la crédibilité de la gouvernance de la zone euro, qui a dû résister à d'importants mouvements spéculatifs en 2010-2011. La question d'une sortie de la Grèce de l'euro, voire de l'UE – qualifiée de « **Grexit** » (mot-valise associant « Grèce » et « *exit* ») – a été posée. La crise a souligné que **l'euro masquait mais ne supprimait pas les écarts de compétitivité** entre pays : la zone euro est structurellement déséquilibrée entre une Allemagne industrielle et exportatrice et d'autres membres qui se désindustrialisent rapidement.

La crise financière a poussé les États à renforcer la coordination économique et financière : le **Mécanisme européen de stabilité**, créé en mars 2012, doit venir en aide aux États en risque de défaut. Le **Traité sur la stabilité, la coordination et la gouvernance** (TSCG) prévoit que les États inscrivent dans leur ordre juridique national que le déficit public structurel ne dépasse pas 0,5 % du PIB (principe dit « de la règle d'or »). Depuis 2015, pour rattraper le retard en investissement (le niveau de 2014 est encore inférieur de 17 % à celui d'avant la crise), la **commission Juncker** met en œuvre un **Plan d'investissement pour l'Europe** : 21 milliards d'euros investis par l'UE doivent permettre un investissement de 315 milliards par effet de levier, ce qui semble réussi début 2019, l'objectif ayant été porté à 500 milliards d'euros en 2017. En **2012-2013, c'est au tour de Chypre** d'être touchée par la crise spéculative. En 2018, les pays européens **déclarent terminée la crise grecque** : le remboursement des 288,7 milliards d'euros qu'ils ont prêtés à la Grèce est lissé sur 50 ans.

D. Fonctionnement de l'Europe et débat politique français

Le fonctionnement même de l'Europe influence le débat politique français : c'est particulièrement le cas de la politique monétaire. En **1983**, les **contraintes liées au Système monétaire européen**, inspiré par le néolibéralisme, sont un facteur déterminant du « **tournant de la rigueur** » décidé par François Mitterrand devant l'échec patent de la relance tentée par la gauche en 1981. Au sein de la gauche, la ligne européenne l'emporte, Laurent Fabius remplaçant Jean-Pierre Chevènement à l'Industrie et Jacques Delors s'imposant aux Finances : l'Europe a **permis à la gauche de gouvernement d'abandonner la remise en cause du capitalisme pour se réconcilier avec le libéralisme économique** requis pour poursuivre la construction européenne et participer à la mondialisation. L'évolution se poursuit avec le traité de Maastricht : les socialistes se font les champions de la lutte contre l'inflation et le respect des critères de Maastricht, laissant Jean-Pierre Chevènement à gauche et Philippe Séguin à droite **dénoncer la « solution unique »** que constituerait la monnaie unique. Le choix d'une majorité d'hommes politiques en faveur de l'euro et des contraintes qui l'accompagnent aboutit à une forme de schizophrénie, dangereuse pour l'adhésion de la population à l'Europe : d'un côté, ils votent les textes de rigueur budgétaire, de l'autre, ils dénoncent le carcan imposé par Bruxelles…

Depuis les premières de 1979, les élections du Parlement européen ont une influence non négligeable sur la vie politique française, même si elles sont rarement dominées par l'enjeu européen. Le scrutin proportionnel permet aux formations balayées par le scrutin majoritaire habituel des législatives d'obtenir des sièges au Parlement et donc de bénéficier d'un apport financier non négligeable, qui soutient ensuite leur participation à la vie politique nationale. C'est particulièrement net pour le **Front national (FN)** dès les européennes de 1984, où sa percée avec 10,95 % prélude aux législatives de 1986, exceptionnellement organisées avec un scrutin proportionnel. Sous l'impulsion de Marine Le Pen, il obtient même la première place aux européennes de 2014 avec 25,4 % des voix et 23,34 % en 2019. Le scrutin proportionnel conduit souvent à la **formation de listes dissidentes des grands partis**, traversés par le clivage sur l'Europe, qui se concrétise souvent en choix entre Europe libérale et remise en cause au nom des nations ou au nom du refus du libéralisme économique : c'est le cas de la dissidence de Philippe de Villiers (UDF) face à la liste unie RPR-UDF en 1994, ou du Mouvement des Citoyens de Jean-Pierre Chevènement, issu du PS. Le **mouvement écologiste est également divisé** entre une tendance plus révolutionnaire et une tendance européiste.

Enfin, les européennes sont l'occasion de **rééquilibrages déterminants dans la constitution d'une droite unie**. Le scrutin de 1984 voit l'union à parité du RPR et de l'UDF en une seule liste, alors qu'en 1979 le premier n'avait qu'un tiers du total des voix réunies par les deux formations. Cette dynamique conduit le RPR à supplanter l'UDF, dont le candidat Raymond Barre est éliminé au premier tour de la présidentielle de 1988. En échange, le RPR s'approprie le libéralisme économique et l'idée européenne, qui dominent le grand parti de droite Union pour un mouvement populaire (UMP) créé en 2002. Le laminage aux élections européennes de 2019 semble jouer en sens inverse : un éparpillement pour ceux qui ne rejoignent pas la majorité autour d'Emmanuel Macron.

3. De nouveaux défis

Ces dernières années ont vu se multiplier les défis, souvent de nature géopolitique, qui semblent, à chaque fois, remettre en question la construction européenne en interrogeant sa capacité à agir comme puissance unie et non divisée en autant d'États membres.

A. L'Europe de Schengen face à la crise migratoire

La gouvernance européenne est **mise à rude épreuve par la crise migratoire**. Depuis les années 2000, l'Europe est confrontée à des flux migratoires sans précédent, venant d'Afrique et du Moyen-Orient. L'année 2014 connaît un premier record avec 280 000 entrées, puis 2015 avec un million. Premier pays à ouvrir le Rideau de fer en 1989, la Hongrie annonce, le 17 juin 2015, la fermeture avec des barbelés de sa frontière avec la Serbie puis avec la Croatie. En septembre, après avoir dit accueillir les migrants, l'Allemagne rétablit les contrôles à la frontière avec l'Autriche devant l'afflux. Les Européens peinent à s'accorder sur une répartition des arrivées, tandis que les pays d'Europe centre-orientale refusent le principe même de cette répartition : l'existence de l'Europe de Schengen semble menacée par une **crise de la solidarité entre États membres**. En 2016, l'UE conclut un **accord avec la Turquie** : en échange de 6 milliards d'euros par an versés par Bruxelles, Ankara retient 3,57 millions de réfugiés sur son sol. La reprise de la crise en 2018, avec de nouvelles arrivées en Italie, pousse à évoquer la création de « plates-formes de débarquement » hors UE pour contrôler et fluidifier les migrations.

Repère **L'espace Schengen**

Signés en 1985, les accords de Schengen concrétisent le principe de libre circulation des personnes. La convention d'application de 1995 supprime les contrôles aux frontières intérieures et harmonise les règles de franchissement des frontières externes ainsi que celles de contrôle et de traitement des demandeurs d'asile, mais cette harmonisation est loin d'être achevée aujourd'hui. En 2004 est créée Frontex, l'Agence européenne pour la gestion de la coopération opérationnelle aux frontières extérieures des États membres de l'Union européenne, pour coordonner les contrôles et aider les États « périphériques » de l'UE. Elle est remplacée en 2016 par l'Agence européenne de gardes-frontières et de garde-côtes. L'espace Schengen regroupe aujourd'hui 22 États de l'UE et quatre États associés, soit 420 millions d'habitants.

B. Le Brexit

Le **23 juin 2016, par référendum,** les Britanniques se prononcent à 51,9 % en faveur de la sortie du Royaume-Uni de l'Union européenne. Le **29 mars 2017,** quatre jours après la célébration des 60 ans du traité de Rome instituant la CEE, Londres transmet sa demande officielle **d'activer l'article 50 du traité sur l'UE**, introduit par le traité de Lisbonne : Londres et Bruxelles ont deux ans pour négocier les modalités du **Brexit**. C'est la fin de l'irréversibilité de la construction européenne, mais cette crise est aussi l'occasion pour les 27 de montrer une cohésion étonnante face à Londres lors des négociations. Après plusieurs prolongations et rebondissements, le **Brexit a lieu le 31 janvier 2020 à minuit**. Le 1er février commence une période de transition pendant laquelle Londres, devenu État tiers, doit continuer à respecter les règles européennes, sans participer au processus décisionnel, mais, en échange, conserve l'accès au marché européen et à l'union douanière sans restriction. Cette période doit permettre de négocier le futur partenariat entre l'UE et le Royaume-Uni. Selon Bruxelles, le *deal* serait de laisser ouvert le marché intérieur aux Britanniques en échange du maintien de l'alignement britannique sur certaines règles européennes et de l'accès aux eaux britanniques des pêcheurs européens, mais ces conditions sont rejetées par Londres en mai 2020.

C. Coronavirus et Ukraine

La crise sanitaire du coronavirus de 2020 pose de nombreuses questions sur le fonctionnement de l'UE. Les premiers mois, lorsque l'Italie était touchée, Bruxelles a surtout montré **une absence de réaction** tandis que chaque pays prenait ses mesures, souvent **sans aucune solidarité** avec les autres : Paris et Berlin ont réquisitionné les masques sans en fournir à Rome, la République tchèque a même confisqué des masques chinois destinés aux Italiens. Ce n'est qu'au bout d'un moment qu'une réponse commune a commencé à poindre, certains malades français étant accueillis en Allemagne et en Suisse. Même la République tchèque a proposé d'en recevoir.

Alors que l'UE répétait que **les frontières** avaient disparu, elles ont été brutalement fermées sans concertation : l'Autriche a commencé par l'Italie et même les agglomérations transfrontalières franco-allemandes ont été coupées. Alors que la circulation n'a pas été fermée d'une région à une autre ou d'un *Land* à un autre, les pays se sont refermés sur eux…

Le défi financier d'empêcher l'effondrement de secteurs entiers de l'économie européenne, mis au repos forcé comme jamais, particulièrement le secteur aérien, automobile ou touristique, ravive les fractures entre pays aux finances rigoureuses et ceux qui accumulent déficits et dettes. L'Italie s'est heurtée à une incompréhension méprisante lors de sommets par visioconférence... En mai, Paris et Berlin proposent la mutualisation d'un plan d'aide de 500 milliards d'euros après que beaucoup ont repoussé l'idée de « **Corona-Bonds** ». La Commission propose un plan d'action de 750 milliards d'euros dans les jours qui suivent. Ces plans soulèvent la vieille question d'une dette commune de l'UE, avec le risque ressenti par les pays vertueux de devoir payer pour les autres, mais sinon de mettre en danger l'UE elle-même, à un moment où le Brexit la fragilise.

Le retour de la guerre, avec l'invasion russe de l'Ukraine le 22 février 2022, lance de nombreux défis à l'UE. En deux mois, plus de 5 millions d'Ukrainiens fuient leur pays en UE ; les pays membres prennent conscience de leur vulnérabilité, plus ou moins forte, face à la dépendance énergétique envers la Russie et la nécessité de consacrer plus de moyens à leur défense.

THÈME 5

Histoire politique, sociale et culturelle de la France depuis les années 1930

CHAPITRE 9

Années 1930 et Seconde Guerre mondiale

FICHE 27

La vie politique dans la France des années 1930

À tous points de vue, la France des années 1930 présente les traits d'un pays en crise, dans un environnement lui-même bouleversé. Pourtant, les signes de vitalité, voire de renouveau, sont aussi présents et posent les bases d'évolutions qui se poursuivront après la guerre.

L'ESSENTIEL EN DATES

- **3 novembre 1929** : premier gouvernement d'André Tardieu.
- **8 mai 1932** : victoire des radicaux aux législatives (scrutin uninominal majoritaire à deux tours).
- **10 mai 1932** : Albert Lebrun est élu président de la République.
- **6 février 1934** : émeute antiparlementaire à Paris.
- **5 juin 1936** : formation du gouvernement de Léon Blum.
- **13 février 1937** : Blum annonce « la Pause ».
- **10 avril 1938** : investiture du gouvernement de « Défense nationale » de Daladier.

1. Sclérose et renouveau de la vie politique

La décennie est marquée par la crise politique avec l'échec de la droite de 1929 à 1932, puis ceux des radicaux de 1932 à 1934, de nouveau de la droite en 1935-1936, du Front populaire 1936-1937, et enfin d'une majorité menée par Édouard Daladier. L'instabilité gouvernementale à cause de la fragilité des coalitions parlementaires est forte, avec 29 ministères en onze ans, de 1929 à 1940, ce qui nourrit l'antiparlementarisme. Si des signes de renouveau apparaissent, ils conduisent à s'éloigner d'un régime parlementaire qui paraît discrédité.

A. La droite et les Ligues

La droite parlementaire s'appuie sur la masse du catholicisme politique et sur les journaux *Le Temps* et *Le Journal des débats*. Elle **se divise entre une tendance réactionnaire et traditionaliste et une autre modérée et libérale**, chacune accusant l'autre de trahir leur classe. Cette division s'incarne partiellement dans les deux grands partis que sont la Fédération républicaine dirigée par Louis Marin (les « maringouins »), conservatrice et nationale, et l'Alliance démocratique, laïque et nationale. Elle est aggravée par la crise qui touche le catholicisme politique français dans sa difficulté à s'adapter au modernisme et par la condamnation de l'Action française par le pape. **L'échec des gouvernements de droite** face à la crise économique et l'impuissance de Tardieu à concrétiser ses projets de réforme institutionnelle nourrissent le **développement des ligues**, qui semblent offrir un autre mode d'action politique, plus efficace.

Les **ligues** d'extrême droite des années 1930 reprennent une forme d'action politique développée à la fin du XIXe siècle. Si elles présentent souvent un décor fascisant (uniformes et insignes sur le modèle des faisceaux italiens, mains tendues), elles développent un discours populiste, antiparlementaire, en partie de tradition bonapartiste. Elles répandent la violence dans la rue mais échouent à devenir des mouvements de masse, à l'exception de l'Action française et des Croix-de-Feu. Appuyées par les hebdomadaires influents *Gringoire*, *Candide* et *Je suis partout*, elles reçoivent un soutien financier du gouvernement sous André Tardieu, qui y voit un moyen de contourner la paralysie de la Chambre des députés. Au contraire, le 18 juin 1936, le gouvernement de Léon Blum dissout les ligues, dans lesquelles il voit une menace pour la démocratie, sur la base de la loi du 10 janvier 1936 sur les groupes de combat et les milices privées.

Les principales ligues sont :

- L'**Action Française**, mouvement né en 1899 dans le cadre de l'affaire Dreyfus, se structurant en ligue en 1905. La Ligue développe une idéologie contre-révolutionnaire monarchiste, xénophobe, antisémite et antiprotestante, sans influence du fascisme italien. En 1908, elle crée un service d'ordre, les **Camelots du roi**, spécialisé dans la maîtrise de la rue. Durant les années 1930, des tensions apparaissent entre les Camelots et le reste de la Ligue. Le 13 février 1936, les Camelots attaquent violemment Léon Blum, croisé par hasard lors des funérailles de Jacques Bainville, ce qui entraîne leur dissolution et celle de la Ligue.
- Les **Croix-de-Feu** du colonel de La Rocque, qui recrutent parmi les anciens combattants (ayant gagné la Croix de guerre « au feu », d'où le nom), avant de s'ouvrir aux autres en 1931. Elles comptent jusqu'à 100 000 membres. Leur dissolution en 1936 conduit à la création du Parti social français (PSF), qui devient le premier parti avec plus de 500 000 membres.
- Les **Jeunesses Patriotes**, créées en 1924 face au Cartel des gauches, d'abord au sein de la Ligue des patriotes de l'époque boulangiste*, qui s'en séparent et sont dirigées par le bonapartiste Pierre Taittinger à partir de 1932.
- **Solidarité française**, du parfumeur François Coty, ne compte pas de gros effectifs mais est très active le 6 février 1934. Elle se veut révolutionnaire, plébiscitaire, corporatiste et

* En 1889, le général Boulanger multiplie les succès électoraux, réclamant la révision de la Constitution vers moins de parlementarisme, avant d'être poursuivi pour atteinte à la sûreté de l'État.

xénophobe. Les militants les plus engagés forment les Milices de la solidarité française, ou « chemises bleues ».

- Le **Francisme** du bonapartiste Marcel Bucard, fondé en 1933, se réclame ouvertement d'une internationale fasciste pour « arrêter la course à l'abîme ». Il recrute au sein des communistes et de l'extrême droite antisémite.

FIGURE CLÉ **Charles Maurras (1868-1952)**

Écrivain provençal, élu à l'Académie française en 1938, il développe un « nationalisme intégral » : par nationalisme, il rejette les idées de la Révolution française, considère les principes démocratiques comme contraires à la nature et appelle à restaurer la monarchie. À la tête de l'Action française, il exerce une forte influence dans l'entre-deux-guerres, malgré la condamnation de son mouvement par l'Église en 1926. Dans les années 1930, il vitupère contre l'« anti-France » composée des « quatre États confédérés », c'est-à-dire les protestants, les juifs (il dénonce le « juif Blum »), les « métèques » et les francs-maçons. En 1940, Maurras salue l'arrivée au pouvoir de Pétain en 1940 comme une « divine surprise » et, malgré son anti-germanisme, appelle à la collaboration. En 1945, il est condamné à la réclusion à perpétuité et à la dégradation nationale.

À partir de novembre 1929, l'action gouvernementale est aux mains de la droite, sous la direction d'André Tardieu et de Pierre Laval, jusqu'en juin 1932. Les législatives du 8 mai sont alors remportées par un « néo-cartel » des gauches : le parti radical sort renforcé de l'absence de « discipline républicaine » face à la droite et gouverne avec l'appui de la SFIO.

FIGURE CLÉ **André Tardieu (1876-1945)**

André Tardieu incarne l'ambivalence des années 1930, faite de bouillonnement et d'impuissance. Normalien, brillant haut fonctionnaire, volontaire pour les tranchées durant la Première Guerre mondiale, homme de confiance de Clemenceau lors de la rédaction du traité de Versailles, éditorialiste de politique étrangère pour *Le Temps* et grand voyageur, il cumule expériences et projets de réforme des institutions (formulé dans *Le Souverain captif*), de création d'une assurance sociale et d'infrastructures modernes. Député de droite (Alliance démocratique), il est président du Conseil à trois reprises de 1929 à 1932 et ministre de l'Intérieur, de l'Agriculture et de la Guerre. Sortant de l'orthodoxie budgétaire du moment, il engage la construction de la ligne Maginot et instaure une assurance vieillesse obligatoire pour les salariés modestes. Surnommé le « mirobolant », il voit son action se heurter à de solides inimitiés tandis que son usage de la radio lui vaut le surnom d'« homme au micro entre les dents ». Il échoue à convaincre de prendre Hitler au sérieux et à constituer un grand parti conservateur sur le modèle du *Tory* britannique, et son bilan reste mince au regard de l'ampleur de ses projets. Il meurt seul et oublié.

B. La gauche entre force et impuissance

Symbole de la IIIe République, le **parti radical est tiraillé** entre l'adhésion à l'héritage idéologique de la gauche et l'attachement au libéralisme économique défendu par la droite : son appui à l'une ou à l'autre conduit à des changements de majorité parlementaire sans élections, nourrissant l'antiparlementarisme et la critique à son encontre. L'absence de discipline de vote au sein du parti conduit même dix députés radicaux à voter contre le gouvernement Herriot en 1932 !

FIGURE CLÉ **Édouard Herriot (1872-1957)**

Son parcours incarne le mythe de la méritocratie républicaine : grâce à une bourse d'études, il étudie à Louis-le-Grand, intègre l'École normale supérieure et passe l'agrégation de Lettres. Longtemps à la tête du parti radical, son mariage lui ouvre la politique lyonnaise et il est député et maire de Lyon de 1905 à 1957 sauf sous l'Occupation. Artisan de la victoire électorale de 1932, plusieurs fois ministre, notamment des Affaires étrangères, et (éphémère) président du Conseil, président de la Chambre des députés à partir de 1936, il est une grande figure du radicalisme, y compris dans ses louvoiements entre ses alliés de gauche lors du Front populaire en 1936 et ceux de droite comme en 1938. Il se veut porte-parole des braves gens ou « Français moyens », ce qui lui vaut les moqueries d'André Siegfried : « le cœur à gauche et le portefeuille à droite ». Avec sa pipe, à laquelle il doit le surnom de « Fumeur » par allusion au « Führer », et son ventre bedonnant en proue, il est considéré aussi comme l'illustration de l'immobilisme du régime et concentre les caricatures, voire la haine de ses opposants, particulièrement de l'extrême droite.

Les **socialistes de la SFIO** (Section française de l'Internationale ouvrière) se réfèrent officiellement toujours au marxisme mais sont en réalité réformistes : ils hésitent à participer à un gouvernement radical, tout en le soutenant. Les communistes de la SFIC (Section française de l'Internationale communiste) doivent suivre la **tactique de « classe contre classe » et de « défense de la patrie socialiste »** imposée par Moscou, ce qui les isole et sert de prétexte au pouvoir pour multiplier les arrestations préventives contre des « révolutionnaires », tandis que les résultats électoraux fondent. L'arrivée au pouvoir de Hitler et le 6 Février 1934 font changer de stratégie, et SFIC et SFIO concluent un pacte d'unité d'action le 27 juillet 1934, prélude à l'alliance électorale du **Rassemblement populaire**, puis **Front populaire**.

C. « L'esprit des années trente »

À côté de blocages et d'impuissances, la vie politique française connaît aussi des tentatives de renouvellement, que l'historien **Jean Touchard** a qualifiées « **d'esprit des années trente** » dans une analyse de 1960. Face au sentiment d'une décadence de la démocratie parlementaire, ou du moins de l'obsolescence d'idées fondatrices de la IIIe République, de jeunes intellectuels explorent de nouvelles solutions dans de petites revues, qui présentent des similitudes de vocabulaire et de formulation : ce sont ceux que Jean-Louis Loubet del Bayle a appelés en 1969 les « **non-conformistes des années trente** ». Prônant le fédéralisme face à l'étatisme du communisme et du fascisme, ne voyant dans le parlementarisme que pourriture, ils appellent à une « révolution spirituelle » face à la « crise de civilisation » de l'époque. Ils se regroupent en trois courants principaux, l'un autour de la **revue *Esprit*** d'Emmanuel Mounier, un deuxième au sein du **mouvement intellectuel Ordre nouveau** de Robert Aron et un troisième dit « **Jeune droite** », intellectuels souvent issus de l'Action française. Prônant l'encadrement du capitalisme en crise par une planification, tout en rejetant le marxisme, le « **planisme** » du Belge Henri de Man se présente comme une « troisième voie » et séduit une partie de ces non-conformistes. Ils y voient un « régime intermédiaire » qui permet de donner plus de poids aux techniciens dans la décision politique : le groupe de réflexion **X-Crise**, composé de polytechniciens, en est l'illustration la plus connue. Ce bouillonnement vient compliquer le paysage politique avec des scissions et des créations. C'est le cas des « **Jeunes Turcs** » (par allusion au mouvement éponyme qui avait cherché à réformer l'Empire ottoman à partir de 1889) au sein du parti radical, avec Pierre Cot, Jean Zay et Pierre Mendès France, des néo-socialistes (ou « **Néos** ») à la SFIO avec Marcel Déat, qui fonde un éphémère Parti socialiste de France-Union Jean Jaurès en 1933, tandis que le communiste Jacques Doriot fonde le **Parti populaire français** (PPF) en 1936, qui séduit un temps des non-conformistes comme Bertrand de Jouvenel ou Pierre Drieu la Rochelle.

2. Crise et agonie de la IIIe République

Le 6 Février 1934 et le Front populaire sont deux moments qui illustrent la violence du choc gauche-droite, qui se prolonge ensuite pendant le conflit mondial.

A. Un accès de « fièvre hexagonale »

Par la crise institutionnelle et par le clivage suscité par son interprétation, le 6 Février 1934 constitue l'un des accès de la « **fièvre hexagonale** » (voir p. 110) analysée par Michel Winock. Le mois de janvier précédent est marqué par les révélations concernant l'escroc **Stavisky** et les complicités dont il aurait bénéficié auprès de parlementaires et de fonctionnaires de police, tandis que **l'escroquerie du banquier Sacazan** compromet le garde des Sceaux Raynaldy et fait tomber le gouvernement du radical de Camille Chautemps le 28 janvier. Son successeur **Édouard Daladier décide de limoger le préfet de police Jean Chiappe**, sous couvert d'une promotion comme résident général au Maroc, l'accusant de négligences dans l'affaire Stavisky et d'être trop favorable aux ligues. La gauche applaudit mais la droite hurle au « coup d'État jacobin » et n'y voit qu'une manœuvre pour obtenir le soutien de la SFIO au gouvernement. La presse appelle à manifester. Pour *L'Écho de Paris*, conservateur, la masse du peuple doit imposer sa décision, la majorité parlementaire ayant perdu toute légitimité.

Le 6 février, jour où la Chambre des députés doit voter la confiance au nouveau gouvernement, les ligues appellent à manifester à 17 heures, tout comme **deux puissantes associations d'anciens combattants**, l'Union nationale des combattants (UNC), plutôt à droite, et l'Association républicaine des anciens combattants (ARAC) proche de la SFIC : initialement, tous ne sont pas censés suivre le même itinéraire, mais tous dénoncent l'incapacité et la corruption des parlementaires, avec le mot d'ordre « à bas les voleurs ! », tandis que la droite dénonce l'éviction du préfet Chiappe. Alors que le jour diminue, la manifestation, qui rassemble environ 30 000 personnes, prend vite un tour dramatique, avec échange de coups de feu, tandis que des lames de rasoirs fixées au bout des cannes des manifestants, banales à l'époque, servent d'arme, en particulier pour exciter les chevaux des policiers. Les forces de l'ordre sont mal coordonnées et sont désorientées d'être confrontées à des décorés et des mutilés de guerre. Les heurts font **14 morts le jour même**, une trentaine selon le bilan définitif au bout des jours suivants, et plus de 1 500 blessés. C'est le bilan le plus lourd depuis la fusillade de Fourmies (1891) et jusqu'à la manifestation des Algériens du 17 octobre 1961 : Emmanuel Blanchard a parlé d'une « **crise policière** ».

L'interprétation de l'événement est l'objet d'un vif débat. Pour la droite, la gauche corrompue a fait couler le sang innocent des anciens combattants : *L'Action française* titre ainsi « Après les voleurs, les assassins ! ». Pour *Le Populaire*, organe de la SFIO, « le coup de force fasciste a échoué » et le 6 Février est une réplique de la Marche sur Rome de 1922 ou du putsch de Munich de 1923. La signification de la journée est multiple et **Serge Bernstein y a vu cinq scénarios** :

- L'ARAC et les communistes manifestent contre le gouvernement Daladier jugé fasciste et contre l'UNC dont l'ancien président est compromis dans l'affaire Stavisky.
- Appelant à faire toute la lumière sur « les Affaires », l'UNC ne devait pas se mêler aux ligues mais tout finit par l'y conduire.
- Les Croix-de-Feu convergent en deux colonnes vers le palais Bourbon mais quand éclatent les coups de feu, le colonel de La Rocque ordonne la dispersion : il refuse tout coup d'État. Les autres ligues ne lui pardonneront pas cette dérobade.
- L'Action française, la Solidarité française et les Jeunesses patriotes cherchent l'incident et veulent déstabiliser le régime, sans avoir vraiment de solution en cas d'effondrement de la République.
- Quelques élus municipaux de Paris, liés aux Jeunesses patriotes, parmi lesquels Pierre Laval, appellent à la démission du gouvernement et à la formation d'un gouvernement d'union nationale : plus qu'un putsch fasciste, c'est une tentative de droite de revenir au pouvoir à la faveur de l'agitation des ligues.

Or Daladier est largement investi et fait preuve de fermeté... jusqu'au lendemain, où il démissionne face aux défections de la justice, qui refuse d'enquêter pour complot contre la sûreté de l'État, de l'armée, qui refuse de décréter l'état de siège, et de la police, qui ne peut appréhender aucun chef de ligue ! Le **président Albert Lebrun** invite les partis à la « **trêve** » et charge **Gaston Doumergue**, le « sage de Tournefeuille », de former un gouvernement d'union nationale pour réformer les institutions. Celui-ci commet l'erreur d'attendre l'automne pour réformer : l'unanimité n'est plus là et la réforme est abandonnée. Lui succèdent deux hommes de droites, Pierre-Étienne Flandin (novembre 1934-mai 1935) et Pierre Laval (juin 1935-janvier 1936), qui conservent des radicaux au gouvernement tel Édouard Herriot aux Affaires étrangères.

Repère **Y a-t-il un fascisme français ?**

Cette question a été l'objet d'un vif débat entre historiens dans la décennie 1980. Le terme de « fascisme » appartient au vocabulaire de gauche pour désigner non seulement l'extrême droite, mais aussi la droite parlementaire, tandis que les communistes rejettent les socialistes comme des « social-fascistes ». En 1983, dans *L'Idéologie fasciste en France*, Zeev Sternhell repère non seulement une idéologie fasciste, mais voit dans la France son berceau. L'Américain Robert J. Soucy voit dans les ligues une forme française de fascisme en ce qu'elles séduisent des populations aigries et présentent culte du chef, organisation et allure paramilitaires. Pour Raoul Girardet, il s'agirait plutôt d'un « fascisme diffus », sans véritable mouvement de masse caractéristique du fascisme, et d'une imprégnation générale sous trois formes : l'anticommunisme, les mises en scène de type militaire (insignes, uniformes, salut, violence) et la banalisation aux yeux des élites des régimes en place à Rome et à Berlin. Malgré des ressemblances de « décor », René Rémond, Michel Winock, Serge Bernstein et Pierre Milza soulignent les divergences entre les droites françaises et le fascisme. Selon ce qui a été appelé « la thèse immunitaire », l'explication résiderait dans la profondeur de la culture politique républicaine et démocratique des Français par rapport à leurs voisins allemands ou italiens. Les Chemises vertes d'Henri Dorgères et Marcel Braibant seraient une exception, dans leur protestation antisémite, xénophobe, contre l'État et ses représentants, expression du désarroi du monde rural. En 2003, Michel Dobry tente de faire un bilan du débat dans *Le Mythe de l'allergie française au fascisme*.

B. Le Front populaire, réponse et échec

Pour la gauche, le 6 Février est donc un coup de force fasciste : dès le 12 février, une grève générale doit montrer les forces populaires face aux ligues. En juin, les communistes abandonnent la tactique « classe contre classe ». Le **14 juillet 1935** se forme officiellement le **Rassemblement populaire**, avec le slogan « **pain, paix, liberté** » : il prévoit qu'au second tour des législatives, le 3 mai 1936, le candidat de gauche le mieux placé sera l'unique candidat de ce « front républicain », ce qui donne à ce dernier 376 députés contre 222 à la droite. Le 4 juin 1936 est formé le gouvernement du Front populaire, investi le 6 : Léon Blum le préside, puisque la SFIO a le plus d'élus, et c'est le premier gouvernement dirigé par un socialiste en France. Les communistes le soutiennent sans y participer, pour éviter que leur présence n'effarouche l'opinion publique. Si les **grèves massives** donnent un climat révolutionnaire, en particulier avec **l'occupation des usines**, Blum affirme son légalisme et sa volonté de diriger socialement la France, non d'y instituer le socialisme.

FIGURE CLÉ **Léon Blum (1872-1950)**

Après des études de philosophie et tout en écrivant des articles de critique littéraire, Léon Blum entre au Conseil d'État et s'engage dans le socialisme au moment de l'affaire Dreyfus. Parmi les dirigeants de la SFIO, il se distingue au Congrès de Tours de décembre 1920 en refusant de rejoindre la IIIe Internationale, communiste, et déclare qu'il faut que « quelqu'un reste garder la vieille maison ». À partir de 1934, il œuvre au rapprochement avec les communistes et les radicaux en vue d'un « front populaire ». Il est alors la cible d'une violente campagne antisémite de la presse, notamment de Charles Maurras, et est physiquement agressé le 13 février 1936. Il est président du Conseil d'un premier gouvernement le 6 juin 1936 jusqu'en juin 1937, puis durant trois semaines en mars 1938 : c'est la première fois qu'un socialiste dirige un gouvernement en France. En 1940, il fait partie des 80 parlementaires qui refusent les pleins pouvoirs à Pétain. Il est poursuivi lors du procès de Riom, puis envoyé comme otage en résidence surveillée près du camp de Buchenwald. Il renoue brièvement avec la vie politique après-guerre et s'en retire en 1948.

La politique du Front populaire **contre la crise** est complétée par des mesures ambitieuses dans le **domaine de la culture** (voir la fiche 28, p. 234) ainsi que par la tentative d'une **politique coloniale plus libérale**, qui en reste toutefois aux velléités. Au Levant, un traité donnant l'indépendance à la Syrie est signé, mais le gouvernement n'ose pas le soumettre à ratification du Parlement. Il en va de même pour le **projet Blum-Viollette**, qui prévoit d'octroyer la citoyenneté française tout en maintenant leur statut personnel à quelque 20 000 musulmans d'Algérie diplômés, décorés ou actifs dans le commerce (selon une ordonnance de 1834, les musulmans d'Algérie ont une nationalité de sujets, sans droits, et sont soumis à des règles à part regroupées dans le Code de l'indigénat en 1881).

S'il a été une « embellie » pour le peuple de gauche, le Front populaire a suscité une opposition virulente chez une partie des Français : la droite **dénonce le « complot communiste »** et la presse d'extrême droite, autour de Charles Maurras dans *L'Action française* et d'Henri Béraud dans *Gringoire*, déverse sa **haine contre le « Juif Blum »**. La campagne de diffamation de *Gringoire* contre le ministre de l'Intérieur **Roger Salengro** conduit celui-ci au suicide le 17 novembre 1936. C'est dans ce contexte que le gouvernement **dissout les ligues le 18 juin 1936** : la plupart se transforment en partis politiques, mais seul le Parti social français (PSF) du colonel de La Rocque prend une importance numérique. Parallèlement se développe le Parti populaire français (PPF) de Jacques Doriot, authentiquement fasciste même s'il évite le qualificatif, peu porteur en France.

Serge Bernstein a parlé d'un « **affrontement simulé** » entre l'antifascisme de gauche et l'anticommunisme de droite, qui s'est mué en une **guerre civile larvée** : le **16 mars 1937, à Clichy**, la confrontation entre manifestants de gauche refusant la tenue d'un meeting du PSF et la police défendant la liberté de réunion débouche sur une fusillade faisant 5 morts et 200 blessés.

Repère **La Cagoule**

Reprochant son manque d'action à Charles Maurras, des partisans de l'Action française menés par Eugène Deloncle fondent en 1936 l'Organisation secrète d'action révolutionnaire nationale (OSARN) ou Comité secret d'action révolutionnaire (CSAR), surnommé aussi dédaigneusement « la Cagoule ». Organisé comme une franc-maçonnerie, dirigé contre le Front populaire, le groupe est antisémite, anticommuniste et nationaliste. En 1937, il assassine des opposants aux fascisme comme les frères Rosseli réfugiés en France, et commet plusieurs actions terroristes, comme en septembre contre l'immeuble du patronat à Paris. Il tente un putsch dans la nuit du 15 au 16 novembre 1937 mais le complot est éventé.

C. L'échec du Front populaire et le gouvernement Daladier

Le Front populaire échoue sur le plan économique ; il échoue aussi sur le plan social car il **déçoit les classes moyennes**, qui ont joué un rôle essentiel dans la victoire électorale de 1936. Ulcérés par les occupations d'usine de mai-juin, les **petits patrons** dénoncent le surplus des coûts salariaux dû aux mesures sociales et ne se reconnaissent pas dans la signature des accords de Matignon par la Confédération générale de la production française : celle-ci se transforme d'ailleurs en une **Confédération générale du patronat français** (CGPF), représentants davantage les petits patrons. La dévaluation du 27 septembre ampute le capital des **rentiers** tandis que les **fonctionnaires**, initialement largement favorables idéologiquement au Front populaire, perdent en pouvoir d'achat avec l'inflation qui repart à l'été 1936. Cette désaffection des classes moyennes pousse les sénateurs radicaux à refuser les pleins pouvoirs financiers demandés par Blum, et celui-ci démissionne le 22 juin. Le **radical Camille Chautemps** forme un gouvernement toujours de Rassemblement populaire mais plus à droite. En mars 1938, il bute sur l'opposition des socialistes sur le même sujet : Blum tente alors de former un gouvernement d'union nationale, « de Thorez à Reynaud » (Maurice Thorez à la tête des communistes, Paul Reynaud à celle de l'Alliance démocratique), sans succès.

Le **12 avril 1938**, le gouvernement présidé par **Édouard Daladier** est investi avec 587 voix contre 6. La **dévaluation du franc** le 5 mai aligne les prix français sur le marché mondial et rétablit la confiance des marchés. Après avoir déclaré le 21 août 1938 qu'« il faut remettre la France au travail », Daladier appuie les **décrets-lois du 13 novembre**, présentés par Paul Reynaud, pour relever le temps de travail jusqu'à quarante-huit heures : les syndicats dénoncent les « décrets de misère ». La grève du 30 novembre, qu'ils organisent, est un échec et marque la fin du Front populaire. Parallèlement, les accords de Munich du 29 septembre aliènent au gouvernement les communistes. Malgré tout, le gouvernement Daladier jouit de la confiance de l'opinion publique pour redresser le pays, pouvant s'appuyer sur le centre et la droite, à tel point qu'on parle à l'époque d'une « **dictature Daladier** », par analogie à la dictature romaine ! À partir de l'entrée de la Wehrmacht dans Prague, le 15 mars 1939, il prépare le pays à l'affrontement avec Berlin, tout en rejetant les prétentions italiennes sur la Corse et Nice ou Djibouti et la Tunisie.

FIGURE CLÉ **Édouard Daladier (1884-1970)**

Appartenant à la « génération du feu », ayant combattu à Verdun, Édouard Daladier est élu en 1919 député radical-socialiste du Vaucluse et le reste jusqu'en 1940. Proche des Jeunes Turcs, il tente de rénover le vieux parti radical. À partir de 1924, il est plusieurs fois ministre, notamment de la Défense nationale en 1936-1938, avant d'être Président du conseil pour préparer le pays à la guerre qui menace. En juin 1940, il rallie l'Afrique du Nord sur le *Massilia*, ce qui lui vaut d'être arrêté par Vichy et jugé à Riom. Il est déporté en Allemagne de 1943 à 1945. Daladier est alors réélu député du Vaucluse jusqu'en 1958 comme radical de gauche et s'oppose notamment au projet de Communauté européenne de défense.

FICHE 28

Société et culture dans une France en crise (1930-1944)

Après avoir eu l'illusion d'y échapper, la France est plongée dans la crise avant de traverser les « années noires » de l'Occupation. La crise est multiforme et produit un pessimisme général. Pour autant, sont aussi manifestes des signes de vitalité, voire de renouveau, qui se poursuivront au lendemain de la Libération.

L'ESSENTIEL EN DATES

- **16 avril 1930** : gratuité de l'entrée en 6e.
- **6 mai 1931** : ouverture de l'Exposition coloniale à Vincennes.
- **11 mars 1932** : création des allocations familiales
- **3 mars 1934** : création du Comité de vigilance des intellectuels antifascistes.
- **25 mai 1937** : ouverture de l'Exposition universelle de Paris.
- **29 juillet 1939** : Code de la famille et de la natalité françaises.

1. Une population usée, qui doute

A. Une démographie affaiblie

Par bien des aspects, la population française des années 1930 est à l'image de son économie, affaiblie par la crise (la production industrielle de 1939 est de 10 à 20 % inférieure à celle de 1929), repliée sur elle-même et encore **très rurale**. Au malthusianisme économique (les gouvernements cherchent ainsi à réduire la production de blé et de vin pour faire remonter les prix) correspond le **malthusianisme démographique** : en 1935 réapparaît l'excédent des décès sur les naissances. En une décennie, la population française n'augmente que de 200 000 habitants pour atteindre environ **41,6 millions**, soit le niveau de 1914. C'est alors un tiers de moins que l'Allemagne dans ses frontières de 1937. Cette situation s'explique par la **faiblesse de la natalité** et le **mariage des « classes creuses »** de la guerre de 14-18, qui amputent une deuxième fois la pyramide des âges française. La prise de conscience de cette faiblesse démographique conduit le gouvernement Tardieu à **créer les allocations familiales** sur cotisation obligatoire par la loi du 11 mars 1932, puis à adopter le **Code de la famille et de la natalité françaises** avec un objectif clairement nataliste, par décret-loi du 29 juillet 1939. La politique nataliste de Vichy s'inscrit donc en continuité de cette décennie.

Cette situation démographique a pesé sur l'état d'esprit de la France face à l'Allemagne, même si ce n'est pas un facteur aussi déterminant que cela a pu être dit longtemps. L'arrivée des classes creuses à l'âge adulte signifie de **plus faibles effectifs au service militaire** à opposer au Reich. Le poids démographique des anciens combattants, et de leurs proches, se répercute dans la vie politique, sans que ce soit de manière univoque : les uns ne veulent pas d'une guerre avec l'Allemagne, mais les autres appellent à la réforme de l'État pour redresser le pays. Par ailleurs, même peu nombreuse, la **jeunesse témoigne de dynamisme** et développe de nouvelles organisations comme les mouvements du catholicisme social, Jeunesse ouvrière chrétienne (JOC), Jeunesse agricole chrétienne (JAC) et Jeunesse étudiante chrétienne (JEC), tandis que Marc Sangnier introduit les auberges de jeunesse en France en 1930.

B. Le doute nourrit la xénophobie

Face à la crise, **les étrangers** ne sont plus les bienvenus alors qu'ils sont essentiels à l'économie nationale : ils représentent 42 % des mineurs et 30 % des terrassiers en 1931. Ils constituent **7 % de la population totale**, soit 2,9 millions d'habitants en 1931, 2,45 en 1936. De 1927 à 1939, 900 000 sont naturalisés. À l'immigration de travail s'ajoutent les réfugiés allemands, autrichiens, tchèques ou espagnols, que dénonce avec violence et grossièreté la presse d'extrême-droite. À partir de 1932, plusieurs lois excluent les étrangers ou les naturalisés récents de certaines professions ou les contingentent (médecins en 1933, avocats 1934). Le 1er février 1935, les étudiants, dont le futur président François Mitterrand, manifestent contre les « métèques » et obtiennent que les étrangers naturalisés ne puissent exercer la médecine qu'après un service militaire. Pour contrer la xénophobie et l'antisémitisme de l'époque, le Garde des Sceaux **Paul Marchandeau** promulgue le **décret-loi du 21 avril 1939** qui modifie la loi sur la liberté de la presse de 1881 en réprimant l'incitation à la haine raciale et religieuse. Il est abrogé par Vichy dès le 25 août 1940 et rétabli en 1972.

2. Innovation culturelle et temps de l'engagement

A. Une époque créatrice

La culture des années 1930 ne se limite pas à une « culture de crise » mais est marquée par un **grand foisonnement**. Des auteurs appellent à un **renouveau spirituel** et dénoncent les limites du matérialisme de l'époque, tels Henri Bergson, Paul Valéry ou Georges Duhamel ; d'autres **dépeignent de manière critique la société** de leur temps, comme Georges Bernanos, Louis-Ferdinand Céline ou François Mauriac. La **littérature d'évasion** rencontre le succès, renvoyant le lecteur au monde paysan comme Jean Giono, ou l'emportant au loin avec Paul Morand ou Paul Nizan, ce que font aussi dans le journalisme Joseph Kessel ou Albert Londres. Paul Claudel et Saint-John Perse poursuivent leur quête esthétique sans chercher à se rattacher aux débats du moment. Le **théâtre** voit triompher Jean Giraudoux, Jean Anouilh, Armand Salacrou et Jean Cocteau. De nouvelles formes de littérature se développent, avec un grand succès populaire, tels la **bande dessinée** belge francophone ou américaine traduite, ou le **roman policier**, illustré par Georges Simenon, genre qui a droit à sa collection avec « Le Masque », fondé en 1927 : il publie notamment les romans d'Agatha Christie, dont c'est la période faste.

Sur le plan philosophique, la décennie marque un **retour partiel au rationalisme**, dont témoigne **Gaston Bachelard** : rejetant positivisme optimiste et relativisme, il envisage la science comme un « savoir en devenir », et c'est dans ce renouveau de confiance que se comprennent la création du musée de l'Homme et celle du Palais de la découverte en 1937, puis celle du Centre national de la recherche scientifique (CNRS) en 1939. La **phénoménologie allemande** exerce aussi son influence par le biais de nombreuses traductions publiées dans les années 1930, tandis que les premiers thèmes de **l'existentialisme** apparaissent avec *La Nausée* de Jean-Paul Sartre en 1938.

B. L'engagement des intellectuels

À côté de cette diversité, la vie culturelle est marquée par **l'engagement** et par la **figure de l'intellectuel**. Les événements du 6 février 1934 poussent l'ethnologue Paul Rivet (directeur fondateur du musée de l'Homme), socialiste, le philosophe Alain, radical, et le physicien Paul Langevin, communiste, à créer, le 3 mars suivant, le **Comité de vigilance des intellectuels antifascistes**, qui multiplie les brochures contre le fascisme et le capitalisme. Dans le camp adverse, c'est l'invasion de l'Éthiopie par l'Italie, le 3 octobre 1935, qui suscite, dès le lendemain, le « **Manifeste des intellectuels français pour la défense de l'Occident et la paix en Europe** ». Parmi les fondateurs se trouvent Robert Brasillach, Pierre Gaxotte et Thierry Maulnier. La **guerre d'Espagne** entraîne l'engagement d'un André Malraux tandis que Georges Bernanos, d'abord favorable à Franco, dénonce les crimes des nationalistes. Louis Aragon, Paul Éluard, Henri Barbusse et Paul Nizan sont séduits par le communisme, mais rapidement se pose la question du maintien de leur liberté de création ou de sa soumission aux directives du parti : un André Gide rompt ainsi cet engagement. À l'autre bout, « **l'esprit des années trente** » évoqué à propos de l'histoire politique conduit aussi à un « phénomène d'imprégnation fasciste » des intellectuels, selon Raoul Girardet, sans se réduire à une simple adhésion : manifestant un romantisme fasciste, Pierre Drieu la Rochelle est plus séduit par le vitalisme du fascisme que par son caractère totalitaire. Quel que soit le camp, l'engagement a été fécond, par exemple avec *L'Espoir* de Malraux, *Gilles* de Drieu la Rochelle, *Les Grands Cimetières sous la lune* de Bernanos, *La Conspiration* de Nizan, ou dans l'art avec *Guernica* de Picasso.

C. Les débuts de la massification

D'une manière plus générale, la culture connaît un **début timide de massification**. La gratuité de l'enseignement secondaire est très progressivement introduite, en 1930 pour la 6ᵉ, en 1933 pour les classes suivantes, mais la mesure est annulée par Vichy en 1941. Le cinéma, la radio, la presse, la chanson populaire (par exemple Ray Ventura, Maurice Chevalier, Tino Rossi, Charles Trenet) et le sport, réservé à l'élite jusqu'à la Première Guerre mondiale, sont des éléments d'intégration des masses populaires à une culture commune. Le Front populaire est aussi un moment important sur ce plan. C'est avec lui que les termes de « vie culturelle », d'« action culturelle » ou de « politique culturelle » entrent dans le vocabulaire politique. Son action est coordonnée par Jean Zay, ministre de l'Éducation nationale, par le sous-secrétaire d'État à la Recherche scientifique Jean Perrin et par celui de l'Organisation des loisirs Léo Lagrange. On promeut les **« loisirs dirigés » à l'école**, qui initient à l'art et à la fréquentation des musées, tandis qu'avec les congés payés on **découvre le tourisme** en tandem, en « cyclo », dans les trains de la SNCF nationalisée en 1937. Le **cinéma** français connaît un âge d'or, qui se poursuit sous l'Occupation, avec les films de Jean Duvivier, de Marcel Carné, de René Clair, d'Abel Gance ou de Jean Renoir, au succès inégal. Parmi les plus connus des Années noires peuvent être cités *Les Enfants du paradis*, *Les Visiteurs du soir* et *L'Éternel Retour*.

FICHE 29

La France dans la guerre : occupation, collaboration, régime de Vichy et Résistance

Pour la France, la Seconde Guerre mondiale s'ouvre par une défaite écrasante dont l'interprétation décide alors de la suite. Pour Vichy et pour les collaborationnistes, elle est définitive et il faut refonder le pays sur cette base. Pour de Gaulle et la Résistance, une bataille est perdue mais la guerre continue et ne peut qu'être perdue par l'Allemagne.

L'ESSENTIEL EN DATES

- **3 septembre 1939** : déclaration de guerre française à l'Allemagne.
- **10 mai 1940** : invasion allemande.
- **18 juin 1940** : Appel du 18 Juin.
- **22 juin 1940** : armistice de Rethondes.
- **11 novembre 1942** : occupation de la zone libre.
- **27 mai 1943** : formation du CNR (Conseil national de la Résistance).
- **6 juin 1944** : débarquement de Normandie.
- **8 mai 1945** : capitulation allemande en présence des Français.

1. Vers la débâcle 1939-1940

La débâcle de 1940 est un traumatisme majeur : pourtant rien n'était écrit d'avance. Comme pour l'action ou l'inaction qui suit, tout s'est joué dans l'interprétation juste ou dépassée des événements.

A. La « drôle de guerre »

Après avoir déclaré la guerre à Berlin le 3 septembre 1939 pour l'invasion de la Pologne, l'armée française s'abstient de toute action d'envergure et se limite à quelques incursions en Sarre du 7 au 21 septembre. Loin d'être mis à profit pour hâter les préparatifs et tirer les leçons de la campagne de Pologne, les mois qui suivent démoralisent les soldats, réduits à planter des rosiers sur la **ligne Maginot**. Le **pacifisme se développe** : à gauche, les communistes doivent suivre Moscou dans son pacte avec Hitler ; à droite, l'hebdomadaire *Je Suis Partout* admire le fascisme et ne veut pas de combat. Toutefois, on a pu montrer que le moral en mai 1940 était remonté. Succédant à Daladier en mars 1940, **Paul Reynaud** tente d'organiser les préparatifs mais subit la pression des radicaux : le 9 mai il présente sa démission mais doit la retirer au vu de l'attaque allemande.

Repère **Exode**

En mai-juin 1940, 9 millions de civils français, belges, néerlandais et luxembourgeois fuient l'avancée allemande, souvent à pied ou en charrette. Leurs colonnes sont fréquemment attaquées par les *Stukas* qui cherchent à semer la panique. Cet épisode, qualifié « d'Exode » par référence à la fuite d'Égypte des Hébreux dans la Bible, est représenté dans la célèbre scène d'ouverture de *Jeux interdits*, film de René Clément sorti en 1952. L'Exode est un traumatisme national et constitue l'un des facteurs expliquant la confiance suscitée par Pétain à ce moment-là.

B. La campagne de France

Quand l'Allemagne attaque le 10 mai, le généralissime Gamelin applique le plan prévu et envoie les meilleures troupes à la rencontre de l'ennemi en Belgique et aux Pays-Bas : le piège allemand a fonctionné. Les blindés de Guderian et Rommel foncent dans les Ardennes et opèrent le « **coup de faux** » en coupant les troupes du nord du reste du pays : elles n'ont plus qu'à tenter de rembarquer à **Dunkerque**, abandonnant leur matériel. Le 4 juin, la poche est réduite : les Allemands déferlent sur le pays et **entrent dans Paris le 14**. Le gouvernement se replie sur Bordeaux. À l'Est, les troupes de la Ligne Maginot sont prises à revers. **1 850 000 Français sont faits prisonniers**.

Repère ***L'Étrange défaite*, Marc Bloch**

C'est à chaud, l'été 1940, que Marc Bloch, historien médiéviste, écrit *L'Étrange défaite*, publié en 1946, après qu'il a été assassiné par la Gestapo. Républicain, il n'accuse pas la IIIe République. Pour lui, une armée sclérosée, des élites égoïstes, une incompréhension entre ouvriers et bourgeois, c'est toute une société qui aurait failli. Contrairement à Vichy, il en tire la conclusion qu'il faut agir et entre en Résistance en 1943. Aujourd'hui, son diagnostic est partiellement contesté, puisqu'il n'y a pas de lien de cause à effet nécessaire entre le malaise d'une société et sa défaite sur le champ de bataille.

Contrairement au discours tenu après la guerre, les Français ont combattu courageusement et ont **perdu 58 000 hommes** (non 100 000 comme longtemps estimé) face à 40 000 morts ou disparus allemands, ce qui est le même ratio qu'en 1914-1918. La *Wehrmacht* rend les honneurs à la garnison de Lille pour sa résistance, aux Cadets de Saumur, tandis que les Français repoussent les Italiens dans les Alpes. Le général de Gaulle remporte des succès sans lendemain à Montcornet et Abbeville.

C. Continuer ou arrêter la guerre ?

Aujourd'hui, la recherche historique peut affirmer que la **France disposait suffisamment d'armes**, malgré des faiblesses dans les communications (les tankistes allemands sont reliés par radio, rarement leurs homologues français), l'artillerie antiaérienne et certains modèles d'avions (les Bloch 131 ont été accusés par l'extrême droite d'être des « cercueils volants »), mais elles ont surtout été **mal utilisées**. Par peur de sabotage, trois quarts des avions n'ont pas pu prendre l'air car il manquait quelques pièces de finition qu'il était prévu de monter au dernier moment. À cela s'ajoute surtout le **manque dramatique de coordination** entre armées (même de Gaulle ne prévient pas l'aviation de son avance à Montcornet le 17 mai) et entre

Français et Britanniques. Les Alliés n'exploitent pas les erreurs ou les faiblesses des Allemands : embouteillage de chars, avance trop rapide au risque de rupture logistique... Le rapport des forces est loin de garantir la victoire à la France mais elle ne rend pas inéluctable la débâcle.

Le président du Conseil Paul Reynaud préconise une **capitulation**, qui immobiliserait des forces ennemies pour occuper le territoire et permettrait à un gouvernement en exil de poursuivre la lutte. Rendant responsables les civils et non les militaires, le vice-président Philippe Pétain, soutenu par les militaires dont Maxime Weygand, veut un **armistice** : pour lui la guerre est finie, il faut redresser la France. Le 17 juin, il annonce les négociations, qui aboutissent à la signature de l'armistice le **22 juin à Rethondes**, dans la forêt de Compiègne. La France est démembrée en zone occupée et en zone libre, séparées par une **ligne de démarcation**, Alsace-Lorraine intégrées au Reich dans les faits, le Nord rattaché au commandement de Belgique, une zone confiée à l'Italie... La flotte doit rester au port, mais une partie est détruite par les Britanniques à **Mers-el-Kébir le 3 juillet 1940** pour éviter qu'elle ne serve contre eux. L'armée est limitée à 100 000 hommes et une indemnité élevée est à verser chaque jour. Le **18 juin, Charles de Gaulle** appelle à poursuivre les combats depuis Londres mais est peu entendu à cette date.

Repère ***Et si la France avait continué la guerre...***

Les historiens anglo-saxons connaissent bien l'exercice du *What If ?* ou « uchronie », non pour l'amusement mais comme outil d'analyse et de compréhension. C'est ce à quoi se livrent l'équipe dirigée par J. Sapir, F. Stora et L. Mahé dans *Et si la France avait continué la guerre* en 2013, reprenant, avec l'informatique, les caractéristiques des unités réelles et des terrains d'opération. La divergence se fait le 6 juin avec la mort accidentelle de la maîtresse de Paul Reynaud, qui poussait ce dernier à l'armistice. Dans la nuit du 12 au 13 juin : Georges Mandel, ministre de l'Intérieur, partisan de poursuivre la lutte, a prévu d'arrêter Pétain, vice-président du Conseil, pour trahison, ce qu'il fait quand s'affrontent au sein d'un Conseil des ministres replié à Tours partisans du combat et ceux de l'armistice. L'exercice montre que l'issue en Métropole est la même mais place la France dans une position bien supérieure, moralement et matériellement, avec sa flotte et son empire aux côtés des Britanniques.

2. La France de Vichy

Le régime de Vichy prend acte de la défaite, qu'il attribue à la politique menée avant le conflit, particulièrement par le Front populaire. Il veut en faire l'occasion d'un redressement moral au sein d'une Europe allemande : c'est la Révolution nationale.

FIGURE CLÉ **Philippe Pétain (1856-1951)**

Alors qu'il doit partir à la retraite, la bataille de Verdun en 1916 lui donne l'occasion d'appliquer ses théories sur la guerre de position (« le feu tue »). En 1917, il rétablit l'ordre lors des mutineries en améliorant l'ordinaire des soldats et en renonçant aux offensives inutiles, se rendant ainsi très populaire. Dans l'entre-deux-guerres, il prône une stratégie défensive. Ambassadeur en Espagne, il revient au pouvoir en 1940 et utilise son prestige pour mettre en place « l'État français » sur un programme en réaction aux idées républicaines. Emmené en otage par les Allemands, il se réfugie en Suisse avant de se livrer à la justice française, qui le condamne à mort. Charles de Gaulle commue sa peine en détention à perpétuité et il meurt en 1951.

A. Redresser la France

Le 1er juillet, le gouvernement du maréchal Pétain s'installe à Vichy, station thermale, dont les hôtels offrent des locaux suffisamment vastes pour abriter les ministères : c'est désormais le « régime de Vichy ». Le **10 juillet**, sous les menaces explicites de Pierre Laval d'une arrestation, la plupart des parlementaires **votent les pleins pouvoirs**, y compris constituants, à Philippe Pétain. Celui-ci peut alors appliquer un programme de « **Révolution nationale** », résumé par la devise « Travail, Famille, Patrie » et destiné à redresser la France. La défaite serait, pour lui, le fruit amer de la politique menée : « trop peu d'enfants, trop peu d'armes, trop peu d'alliés » accuse-t-il dans l'allocution du 20 juin, avant de dénoncer le 25 « l'esprit de jouissance » encouragé par le Front populaire avec les congés payés... Ceci conduit au **procès politique** de Riom (19 février - 15 avril 1942), censé juger les responsabilités politiques de la défaite. La « **régénération** » passe par la **lutte contre « l'Anti-France »,** les communistes, francs-maçons, « métèques » (les étrangers) et les Juifs : le 3 et 4 octobre 1940 est décrété un premier « **Statut des Juifs** ». La découverte en 2011 d'un brouillon annoté par Pétain montre que ce dernier a durci le texte : si les Juifs français ont été moins touchés par l'extermination, c'est par l'action discrète des Français, dont ceux qui ont été reconnus comme « Justes parmis les Nations ». Aucune mesure de Vichy ne va dans ce sens, au contraire.

Repère « Maréchalistes » et « pétainistes »

Le terme de « maréchalistes » désigne ceux qui admirent la personne de Pétain, comme vainqueur de Verdun, et y voient un recours dans la débâcle de 1940. Celui de « pétainistes » est réservé à ceux qui adhèrent au programme de la Révolution nationale avancé par Vichy.

La confiance qu'inspire Pétain à une large partie de la population ne signifie pas adhésion au régime. Dès les 12 août 1941, le Maréchal évoque « un vent mauvais », c'est-à-dire défiance et remise en cause. Les signes peuvent être discrets mais ils ne trompent pas : les jeunes « zazous » se moquent ouvertement du discours moral de Vichy en arborant des vêtements trop amples, contre les conseils de parcimonie en temps de pénurie, ou en écoutant du jazz, musique honnie par le régime.

B. La collaboration avec l'Allemagne

Le 24 octobre 1940, en la gare de **Montoire**, Pétain rencontre Hitler et lui propose, de sa propre initiative, d'engager la France dans la Collaboration avec l'Allemagne. Ce choix s'accentue avec le retour au pouvoir de **Laval**. En juin 1942, il promeut **la Relève** : des Français volontaires iront travailler en Allemagne en échange du retour de prisonniers français. À partir de février 1943, le départ est imposé au titre du **Service du Travail Obligatoire** (STO). Créée le 20 janvier 1943, la **Milice** de Joseph Darnand traque les Résistants et les opposants. Laval devance les demandes des Nazis en matière de déportation des Juifs.

FIGURE CLÉ **Pierre Laval (1883-1945)**

Enrichi par ses activités d'avocat, Pierre Laval est élu député socialiste en 1914 et maire d'Aubervilliers, commune ouvrière. Il est ministre plusieurs fois, pose les bases d'une sécurité sociale en 1930 et mène une politique déflationniste en 1935. Battu par le Front populaire, il lui voue une rancœur profonde. Artisan du vote des pleins pouvoirs à Pétain le 10 juillet 1940, il froisse par son arrogance et est renvoyé le 13 décembre 1940. Les Allemands imposent son retour le 18 avril 1942 avec la réalité du pouvoir. Le 22 juin 1942, il s'attire la haine d'une partie de la population en déclarant à la radio « je souhaite la victoire de l'Allemagne ». Emmené à Sigmaringen en Allemagne en 1944, il fuit en Espagne, qui le livre à la France. Condamné à mort dans un procès bâclé, il est fusillé le 15 octobre 1945. Pétain a tenté de le présenter comme le « mauvais Vichy », lui aurait incarné le « bon »...

Au sein de la Collaboration, **Vichy contribue au génocide juif** par ses arrestations et l'envoi dans les camps de transit, dont **Drancy** est le plus connu, puis à Auschwitz. Comme secrétaire général de la police de Vichy, **René Bousquet** organise la déportation de plus de 60 000 Juifs (sur 320 000 vivant en France en 1940, de toutes nationalités). Il commande la police parisienne lors de la **rafle du Vel d'Hiv** le 16 et 17 juillet 1942 à Paris, puis en août 1942 en zone libre, et en janvier 1943 à Marseille aux côtés des Allemands. À l'été 1942, Pierre Laval se distingue par sa demande de déporter également les enfants de Juifs « apatrides », alors qu'ils sont généralement nés français sur le sol national. Ces déportations choquent la population et une partie des Juifs se cache.

Repère « Collaborationnistes »

Les collaborationnistes ne se contentent pas d'une collaboration économique, comme les collaborateurs, mais s'engagent aux côtés du IIIe Reich par conviction idéologique, souvent par anticommunisme. Paris est leur capitale. Leurs relations sont souvent mauvaises avec Vichy, trop complaisant à leurs yeux. Certains s'engagent dans la Légion des Volontaires français contre le bolchevisme (LVF), puis dans la *Waffen-SS* « division Charlemagne ». On peut estimer que près d'1 % de la population a collaboré activement.

C. L'Occupation

Jusqu'au 11 novembre 1942, la zone libre échappe aux rigueurs de l'Occupation : le débarquement allié en Afrique du Nord conduit Hitler à sécuriser le sud du Continent et à mettre la main sur la flotte française basée à Toulon mais, pour l'essentiel, celle-ci se saborde. Vichy n'a plus de marge de manœuvre. Désormais, tout le pays doit servir les intérêts de l'Allemagne : en 1944, 3,5 millions de Français et Françaises travaillent pour l'Allemagne d'une manière ou d'une autre. La France fournit **40 % des ressources pillées** en Europe par le *Reich* et est soumise au rationnement.

Repère Les Malgré nous

Les Malgré nous sont les quelques 130 000 Alsaciens et 30 000 Lorrains incorporés de force durant la Seconde Guerre mondiale suite à l'introduction du service militaire dans ces territoires occupés en août 1942. Parmi eux, 31 000 meurent sur le front soviétique. Les prisonniers sont internés au camp de Tambov, parfois jusqu'en 1955.

Repère ***La France de Vichy*** **de Robert Paxton**

En 1973, est publié *La France de Vichy écrit par* l'historien américain Robert Paxton. Grâce à une analyse chronologique précise et à l'utilisation des archives allemandes récemment ouvertes, il démontre que Vichy a pris l'initiative de la Collaboration et des mesures antisémites. Pétain n'a pas été le « bouclier » des Français pendant que de Gaulle aurait été « l'épée », comme on l'affirmait souvent alors, y compris dans la retentissante *Histoire de Vichy* de Robert Aron de 1954.

3. Charles de Gaulle et la France libre

Lorsqu'il lance son appel à continuer la lutte, de Gaulle donne son analyse : la France a perdu la bataille mais non la guerre. Elle a un empire colonial et des Alliés au potentiel économique immense, bien supérieur à l'Allemagne. Il fait le pari de sa défaite.

A. La lente émergence de la Résistance

Le 18 juin, la Résistance n'est qu'un ensemble de personnes isolées aspirant à faire quelque chose. « L'entrée en Résistance » se fait à des rythmes différents, selon ce qui est vécu et le milieu d'origine. Quelques-uns partent rejoindre de Gaulle à Londres, où Churchill l'a reconnu « chef des Français qui continuent la guerre » le 28 juin : le 15 août 1940, ils ne sont que 2 721 volontaires sur 40 000 Français présents sur le sol britannique. La plupart des soldats rembarqués de Dunkerque sont repartis en Métropole.

Progressivement, il peut s'appuyer sur des colonies : administrateur en Afrique équatoriale française (AEF), Felix Éboué le rallie dès août 1940, compensant le refus de Dakar de recevoir des navires de guerre des Forces françaises libres (FFL). En octobre, c'est le général cinq étoiles Catroux gouverneur général de l'Indochine. En 1941, le Liban et la Syrie sont repris à Vichy. Le 1er avril, après avoir vaincu les Italiens, Leclerc fait le serment dans l'oasis libyenne de Koufra de libérer la cathédrale de Strasbourg. Le **11 juin 1942, la victoire de Bir-Hakeim** remportée par le général Koenig contre l'*Afrikakorps* est magnifiée par de Gaulle sur Radio-Londres : cette bataille est à l'origine du mythe d'une France combattante jouant un rôle significatif dans la victoire alliée. Le 1er août 1943, les FFL se fondent dans l'Armée d'Afrique : elles comptent alors 60 000 hommes dont 25 000 d'origine française non coloniale. Ces forces s'illustrent à la campagne d'Italie notamment au Mont-Cassin.

FIGURE CLÉ **Jean Moulin (1899-1943)**

Plus jeune préfet de France en 1937, il est nommé à Chartres en juin 1940 et se distingue en restant à son poste quand tous fuient. Il refuse de signer, à la demande des Allemands, un texte accusant des tirailleurs sénégalais de crimes imaginaires et cherche à se suicider. Libéré, il est révoqué par Vichy et rejoint de Gaulle en 1941. Il est parachuté en Provence le 1er janvier 1942 pour unir la Résistance intérieure (mission Rex), qui débouche sur la création du CNR (Conseil national de la Résistance). Le 21 juin 1943, il est arrêté à Caluire, torturé par Klaus Barbie et meurt lors de son transfert pour l'Allemagne.

B. Unir la Résistance intérieure

Sur le Continent, la Résistance prend deux formes principales. Les « **mouvements** » se concentrent sur la propagande pour informer la population et la convaincre de lutter. Les « **réseaux** » organisent des actions, de renseignement, de sabotage ou d'évasion. Ces activités ne sont pas sans provoquer des frictions, par exemple entre Libération-Sud et Combat. Jean Moulin est envoyé pour unir la Résistance intérieure, d'abord avec les Mouvements unis de la Résistance (MUR) en janvier 1943, puis avec la formation à Paris du **Conseil national de la Résistance** (CNR) le **27 mai 1943**. Toute la Résistance reconnaît de Gaulle.

Repère **Maquis et maquisards**

Le terme de « maquis » désigne un type de végétation de montagne méditerranéenne en terrain siliceux. Des groupes de Résistants s'y cachant, on les appelle alors maquisards. Les réfractaires au STO alimentent en partie les maquis comme au Vercors (6 à 30 % des réfractaires selon les départements. En juin 1944, il y a environ 100 000 maquisards.

C. La Libération

À partir du 14 juillet 1942, la France libre et la Résistance intérieure deviennent la « **France combattante** » pour marquer l'union des Résistances. Le Comité français de libération nationale (CFLN) associe politiquement les résistances autour de Gaulle à partir de l'automne 1943 et siège à Alger. Le **3 juin** 1944, il cède la place au **Gouvernement provisoire de la République française** (GPRF). Il est **renouvelé le 9 septembre** pour former un « gouvernement d'unanimité nationale ».

Selon le général américain Eisenhower, la Résistance française aurait joué un rôle décisif, équivalent à quinze divisions : l'importance militaire réelle est l'objet d'un vaste débat entre témoins de l'époque et historiens. Militairement, au-delà du geste héroïque, **les maquis ont été un échec** et n'ont pas vraiment gêné les Allemands. La Résistance a joué un rôle de filière d'évasion, de collecte de renseignements et de sabotage. Quelques lieux sont libérés mais moins conquis qu'occupés après le départ des Allemands. Ces actions déclenchent de sanglantes représailles, particulièrement en 1944, de la part de divisions SS qui ont fait partie des *Einsatzgruppen*. **Oradour-sur-Glane** est ainsi anéanti le 10 juin 1944, les villages du Revermont, dans l'Ain, sont largement incendiés et la population massacrée lors du « Grand Brûle » le 18 juillet suivant et à Maillé dans l'Indre-et-Loire le 25 août. **Paris** est libéré le même jour par la 2e DB de Leclerc et par les FFI. Le 15 août, 400 000 hommes de l'Armée d'Afrique **débarquent en Provence** et libèrent une partie du territoire. Le 23 novembre, Leclerc libère Strasbourg.

Le 8 mai 1945, l'armée française représente 3 % du total allié, contre 37 % en novembre 1918. La Résistance permet à de Gaulle d'imposer la France parmi les vainqueurs.

Repère **Le résistancialisme**

De 1944 aux années 1970 domine le « résistancialisme », c'est-à-dire un discours selon lequel l'ensemble de la Nation aurait résisté, ouvertement ou dans au fond de son cœur. Il est particulièrement tenu par les communistes et par de Gaulle. Dans la réalité, on peut estimer qu'entre 300 000 et 400 000 français ont résisté d'une manière ou d'une autre, soit 1 % de la population. Toutefois, cette « résistance organisation » suppose l'appui d'un nombre élevé d'habitants, impossible à quantifier.

CHAPITRE 10

La nouvelle place de la France dans le monde

FICHE 30

La IVᵉ République entre décolonisation, guerre froide et construction européenne

L'ESSENTIEL EN DATES

- **27 octobre 1946** : promulgation de la Constitution de la IVᵉ République.
- **5 mai 1947** : renvoi des ministres communistes.
- **9 mai 1950** : proposition du plan Monnet.
- **18 juin 1954** : investiture de Pierre Mendès France.
- **30 août 1954** : rejet du projet de Communauté européenne de défense (CED) par l'Assemblée nationale.
- **25 mars 1957** : traités de Rome instituant la CEE et l'Euratom.
- **13 mai 1958** : début de la crise d'Alger précipitant la chute de la IVᵉ République.

1. Guerre froide et décolonisation, carcan de la IVᵉ République

Régime parlementaire, la IVᵉ République a besoin de coalitions stables à l'Assemblée. Or, guerre froide et décolonisation divisent profondément la classe politique, fragilisant le régime.

A. Une création dans la douleur

Pour faire naître la IVe République, il faut deux assemblées constituantes (élues le 21 octobre 1945 et le 2 juin 1946), quatre référendums (double référendum du 21 octobre 1945 sur le maintien des lois constitutionnelles de 1875 et sur le caractère constituant de l'assemblée à élire ce même jour, sur le premier projet de constitution le 5 mai 1946, sur le second projet le 13 octobre 1946) et une élection législative (10 novembre 1946)... pour aboutir à un régime parlementaire très proche de celui de la IIIe République ! La Constitution apparaît comme un accord *a minima*. Un Conseil de la République consultatif donne l'impression du retour au bicamérisme après le premier projet de Constitution, monocaamériste, tandis que le président de la République doit exercer une « magistrature morale ». Les Français l'approuvent sans enthousiasme.

Repère **Le préambule de la Constitution de 1946**

Le **préambule de la Constitution de 1946** témoigne du souci exprimé par le Conseil national de la Résistance (CNR) le 15 mars 1944 d'une **République sociale**. Il rappelle **l'égalité entre les hommes et les femmes**, évoque un **droit au travail**. Aujourd'hui encore, il **fait partie du bloc de constitutionnalité** et a donc valeur constitutionnelle. De plus, le préambule mentionne des « **principes fondamentaux reconnus par les lois de la République** ». Ceux-ci ont aussi valeur constitutionnelle sous la Ve République, le Conseil constitutionnel ayant précisé en 1971 leurs conditions.

B. 1947 ou la République mise à l'épreuve

L'année 1947 met la nouvelle République à rude épreuve. Alors que le Royaume-Uni parvient à quitter l'empire des Indes, la France **commence la guerre en Indochine** en décembre 1946 et réprime violemment **l'insurrection malgache** en mars 1947. Au lendemain de **l'énoncé de la doctrine Truman** (11 mars 1947), elle doit renoncer à tenter l'équilibre entre Washington et Moscou et s'aligne sur les États-Unis. La tension conduit les communistes à se montrer de plus en plus critiques sur la politique menée par le gouvernement du socialiste Paul Ramadier. Alors qu'une grève s'est déclarée aux usines Renault le 25 avril 1947, les députés et ministres communistes votent contre la limitation des salaires voulue par le gouvernement le 4 mai : le **5 mai 1947, Ramadier renvoie les communistes** pour manquement à la solidarité gouvernementale. C'est la **fin du tripartisme**.

Repère **Le tripartisme**

Le tripartisme est la coalition originale composée du Parti communiste français (PCF), des socialistes de la Section française de l'Internationale ouvrière (SFIO) et du Mouvement républicain populaire (MRP), qui refuse de se classer à droite mais en reçoit les suffrages. Chacun regroupe environ un quart des voix. Ce mariage de raison, autour du programme du CNR, est le résultat des élections législatives du 21 octobre 1945. Autrefois incontournables, les radicaux se retrouvent dans l'opposition. En 1946, la remontée électorale des radicaux aux dépens de la SFIO et la pression de la guerre froide fragilisent cette alliance : le 5 mai 1947, le renvoi des ministres communistes marque sa fin au profit de la « troisième force ».

« Ghettoïsés », les communistes ne participent plus à aucun gouvernement jusqu'en 1981, ce qui ne peut que fragiliser le régime en « stérilisant » un quart de l'Assemblée. En septembre 1947, Jdanov invite le PCF à l'agitation : on lui attribue la **vague de grèves violentes avec sabotage** qui marque l'automne 1947, renforçant par-là l'anticommunisme. À sa droite, le régime est contesté par le **Rassemblement du peuple français** (RPF), présenté par de Gaulle à Strasbourg le **7 avril 1947** : aux **élections municipales du 19 et 26 octobre, le RPF engrange 38 % des voix**.

Face à cette agitation, la **nouvelle République n'est pas sans force**. Son ministre de l'Intérieur, Jules Moch, réprime durement les grèves tandis que le mouvement syndical se divise avec le départ de la CGT-FO de la CGT en avril 1948. Tournant la page du tripartisme, le MRP, les modérés de droite, les radicaux et la SFIO s'organisent en une « **troisième force** », coincée entre les communistes d'un côté et les gaullistes de l'autre. **Aux législatives du 17 juin 1951, l'introduction des « apparentements »** permet aux partis favorables au régime de disposer d'une majorité en sièges plus forte que celle des voix. Toutefois, la nouvelle Assemblée n'est pas sans faiblesse : **le PCF et le RPF neutralisent un tiers des sièges**, prêts à s'allier à un parti pour renverser les gouvernements, face à la coalition des quatre apparentés (SFIO, MRP, Radicaux, indépendants et modérés).

Repère Les apparentements

Le **système des « apparentements »**, introduit en **1951**, permet à des listes présentes dans au moins 30 départements de s'apparenter avant le scrutin. Leur alliance ne porte pas sur le fond et aucun engagement n'est pris sur l'avenir : il ne s'agit d'une alliance que pour le décompte des voix et le partage des sièges. Le système exclut évidemment les communistes et les gaullistes, qui dénoncent les institutions et ne peuvent donc s'apparenter sans se renier.

C. De Gaulle rejette la IVe République

L'organisation de référendums sur la question constitutionnelle est une victoire de de Gaulle, opposé à la tradition de la IIIe République, qui ne connaît que la voie parlementaire. Pourtant, ses conceptions apparaissent vite isolées et il **démissionne de la présidence du Gouvernement provisoire de la République française (GPRF) le 20 janvier 1946**. Libre de s'exprimer, il présente sa conception de la République à Bayeux le 16 juin 1946, sans être entendu. La Constitution de la IVe République est approuvée le 13 octobre 1946 par seulement **36,1 % des inscrits**. Comme le commente de Gaulle : « Un tiers des Français s'y étaient résignés, un tiers l'avaient repoussée, un tiers l'avaient ignorée. »

Repère Le discours de Bayeux (16 juin 1946)

Le discours prononcé à Bayeux par le général de Gaulle précise le projet de Constitution que celui-ci voudrait voir adopté : il sera la référence pour la Constitution de 1958. L'objectif est un **gouvernement capable d'agir et doté de légitimité** : il la tiendra du chef de l'État. Pour cela, celui-ci doit être largement élu pour incarner la Nation. En 1946, comme ensuite en 1958, de Gaulle n'ose pas encore évoquer une élection du président au suffrage universel direct : le seul cas précédent est Louis-Napoléon Bonaparte en 1848, qui devient Napoléon III. De plus, le régime de Vichy a déconsidéré l'idée d'un homme fort à la tête de l'État.

> « Du Parlement composé des deux Chambres et exerçant le pouvoir législatif, il va de soi que le pouvoir exécutif ne pourrait procéder, sous peine d'aboutir à cette confusion des pouvoirs dans laquelle le gouvernement ne serait bientôt plus rien qu'un assemblage de délégations (...). C'est (...) du chef de l'État, placé au-dessus des partis, élu par un collège qui englobe le Parlement, mais beaucoup plus large et composé de manière à faire de lui le président de l'Union française en même temps que celui de la République, que doit procéder le pouvoir exécutif. »

Pour de Gaulle, il s'agit alors d'entrer en résistance, comme en 1940, contre un régime qu'il juge illégitime, au service de la subversion communiste. Le **7 avril 1947**, il présente à Strasbourg son **RPF**. Refusant de le définir comme un parti de droite, il propose aux personnes qui le souhaitent la double appartenance au RPF et à leur parti d'origine, ce que rejettent la plupart des partis. Le RPF est un rassemblement contre les institutions de la IVe République, qualifiées de « système » soumis aux « petits partis qui cuisent leur petite soupe au petit coin de leur feu » et exige de nouvelles législatives au scrutin majoritaire. Il appelle à s'unir pour **relever les défis de la reconstruction et d'un monde bouleversé** : « Il est temps que se forme et s'organise le Rassemblement du Peuple Français qui [...] va promouvoir et faire triompher, **par-dessus les différences d'opinions**, le grand effort de salut commun et la réforme profonde de l'État. » Cet appel reprend l'esprit de celui du 18 juin 1940, fondement de sa légitimité. Après son succès aux municipales de 1947, il se heurte, en 1951, au système des apparentements, finalement **dissous le 13 septembre 1955**.

2. La République efficace ?

Malgré les pressions extérieures, la IVe République est capable d'efficacité, non sans tensions intérieures.

A. Poser les bases de l'Europe et de la prospérité

La première pierre de ce qui est aujourd'hui l'Union européenne est posée le **9 mai 1950** avec le plan Monnet, présenté par Robert Schuman, ministre des Affaires étrangères : la France propose à l'ancien ennemi allemand de mettre en commun deux productions essentielles à l'économie en créant une **Communauté européenne du charbon et de l'acier** (CECA). Le contexte de guerre froide, en particulier avec la guerre de Corée ouverte le 25 juin 1950, convainc les partenaires de l'intérêt de s'unir et la CECA est instituée par le **traité de Paris**, signé le 18 avril 1951 par six pays (Belgique, France, Italie, Luxembourg, Pays-Bas, République fédérale d'Allemagne). Elle est dotée de ressources propres, avec un prélèvement de 1 % maximum du chiffre d'affaires des entreprises du secteur, et d'institutions de type fédéral, dont une haute autorité supranationale. Elle inaugure la **méthode fonctionnaliste** de la construction européenne, qui part d'un secteur limité pour élargir ensuite l'intégration à d'autres : c'est la « **stratégie des petits pas** » de Jean Monnet.

Sur le plan intérieur, le gouvernement d'Antoine Pinay (8 mars 1952-8 janvier 1953) témoigne de la possibilité d'une action efficace et populaire. **Cet homme de droite libérale** se présente en « **Monsieur tout le monde** ». Cette image sert une action réelle : **l'emprunt gagé sur l'or** qu'il lance est un succès, tandis que **l'amnistie fiscale** permet un retour de capitaux expatriés (mais détourne les contrôles fiscaux vers les artisans et commerçants, produisant la révolte poujadiste en 1953). Au second semestre de 1952, **l'inflation se stabilise pour quatre ans** : un exploit qui impressionne les Français et nourrit le « **mythe Pinay** ».

B. Pierre Mendès France ou la tentative du renouveau (18 juin 1954-5 février 1955)

Après le moment Pinay, **l'année 1953 est celle de l'impuissance**. La République fait face à la grogne sociale, notamment celle que conduit Poujade. Dans la guerre d'Indochine, les revers s'accumulent, conduisant à la capitulation de Diên Biên Phù , le 7 mai 1954. Le nouveau président de la République, René Coty, n'a été élu en décembre 1953 qu'au 13e tour... Dans ce contexte, **Pierre Mendès France est investi le 17 juin 1954** d'une manière qui tranche avec les autres cabinets : il refuse les tractations avec les partis pour former son gouvernement et demande l'investiture pour une **politique « qui constitue un bloc »**. Pour une fois, les communistes votent l'investiture mais Mendès France défalque leurs voix pour ne pas se sentir lié.

FIGURE CLÉ **Pierre Mendès France (1907-1982)**

Avocat et **député radical**, Pierre Mendès France participe au **gouvernement du Front populaire**. À ce titre, il est arrêté par Vichy et **condamné au procès de Riom**. Évadé, il rejoint de Gaulle à Londres. Il représente la France à Bretton Woods, puis est **ministre de l'Économie au GPRF**. Son gouvernement de 1954-1955 tente de renouer avec l'action efficace mais suscite une fronde parlementaire conduisant à sa chute. Il **participe quelques mois comme ministre d'État** (membre du gouvernement sans portefeuille) **au cabinet Guy Mollet** en 1956. En 1958, il **refuse la Ve République**. Soutien de François Mitterrand jusqu'en 1981, il meurt sans être revenu au pouvoir mais incarne une conscience de **gauche non communiste**, qualifiée habituellement de « **deuxième gauche** ».

En quelques semaines, le **nouveau cabinet parvient à régler trois problèmes majeurs du moment** : le 21 juillet, il arrache un **accord sur l'Indochine** à Genève, menaçant autrement d'y envoyer le contingent ; le 31 juillet, il décide d'enclencher le **transfert de souveraineté** en faveur du bey de **Tunisie** en vue de l'indépendance ; le 30 août, il laisse l'Assemblée régler son sort à la **CED**.

Populaire en France et à l'étranger (le secrétaire d'État John Foster Dulles le qualifie de « Superman »), Pierre Mendès France se distingue par sa volonté de **redonner le pouvoir d'agir au gouvernement** en créant un lien direct avec les Français **par la communication**, contournant les députés. Il innove dès son investiture en faisant enregistrer pour la télévision son discours. Il donne ensuite rendez-vous aux Français dans 25 « **causeries au coin du feu** » radiodiffusées : il devient ainsi familier dans le pays, qui le surnomme « PMF ». Des sondages relayés par *France-Soir* et surtout *L'Express*, fondé en 1953 par Jean-Jacques Servan-Schreiber (dit « JJSS »), attestent d'un réel soutien populaire. Le début de la crise algérienne avec la « Toussaint rouge » lui enlève une partie de ses soutiens : au **soir du 5 février 1955**, le gouvernement est renversé et les huées empêchent Mendès France de s'exprimer après le vote.

Le 23 février, le radical **Edgar Faure** forme un gouvernement avec l'objectif de poursuivre l'œuvre de Mendès, au point qu'on parle de **mendésisme**. Il parvient à accompagner de mesures appropriées la croissance économique et achève la décolonisation du Maroc et de la Tunisie. Le 29 novembre 1955, il est renversé. **Faure innove alors par la dissolution de l'Assemblée** et la convocation de législatives anticipées, normalement prévues en juin 1956.

C. Tensions et modernisation

Les mutations socio-économiques inquiètent les régions rurales, qui se sentent exclues de la croissance et ont l'impression que des hommes politiques corrompus s'engraissent à leurs dépens et à ceux du pays profond. Le **22 juillet 1953, à Saint-Céré dans le Lot**, des commerçants sont prévenus de la venue de contrôleurs du fisc et décident d'empêcher leur action en les intimidant. Ils sont menés par Pierre Poujade, papetier, qui a combattu dans l'Armée d'Afrique et est élu au conseil municipal sous l'étiquette RPF. Cette révolte se structure en une **Union de défense des commerçants et artisans** (UDCA), qui compte jusqu'à **200 000 adhérents**. D'abord relevant de la jacquerie contre le fisc, le mouvement reprend la tradition antiparlementaire et renoue avec un certain antisémitisme et la xénophobie : PMF est qualifié de juif « métèque ». Les élections du 2 janvier 1956 sont une aubaine pour le mouvement avec le slogan simple de l'antiparlementarisme « **sortez les sortants** ». Le succès indéniable, avec **52 sièges**, dont un certain Jean-Marie Le Pen, est sans lendemain.

À la tête d'un « Front républicain » de gauche, **Guy Mollet**, socialiste de tendance marxiste, forme **le plus long gouvernement de la IVe République** (du 1er février 1956 au 21 mai 1957). Il réalise une œuvre importante :

- dans le domaine social avec la **troisième semaine de congés payés**, l'amélioration du remboursement des dépenses de santé, la création de la **vignette automobile** (provisoire, mais jusqu'en 2000 pour les particuliers) pour financer les retraites des plus de 65 ans ;
- la **construction européenne** est poursuivie avec la préparation des traités de Rome de 1957 qui créent la CEE et Euratom ;
- l'indépendance du **Maroc** et de la **Tunisie** est achevée et la **loi-cadre Defferre** donne plus d'autonomie à l'Afrique noire en juin 1956 : chaque territoire élit une assemblée locale, qui désigne un conseil de gouvernement coprésidé par un gouverneur de la Métropole et un vice-président africain.

Ce bilan est terni par la **désastreuse expédition de Suez**, en octobre et novembre 1956, et par la **politique menée en Algérie**, qui lui ôte une partie de son soutien politique, conduisant finalement à sa chute le 21 mai 1957.

3. Les défis du moment divisent les forces politiques

Si l'épreuve de la Résistance et les enthousiasmes de la Libération font espérer une union des forces politiques pour renouveler la République, la guerre froide et la question coloniale font rapidement ressurgir des clivages profonds, aggravés par les débuts de la construction européenne.

A. La guerre froide divise la gauche

À la Libération, la gauche est la force politique dominante. Elle comprend principalement le PCF et la SFIO. Des deux, le PCF est celui qui pèse le plus lourd : se prétendant le « **parti des 75 000 fusillés** », comptant 800 000 membres, son rôle dans la Résistance lui donne un certain prestige, renforcé par son allié soviétique, acteur majeur de la victoire sur le nazisme. Il obtient que la politique mise en œuvre soit largement inspirée par le **programme du CNR** du 15 mars 1944, inscrit à gauche. Toutefois, il échoue à faire adopter le premier projet de Constitution, présenté comme une « **démocratie avancée** », avec une assemblée unique contrôlant tout, dont les membres auraient été révocables par un peuple tout-puissant.

De son côté, la **SFIO hésite entre deux voies** : Daniel Mayer défend le projet d'en faire un parti « travailliste », associant socialistes révisionnistes (c'est-à-dire renonçant à la révolution sociale) et résistants chrétiens soucieux d'avancées sociales. Au congrès du parti de 1946, il se heurte à l'opposition de **Guy Mollet**, qui refuse ce qu'il qualifie de « dérive ». La SFIO réaffirme alors son ancrage marxiste. Pourtant, l'année 1947 conduit au départ des communistes du gouvernement et force les socialistes à composer avec le MRP et la droite classique pour former une « **troisième force** », coincée entre les communistes et les gaullistes. En 1951, la SFIO édite des affiches qui dénoncent le « stalino-fascisme » et soulignent que « Staline aussi » n'admet qu'un seul parti, brime les libertés et les minorités, comme le faisaient le fascisme et le nazisme. Pour elle, le PCF « n'est plus un parti ouvrier, c'est la Cinquième Colonne de l'impérialisme totalitaire stalinien ». La SFIO voit alors fondre ses effectifs militants, de 280 000 en 1947 à 130 000 en 1951, tandis que son score électoral tombe à 15,5 % la même année. S'il est exclu des gouvernements, le **PCF garde une forte emprise sur la société**, même s'il perd lui aussi la moitié des 800 000 adhérents de 1947. Il forme une « contre-société », composée de compagnons de route tels Sartre, Malraux, Vercors ou Gide et d'artistes comme Picasso ou Léger, d'organisations de masse sous le couvert de mouvements de femmes, de revues comme *Les Lettres françaises* ou de jumelages entre municipalités communistes et villes de l'Est. La vente de *L'Humanité* ou du muguet du 1er mai sont autant de rites qui soudent une communauté. La direction de Benoît Frachon fait de la CGT une véritable courroie de transmission du PCF au sein des entreprises, particulièrement de Renault. Les événements extérieurs sapent toutefois progressivement ce poids : les répressions à Budapest en 1956 et à Prague en 1968 provoquent des défections.

La sortie des communistes du jeu parlementaire redonne du poids aux **radicaux**, tels Henri Queuille, René Mayer et Edgar Faure, qui restent les acteurs incontournables de majorités gouvernementales, comme sous la IIIe République, même si leurs effectifs sont bien moindres. Ils sont rejoints par différentes petites formations regroupées dans un Rassemblement des gauches républicaines (RGR), qui intègre un temps l'Union démocratique et socialiste de la Résistance (UDSR) fondée par **François Mitterrand**. Anticommunistes, appuyés sur les milieux ruraux, sur la population de plus de 50 ans et sur une bourgeoisie moyenne d'industriels et de négociants, les radicaux défendent l'empire colonial et les intérêts des petits colons, notamment d'Afrique du Nord. L'investiture de **Pierre Mendès France** le 18 juin 1954 est à la fois une victoire et un défi pour eux, qui met en évidence la division entre une composante de droite, menée par Edgar Faure, et l'entourage de Mendès France se voulant réformiste. Après la chute de son cabinet le 5 février 1955, la famille radicale se divise encore. En 1958, Mendès France rejette le retour de de Gaulle tandis qu'Edgar Faure rejoint le nouveau pouvoir.

B. L'âge des recompositions à droite

Au lendemain de la Seconde Guerre mondiale, la droite modérée ou conservatrice apparaît comme **fortement discréditée** par l'expérience du régime de Vichy, auquel elle est assimilée, sans même évoquer les mouvements favorables au fascisme. Aux élections législatives de 1945, elle obtient **15,60 % des voix** alors qu'elle en réunissait 42,50 % lors des dernières élections, en 1936. Fondé le 25 novembre 1944 par **Georges Bidault**, le **MRP** refuse de se situer à droite : principale concrétisation en France de la **démocratie chrétienne** (mouvement politique inspiré par la doctrine sociale de l'Église, présent notamment en Allemagne, en Italie ou en Belgique), il émane d'une partie de la Résistance et fait largement sien le programme du CNR au sein du **tripartisme**.

La question coloniale et surtout la question scolaire le renvoient à la droite, comme lors du vote sur la loi Barangé, le 21 septembre 1951, portant sur le financement des écoles privées. Cela rejoint d'ailleurs le discours des communistes, qui accusaient le MRP d'être un « faux nez » de la droite bourgeoise. Le **MRP achève sa droitisation** en soutenant le cabinet Pinay en 1952 et en s'alliant au CNIP face au Front républicain de 1956. Cette évolution lui ôte l'originalité de son positionnement initial et restreint son soutien : le nombre de ses militants actifs passe de 100 000 en 1947 à 25 000 en 1950. Le 22 décembre 1945, trois résistants de droite parlementaire, Joseph Laniel, Michel Clemenceau (le fils du Tigre) et André Mutter fondent le **Parti républicain de la Liberté** (PRL), associant libéralisme économique et République démocratique. En 1951, il s'unit à deux autres formations de droite libérale et conservatrice, le Centre national des indépendants (CNI) et le Parti paysan pour former le **Centre national des indépendants et paysans (CNIP)**, qui soutient la politique du cabinet d'**Antoine Pinay** (8 mars 1952-23 décembre 1952), s'oppose à la SFIO, jugée trop interventionniste en économie, et joue sur la peur du communisme. Cette droite conservatrice défend le **maintien de l'empire colonial**, ce qui la conduit à applaudir à la chute du régime en 1958, accusé de brader l'œuvre coloniale.

C. Les débuts de la construction européenne secouent les forces politiques

Au lendemain de la Libération, **l'idée d'Europe divise les partis politiques**. Elle est l'un des objectifs du MRP, auquel appartient Robert Schuman, l'un des « pères de l'Europe ». Le MRP renforce même son identité démocrate-chrétienne fédéraliste face au RPF gaulliste. Les socialistes de la **SFIO sont plus internationalistes qu'européistes** : coupée en deux par la guerre froide, l'Europe occidentale leur paraît trop étriquée. Le **PCF, lui, rejette l'idée** d'unir les Européens face à la menace soviétique.

Repère La Communauté européenne de défense (CED)

Lancé en 1950 par René Pleven, en concurrence d'un projet américain, le **projet de CED** aboutit à la signature du **traité de Paris, le 27 mai 1952**. Commence alors la « **querelle de la CED** » qui divise les hommes politiques en **« cédistes » et « anticédistes »**. Le 30 août 1954, l'Assemblée enterre le projet : c'est l'arrêt pour longtemps de la conception fédéraliste de l'Europe et du projet d'Europe de la défense. Le 23 octobre 1954, les « accords de Paris » permettent de recréer une armée allemande, intégrée à l'OTAN et à l'Union de l'Europe Occidentale (UEO), créée en 1948.

Le succès de la CECA conduit au projet de CED, proposé par le gouvernement français. **Deux points cristallisent le débat politique** : elle prévoit le passage sous une autorité supranationale des forces armées, ce qui est déjà le cas depuis la création de l'OTAN en 1949, et le réarmement de l'Allemagne. Ce dernier point est dénoncé par la SFIO et surtout par le PCF, alors que le procès de Bordeaux de 1953 portant sur le massacre d'Oradour-sur-Glane ravive le souvenir des exactions de l'armée allemande. Le RPF de de Gaulle dénonce une perte de souveraineté. Si le débat a d'abord été confidentiel, il **divise les Français et prend des aspects de « guerre de religion »** selon l'historienne Georgette Elgey. Le 30 août 1954, l'Assemblée nationale doit ratifier le traité de Paris qui l'institutionnalise : le débat est clos brutalement par l'adoption d'une question préalable, Pierre Mendès France refusant d'engager la responsabilité du gouvernement sur un texte qui ne le convainc pas. Lâché, le MRP « cédiste » dénonce le « **crime du 30 août** » et participe le 5 février 1955 au renversement du gouvernement. La SFIO est la plus secouée : près de la moitié de ses députés ont désobéi à la consigne et votent contre la CED : plusieurs exclusions sont alors prononcées.

FICHE 31

La crise algérienne de la République française et la naissance d'un nouveau régime

La guerre d'Algérie n'est pas simplement un conflit de décolonisation : colonie de peuplement, constituée de « départements français », ses soubresauts ont pesé sur la IVe République et ont largement dessiné les institutions actuelles de la Ve République.

L'ESSENTIEL EN DATES

- **1er novembre 1954** : « Toussaint rouge », début de la guerre d'Algérie.
- **26 août 1955** : décret de rappel du contingent du 2e semestre de 1953.
- **13 mai 1958** : révolte d'Alger entraînant la fin de la IVe République et le retour de de Gaulle au pouvoir.
- **22-25 avril 1961** : échec du putsch des généraux.
- **19 mars 1962** : entrée en vigueur des accords d'Évian et du cessez-le-feu.
- **28 octobre 1962** : référendum sur l'élection présidentielle au suffrage universel.

1. La crise algérienne de la IVe République

La IVe République hérite de l'ambiguïté des lendemains de la Libération, d'un côté, espoirs de renouveau, de l'autre, volonté de restaurer la puissance française, notamment dans son empire colonial, dont l'Algérie est le fleuron.

A. L'occasion manquée d'un renouveau

De 1944 à 1946, les projets de renouveler la République accouchent finalement d'un régime très proche de la IIIe République. De même, les espoirs d'un renouveau en Algérie sont vite oubliés. Le **7 mars 1944**, avant la Libération, une **ordonnance de de Gaulle** affirme l'égalité pour tous les emplois publics entre Français et « musulmans d'Algérie » et prévoit un système de double collège électoral aux assemblées locales. Un an plus tard, le nationaliste Messali Hadj est déporté car trop charismatique : les massacres de Sétif en sont une conséquence et marquent une rupture entre colons et « musulmans ».

Repère **Les massacres de Sétif**

Le 8 mai 1945, des nationalistes algériens massacrent à l'arme blanche 86 civils et 16 militaires français, entraînant pendant deux semaines une répression féroce et démesurée par l'armée et par des milices de « pieds-noirs ». Le bilan est incertain : les historiens évoquent entre 8 000 et 15 000 morts, l'Algérie 45 000, les services secrets américains de l'époque 17 000 morts. Le 27 février 2005, l'ambassadeur de France Hubert Colin de Verdière évoque sur place « **une tragédie inexcusable** ».

La Constitution de 1946 instaure une **Union française**, dans laquelle l'Algérie, la Métropole et les nouveaux départements d'outre-mer (DOM) forment une « République française indivisible ». Le 20 septembre 1947, l'Assemblée nationale s'accorde laborieusement sur un nouveau statut de l'Algérie :

- les départements algériens sont dotés d'une personnalité civile propre et sont sous l'autorité incontestée du gouverneur général (puis ministre résident), dépendant du ministère de l'Intérieur, entouré d'un Conseil du Gouvernement de six membres ;
- l'élection d'une Assemblée algérienne divisée en deux collèges est organisée ;
- des dispositions témoignent d'une conception moins intégratrice, telles que l'utilisation de l'arabe et du français dans l'enseignement ;
- le droit de vote des femmes est prévu à terme.

Le « **Statut de 1947** » n'est toutefois jamais pleinement appliqué.

B. L'escalade fragilise le renouveau du régime

En 1954, humiliée à Diên Biên Phù le 7 mai et obligée d'abandonner l'Indochine, la IVe République fait face aux débuts de l'insurrection algérienne : le 1er novembre, 70 attentats sont revendiqués par le Front de libération nationale (FLN) de Ben Bella, c'est la « Toussaint rouge ». Alors qu'il veut renouer avec l'efficacité de la République, Pierre Mendès France, déjà accusé par le MRP d'être le « bradeur de l'Indochine », affirme le 12 novembre « qu'on ne transige pas lorsqu'il s'agit de défendre la paix intérieure de la nation et l'intégrité de la République ».

Repère **« L'Algérie, c'est la France »**

Au lendemain des attentats du 1er novembre 1954 – la « Toussaint rouge » –, commis par le FLN de Ben Bella, François Mitterrand, ministre de l'Intérieur du gouvernement Mendès France, fondateur du parti de l'Union démocratique et socialiste de la Résistance (UDSR), déclare que « l'Algérie, c'est la France. Des Flandres au Congo, il y a la loi, une seule nation, un seul Parlement. C'est la Constitution et c'est notre volonté ». C'est le début de l'engrenage dans la « guerre sans nom ».

Dans les mois qui suivent, le régime tente de se donner les moyens de la lutte. Le **3 avril 1955**, l'Assemblée vote la **loi sur l'état d'urgence**, qui renforce l'arsenal législatif pour douze mois : c'est un outil efficace, qu'utilisera plusieurs fois la Ve République (1961, 1963, 1984, 2005, 2015). Les indépendantistes ne lui laissent aucun répit : le **20 août 1955, les massacres à l'arme blanche de Philippeville** font basculer le gouverneur général Jacques Soustelle, libéral, dans le camp de la répression : les deux camps deviennent irréconciliables. Désormais, l'option inatteignable est prise de « pacifier » avant de négocier, d'où l'envoi des

« appelés » et de « rappelés » pour augmenter les effectifs dès le 26 août. À l'initiative de Jacques Soustelle, les sections administratives spécialisées (**SAS**) sont créées pour tenter de rattraper le retard en développement des régions reculées d'Algérie.

FIGURE CLÉ **Ahmed Ben Bella (1916-2012)**

Décoré par de Gaulle pour sa bravoure dans l'armée d'Afrique en Italie pendant la Seconde Guerre mondiale, Ben Bella fait partie de ceux qui déclenchent l'insurrection du 1er novembre 1954. Deux ans plus tard, **le 22 octobre 1956, son avion est arraisonné par les Français**. Libéré en 1962, il est élu président à la fin de l'année et concentre tous les pouvoirs, se rêvant en Nasser algérien. **En 1965, il est renversé par l'armée**, menée par Boumediene, et emprisonné durant 15 ans, avant de vivre en exil en Suisse. **La période 1962-1965 reste comme un moment de liberté** dans l'imaginaire algérien, comparée à la dictature qui suit.

C. L'impasse achève la IVe République

Issu des législatives du 2 janvier 1956, le Front républicain porte les espoirs d'une solution algérienne... mais pas pour longtemps. Dès le 6 février, le président du Conseil Guy Mollet se rend à Alger pour consulter et installer le nouveau gouverneur général Catroux, remplaçant Soustelle soutenu par les colons. Ces derniers le chahutent lors de la « **journée des tomates** » et Mollet accepte de remplacer Catroux : la République est devenue la prisonnière d'Alger.

Guy Mollet s'enferre ensuite dans le **triptyque** « cessez-le-feu, élections, négociations », formule frappante mais inapplicable face au FLN qui refuse tout cessez-le-feu avant des négociations. Pour augmenter les effectifs, il **mobilise plus largement le contingent**, suscitant un mouvement d'insoumission. En janvier 1957, il charge Massu de mener la « **bataille d'Alger** ». Cette victoire militaire banalise **l'usage de la torture**. Sa politique algérienne ôte à Guy Mollet une partie de son soutien politique et lui vaut le qualificatif de « **national-molletisme** », conduisant finalement à sa chute le 21 mai 1957.

Le 13 mai 1958, l'éventualité d'une négociation avec les indépendantistes déclenche la révolte d'Alger, soutenue par l'armée. Selon **l'analyse classique de Michel Winock**, c'est là l'aboutissement d'une **triple crise** :

- une **crise coloniale**, avec, d'un côté, les pieds-noirs trop nombreux pour être abandonnés, de l'autre, des disparités sociales et politiques insupportables à la majorité arabe ;
- une **crise politique** avec le blocage des institutions ;
- une **crise militaire** : traumatisée par la perte de l'Indochine, l'armée refuse un nouvel abandon.

La crise trouve son dénouement dans **l'arrivée de « l'homme providentiel »**. De Gaulle est le seul à avoir dénoncé la IVe République depuis le début et à s'être tenu à l'écart du pouvoir après l'échec du RPF. L'homme de l'appel du 18 juin 1940 apparaît comme le seul recours pour faire face à la crise algérienne : le 2 juin, l'Assemblée lui donne les pleins pouvoirs pour six mois pour préparer la Constitution d'une nouvelle République. Alger a achevé la IVe République.

Repère **Le contingent**

Le « contingent » désigne l'ensemble des militaires en service. Dans le contexte algérien, le terme renvoie au contingent des « appelés » et des « rappelés » du service militaire. Le décret du 26 août 1955 rappelle ceux qui ont été incorporés pour service militaire au 2e semestre de 1953, soit les jeunes gens nés entre le 16 novembre 1932 et le 5 mars 1933. D'autres suivent (depuis les classes de 1951), portant les effectifs jusqu'à 450 000 hommes. Cette décision implique massivement les familles françaises dans le conflit. Plus de 1,5 million d'appelés ont servi en Algérie, de 18 à 30 mois, et sont encore 400 000 lors du cessez-le-feu du 19 mars 1962. 15 583 y sont morts : l'embuscade de Palestro, le 18 mai 1956, est le massacre d'appelés le plus connu. Leur loyalisme républicain explique largement l'échec du putsch de 1961.

2. La guerre d'Algérie cisèle la Ve République

Non seulement elle conduit au changement de régime, mais la guerre d'Algérie imprime fortement sa marque sur la nouvelle Ve République.

A. La question algérienne et le verbe présidentiel

En 1958, de Gaulle ne semble pas avoir arrêté de politique concernant l'Algérie. C'est le sujet capital du moment, qui l'a fait revenir au pouvoir : c'est lui qui décide et **l'Algérie fait partie du « domaine réservé »**, avec les affaires étrangères et la défense. L'expression n'est pas institutionnelle mais apparaît en 1959 pour repousser les pressions des partisans de Jacques Soustelle en faveur de l'Algérie française.

Le **verbe présidentiel** devient l'outil d'action de la République. Dès le 4 juin, le « je vous ai compris » dompte la foule algéroise, avec une ambiguïté lourde en futures déceptions. Le 3 octobre, à Constantine, le président en personne présente un plan de développement économique, dit « plan de Constantine », qui doit symboliser le retour à une République efficace. La parole gaullienne s'exprime en **conférences de presse**, comme le 23 octobre 1958, pour appeler à la « paix des braves », sans succès. C'est ensuite **l'allocution télévisée** du 16 septembre 1959 par laquelle est ouverte la voie de l'autodétermination. Choix fatidique qui suscite la « Semaine des barricades » en janvier. Le 29 janvier 1960, il apparaît **à la télévision en uniforme** et obtient la fin de l'insurrection : désormais, le verbe présidentiel est capable de gouverner, d'incarner la légitimité et de faire rentrer dans le rang Alger la rebelle sans user de la force. L'allocution du 4 novembre 1960 franchit le pas d'évoquer « l'Algérie algérienne », avec la création d'un ministère d'État chargé des Affaires algériennes, confié à Louis Joxe. Le 23 avril 1961, c'est en uniforme et à la télévision qu'il écarte avec mépris le putsch « d'un quarteron de généraux en retraite » et que ses ordres claquent.

B. L'Algérie renforce le poids du président

La crise algérienne a fait revenir de Gaulle : **l'Algérie approuve massivement la Constitution de la Ve République** avec 96,5 % des voix au référendum du 28 septembre 1958, après une campagne clairement orientée en faveur du « oui ». C'est la première fois que les hommes et femmes âgés d'au moins 21 ans votent tous et ensemble en Algérie : c'est clairement un **plébiscite en faveur du général**, alors que les législatives qui suivent au 23 et 30 novembre voient une abstention record de 36 % à l'appel du FLN.

La gestion du dossier algérien fait du président la « clé de voûte » du régime, au-delà de la Constitution. Si son article 20 dit du **gouvernement** qu'il « détermine et conduit la politique de la nation », en réalité il **se limite à exécuter** la politique algérienne de de Gaulle. Le **Parlement est largement dessaisi** : au lendemain de la « Semaine des barricades », il doit voter des pouvoirs spéciaux qui autorisent d'agir par ordonnances. En 1961, l'activation de l'article 16 l'écarte d'office pendant cinq mois. Le recours aux allocutions sur l'Algérie et au référendum **tend à la démocratie directe**, court-circuitant le Parlement. Le 8 janvier 1961, le référendum demande directement au peuple d'approuver la politique d'autodétermination et le 8 avril 1962 à la Métropole de ratifier les accords d'Évian signés le 18 mars précédent. Le 1er juillet, le référendum d'autodétermination conduit à l'indépendance le 5 : la République est libérée du poids algérien.

Document essentiel

Le bilan de la guerre d'Algérie

La guerre d'Algérie comprend en fait trois conflits, **une guerre franco-algérienne**, **une guerre algéro-algérienne** entre factions indépendantistes mais aussi entre indépendantistes et harkis, et **une guerre franco-française**, à propos de la torture, entre colons et Métropole, entre réalistes et OAS.

Militaire français	Civils français	« Rebels » algériens	Guerre fratricide FLN - MNA	Harkis
• 24 614 morts y compris « Français musulmans » • 450 prisonniers non restitués	• 2 788 morts et 875 disparus avant le 19 mars 1962 • environ 1 700 enlevés après le 19 mars	• 200 000 à 300 000 morts selon la France • « 1,5 million de martyrs » selon le discours officiel algérien	• 6 000 morts en Algérie • 4 055 en Métropole	• 10 000 à 70 000 morts • 60 000 réfugiés en France

C. La réforme de 1962, conséquence directe

Certains partisans de l'Algérie française mènent au sein de **l'Organisation Armée secrète** (OAS) une série d'attentats pour déstabiliser le pouvoir et plusieurs tentatives d'assassinat contre de Gaulle sous le slogan de « descendre la grande Zohra » (9 septembre 1961 à Pont-sur-Seine). Le **22 août 1962**, Jean-Marie Bastien-Thiry tire à plusieurs reprises sur le général lors d'une **attaque au Petit-Clamart**. Pour éviter que sa disparition éventuelle ne fasse retomber la République dans un régime de partis, de Gaulle **plaide pour une élection présidentielle au suffrage universel direct**, permettant au peuple de choisir directement. Le 12 septembre, il annonce la tenue d'un référendum pour modifier ainsi la Constitution le 28 octobre. Cette décision entraîne deux conséquences importantes pour la vie politique.

De Gaulle choisit d'appliquer l'article 11 de la Constitution qui permet de poser des questions par référendum. Dans la mesure où l'article 89 prévoit explicitement la procédure pour réviser la Constitution, c'est plutôt ce dernier qui devrait s'appliquer. Comme il prévoyait d'abord l'adoption du projet de révision par les deux Assemblées, puis soit un Congrès réunissant les deux soit un référendum, cette procédure aurait échoué devant l'opposition de nombreux parlementaires à cette révision. **De Gaulle n'hésite donc pas à bousculer la Constitution**. Le 31 janvier 1964, il déclare rétrospectivement qu'une « Constitution, c'est un esprit, des institutions, une pratique ». Le président du Sénat Gaston Monnerville y voit une « forfaiture », François Mitterrand qualifie le pouvoir gaullien de « coup d'État permanent » dans un pamphlet paru en 1964.

Le 5 octobre, les députés **renversent le gouvernement par une motion de censure** à cause de ce projet : c'est la seule fois qu'une telle motion a pu être votée sous la Ve République, exigeant la majorité des députés. De Gaulle réplique par la dissolution de l'Assemblée (législatives convoquées le 18 et 25 novembre) et surtout en nommant un nouveau gouvernement avec le même Premier ministre, indiquant clairement que sa légitimité est supérieure.

3. La mémoire de la guerre hante la Ve République

En partie sous l'influence de l'évolution de la mémoire de la Seconde Guerre mondiale, la mémoire de la guerre d'Algérie ressurgit régulièrement, continuant de peser sur la société et la Ve République.

A. Une mémoire longtemps refoulée

En 1962, la déchirure est profonde : pour éviter de prolonger la guerre par un conflit de mémoires, **la Ve République choisit l'oubli et vote des lois d'amnistie** (1964, 1966, 1968, 1974 et 1982). Comme souvent dans les périodes de refoulement, **les survivants de l'épreuve sont rejetés** : les harkis sont parqués dans des camps en Métropole, comme à Rivesaltes, et les pieds-noirs rapatriés. **Au début des années 1980**, plusieurs éléments font ressurgir ces événements. Enfants de harkis et enfants d'immigrés cherchent à comprendre leur origine et n'acceptent pas l'ostracisme qu'ils rencontrent souvent. Parallèlement, l'ascension du Front national, dont une partie est issue des milieux « Algérie française », à commencer par Jean-Marie Le Pen, et qui conduit à voir dans le nombre d'immigrés un élément de la crise, contribue à raviver la mémoire de ce conflit. **En 1983, la guerre d'Algérie entre dans les programmes scolaires**.

Repère **Mémoire et histoire**

L'étude ***Les Lieux de la mémoire*** (1984), coordonnée par Pierre Nora, est la référence pour distinguer **mémoire et histoire**. **L'histoire** suit les traces laissées par le passé et leur interprétation **produit un discours rationnel**. **La mémoire** produit un **discours émotionnel**, qui soude une communauté et installe le passé dans le sacré. Le « **devoir de mémoire** » comprend également une dimension sacrée puisée dans l'Ancien Testament.

B. Une mémoire française encore plurielle

À la fin des années 1990, parallèlement à la « repentance » concernant le rôle de Vichy pendant la Seconde Guerre mondiale, les pouvoirs publics réévaluent la mémoire du conflit algérien, qui est **qualifié officiellement de « guerre d'Algérie » en 1999**. Se multiplient alors les hommages aux différents groupes qui ont vécu la guerre, donnant l'impression d'une multiplicité de mémoires concurrentes. **Le 5 décembre 2002**, le président Jacques Chirac, qui a combattu dans ce conflit, inaugure le **Mémorial de la guerre d'Algérie et des combats au Maroc et en Tunisie sur le quai Branly**, à Paris : il y honore la mémoire de 23 000 soldats français dont 3 000 harkis. En 2003, le 5 décembre devient la **Journée**

d'hommage aux morts pour la France en Afrique du Nord. Cette même année est instituée une **journée d'hommage national aux harkis** fixée au 25 septembre. En 2005, un **article de loi** est adopté par l'Assemblée nationale pour reconnaître dans l'enseignement le **rôle positif de la colonisation** : s'il est supprimé peu après, l'affaire témoigne du sentiment que la mémoire est déséquilibrée, trop versée à la repentance. En parallèle s'exprime une « nostalgérie » pour la terre perdue par les pieds-noirs. Dans les années qui suivent, plusieurs stèles commémoratives en l'honneur des membres de l'OAS sont érigées à Marignane, Sète et Perpignan, tandis que le maire de Paris inaugure le 6 octobre 2011 une stèle à la mémoire des victimes de l'OAS au cimetière du Père-Lachaise.

Repère **Les pieds-noirs**

L'expression, dont l'origine est peu claire, désigne communément les « Français d'Algérie » non musulmans, presque un million en 1962, d'origine européenne (française, maltaise, espagnole et italienne principalement) ou juifs installés au Iᵉʳ siècle ap. J. C (environ 150 000 personnes). 800 000 environ sont « rapatriés », face au choix de « la valise ou le cercueil ». Le journaliste Pierre Daum a rappelé en 2008 et 2012 que 200 000 ont pu rester pour cinq, dix ou vingt ans, et rejettent le terme de pieds-noirs. Aujourd'hui, ils sont quelques centaines.

Jacques Chirac avait marqué une rupture en 1995 en reconnaissant la responsabilité de la France dans la rafle du Vel d'Hiv de 1942 : en 2012, **François Hollande** a voulu faire de même sur le 17 octobre 1961 en déclarant que « des Algériens qui manifestaient pour le droit à l'indépendance ont été tués lors d'une sanglante répression. La République reconnaît avec lucidité ces faits ». À l'inverse, les associations de pieds-noirs soulignent que rien n'est dit sur le massacre de la rue d'Isly, quand l'armée française tire sur les pieds-noirs d'Alger le 26 mars 1962, ni sur le massacre de 700 Européens et d'un nombre inconnu de « Français musulmans » par les Algériens, le 5 juillet 1962 à Oran, les 18 000 soldats français présents ayant ordre de ne pas bouger…

Repère **Le 17 octobre 1961**

Le **17 octobre 1961**, le FLN appelle à manifester contre le couvre-feu imposé aux Algériens par le préfet de police de Paris Maurice Papon. Celui-ci s'explique par la mort de 63 policiers de Métropole en trois ans, le FLN souhaitant faire déborder la guerre au nord de la Méditerranée. 20 000 à 30 000 « musulmans » se massent malgré l'interdiction : les CRS prennent peur et répriment violemment, certains manifestants étant poussés dans la Seine. Le bilan a été l'objet de polémique dans les années 1990 : Jean-Luc Einaudi compte environ 250 victimes en s'appuyant sur le témoignage d'Algériens, Jean-Paul Brunet entre 30 et 50, à partir des archives de la Police et des hôpitaux. Si la violence policière n'est pas excusable, elle s'inscrit dans le contexte de guerre et d'une provocation du FLN, l'ennemi, au sein de la capitale…

Le 8 novembre 2012, le Sénat a adopté la proposition de loi socialiste adoptée par la seule Assemblée nationale il y a plus de dix ans, consistant à **faire du 19 mars une Journée nationale du souvenir des victimes civiles et militaires de la guerre d'Algérie**. Elle s'appuie sur le fait que le 5 décembre, date de la journée instituée en 2003, ne correspond à rien, ce qui a été voulu par neutralité. En revanche, la date du 19 mars est loin d'être consensuelle :

c'est après le cessez-le-feu que des soldats français sont encore tombés et que des milliers de harkis ont été massacrés.

C. La torture en Algérie, pierre d'achoppement

Dès 1955 apparaissent les premières dénonciations de l'usage systématique de la torture dans la presse par des intellectuels. Parmi eux, le militant communiste **Maurice Audin** est arrêté, torturé et porté disparu : un « comité Maurice Audin » est constitué et son cas sert d'étendard à la dénonciation, notamment par **l'historien Pierre Vidal-Naquet**, tandis qu'**Henri Alleg** publie en 1958 *La Question*, livre interdit aussitôt. À la fin de la guerre, le sujet est l'objet d'une forme d'amnésie collective.

Repère **La « bataille d'Alger »**

Militairement, le moment de référence de la guerre d'Algérie est la « **bataille d'Alger** ». **De janvier à mars 1957**, elle oppose aux indépendantistes du FLN **la 10e division parachutiste du général Massu**, qui comprend notamment le **colonel Bigeard** et le **commandant Aussaresses**. Les parachutistes parviennent à reprendre le contrôle de la ville et cette victoire militaire est une référence pour les tenants de la **guerre contre-insurrectionnelle** : le **film *La Bataille d'Alger* de Gillo Pontecorvo**, qui l'évoque de manière fidèle en 1966, a été abondamment visionné et étudié particulièrement aux États-Unis lors de la guerre du Vietnam et de celle d'Irak en 2003. Cette victoire a été obtenue par **l'usage régulier de la torture** (« gégène », baignoire et viol) et de la disparition des suppliciés : elle est une **défaite morale, dénoncée par le général Jacques Pâris de la Bollardière**, qui voit sa carrière brisée.

Les années 2000 sont marquées par le retour brutal du sujet. Le **20 juin 2000, le journal *Le Monde*** publie en Une le **témoignage de Louisette Ighilahriz**, prisonnière pendant trois mois et violée quotidiennement, accusant le général Massu et le colonel Bigeard. Quelques jours plus tard, **Massu dit regretter la pratique de la torture**, dont il a déjà reconnu l'existence dans les années 1970. Plusieurs témoignages s'enchaînent, constituant un « **retour du refoulé** ». En décembre suivant, **Raphaëlle Branche** soutient à Sciences Po une **thèse sur le sujet**, qui démontre l'usage systématique de la torture, notamment du viol, moins pour faire parler que pour terroriser et convaincre de la toute-puissance de l'armée. L'année suivante, le **général Aussaresses**, alors chef du renseignement à Alger, **publie *Services spéciaux : Algérie 1955-1957*** et se confie au *Monde* : il justifie l'emploi de la torture, qu'il a ensuite enseigné aux États-Unis et en Amérique latine. Lors des présidentielles de 2002, alors que Jean-Marie Le Pen est au second tour, *Le Monde* démontre qu'il a torturé à mort dans le cadre de « torture à domicile ».

Repère **Mémoire algérienne, entre histoire et instrumentalisation**

À l'indépendance, la mémoire algérienne est confisquée par le FLN, parti unique : la lutte a été unitaire derrière l'Armée de libération nationale et sous la forme d'une révolution socialiste, comme le résume le slogan de la lutte « un seul héros, le peuple ». L'éviction de Ben Bella l'écarte aussi des commémorations jusqu'à une timide ouverture dans les années 1980. L'arrivée au pouvoir de Bouteflika en 1999 se traduit par la réhabilitation de nombreux acteurs de la guerre d'indépendance. S'il reçoit en grande pompe Jacques Chirac en 2003, il exige que la France reconnaisse la colonisation comme un crime contre l'humanité et continue de traiter les harkis de « collabos ». En 2007, l'Institut national de l'audiovisuel a fourni la copie des archives françaises à la télévision algérienne ENTV.

FICHE 32

Les débuts de la Ve République : un projet liant volonté d'indépendance nationale et modernisation du pays

Selon le discours gaullien, la mise en place de nouvelles institutions n'est pas seulement un changement de régime : c'est l'outil au service d'une « certaine idée de la France », sur la scène internationale et à l'intérieur.

L'ESSENTIEL EN DATES

- **8 janvier 1959** : de Gaulle est élu président de la République et de la Communauté française.
- **13 février 1960** : première bombe nucléaire française.
- **22 janvier 1963** : traité de l'Élysée avec la RFA.
- **5 et 19 décembre 1965** : élections présidentielles au suffrage universel direct.
- **27 avril 1969** : référendum sur la régionalisation, démission de de Gaulle.

1. La Constitution de 1958 pour le sursaut

La fondation de la Ve République se fait dans le contexte dramatique de la crise du 13 mai 1958, en fonction de la personnalité et des convictions du général de Gaulle : les dix ans d'exercice du pouvoir de ce premier président de la République ont réussi à ancrer les nouvelles institutions dans la durée.

FIGURE CLÉ **Charles de Gaulle (1890-1970)**

Né à Lille, Charles de Gaulle devient officier à Saint-Cyr. Après avoir participé à la Première Guerre mondiale, il défend dans plusieurs livres le principe d'une armée de métier, appuyée sur les blindés et l'aviation. L'application de ces principes en 1940 lui vaut quelques succès. Appelé au gouvernement par Paul Reynaud, il part pour Londres quand Pétain forme un cabinet et appelle à poursuivre le combat le 18 juin depuis la radio britannique. Il organise alors la Résistance avant de fonder le Gouvernement provisoire de la République française (GPRF) à Alger. Le 20 janvier 1946, il quitte le pouvoir, désapprouvant le projet de Constitution. N'ayant pas réussi à faire du Rassemblement du peuple français (RPF) l'instrument de son retour, il se retire de la vie politique jusqu'en mai 1958. Il devient le premier président de la Ve République le 8 janvier 1959 et démissionne le 28 avril 1969, suite à l'échec du référendum sur la régionalisation. Il meurt le 9 novembre 1970.

A. La mise en œuvre de la Constitution

Rédigée sous la direction de **Michel Debré**, la Constitution de 1958 s'inspire largement du **discours prononcé à Bayeux le 16 juin 1946** par de Gaulle, dans lequel il appelait les Français à se doter d'un pouvoir exécutif fort, au-dessus des intérêts partisans. Elle est approuvée par **référendum le 28 septembre 1958**. Garant de l'indépendance nationale, **le président de la République est élu pour sept ans** au suffrage universel indirect, par un large collège de 80 000 élus locaux ou nationaux. La Constitution fait du président l'arbitre actif du « fonctionnement régulier des pouvoirs publics » : on a dit qu'il était la « **clé de voûte des institutions** ». Il est le garant de la Constitution et de l'indépendance de la justice. Il choisit et nomme le **Premier ministre**, et **promulgue les lois**. Plus largement, il est un **recours contre un blocage** : il **peut dissoudre l'Assemblée** nationale (à condition qu'il se soit passé au moins treize mois entre deux dissolutions), **organiser un référendum**, voire se **saisir de tous les pouvoirs** en cas de péril **(article 16)**.

Le Premier ministre **contresigne** la plupart des actes pris par le président de la République et **dirige l'action du gouvernement**. Il assure **l'exécution des lois** et exerce le **pouvoir réglementaire** : il dispose donc de l'administration et des forces armées et **nomme aux emplois** civils et militaires. Il joue un rôle central dans la procédure législative avec un **droit d'initiative** et la **maîtrise d'une partie de l'ordre** du jour du Parlement. Celui-ci peut l'habiliter à **légiférer par ordonnances**.

Le Parlement est composé de deux chambres. L'Assemblée nationale représente les citoyens, d'où une élection au suffrage universel direct. Le **Sénat** représente les collectivités territoriales et est donc élu au suffrage universel indirect. L'Assemblée a plus de pouvoirs : elle seule peut renverser le gouvernement, et donc elle seule peut être dissoute ; elle a le dernier mot en cas de désaccord avec le Sénat ; elle examine en priorité le projet de loi de finances et le projet de loi de financement de la Sécurité sociale.

L'Assemblée constituante innove en créant un **Conseil constitutionnel**, composé de neuf membres et des anciens présidents qui le souhaitent (René Coty y siège jusqu'en 1962).

FIGURE CLÉ **Michel Debré (1912-1996)**

Entré au **Conseil d'État en 1934**, il rejoint la **Résistance** en 1943. À la Libération, d'abord commissaire de la République à Angers, il est chargé de **créer l'École nationale d'administration** (ENA) en 1946. Pendant la « traversée du désert » de de Gaulle, il siège au Conseil de la République. En 1957, il publie ***Les Princes qui nous gouvernent***, dans lequel il dénonce l'échec de la IVe République et appelle au retour de de Gaulle. En 1958, comme garde des Sceaux, il supervise la **rédaction de la Constitution de la Ve République**. Il devient ensuite le **Premier ministre** de la nouvelle République. Faisant taire sa conviction en faveur de l'Algérie française, il mène la politique de décolonisation voulue par de Gaulle. En avril 1962, opposé au projet d'élection du président au suffrage universel direct, il démissionne mais revient comme **ministre de l'Économie et des Finances** (1966-1968), puis **ministre des Affaires étrangères** (1968-1969) et de la **Défense** (1969-1973). Il est élu **député de La Réunion** à partir de 1963. En 1981, il est **candidat à l'élection présidentielle** mais ne reçoit que 1,66 % des voix.

Les nouvelles institutions permettent à de Gaulle de remettre en marche le pouvoir. Les **législatives du 23 et du 30 novembre 1958**, au scrutin majoritaire uninominal à deux tours, lui donnent une majorité gaulliste de 70 %, regroupant les modérés, le Mouvement républicain populaire (MRP) et surtout l'**Union pour la nouvelle République** (UNR, fondée sur les ruines du RPF), dont le nom évite significativement le mot « parti ». Désormais, le problème algérien peut connaître son dénouement en trois ans, directement géré par de Gaulle, tandis que les référendums lui permettent de légitimer ses choix grâce à l'appui du peuple. Le 3 juillet 1962, l'indépendance algérienne libère la République de ce poids.

Document essentiel

Les institutions de la Ve République

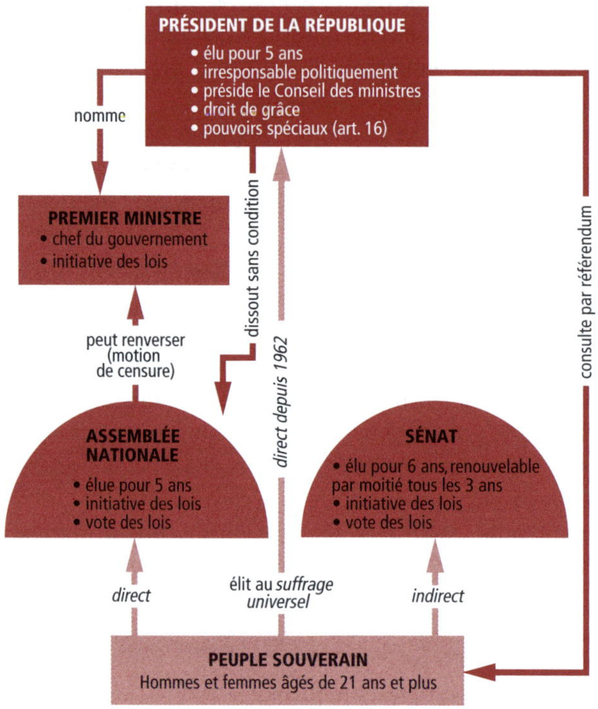

B. L'élection de 1965 donne à la Constitution son visage actuel

L'adoption de la réforme de 1962 du mode d'élection du président de la République trouve son application avec **l'élection présidentielle de 1965**, la première du genre depuis 1848. Elle est l'occasion pour les Français de redécouvrir qu'il y a d'autres hommes politiques que de Gaulle, grâce au passage des candidats à la télévision, qui équipe plus de la moitié des foyers. En 1963, l'hebdomadaire *L'Express*, qui avait déjà tenté de soutenir Mendès France en 1954, essaie de lancer un homme neuf pour renverser le président sortant : **le 19 septembre, une couverture annonce « Monsieur X »** dont le portrait-robot du candidat idéal suivait à l'intérieur. Dans les semaines qui suivent est dévoilée son identité : Gaston Defferre. Investi par la Section française de l'Internationale ouvrière (SFIO), il finit par renoncer au vu des sondages et c'est finalement François Mitterrand qui représente les socialistes. ***L'outsider***

vient du MRP avec Jean Lecanuet. Aidé d'un conseiller de la campagne médiatique de Kennedy de 1960, il mène une campagne originale : distribution de brochures dans les rues, grands meetings avec distribution de gadgets publicitaires et projection de clips. Lecanuet apparaît jeune, souriant, avec le slogan « un homme neuf, une France en marche ». En deux mois, il passe d'un sondage à 3 % d'intentions de vote à 16 % des exprimés : c'est lui qui permet à **Mitterrand de mettre en ballottage le président sortant**. Le second tour permet à celui-ci d'être largement réélu. Désormais, l'élection présidentielle est le grand moment de la vie politique nationale, donnant le sentiment que le peuple choisit son « **monarque républicain** » (expression du juriste Maurice Duverger).

2. Une Constitution taillée pour « l'indépendance nationale »

La Constitution de 1958 doit régler la question coloniale pour rendre à la France sa liberté d'action : les colonies doivent accepter d'intégrer la « Communauté française » (titre XIII de la Constitution), sinon reçoivent immédiatement l'indépendance comme la Guinée, à l'appel de son leader Sékou Touré.

A. Le « grand dessein »

Pour de Gaulle, la décolonisation, si douloureuse soit-elle, est indispensable : le temps n'est plus à « la douceur des lampes à huile, la splendeur de la marine à voile, le charme du temps des équipages » (allocution du 14 juin 1960) et il faut se défaire d'un empire devenu un fardeau pour redonner à la France les moyens d'une politique « **d'indépendance nationale** », son « **grand dessein** ». La **bombe nucléaire** en est un outil essentiel, d'où l'importance du premier tir dans le Sahara, celui de « Gerboise bleue », le 13 février 1960, qui fait dire à de Gaulle : « Hourra pour la France ! Depuis ce matin, elle est plus forte et plus fière. » La constitution d'une force de dissuasion nucléaire lui permet de **sortir du commandement intégré de l'OTAN** par étapes, en 1959, 1963 et 1966, et d'exiger la fermeture des bases américaines sur le territoire, tout en restant au sein de l'Alliance : c'est la **fin du « protectorat américain »** selon le discours gaullien. Cette indépendance se manifeste aussi par le **verbe gaullien**, qui parcourt le monde, et suscite un enthousiasme comme aucun autre dirigeant. Il critique l'engagement militaire américain au Vietnam lors du discours de Phnom-Penh en 1966 ou fait de la francophonie un argument pour s'exclamer « Vive le Québec libre ! » en 1967 au Canada. La France est le premier pays occidental à reconnaître la République populaire de Chine en 1964 et se rapproche de la Roumanie en 1968. Enfin, lors de la guerre des Six Jours, en 1967, de Gaulle dénonce la politique d'Israël et opte pour une « politique arabe ». D'une manière générale, la France tente d'exister sur la scène internationale pour ne pas la laisser aux mains des deux Grands, luttant contre « la politique de condominium entre l'Amérique et la Russie ».

B. L'Europe pour la France

Initialement hostile à la construction européenne dans les années 1950, notamment lors du débat sur la Communauté européenne de défense, le général de Gaulle poursuit la **mise en place du Marché commun** issu des traités de Rome de 1957, une fois revenu au pouvoir. C'est le cas en particulier de l'union douanière de 1968. Il impose la **Politique**

agricole commune (PAC) en 1962. En revanche, il refuse l'idée de supranationalité : pour éviter le passage du vote à l'unanimité au vote à la majorité qualifiée, il n'hésite pas à bloquer le fonctionnement de la CEE en s'abstenant de siéger aux institutions, c'est la **crise de la chaise vide de 1965 à 1966**. Son projet institutionnel présenté par le **plan Foucher** est refusé par les autres pays en 1962.

De Gaulle promeut une « **Europe européenne** » par opposition à « l'Europe atlantiste », alignée sur Washington, et **rejette deux fois la candidature britannique** en 1963 et 1967, dans laquelle il voit un « cheval de Troie » de Washington. Multipliant les gestes envers la RFA, il signe le **traité franco-allemand du 22 janvier 1963** avec le chancelier **Konrad Adenauer**. De Gaulle tente de le convaincre de s'émanciper du « protectorat américain » mais se heurte à l'atlantisme allemand, qui refuse de choisir entre Washington et Paris.

Repère **Le « volapük intégré »**

Le **15 mai 1962**, dans une conférence de presse sur les tensions européennes, le général de Gaulle repousse toute perspective fédéraliste : la réalité des nations est indépassable et le reste n'est qu'illusion, ironiquement évoqué par le « volapük », langue artificielle du XIXe siècle comme l'espéranto. Les ministres MRP, fédéralistes, quittent le gouvernement à la suite de ces déclarations.

« Je ne crois pas que l'Europe puisse avoir aucune réalité vivante si elle ne comporte pas la France avec ses Français, l'Allemagne avec ses Allemands, l'Italie avec ses Italiens, etc. Dante, Goethe, Chateaubriand, appartiennent à toute l'Europe dans la mesure même où ils étaient respectivement italien, allemand et français. Ils n'auraient pas beaucoup servi l'Europe s'ils avaient été des apatrides et s'ils avaient pensé, écrit en quelque "espéranto" ou "volapük" intégré (...) »

3. La modernisation du pays

Les Français attendent de de Gaulle un État efficace : il peut poursuivre l'œuvre de la IVe République, qui avait modernisé les outils de gouvernement du pays.

A. Les outils de la modernisation

Le renouveau de l'action étatique peut s'appuyer sur la haute fonction publique, issue notamment de **l'École nationale d'administration** (ENA) créée le 9 octobre 1945 et mise en place par Michel Debré. À la tête du GPRF, de Gaulle y voyait une « véritable école du commandement », formant un « État-major » de 200 élèves au début, destinés à œuvrer comme grands commis de l'État. En **1958, environ 1 200 « énarques »** sont en fonction, pouvant être mobilisés pour moderniser la France.

Si la part de l'investissement directement issu des administrations décroît de 1958 à 1969, de Gaulle poursuit la logique de **planification**, confiée au Commissariat au plan, créé le 21 décembre 1945 par le GPRF et lancé par Jean Monnet.

Repère **Le plan, « ardente obligation »**

Peu après l'échec du putsch des généraux du 22 avril 1961, qui voit l'État capable de surmonter ce défi grâce à la mise en place de pouvoirs spéciaux prévus par l'article 16 de la Constitution de 1958, Charles de Gaulle s'adresse aux Français pour le 16e anniversaire de la capitulation allemande. Après l'évocation des événements d'Algérie, il aborde la tâche intérieure et le rôle du Plan.

« Il faut que le plan de développement national qui, déjà depuis seize ans, oriente vers le progrès l'activité de la France. Il faut que ce plan devienne une institution essentielle, plus puissante dans ses moyens d'action, plus ouverte à la collaboration des organismes qualifiés de la science, de l'économie, de la technique et du travail. Qu'elle soit plus populaire quant à l'intérêt que son œuvre doit susciter dans le peuple tout entier. Il faut que les objectifs à déterminer par le plan pour l'ensemble du pays et pour chacune de ses régions ; que les buts à fixer pour l'amélioration corrélative de la condition de toutes les catégories, et d'abord des plus modestes ; que les investissements publics et privés à décider pour que le rythme aille en s'accélérant ; il faut que tout cela soit, pour tous les Français, une ardente obligation. Bref, il faut que cet immense et gigantesque renouvellement devienne la grande affaire et l'ambition capitale de la France. »

Charles de Gaulle, allocution radio et télédiffusée du 8 mai 1961

Pour **ouvrir la France à la concurrence internationale** en appliquant réellement les engagements européens de 1957, l'État met en place une véritable **politique industrielle**, qui s'appuie sur des entreprises publiques comme Renault, première entreprise française mais située seulement au vingt-deuxième rang mondial. Il lance de grands programmes industriels (projet Concorde en 1962, plan Calcul en 1966) et modernise les houillères (plan Jeanneney de fermeture des mines non compétitives, en 1959). De **grands organismes nationaux de recherche** sont créés comme le Centre national d'études spatiales (CNES) en 1961, l'Institut national de la santé et de la recherche médicale (Inserm) en 1964 et l'Agence nationale de valorisation de la recherche (Anvar) en 1967.

B. L'aménagement du territoire

La modernisation s'accompagne d'un **aménagement volontariste du territoire**, piloté par la Délégation à l'aménagement du territoire et à l'action régionale **(Datar)** à partir de 1963, sous la direction **d'Olivier Guichard**. Elle comprend une politique de **décentralisation industrielle**, qui a créé **environ 300 000 emplois industriels en province** en dix ans. Des plans visent à développer des pans entiers du territoire, les **plans Neige** (1964 à 1977) permettent de créer des stations de ski.

Pour répondre aux besoins en logements, deux décrets d'octobre 1958 avaient défini les modalités de la rénovation urbaine et précisé des **zones d'urbanisation prioritaires** (ZUP). Ce sont les « **années béton** », marquées par la construction de près de 500 000 logements par an de 1962 à 1969. Pour contrebalancer l'hypertrophie parisienne, la Datar définit en 1964 huit **métropoles d'équilibre** (en fait souvent un ensemble urbain, à savoir Lille-Roubaix-Tourcoing, Nancy-Metz, Strasbourg, Lyon-Grenoble-Saint-Étienne, Marseille, Toulouse, Bordeaux, Nantes-Saint-Nazaire), auxquelles sont associées plus tard les villes de Rennes, Clermont-Ferrand, Dijon et Nice. Leur rapide développement s'est fait au détriment des villes moyennes environnantes et le programme a été abandonné en 1974, même si l'appellation est encore utilisée ensuite. Pour « mettre de l'ordre dans le désordre » de l'agglomération parisienne, puis des grandes villes en général, selon l'expression de de Gaulle, un programme

crée neuf « villes nouvelles » (Cergy-Pontoise, Évry, Melun-Senart, Marne-la-Vallée, Saint-Quentin-en-Yvelines autour de Paris, Le Vaudreuil, Villeneuve-d'Asq, l'Isle-d'Abeau et rives de l'étang de Berre en province), à moins de 40 kilomètres du centre de la ville-mère, pour y accueillir de 50 000 à 300 000 habitants, soulageant les agglomérations de la pression migratoire. Après une forte croissance, elles tendent à perdre de la population à partir de la décennie 1990. Sous l'impulsion de **Georges Pompidou,** Premier ministre puis président de la République, Paris fait l'objet de grands travaux volontaristes, avec le lancement des travaux du **RER** traversant la capitale d'est en ouest, de la **voie express rive droite**, du quartier d'affaires de **La Défense**, du chantier du futur **centre Georges-Pompidou**, de la **tour Montparnasse** ou des **nouvelles Halles**. Son successeur, Valéry Giscard d'Estaing, poursuit avec la transformation des abattoirs de La Villette et de l'ancienne gare d'Orsay en musées.

Repère **Les maisons de la culture**

Sous de Gaulle, l'aménagement du territoire passe aussi par la culture, reprenant une idée du Front populaire. Le 17 novembre 1959, André Malraux déclare aux députés vouloir que « n'importe quel enfant de 16 ans, si pauvre soit-il, puisse avoir un véritable contact avec son patrimoine national et avec la gloire de l'esprit de l'humanité ». Pour cela, des « maisons de la culture » permettront de diffuser de la culture savante auprès d'un large public et devront être de « modernes cathédrales », officiellement « pour le prix de 25 kilomètres d'autoroute… » La première est inaugurée au Havre en 1961, dans une ville entièrement rebâtie après les destructions de la Seconde Guerre mondiale. On a pu leur reprocher une conception élitiste de la culture et une action étatique sans grande concertation avec les autorités locales.

C. Une gouvernance gaullienne remise en cause mais adaptable

Ce rôle volontariste de l'État trouve ses limites et se heurte à une vague de contestation en 1968. Pour de Gaulle, la solution passe par une nouvelle gouvernance qu'il dénomme « **participation** », prévue dans de multiples domaines. Sa mise en œuvre passe, d'un côté, par la réforme de l'université menée par **Edgar Faure**, qui confie sa gestion à des conseils d'élus et prévoit l'autonomie des établissements ; de l'autre, par la **régionalisation**. Celle-ci est l'objet du **référendum du 27 avril 1969** portant sur la création de collectivités territoriales régionales et sur la transformation du Sénat : son rejet par les Français enterre le projet et conduit de Gaulle à la démission.

FICHE 33

Renouveau et transformations de la société et de la culture françaises (1944-1974)

Les Trente Glorieuses bouleversent en profondeur la France, à l'image d'une population au dynamisme démographique sans précédent. Le renouveau et les transformations ne doivent pas faire oublier que les contemporains n'en ont pas tous conscience et que tous n'y ont pas accès de la même manière, ce qui nourrit aussi frustrations et rancœurs.

L'ESSENTIEL EN DATES

- **9 février 1953** : lancement du « Livre de Poche » par la Librairie générale française.
- **1er février 1954** : appel de l'abbé Pierre en faveur des sans-abri.
- **15 mars 1954** : parution de *Bonjour tristesse* de Françoise Sagan.
- **15 juillet 1963** : premier hypermarché Carrefour.
- **8 décembre 1966** : sortie de *La Grande Vadrouille* de Gérard Oury (17 millions de spectateurs en dix ans).

1. Une population rajeunie et en croissance

A. La France du baby-boom

Au contraire du malthusianisme dominant l'entre-deux-guerres, les lendemains de la Seconde Guerre mondiale sont marqués par un vif dynamisme démographique. La natalité remonte dès 1942, pourtant au pire moment de l'Occupation, mais c'est à la Libération que la natalité bondit : au lieu d'une moyenne légèrement supérieure à 50 000, les **naissances par mois** atteignent 78 000 au début de 1945. La moyenne annuelle est de 867 000 en 1947, puis diminue progressivement pour tourner **autour de 800 000** dans la décennie suivante. À noter toutefois que la **mortalité infantile reste élevée** jusqu'en 1951, touchant un enfant sur neuf, avec un taux de 110 ‰ (plus qu'avant la guerre avec 70 ‰) ! De plus, de 25 à 30 % des naissances ne seraient pas désirées : la loi de 1920 interdit toujours l'avortement (1 000 avortements par jour seraient effectués clandestinement dans les années 1950) et la contraception, malgré plusieurs propositions de loi. La loi Neuwirth légalise cette dernière en 1967. En presque trois décennies, la **population française gagne 30 %**, passant de 40,7 millions à 52,6 millions d'habitants. L'espérance de vie progresse de dix ans pour les femmes, de sept ans pour les hommes. Sur la même période, le **nombre d'immigrés double**, passant de 1,9 million à 3,9 millions.

B. La société des Trente Glorieuses

De 1944 à 1974, la société française connaît une mutation telle que le statisticien Jean Fourastié y voit « Trente Glorieuses » (voir Repère p. 271), expression largement adoptée depuis pour désigner la période. Le **niveau de vie fait plus que tripler** et la consommation par habitant est multipliée par 20 : la forte croissance et la consommation de masse sont un phénomène englobant et généralisé. Le triomphe du salariat et la tertiarisation favorisent la **féminisation de la population active**, qui est à l'origine de l'augmentation du nombre d'actifs et enrichit d'autant le foyer. Le budget du ménage laisse désormais une part grandissante aux dépenses de logement, d'équipement, de beauté et de loisirs. Objet d'un Salon des arts ménagers dans les années 1950, **l'électroménager entre massivement dans les foyers**, comme le chante ironiquement Boris Vian dans la *Complainte du progrès* en 1956. De même que General Motors avec son « frigidaire », « Moulinex libère la femme » avec son « robot Charlotte », comme le clame la publicité : la maîtresse de maison gagne ainsi du temps pour elle. En 1957, **Darty** ouvre la première grande surface d'électroménager, qui pousse les prix à la baisse, pour le plus grand profit des consommateurs. Le 15 juillet 1963, **Carrefour** ouvre le premier hypermarché français au « carrefour » de Sainte-Geneviève-des-Bois, dans l'Essonne, au sud de Paris.

Repère La « bataille de la 4CV »

Nationalisée et transformée en régie, Renault gagne la « bataille de la 4CV ». Projetée à la veille de la Seconde Guerre mondiale, la construction d'une petite voiture, adaptée à un pouvoir d'achat limité, est lancée par le ministère de l'Économie, désormais autorité de tutelle de l'entreprise. De 1947 à 1961, 1,1 million d'exemplaires sont produits, avec une double signification : d'une part, l'entreprise nationalisée peut être concurrentielle ; d'autre part, c'est elle – donc indirectement l'État – qui permet aux Français d'accéder en masse à l'automobile. Les photographies de l'époque gardent la mémoire des pique-niques en vacances, à côté de la 4CV. Ce succès est poursuivi par la Renault 4L, produite à 8 millions d'unités, et par la Dauphine, dont le nom rappelle qu'elle succède à « la reine des ventes ». Le site d'assemblage, l'usine de Boulogne-Billancourt, devient une « citadelle ouvrière », modèle pour le reste des ouvriers.

C. Les inégalités devant les mutations

Toutefois, derrière le grand récit de la consommation de masse se cachent, d'une part, l'inquiétude et l'insatisfaction, qui font que de nombreux contemporains ne perçoivent pas l'amélioration réelle des conditions de vie, d'autre part, de **grandes inégalités géographiques et sociales**. En 1947, Jean-François Gravier a analysé dans *Paris et le désert français* le déséquilibre massif de développement entre la région parisienne et le reste du territoire métropolitain ; à partir de 1953, le poujadisme est une expression de la frustration de certaines régions qui ont le sentiment d'être les oubliées de la croissance. La IVe République, puis la Ve tentent de remédier à ses disparités avec l'ambitieuse politique d'**aménagement du territoire**.

Socialement, le **logement est encore insuffisant**, au point que l'abbé Pierre lance un appel au secours face au spectacle de sans-abri qui meurent de froid, le 1er février 1954. **Un million de logements économiques et familiaux** (Logeco) sont construits entre 1953 et 1963, mais les bidonvilles perdurent à la fin des années 1960, même s'ils sont désormais habités par des immigrés. Les « grands ensembles » des « années béton » poursuivent cet effort d'équipement mais les **zones d'urbanisation prioritaire** (ZUP), comme l'emblématique **Sarcelles**, près de Paris, acquièrent rapidement une image inquiétante, sous la domination de bandes de jeunes « blousons noirs ».

Partir en vacances n'a jamais été aussi facile. L'autoroute de Normandie (A1) est complétée par un premier **réseau autoroutier** dans la seconde moitié des années 1950, tandis que la mythique « **Route nationale 7** », longue de 996 kilomètres depuis Notre-Dame de Paris et chantée par Charles Trenet en 1955, emmène les vacanciers jusqu'à la Méditerranée. Le 27 mai 1955, le premier vol de la Caravelle, dont les réacteurs sont placés à l'arrière du fuselage pour limiter le bruit, emmène 80 passagers dans un rayon de 1 100-1 200 km à 860 km/h et devient l'avion civil français emblématique des Trente Glorieuses. Parallèlement est créée, le 12 novembre 1954, la Société des lignes aériennes intérieures ou **Air Inter**, qui doit offrir des liaisons intérieures à bon marché, grâce en particulier à l'absence de placement à l'avance des passagers. En **1958** apparaît le principe du **vol charter** (ou vol nolisé) avec le premier à destination des Baléares, affrété par le voyagiste toulousain **FRAM** : le vol est opéré par une compagnie aérienne pour la demande ponctuelle d'un voyagiste. En **1965**, le **Club Med** ouvre son premier village à Agadir au Maroc : c'est le début de la démocratisation des vacances à l'étranger, raillées par le sketch « Vacances à Marrakech » de Guy Bedos.

Pourtant, au début des années 1960, si **80 % des cadres partent en vacances, la proportion des ouvriers à le faire est deux fois moins forte**. Or, notamment avec la figure de l'ouvrier spécialisé ou « OS », l'ouvrier représente 37 % des actifs et la moitié des salariés, tandis que l'industrie est le grand vecteur de la modernisation. Partir concerne peu d'agriculteurs, en voie de raréfaction : dans une « France sans paysans », **l'agriculture n'occupe plus que 15 % des actifs en 1968** contre 33 % en 1945, mais sa modernisation, soutenue par la Politique agricole commune (PAC) européenne, assure toutefois un niveau de vie progressivement comparable aux autres secteurs d'activité.

Repère — Les Trente Glorieuses

En 1979, Jean Fourastié publie *Les Trente Glorieuses, ou la révolution invisible de 1946 à 1975*, dont le succès est tel qu'il a donné son nom à la période de forte croissance qu'a connue la France et qui paraît souvent aujourd'hui comme un âge d'or perdu. Dans le « Prélude », faisant mine de comparer deux villages, en fait le même à trente ans d'écart, Douelle en Quercy, il montre que la croissance économique a bouleversé bien plus le pays qu'une révolution politique comme les Trois Glorieuses de juillet 1830. Sa comparaison s'appuie notamment sur celle du prix réel d'un produit, c'est-à-dire le temps de travail nécessaire à son acquisition.

« Je connais bien ces deux villages [...]. Ces deux villages s'appellent l'un Madère, l'autre Cessac. Le contraste entre Madère et Cessac éclate si l'on écrit les prix des mêmes objets à Cessac. Pour le pain, ce qui coûte 24 min de travail à Madère n'en coûte que 10 à Cessac ; [...] pour la radio, de 300 à 20 [...]. L'écart est encore plus fantastique pour certains produits manufacturés [...]. Madère, c'est Douelle en 1946. Cessac, c'est Douelle en 1975. Et c'est Douelle qui est passé, en trente ans, d'un état que l'on appelle aujourd'hui "sous-développé" ou "en voie de développement" à la situation [...] d'économie industrielle et tertiaire [...]. Ne doit-on pas dire glorieuses les trente années qui séparent Madère de Cessac [...] à meilleur titre certainement que "les trois glorieuses" de 1830 [?] »

2. Les mutations culturelles

A. La culture de consommation de masse

Ces mutations s'accompagnent d'une culture de consommation de masse. Dans *Mythologies*, paru en 1957, **Roland Barthes** décrit comment la DS, ou « déesse », de Citroën est devenue « l'équivalent assez exact des grandes cathédrales gothiques », tandis que **Jean Baudrillard** analyse, en 1970, la « société de consommation ». Celle-ci inspire aussi Jacques Tati avec *Mon oncle* en 1958 ou *Playtime* en 1967, et se retrouve largement dans le périple vacancier du *Corniaud* de Gérard Oury en 1965. Destinés à entretenir cette frénésie de consommation, les métiers de la **publicité** se développent : plusieurs écoles sont ouvertes dans les années 1960 et les slogans publicitaires constituent rapidement un **ferment de subculture** (c'est-à-dire de la culture d'un groupe indépendamment des classes sociales, par exemple autour d'un mode de consommation).

Emblématique de nouvelles consommations culturelles, le « **Livre de Poche** » est lancé par Henri Filipacchi au sein de La Librairie générale française en 1953 avec la réédition de *Kœnigsmarck*, roman de Pierre Benoit paru en 1918 : le titre se vend à un million d'exemplaires ! Le succès vaut à la collection d'être intégrée aux 259 produits de « consommation de base » de l'INSEE en 1962. Parallèlement, la **bande dessinée** est l'autre grand produit d'édition qui connaît un nouveau développement, en particulier avec le **premier album d'Astérix** en 1961. On lit aussi la **presse populaire** (*Ouest-France*, *France Soir* et *Le Parisien libéré*), on écoute beaucoup la radio (le nombre de postes double entre 1946 et 1958), dont les programmes sont enrichis par les « **radios périphériques** », radios privées situées à l'étranger mais à proximité du territoire : parmi elles, ***Europe 1*** fait une place particulière aux jeunes avec **l'émission *Salut les copains***. Les dissensions qui conduisent à son arrêt témoignent de la segmentation des attentes du public jeune, effet de son développement. Aux mains de l'État au sein de l'Office de radiodiffusion-télévision française (ORTF) depuis 1964, **la télévision** se répand dans la décennie 1960. Marie-Françoise Lévy y a vu un « espace culturel et civique » avec la volonté d'offrir des programmes de qualité, dont témoignent les émissions historiques d'Alain Decaux telle *La caméra explore le temps*, les reportages comme *Cinq colonnes à la une* ou le vif intérêt que suscite la campagne présidentielle de 1965 sur le petit écran.

L'accès du plus grand nombre à ces nouveaux vecteurs culturels suscite **l'aventure de la FNAC, fondée en 1954**. Fille de deux sympathisants de la gauche radicale, l'ancien trotskiste Max Théret et l'ancien ouvrier du constructeur automobile Talbot André Essel, la Fédération nationale d'achats des cadres (son nom « claque comme Kodak » selon Max Théret) est d'abord conçue comme une coopérative de consommateurs, dotés d'un carnet de 20 % de réduction chez certains commerçants, avec l'objectif d'augmenter le pouvoir d'achat non par les hausses de salaire mais par la baisse des prix. Le refus des vendeurs de matériels de photographie, de radio et de hi-fi conduit à ouvrir un premier magasin à Paris, boulevard de Sébastopol, le 1er mars 1954.

Repère **Les maisons de la culture de Malraux**

Sous de Gaulle, l'aménagement du territoire passe aussi par la culture, reprenant une idée du Front populaire. Le 17 novembre 1959, André Malraux déclare aux députés vouloir que « n'importe quel enfant de 16 ans, si pauvre soit-il, puisse avoir un véritable contact avec son patrimoine national et avec la gloire de l'esprit de l'humanité ». Pour cela, des « maisons de la culture » permettront de diffuser de la culture savante auprès d'un large public et devront être de « modernes cathédrales », officiellement « pour le prix de 25 kilomètres d'autoroute... ». La première est inaugurée au Havre en 1961, dans une ville entièrement rebâtie après les destructions de la Seconde Guerre mondiale. On a pu leur reprocher une conception élitiste de la culture et une action étatique sans grande concertation avec les autorités locales.

B. La culture à l'heure des clivages idéologiques

L'avènement de la société de consommation s'accompagne d'une **américanisation culturelle**, réelle ou non. Elle se manifeste par exemple avec **le jazz**, en particulier en la personne de Sidney Bechet, puis avec le **rock**, dont dérive le **yé-yé** qui fait fureur de 1960 à 1966. Les *shows* outre-Atlantique influencent les spectacles de chanteurs comme Sylvie Vartan ou Claude François. Le cinéma américain marque aussi les « **films du samedi soir** », tels les films de série B, qui remporte un grand succès populaire à côté de la production érudite et d'audience plus restreinte de la **nouvelle vague**.

Le contexte de la guerre froide imprègne aussi la culture, par exemple avec le **duel célèbre de Raymond Aron et de Jean-Paul Sartre**. Dans *L'Opium des intellectuels*, paru en 1947, le premier analyse comment l'idéologie, véritable « religion séculière », conduit les intellectuels à abdiquer tout jugement critique et à devenir des thuriféraires du stalinisme. De son côté Sartre dénonce toute une conception de la culture comme « bourgeoise ». L'époque résume cela en affirmant qu'il faut plutôt « avoir tort avec Sartre que raison avec Aron ». Pourtant, derrière l'antagonisme idéologique se profile **l'atténuation des clivages idéologiques et religieux** : la contre-culture communiste perd du terrain, tout comme son pendant, la contre-culture catholique. En vingt ans, la part des messalisants (qui vont à la messe régulièrement le dimanche) est divisée par deux (de 37 % à 15 % des sondés), la part des baptisés sur les naissances baisse de 11 %, tandis que le nombre de vocations sacerdotales et religieuses s'effondre. Malgré cela, dans le sillage du concile Vatican II (1962-1965), le catholicisme français se renouvelle.

CHAPITRE 11

Un tournant social, politique et culturel, la France de 1974 à 1988

FICHE 34

L'alternance politique avec l'élection de François Mitterrand

L'ESSENTIEL EN DATES

- **19 mai 1974** : élection de Valéry Giscard d'Estaing.
- **25 août 1976** : Raymond Barre remplace Jacques Chirac comme Premier ministre.
- **10 mai 1981** : élection de François Mitterrand.
- **23 juin 1981** : gouvernement Mauroy, avec quatre ministres communistes.
- **20 mars 1986** : Jacques Chirac, Premier ministre, première cohabitation.

1. Bipolarisation ou recentrage politique ?

Alors que les institutions de la Ve République et la pratique sur scrutin majoritaire aux législatives favorisent la bipolarisation de la vie politique, Giscard d'Estaing (VGE) prétend gouverner au Centre, les nouvelles classes moyennes aspirant à enterrer la « lutte des classes » et à fédérer les volontés réformatrices. Pendant ce temps, droite et gauche se recomposent…

A. VGE, le centriste modernisateur

Aux élections présidentielles de 1974, Valéry Giscard d'Estaing tente de **fédérer un grand centre libéral**, héritier de la tradition orléaniste qui ne se reconnaît pas dans les « barons du gaullisme ». C'est le slogan de la « société libérale avancée », répondant au vœu de « deux Français sur trois » d'être « gouvernés au centre ». Pour Giscard, c'est le résultat de l'évolution socio-économique depuis 1950. Son élection est obtenue par seulement

424 600 voix. L'exercice est périlleux. Le Premier ministre Jacques Chirac, gaulliste, s'appuie sur un groupe gaulliste et sur le centre, issus des législatives de 1973. En revanche, plusieurs des réformes voulues par Giscard d'Estaing (loi Veil sur l'avortement en 1975, loi Haby sur le collège unique, majorité à 18 ans et élargissement de la saisine du Conseil constitutionnel) heurtent les gaullistes et sont votées grâce aux voix de gauche, mais mécontentent une partie de l'électorat du président.

FIGURE CLÉ **Valéry Giscard d'Estaing (1926-2020)**

Après avoir participé volontairement à la libération de Paris et à la campagne d'Allemagne en 1944-1945, Valéry Giscard d'Estaing, surnommé « VGE », entre à Polytechnique puis dans la nouvelle École nationale d'administration (ENA). Il intègre ensuite l'inspection générale des finances. Élu député du Puy-de-Dôme en 1956 au Centre national des indépendants et paysans (CNIP), il est secrétaire d'État (1959-1962) puis ministre des Finances du général de Gaulle (1962-1966). Il fonde les Républicains indépendants en 1962. Il occupe de nouveau ce portefeuille sous Pompidou de 1969 à 1974, avant d'être élu président de la République en 1974. Il publie l'ouvrage *Démocratie française* en 1976, préconisant un « vaste groupe central » pour gouverner « au centre », ce qui se traduira par la fondation de l'Union pour la démocratie française (UDF) en 1978. Battu en 1981, il est député du Puy-de-Dôme de 1984 à 1989 et de 1993 à 2002, de 1989 à 1993 il siège au Parlement européen. Il préside aussi le conseil régional d'Auvergne de 1986 à 2004, date à laquelle il commence à siéger au Conseil constitutionnel comme membre de droit. De 2001 à 2005, il a dirigé le projet de Constitution européenne, à la tête de la convention chargée d'en préparer la rédaction. Il est élu à l'Académie française en 2003.

Le 25 août 1976, Chirac quitte Matignon avec fracas, contre les usages de la Vᵉ République. Il dénonce, peu après, le « collectivisme » de gauche et ceux qui le secondent par des réformes malvenues, comme Giscard d'Estaing. En mars 1977, il remporte la première élection d'un maire à Paris depuis 1871, contre le candidat soutenu par l'Élysée, ce qui lui donne une véritable citadelle politique pour ses ambitions. Cette guerre entre les deux hommes complique la tâche du Premier ministre Raymond Barre, même si la droite remporte les législatives de 1978, contre les pronostics.

FIGURE CLÉ **Raymond Barre (1924-2007)**

Né à La Réunion, Raymond Barre est à la fois un professeur d'économie à l'université et à Sciences Po Paris, ainsi qu'un praticien de l'économie, surnommé le « meilleur économiste de France ». En 1959, il est chef de cabinet de Jean-Marcel Jeanneney, ministre de l'Industrie et du Commerce du général de Gaulle. De 1967 à 1973, il est vice-président de la Commission européenne chargée des affaires économiques et financières. Premier ministre de Valéry Giscard d'Estaing de 1976 à 1981, après le départ de Jacques Chirac, il incarne la politique de « rigueur » En 1978, il est élu pour la première fois comme député de Lyon, sans appartenir à un parti. En 1988, il échoue au premier tour de la présidentielle, face à Mitterrand et Chirac. De 1995 à 2001, il est maire de Lyon.

B. La recomposition de la droite

L'élection présidentielle de **1974 marque un tournant** : la majorité montre clairement sa division entre le candidat des gaullistes, **Jacques Chaban-Delmas**, et celui des Républicains indépendants, **Valéry Giscard d'Estaing**, autre pilier de la majorité parlementaire des années de Gaulle. De 1974 à 2007, la droite prend l'habitude de présenter **deux candidats au premier tour des présidentielles**. Avec l'élection de Giscard et la campagne désastreuse de son concurrent, très maladroit à la télévision, **le gaullisme perd la maîtrise de la droite** : cela explique les crispations ensuite, à l'Assemblée nationale, face à « l'immense chantier de réformes » voulu par Giscard, selon son discours du 25 septembre 1974. Dans les années qui suivent, **la droite se recompose** suivant une logique de prise de pouvoir : le 5 décembre 1976, Jacques Chirac crée le Rassemblement pour la République (**RPR**) tandis que Giscard d'Estaing fonde l'Union pour la démocratie française (**UDF**), le 1er février 1978, en vue d'obtenir une majorité aux législatives.

C. Unir la gauche pour l'alternance

Réunissant plusieurs formations, la Section française de l'Internationale ouvrière (**SFIO) devient le Parti socialiste (PS) en 1969**. Le **congrès d'Épinay**, du 11 au 13 juin 1971, permet à **François Mitterrand** d'en devenir le Premier secrétaire. Dès l'année suivante, il parvient à unir la gauche autour **d'un programme commun de gouvernement, signé le 27 juin 1972** par le PS, le Parti communiste français (PCF) et peu après les radicaux de gauche. S'il n'est pas marxiste, Mitterrand refuse la voie suivie par la SPD allemande au congrès de Bad Godesberg en 1959, qui a vu l'abandon de la référence marxiste. Au contraire, le nouveau PS prône « **la rupture avec le capitalisme** ». Cette tactique semble payer puisque Mitterrand manque de peu l'élection à la présidence de la République en 1974 : 374 000 voix le séparent de son rival. Les municipales de 1976 sont un succès, particulièrement pour les villes de plus de 30 000 habitants. Ces succès inquiètent les communistes car ils profitent surtout au PS : **en 1977, le PCF renonce à l'Union** au prétexte d'un refus socialiste de réactualiser le programme commun, en fait fortement modifié par le projet communiste. Aux législatives de 1978, le premier tour montre une majorité de gauche mais la mobilisation du second tour la lui retire. Les présidentielles de 1981 sont marquées par **l'échec de Georges Marchais au 1er tour** avec 15,34 %, témoignant d'une perte d'image certaine du PCF : le « bilan globalement positif des pays du socialisme réel », invoqué par Marchais en 1979, ne convainc pas et la dynamique se porte vers le PS. C'est donc à regret que le PCF appelle à voter Mitterrand au second tour, le 10 mai 1981. Celui-ci triomphe et **conduit la gauche à l'Élysée**, avec **quatre ministres communistes**. Une « **vague rose** » donne la majorité absolue au PS à l'Assemblée lors des législatives provoquées par la dissolution de cette dernière.

Repère **Le « quadrille bipolaire »**

En 1973, dans un article du *Monde*, Maurice Duverger (1917-2014), juriste considéré comme le « pape » de la science politique, montre que l'élection présidentielle à deux tours pratiquée par la Ve République depuis 1965 conduit à une forme proprement française de la bipolarisation de la vie politique qu'il qualifie de « quadrille bipolaire ». La droite est finalement dominée par sa gauche, la gauche par sa droite. De fait, pendant presque deux décennies, quatre partis dominent : PS et PCF à gauche, UDF et RPR à droite.

2. Mitterrand, l'alternance politique

L'homme de la IVe République, qui s'était opposé à de Gaulle et aux institutions de la Ve République, est paradoxalement le seul à avoir présidé celle-ci 14 ans. Par ses réformes et par sa pratique du pouvoir, il l'a durablement marquée.

FIGURE CLÉ **François Mitterrand (1916-1996)**

Étudiant en droit, participant aux manifestations d'extrême droite des années 1930, François Mitterrand est fait prisonnier en 1940. Évadé en 1941, il est responsable de la presse au Commissariat au reclassement des prisonniers de guerre de Vichy en 1942 et début 1943. Il entre ensuite dans la Résistance avec d'anciens prisonniers et siège au Gouvernement provisoire de la République française en 1944. Sous la IVe République, **élu de la Nièvre** sous l'étiquette du parti qu'il fonde, l'**Union démocratique et socialiste de la Résistance** (UDSR), il est **plusieurs fois ministre** de l'Outre-Mer, de l'Intérieur et de la Justice, notamment sous Pierre Mendès France et Guy Mollet. En mai 1958, il s'oppose au retour de de Gaulle, avant de dénoncer les nouvelles institutions dans ***Le Coup d'État permanent*** en 1964. À la tête de la **Fédération de la gauche démocrate et socialiste** (FGDS), il met en ballottage de Gaulle aux élections présidentielles de 1965. En 1971, il prend la **tête du nouveau Parti socialiste** et impose sa **stratégie d'union de la gauche** mais échoue aux présidentielles de 1974. En 1981, il est le premier président de la Ve République de gauche et le seul à effectuer deux septennats complets. Par sa visite au Panthéon, sur la tombe de Jaurès, il a à cœur d'inscrire cette victoire dans le temps long du socialisme français.

A. 1981, l'alternance

L'élection présidentielle de 1981 revêt une grande force dramatique, dont François Mitterrand sort grand gagnant. À sa gauche, le PCF perd des voix à dénoncer « le virage à droite du PS » ; à sa droite, Jacques Chirac dénonce le communisme et le bilan de Giscard d'Estaing, qu'il a servi deux ans, tandis que ce dernier, d'abord favori des sondages, peine à défendre son bilan : dans le débat de second tour, Mitterrand le qualifie ainsi de « candidat du passif ». Le slogan de François Mitterrand, « la force tranquille », et son affiche avec le village nivernais de Sermages rassurent tout en incitant à choisir les « 110 propositions pour la France », qui devront « **changer la vie** ». Mitterrand est élu avec 51,7 %, soit environ 800 000 voix d'avance. Le **10 mai 1981** marque donc **la première alternance** de la Ve République, alors que la gauche reprochait aux institutions de lui être structurellement défavorables. Par ailleurs, la victoire conduit à **la présence de ministres communistes**, absents de tout gouvernement depuis 1947. Ce retour se fait au lendemain de l'invasion de l'Afghanistan par l'URSS et durant la crise des euromissiles.

Les législatives (14 et 21 juin 1981) conduisent à une « **vague rose** », qui permet au gouvernement de **Pierre Mauroy** de mettre en œuvre une **série de réformes importantes**, profitant d'un véritable « état de grâce » :

- **des réformes de société** avec l'abolition de la peine de mort, proposée par Robert Badinter, la libéralisation de la radio, la retraite à 60 ans, une cinquième semaine de congés payés, les 39 heures hebdomadaires, les lois Auroux sur les relations professionnelles dans l'entreprise. Une partie sert à la politique de relance par la consommation ;

- **la nationalisation de secteurs entiers** comme la sidérurgie, 36 banques, toute la filière électronique. Le secteur public représente alors 30 % des ventes et 1/4 des effectifs industriels ;
- en 1982 est lancée la **décentralisation** par Gaston Defferre, avec la création de régions et la mise en place de présidents élus à la tête des conseils généraux à la place du préfet.

En 1984, le projet de fondre **l'enseignement privé** dans un grand service public provoque les plus grandes manifestations à Paris depuis 1968. Elles conduisent Pierre Mauroy à démissionner, laissant la place à Laurent Fabius. Ce changement entérine la fin du rêve de la relance néokeynésienne et le « **tournant de la rigueur** ». Les communistes quittent le gouvernement pour n'y revenir qu'en 1997.

FIGURE CLÉ **Laurent Fabius (1946-)**

Fils d'un antiquaire réputé, Laurent Fabius entre à l'École normale supérieure puis à **l'ENA** et choisit le Conseil d'État. Il travaille aux côtés de François Mitterrand et, en 1978, conquiert son fief électoral en Seine-Maritime. Ministre du Budget en 1981, il devient **le plus jeune Premier ministre de la République en 1984**, à la suite de Pierre Mauroy. De 1988 à 1992 puis de 1997 à 2000, il préside l'Assemblée nationale. Son parcours est entaché par le **scandale du sang contaminé**, qui lui vaut d'être jugé par la Cour de justice de la République. Le 9 mars 1999, celle-ci le relaxe. De 2000 à 2002, il est ministre de l'Économie, des Finances et de l'Industrie dans le gouvernement de Lionel Jospin. Son opposition au référendum sur la Constitution européenne en 2005 lui vaut d'être marginalisé au PS, avant un retour en 2007. En 2012, il devient ministre des Affaires étrangères, avant de présider le Conseil constitutionnel en 2016, poste qu'il occupe toujours.

Les années Fabius sont marquées par des difficultés extérieures : la violence domine la **Nouvelle-Calédonie**, la **présence au Liban** entraîne des attentats et la prise d'otages tandis que le sabotage du navire de Greenpeace, le ***Rainbow Warrior***, par des agents secrets décrédibilise le pouvoir. Les législatives de 1986 sont donc abordées avec des prévisions de victoire de la droite.

B. L'expérience de la cohabitation

Le **18 mars 1986**, les élections législatives donnent une **courte majorité à la droite** avec 288 députés, la majorité absolue étant à 286. La défaite de la gauche se voit surtout au score du **PCF, deux fois moins important en pourcentage qu'aux législatives de 1981**. Grand perdant de l'alternance, il est dépassé par le **Front national**. Pour la première fois dans l'histoire de la Vᵉ République, le président doit composer avec une majorité hostile à l'Assemblée : il nomme Premier ministre Jacques Chirac, qui a une majorité à l'Assemblée, le régime évoluant alors vers une république parlementaire. Dans une logique gaullienne, François Mitterrand aurait pu démissionner pour ne pas voir son pouvoir limité. Il a préféré rester, se posant en garant de la Constitution, se réservant un rôle prééminent pour la diplomatie et pour la défense, et, plus politiquement, en usant son Premier ministre par tous les moyens dont il disposait, du protocole jusqu'au refus de signer des ordonnances sur les privatisations qui auraient fait gagner du temps à la nouvelle majorité. De fait, en 1988, l'usure au pouvoir s'est retournée contre Jacques Chirac. Sa politique économique d'inspiration néolibérale, mise en œuvre en particulier par Édouard Balladur, ne fait pas baisser le chômage et l'année

1987 amène un krach boursier, qui nourrit la critique contre l'irresponsabilité du marché. Dans le domaine de la sécurité, le bilan est mitigé également : la Nouvelle-Calédonie s'enflamme et les attentats se multiplient. La réforme Devaquet de l'université est rejetée par les étudiants.

Les élections présidentielles de 1988 permettent à François Mitterrand d'être réélu avec 54 % des voix : Chirac se heurte à son handicap de rassembler fortement au premier tour mais de manquer de réserves pour le second, le report des centristes soutenant Raymond Barre ne se faisant pas sur sa personne.

FIGURE CLÉ **Jacques Chirac (1932-2019)**

S'il naît à Paris, Jacques Chirac est issu d'une famille corrézienne et cultive cette origine, gage d'enracinement dans la France profonde. Admis à l'ENA, il effectue son service militaire dans les blindés en Algérie. Il commence sa carrière comme membre de la Cour des comptes, puis entre au cabinet de Pompidou en 1962, qui l'envoie prendre à la gauche la circonscription d'Ussel en Corrèze (1967). Il entame alors une carrière de ministre avec différents portefeuilles jusqu'en 1974, date à laquelle il devient Premier ministre de Valéry Giscard d'Estaing. En désaccord croissant avec ce dernier, il quitte le gouvernement en août 1976. Il crée la même année le Rassemblement pour la République (RPR), parti gaulliste. En 1977, il remporte la mairie de Paris, qu'il conserve jusqu'en 1995. En 1981, son ralliement tardif à Giscard d'Estaing au second tour est considéré comme un élément de l'échec du président sortant. Premier ministre de François Mitterrand (1986-1988), il est battu à la présidentielle de 1988 mais remporte celles de 1995 et de 2002. Ancien président, il siège au Conseil constitutionnel de 2007 à 2010. Le 15 décembre 2011, il est condamné à deux ans de prison avec sursis pour détournement de fonds publics et abus de confiance : une telle condamnation est une première pour un ancien président de la République.

C. Un monarque républicain ?

Alors qu'il avait longtemps dénoncé les institutions de la Ve République et la pratique « monarchisante », notamment de Valéry Giscard d'Estaing, François Mitterrand s'inscrit dans la droite ligne de ses prédécesseurs, faisant respecter scrupuleusement le **protocole**, aimant à recevoir à Versailles (sommet du G7 en 1982). Soucieux comme les grands rois de marquer l'histoire de son empreinte, il lance de **« grands travaux »**, qui sont l'occasion de faire venir des architectes prestigieux : l'arche de La Défense poursuit l'axe Louvre-Champs-Élysées-Grande Armée, l'opéra Bastille et la grande bibliothèque complètent les hauts lieux de culture tandis que le Louvre fait l'objet d'une réorganisation magistrale, dominée par la construction d'une audacieuse pyramide de verre. Jack Lang, ministre de la Culture, est chargé de l'organisation de grands événements qui culminent avec les festivités du bicentenaire de la Révolution française (1989). Surnommé le « Florentin », il est d'une **grande habileté politique**.

3. Une politique étrangère adaptée mais en continuité

La Ve République avait été conçue par de Gaulle pour redonner à la France toute sa puissance : force est de constater que ni le centrisme de Giscard d'Estaing, ni l'alternance sous Mitterrand, malgré des déclarations parfois très engagées avant son élection, n'empêchent une certaine continuité dans la politique étrangère menée depuis de Gaulle.

A. VGE, la synthèse difficile

Élu en 1974, Valéry Giscard d'Estaing partage avec ses prédécesseurs la haute idée qu'il se fait de la fonction présidentielle et de la vocation de la France. Il **concilie deux postures contradictoires** : décontraction et amitiés, d'une part, comme avec le chancelier allemand Helmut Schmidt, arrogance et maladresse, d'autre part (« La définition de la France, c'est ce qu'il y a de meilleur » en 1975).

Cherchant à être « l'ami de tout le monde », il s'éloigne du style imprimé par le gaulliste Michel Jobert à la diplomatie française sous Georges Pompidou et se veut plus conciliant avec les États-Unis mais aussi avec l'URSS de Leonid Brejnev. La retenue diplomatique de Paris à l'installation des SS-20 par Moscou, à l'invasion de l'Afghanistan ou au coup d'État militaire en Pologne fait parler d'une « **finlandisation » de la France**, réfugiée dans une molle neutralité comme le voisin de l'URSS. La France de VGE monte en puissance **en Afrique, où elle affirme son « pré carré »**, manquant de solidarité avec ses partenaires européens comme lors de **l'intervention de Kolwezi en 1978** ou lorsqu'elle reconnaît le nouveau pouvoir communiste en Angola. Elle peut être maladroite quand elle fréquente assidûment certains dictateurs comme Jean-Bedel Bokassa, en Centrafrique, la télévision française retransmettant complaisamment son couronnement comme empereur en 1977.

Sur le plan européen, le septennat de Giscard voit **l'approfondissement de la CEE** avec la mise en place de la politique régionale, la réunion de sommets de chefs d'État et de gouvernement à partir de 1974 et l'élection au suffrage universel du Parlement européen en 1979, que préside alors la Française Simone Veil. Particulièrement attaché aux questions économiques et financières, il est l'artisan principal, avec Helmut Schmidt, de la transformation du « Serpent européen » en un **Système monétaire européen**, en vigueur en 1979. Il réunit les six pays les plus industrialisés (Allemagne, États-Unis, France, Italie, Japon et Royaume-Uni) en **un premier G6** au château de Rambouillet, en 1975, pour améliorer la coordination des grandes économies ; l'année suivante, il devient le G7, avec l'intégration du Canada.

B. Le premier mandat de Mitterrand, l'alternance sans alternative diplomatique ?

L'élection de François Mitterrand le 10 mai 1981 est celle du premier président de la République de gauche. Qui plus est, elle s'accompagne de l'entrée de ministres communistes au gouvernement, alors que la guerre froide connaît un regain de tension qualifié habituellement de « guerre fraîche ». Pourtant, comme le remarque le politologue, sociologue et historien franco-allemand Alfred Grosser, il semble y avoir « **l'alternance sans alternatives** » tant la **continuité l'emporte dans la politique extérieure du pays**. Le changement de nom du « ministère des Affaires étrangères » en « ministère des Relations extérieures » n'a pas eu un grand impact. La présence de ministres communistes empêche même toute rencontre avec les Soviétiques avant 1984, qui aurait entraîné l'accusation d'être soumis à Moscou, d'autant que le PCF de Georges Marchais est strictement aligné sur l'action de l'URSS. Très tôt, François Mitterrand gagne la confiance de Ronald Reagan, grand pourfendeur de « l'empire du Mal » soviétique, en lui donnant accès aux informations fournies par le Soviétique surnommé « Farewell », informations qui permettent de démanteler de nombreux réseaux d'espionnage soviétiques à l'Ouest. En 1983, devant le Bundestag, le Parlement de la RFA, **Mitterrand appuie sans réserve le déploiement de missiles intermédiaires américains** dans le cadre de la crise des « euromissiles ». Si le programme commun de la gauche des années 1970 appelait à l'abandon de la dissuasion nucléaire, le ministre français des Relations extérieures, Claude Cheysson, y voit officiellement « l'arme de la paix ».

Pour autant, un ton personnel a pu être employé pour tenter d'assurer à la France une place particulière sur la scène internationale. Le début du septennat est marqué par **quelques grands discours aux envolées généreuses**, « salut aux humiliés, aux émigrés, aux exilés sur leur propre terre » devant le monument de la Révolution à **Mexico le 20 octobre 1981**, ou l'appel à rééquilibrer les échanges économiques internationaux lancé au **sommet nord-sud de Cancún**, les jours suivants. Pourtant, l'appel à plus de liberté et d'égalité se heurte vite aux intérêts géopolitiques. La France poursuit ses **relations équivoques avec la Guinée** du dictateur communiste Ahmed Sekou Touré et **soutient le Tchad d'Hissène Habré** contre les rebelles appuyés par la Libye, tout en continuant à fournir des armes à cette dernière. Ses **relations avec l'Algérie ou l'Arabie Saoudite** n'empêchent toutefois pas le président français d'affirmer le **droit des Palestiniens à un État** lors d'un discours devant la Knesset, le 4 mars 1982. De 1982 à 1984, 8 000 soldats français sont déployés au **Liban** mais le résultat est pour le moins incertain quand ils sont retirés, suite au sanglant attentat (58 morts français) mené par le Hezbollah à Beyrouth en 1983, sinon d'affirmer la présence militaire française à travers le monde.

Sur le plan européen, la continuité s'impose également. L'expérimentation de la « relance » en 1981 se heurte rapidement aux réalités économiques et, **en mars 1983, Paris choisit d'opérer le « tournant de la rigueur »** pour poursuivre la construction européenne et rester dans le SME : le ministre des Finances Jacques Delors prend la présidence de la Commission européenne en 1985 tandis que le couple franco-allemand connaît une nouvelle version avec la complicité entre le socialiste François Mitterrand et le chrétien-démocrate Helmut Kohl à partir de 1982, ce qui facilite, dans les années qui suivent, les nouvelles étapes de la construction européenne.

FICHE 35

Une société en mutations

Après les Trente Glorieuses, les années 1974 à 1988 sont celles d'une société en mutations : le septennat Giscard prétendait construire une « société libérale avancée » avant que François Mitterrand n'annonce son intention de « changer la vie ».

L'ESSENTIEL EN DATES

- **5 juillet 1974** : promulgation de la loi abaissant la majorité de 21 à 18 ans.
- **29 novembre 1974** : vote de la loi sur l'IVG.
- **1978** : le nombre de chômeurs atteint un million.
- **19 septembre 1981** : vote de l'abolition de la peine de mort.
- **20 mai 1983** : découverte du sida.
- **26 janvier 1985** : créations des Restos du Cœur par Coluche.
- **15 janvier 1985** : grand concert de SOS Racisme place de la Concorde.

1. Femmes et jeunes : des mutations profondes

Les deux septennats de 1974 à 1988 apportent de nouveaux droits aux femmes et confortent leur nouvelle place dans la société. Pourtant, derrière les avancées légales, il reste de nombreux obstacles.

A. Évolution de la place et des droits des femmes

En **1967**, **la loi Neuwirth** légalise les contraceptifs, qui ne sont délivrés que sur ordonnance et nécessitent l'accord des parents pour les mineures, donc jusqu'à 21 ans révolus. Leur publicité est interdite et la pilule n'est pas remboursée par la Sécurité sociale : seulement un quart des femmes l'utilisent, conduisant à une **deuxième « loi Neuwirth » en 1974**, qui rend remboursable la contraception et supprime l'autorisation des parents pour les mineures.

Repère **Féminisme, « théorie du genre »**

Mouvement qui milite pour l'émancipation des femmes et leur égalité juridique avec les hommes, le féminisme s'inscrit dans la contestation générale de la société occidentale à la fin des années 1960 et dans les revendications portées par de nombreuses minorités ethniques ou sexuelles.

La *Gender Theory* – ou « théorie du genre » – affirme que « l'orientation sexuelle » serait construite par chacun, non une donnée naturelle, ce qui autorise ainsi aussi bien l'homosexualité ou le changement d'orientation sexuelle que l'hétérosexualité.

Dans le contexte de « libération sexuelle » des lendemains de Mai 68, résumé par le célèbre slogan « jouissez sans entraves », les **féministes réclament** avec le slogan « mon corps est à moi » **le droit à l'avortement** pour pouvoir choisir leur maternité et non la subir en fonction du désir masculin. Cette revendication est portée par plusieurs mouvements, notamment le **Mouvement de libération des femmes** (MLF), créé en 1970, et le **Mouvement pour la liberté de l'avortement et la contraception** (MLAC), créé en 1973. Le 5 avril 1971, le « **manifeste des 343** » dénonce l'hypocrisie de la société devant le fait qu'« un million de femmes se font avorter chaque année en France » dans des conditions précaires, notamment avec l'aide de « faiseuses d'anges ». Il est signé par 343 femmes revendiquant avoir avorté, ce qui les rend passibles de poursuites. Parmi elles, des personnalités comme Simone de Beauvoir, Catherine Deneuve, Marguerite Duras, Jeanne Moreau, Micheline Presle, Françoise Sagan, Romy Schneider et Delphine Seyrig. Une semaine plus tard, la caricature en une de *Charlie Hebdo* (« Qui a engrossé les 343 salopes du manifeste pour l'avortement ? ») leur vaut le surnom de « **343 salopes** ». L'année suivante, le **procès de Bobigny** porte sur une mineure de 16 ans poursuivie pour avoir avorté après qu'elle a été violée par un camarade de lycée. Défendue par **l'avocate Gisèle Halimi**, elle est acquittée : c'est une étape décisive vers la légalisation de l'avortement.

Élu le 19 mai 1974 à la présidence de la République, Valéry Giscard d'Estaing a dit qu'il avait conscience que « la loi civile devait être rendue compatible avec l'état de la société ». La légalisation de **l'interruption volontaire de grossesse** (IVG) en cas de détresse – dont la femme est seule juge – dans les 10 premières semaines de grossesse est l'objet d'un débat virulent : les évêques soutiennent que le fœtus a tout d'un être humain et que l'avortement est un assassinat. Lors du débat parlementaire, dans un hémicycle de neuf femmes contre 481 hommes, certains évoquent des embryons « jetés au four crématoire » comme conséquence du « choix d'un génocide », termes odieux pour s'adresser à Simone Veil, rescapée d'Auschwitz... Le **29 novembre 1974**, la loi est votée : avec 285 voix « pour », dont 181 viennent de l'opposition.

FIGURE CLÉ **Simone Veil (1927-2017)**

Rescapée avec ses deux sœurs de la déportation, dans laquelle disparaît le reste de sa famille, Simone Veil devient magistrate après des études de droit et de sciences politiques. Elle entre en politique en 1969 au cabinet du ministre de la Santé. De 1974 à 1979, elle est ministre de la Santé et, à ce titre, dépose la loi légalisant l'IVG, avant d'être la première femme à présider le Parlement européen, élue pour la première fois au suffrage universel, entre 1979 et 1982. Ministre sous Édouard Balladur, elle siège au Conseil constitutionnel de 1998 à 2007. Elle est élue à l'Académie française en 2010. Le 29 juin 2018, sa dépouille est reçue au Panthéon avec celle de son mari.

D'autres mesures sont prises au début du septennat : une loi introduit la **mixité dans les concours de la fonction publique** en 1974, tandis qu'un secrétariat à la Condition féminine est créé et confié à Françoise Giroud, journaliste féministe. La même année, une loi introduit le divorce pour rupture de la vie commune et surtout le **divorce par consentement mutuel** : dans *L'Amour en fuite* (1979), François Truffaut fait de ses héros Antoine et Christine Doinel le premier couple à divorcer par consentement mutuel. À la fin des années 1980, un mariage sur trois se termine en divorce.

On peut remarquer qu'au moment où les femmes obtiennent de nouveaux droits en s'appuyant en partie sur la révolution sexuelle, celle-ci conduit à une véritable « vague érotique » avec *Emmanuelle* (1974) et *L'Histoire d'O* (1975), adaptations cinématographiques réalisées par Just Jaeckin qui confortent l'image de femme-objet. Le premier propulse l'actrice Sylvia Kristel au rang de star mondial, tandis que le fauteuil en osier sur lequel elle apparaît demi-nue sur l'affiche l'accompagne dans sa célébrité. Dans la décennie suivante, le « Minitel rose » donne une autre ampleur au phénomène…

Après un septennat pourtant riche en réformes sociétales, le candidat à la présidentielle François Mitterrand annonce vouloir « changer la vie ». Son élection, le 10 mai 1981, conduit à la création d'un ministère des Droits de la femme, confié à **Yvette Roudy**, qui présente deux lois pour conforter les droits et la place des femmes : en 1982, une loi institue la prise en charge de l'IVG par la Sécurité sociale ; l'année suivante, une autre défend l'égalité professionnelle entre les hommes et les femmes en interdisant toute discrimination à l'embauche et pour les rémunérations. De 1968 à 1985, 3 millions de femmes rejoignent le marché du travail pour un effectif masculin quasi identique. À cette date, 70 % des femmes de 25 à 35 ans sont actives, acquérant ainsi une autonomie financière, ce qui en conduit de plus en plus à réclamer le divorce, autrefois demandé principalement par le mari…

B. La place des jeunes

C'est avec la génération du baby-boom que les jeunes conquièrent une place nouvelle dans la société, autrefois déterminée par les adultes. Nombreux, les jeunes veulent être écoutés et tentent de « changer le monde ». Ils sont également courtisés comme consommateurs.

Repère **La jeunesse**

La définition de la jeunesse fait débat : pour Bourdieu en 1980, « la jeunesse n'est qu'un mot » et la notion d'âge « une donnée biologique socialement manipulable et manipulée ». L'ONU appelle « jeunes » les personnes de 15 à 24 ans. Plutôt que des limites d'âge, la recherche sociologique tend à la définir comme un double changement de statut : passage de l'école au travail, de la famille de naissance à celle qu'on fonde… mais tout le monde ne travaille pas ou ne fonde pas une famille… Ces travaux considèrent souvent 30 ans comme la limite de la jeunesse.

À peine deux mois après son élection, le 5 juillet 1974, Valéry Giscard d'Estaing promulgue la **loi abaissant l'âge de la majorité de 21 à 18 ans**. C'est une conséquence directe de Mai 68 et huit propositions de loi avaient déjà été déposées par des parlementaires sur ce sujet, sans être concrétisées. La France rejoint un mouvement général, puisqu'un tel abaissement a eu lieu au Royaume-Uni, en RFA et aux États-Unis de 1969 à 1971. Le projet du gouvernement ne portait que sur la majorité électorale : les députés y ont ajouté la majorité civile. Dans *Le Monde*, Philippe Boucher y voit « **une manière de révolution** » : 2,4 millions d'électeurs en plus, libres d'agir sans autorisation parentale. Pour autant, en 1978, *Le Nouvel Observateur* constate que les jeunes sont moins politisés que dix ans plus tôt et évoque une « **bof génération** ». En 1981, ils sont **deux tiers environ à voter François Mitterrand**, qui se veut le candidat des « forces vives », dont la jeunesse.

Ces années bouleversent aussi les processus d'autonomisation constitutifs de la jeunesse. Désormais, **l'autonomie sexuelle précède** l'autonomie financière et professionnelle : les jeunes peuvent continuer à vivre chez leurs parents tout en ayant un partenaire : c'en est fini de la coïncidence entre la fin des études, l'entrée dans la vie active et le début de l'activité sexuelle. Quitter sa famille n'entraîne pas non plus immédiatement le mariage : la cohabitation prénuptiale se développe dans la décennie 1970, avant de se généraliser dans les années 1980. L'évolution accroît les inégalités sociales, favorisant ceux dont les parents ou les grands-parents peuvent financer une poursuite d'**études jusqu'à 25, voire 30 ans**.

Les Trente Glorieuses avaient installé les jeunes comme marché de la consommation : la tendance se confirme. L'année 1974 marque l'arrivée triomphale du « **Yop** » de Yoplait : fini le yaourt de l'enfance, le boire au goulot est vu comme un geste d'affranchissement, et le succès ne s'est pas démenti depuis. La décennie 1980 accumule les produits iconiques de la jeunesse, comme le **Walkman**, ancêtre du lecteur MP3, les **jeux vidéo** avec les consoles Atari et les ordinateurs ludiques de Thomson ou Amstrad, le skateboard ou les patins à roulettes, le KWay sans oublier la peluche Kiki que les jeunes conservent... La **drogue** est aussi une consommation en plein essor chez les jeunes dans les années 1980 : c'est l'époque où apparaît la **notion d'addiction**, les premières campagnes de prévention sont lancées, en particulier à cause du lien entre drogue et sida, avec l'usage des seringues. Incriminée par la loi du 31 décembre 1970, la consommation de drogue inquiète et est l'objet de plusieurs lois. À partir de 1959, l'opinion publique s'inquiétait des « blousons noirs » des zones à urbaniser en priorité (ZUP), bandes de jeunes en jeans et blousons, écoutant du rock, notamment du groupe homonyme, et défiant l'ordre social par des pétarades de mobilettes. Désormais, c'est la figure du jeune délinquant toxicomane ou dealer qui épouvante la société.

2. Une société ébranlée

Les années 1970-1980 remettent en cause les certitudes héritées des Trente Glorieuses, notamment celle d'avoir un travail assurant le quotidien et un niveau de vie qui progresse.

A. L'insécurité sociale et économique

L'économie est bouleversée par les chocs pétroliers : la croissance ralentit, même si elle reste à 2,5 % dans les premières années Giscard, tandis que l'inflation annuelle est de 10,7 % en moyenne (15 % en 1975 !) : c'est la **stagflation**. La lutte contre la hausse des prix, par exemple le « plan de refroidissement de l'inflation » de Jacques Chirac en 1974, fait **bondir le chômage**, en particulier dans les régions industrielles du Nord et de l'Est. Les années suivantes, les mesures de soutien font repartir la production, sans faire baisser le chômage qui s'installe durablement, comme une menace que chacun redoute. En **1978**, la barre du **million de chômeurs** est franchie de manière irréversible. La politique de rigueur de Raymond Barre alors mise en œuvre ne permet pas d'inverser la tendance : il y a 1,6 million de chômeurs en 1981, soit 6,8 % de la population active. Au-delà des difficultés conjoncturelles, la France souffre d'une **dégradation de sa productivité**, nourrie par la faiblesse de l'investissement, ce qui touche fortement l'appareil industriel. Parallèlement, la **tertiarisation** impose des reconversions que le manque de qualifications rend difficiles : en 1974, la part des ouvriers dans la population active atteint le maximum historique de 38 % avant de décroître. En fait, la France se résigne pour longtemps à un fort chômage, pour lequel la couverture a été généralisée en 1975 et dont l'indemnisation a été fixée à 90 % pour les licenciés économiques.

Dans la décennie qui suit, les diverses politiques économiques ne modifient guère cette nouvelle insécurité sociale et économique. En 1981, **Pierre Mauroy** nationalise massivement et embauche dans l'industrie et la fonction publique, tandis que les **lois Auroux** modifient les relations au sein des entreprises, notamment à propos des conflits de travail. L'ordonnance du 18 janvier 1982 **réduit la durée du travail hebdomadaire** de 40 à 39 heures, avec un objectif plus lointain de 35 heures, pour « **partager » le travail**. Pourtant, le nombre de **chômeurs dépasse 2 millions en 1982**, soit 9 % de la population active, ce qui n'est pas pire que les autres pays comparables. Particularité française : le chômage touche massivement les jeunes, avec un taux de 20 % pour les moins de 25 ans. En 1984, de nécessaires restructurations industrielles font passer la France à 2,5 millions de chômeurs : à partir du 17 juillet 1984, Laurent Fabius tente une **politique « de rigueur »**, suivie d'une politique néolibérale menée par Jacques Chirac, durant la cohabitation de 1986-1988. Aidée par le contre-choc pétrolier, qui minore la facture énergétique, cette politique parvient à ramener **l'inflation annuelle à 2,1 %** mais le chômage reste élevé : on recense 2 574 000 chômeurs, soit **10,5 % des actifs**, chiffre légèrement en dessous de la moyenne de la CEE. Ce maintien s'explique en partie par le retour sur le marché du travail de personnes qui avaient renoncé à en chercher pendant la crise et espèrent profiter de l'embellie. Au-delà du taux de chômage, 4,5 millions d'actifs en 1989 sont concernés par les « **formes particulières d'emploi** », intérim, contrat à durée déterminée (CDD) ou temps partiel imposé.

Repère **Le chômage**

Redevenu un sujet d'angoisse et de débat politique dans les années 1970, le chômage pose de multiples problèmes de définition. La définition qui permet les comparaisons internationales est celle qu'a adoptée le **Bureau international du Travail** (BIT) est la suivante : « être sans emploi et disponible, avoir plus de 15 ans, ne pas avoir travaillé même une heure dans la semaine de référence, rechercher effectivement un emploi rémunéré ». Un **chômeur est un actif inoccupé**. En France, l'INSEE réalise depuis 1950 des « enquêtes Emploi » qui fournissent les chiffres du chômage suivant cette définition ainsi qu'un tableau de la population active.
Cette définition ne rend pas entièrement compte du chômage. L'économiste Jacques Freyssinet évoque ainsi un « **halo du chômage** » qui déborde sur l'emploi ou l'inactivité, incluant les chômeurs découragés qui ne se présentent plus aux agences d'emploi, les travailleurs à temps partiel qui préféreraient un travail à plein-temps et le travail clandestin. Ce « halo » est davantage pris en compte par Pôle Emploi qui distingue cinq catégories d'inscrits. Pôle Emploi est né de la fusion en 2008 de l'**Agence nationale pour l'emploi** (ANPE), créée en 1967, et de l'**Association pour l'emploi dans l'industrie et le commerce** (Assédic), créée en 1958. On peut noter l'utilisation du **taux d'emploi** pour une classe d'individus, qui rapporte à celle-ci ceux qui ont un emploi.

Ces évolutions s'accompagnent d'une nouvelle pauvreté, particulièrement incarnée par le « sans domicile fixe » ou **SDF**. Si le vagabond d'autrefois était souvent un vieillard, un tiers des SDF a moins de 30 ans et ce sont des hommes neuf fois sur dix. Souvent à la suite d'un épisode de chômage, ils n'ont plus de domicile et souffrent d'une grande solitude sociale. Le retard de l'État à prendre en charge cette évolution conduit l'humoriste

Coluche à fonder les « **Restos du Cœur** », reprenant un projet lancé en 1983 par Daniel Balavoine : 5 000 bénévoles distribuent 8,5 millions de repas en 1985 pour leur première année, aujourd'hui 130 millions de repas sont distribués par 72 000 bénévoles... L'idée d'un revenu universel minimum débouche, en décembre 1988, sous le gouvernement de Michel Rocard qui inaugure le second septennat de François Mitterrand, sur la création du **revenu minimum d'insertion** (RMI), dont le financement est symboliquement (juridiquement, il est impossible d'affecter une recette à une dépense) assuré par l'impôt de solidarité sur la fortune (ISF).

B. La question de la peine de mort

Le 16 mars 1981, lors de l'émission télévisée « Cartes sur table », François Mitterrand est le premier candidat à la présidence de la République à se prononcer pour l'abolition de la peine de mort, alors que 60 % des Français y sont opposés selon les sondages. La France est le dernier grand pays d'Europe occidentale à la prévoir même si la grâce présidentielle limite le nombre d'exécutions en commuant la peine. Depuis 1962, 43 condamnations à la peine capitale sont prononcées, mais 14 sont exécutées. En **1977 sont guillotinés** le dernier Français, Jérôme Carrein, le 23 juin, puis le Tunisien Hamida Djanboudi, le 10 septembre. Le 18 février 1976, au lendemain de l'arrestation de Patrick Henry, soupçonné du meurtre d'un garçon de sept ans, le présentateur du journal de 20 heures, Roger Gicquel, déclare à l'antenne : « Bonsoir. La France a peur... » Dans ce contexte de psychose et « d'envies folles de justice expéditive », Christian Ranucci est condamné à mort un mois plus tard et exécuté le 28 juillet 1976 pour le meurtre d'une petite fille de huit ans sur des preuves incomplètes. Pourtant, le 20 janvier 1977, l'avocat Robert Badinter obtient des jurés de ne pas condamner à mort Patrick Henry... Le **19 septembre 1981**, devenu garde des Sceaux, **Robert Badinter** obtient de l'Assemblée nationale le vote de la **loi abolissant la peine de mort**, promulguée le 9 octobre.

Le rétablissement de la peine capitale revient régulièrement dans le débat au cours des années 1980, par exemple en 1984 lors de l'assassinat de neuf vieilles dames en un mois, *Le Figaro* reprenant le titre « La France a peur ». En 1986, les députés Front national (FN) déposent une proposition de loi en vue du rétablissement de cette peine. C'est l'époque où se développe un sentiment d'insécurité, qui s'appuie, d'une part, sur le développement d'une petite délinquance liée à la nouvelle pauvreté, d'autre part, sur le terrorisme, lié au Moyen-Orient et aux mouvements basque et corse. Pour l'opinion publique et dans le débat politique, l'insécurité est souvent associée au problème de l'immigration. La personne de Robert Badinter et sa répugnance à toute mesure piétinant la liberté cristallisent les prises de position les plus virulentes contre le laxisme dont est accusée la gauche, particulièrement à la veille des législatives de 1986.

C. Le sida en France : recherche, prévention et luttes politiques

Le 20 mai 1983, Françoise Barré-Sinoussi et Luc Montagnier (prix Nobel en 2008) de l'Institut Pasteur annoncent la **découverte du virus de l'immunodéficience humaine ou VIH**, qui donne le sida, identifié l'année précédente aux États-Unis, diagnostiqué pour la première fois en 1981 dans ce pays et en 1982 en France. L'attribution de la paternité de la découverte est l'objet d'une âpre bataille judiciaire entre Français et Américains, conduisant à un partage à l'amiable des droits en 1987.

En France, le **nombre de malades augmente de manière exponentielle**, doublant en moyenne chaque année : 221 en 1984, 573 en 1985, 1 221 en 1986, 3 073 en 1987, 4 211 en 1988, 7 149 en 1989... Très vite, la maladie est associée à l'homosexualité, dépénalisée en France en 1982, et à la toxicomanie. Transmissible par le sperme, le sang et plus faiblement par le lait maternel, elle est une menace bien plus large : pour la journaliste Françoise Giroud, c'est la **fin de « la parenthèse enchantée »** de la sexualité, ouverte en 1954 avec les romans *Histoire d'O* de Pauline Réage et *Bonjour tristesse* de Françoise Sagan. En revanche, la prise de conscience est précoce dans la communauté homosexuelle, avec un premier article dès 1982 dans *Gai Pied*, mensuel destiné aux homosexuels, lancé en 1979. La mort du philosophe Michel Foucault le 25 juin 1984 conduit son compagnon Daniel Defert à **fonder l'association AIDES**, dont le nom associe « aide » et « *Aids* », nom anglais du sida. En 1989 s'ajoute le mouvement activiste Act Up.

Repère La *Gay Pride*

La première ***Gay Pride*** a lieu en 1970 pour commémorer les combats violents qui ont opposé les homosexuels du **bar *Stonewall Inn*, à New York**, et la police le **28 juin 1969**. Son slogan « *Come out !* » marque la volonté de sortir de la honte et d'affirmer une identité gay. Deux ans plus tard, elle s'invite en Europe, dans la ville allemande de Münster. En France, la première *Gay Pride* est organisée en **1981**. Elle se développe en 1995, quand plusieurs villes en organisent une. Son nom a évolué pour intégrer des communautés supplémentaires (*Lesbian & Gay Pride*, puis *LGBT* pour inclure aussi les bisexuels, transgenres et transsexuels), avant de devenir la « **marche des fiertés** ».

À côté de l'action associative, la lutte contre la maladie passe par un **combat politique** pour permettre la prévention en l'absence de tout traitement. En 1986, l'antirétroviral AZT permet de prolonger la vie des malades. Une circulaire ministérielle de 1986 rend la déclaration de la maladie obligatoire. L'année suivante, la loi autorise la vente libre des seringues en pharmacie pour les toxicomanes et la publicité contraceptive, afin de **promouvoir l'usage du préservatif** en protection : en 1989, une campagne officielle affirme que « les préservatifs préservent de tout. De tout, sauf de l'amour ». Le sujet est abondamment traité par le Front national en plein développement : Jean-Marie Le Pen propose d'enfermer les malades, qu'il appelle « sidaïques », dans un « sidatorium ».

Une partie de la réaction politique a fait suite au **scandale « du sang contaminé »** dans les années 1990, impliquant le Premier ministre Laurent Fabius, Georgina Dufoix, ministre des Affaires sociales, et Edmond Hervé, secrétaire d'État à la Santé. Le scandale porte sur le report du dépistage systématique au 1er août 1985 pour favoriser le test développé par l'Institut Pasteur contre son concurrent américain Abbott et sur l'utilisation de poches de sang contaminé pour des transfusions afin de finir les stocks. Le scandale conduit à une modification de la Constitution en 1993 selon laquelle la responsabilité pénale des membres du gouvernement est désormais jugée par une **Cour de justice de la République**, composée de 12 députés et sénateurs à parité et de trois magistrats de la Cour de cassation.

Repère Les mots du sida

VIH : virus de l'immunodéficience humaine (*Human immunodeficiency virus* ou HIV en anglais), qui est responsable du sida. Ce nom a été adopté en 1986. Il comprend deux souches, le VIH1 responsable de la pandémie et le VIH2, moins virulent, présent en Afrique de l'Ouest.
Sida : syndrome d'immunodéficience acquise (en anglais, *aids*). Il comprend deux phases, la phase asymptomatique et la phase des symptômes (infections, cancers et autres troubles, notamment neurologiques).
Séropositif : personne porteuse du sida mais en phase asymptomatique. Deux tests biologiques peuvent révéler cette situation, l'un sur le taux de lymphocytes CD4 (globules blancs attaqués par le VIH), l'autre sur la quantité de virus dans le sang.
Rétrovirus : type de virus, à l'origine de nombreux cancers, de dégénérescences du système nerveux et du sida. Ce dernier est dit **lentivirus**, virus à pathologie lente.
Rémission : stade auquel on peut se passer de traitement même si le virus est toujours présent dans l'organisme.

3. Immigration et intégration

Selon la sociologue Dominique Schnapper en 1991, la France est longtemps restée « un pays d'immigration qui s'ignore », alternant débordements xénophobes et intégration de ses étrangers. Les années 1980 marquent un tournant en installant durablement la question de l'immigration dans le débat politique en raison des changements internes à ce phénomène et aux évolutions générales.

Repère Immigré et étranger

Un **immigré** est une **personne née étrangère à l'étranger et résidant en France** : son origine est liée au pays de naissance et non à sa nationalité à la naissance ; l'acquisition de la nationalité française n'enlève pas la qualité d'immigré. « Étranger » et « immigré » ne sont pas équivalents : des **étrangers** (mineurs généralement) sont **nés en France**, des immigrés deviennent Français.
L'acquisition de la nationalité française par la naissance sur le territoire national renvoie à la notion de « droit du sol », opposé au « droit du sang » selon lequel la nationalité s'hérite et ne s'acquiert que très marginalement.

A. L'immigration, un flux continu

Le 2 novembre 1945 a été créé **l'Office national de l'immigration** (ONI) pour organiser le courant migratoire. Celui-ci est composé principalement d'Espagnols et de Portugais, surtout dans les années 1960. Le flux provenant du Maghreb commence mais ne devient massif qu'après les indépendances (avant, il ne relevait pas de l'ONI) : au nombre de 200 000 en 1962, les Algériens, Maghrébins les plus nombreux en France, sont 711 000 en 1975. Devant la montée du chômage, les autorités françaises ferment les frontières à la migration de travail mais, deux ans plus tard, la reconnaissance du droit au regroupement familial relance durablement l'immigration, même pour les migrants masculins : les travailleurs étrangers passent de 1 480 000 en 1974 à 1,9 million en 1981.

En 1981, l'arrivée de la gauche au pouvoir marque un tournant. Deux des « 110 propositions pour changer la vie » du candidat **Mitterrand prévoient de nouveaux droits** pour les étrangers, notamment celui de voter aux élections municipales. Le 29 octobre 1981 est votée une loi abrogeant la loi Bonnet-Stoleru (1980) qui facilitait les expulsions d'étrangers en situation irrégulière, tandis que 300 000 clandestins sont régularisés, mais la question des « sans-papiers » continue de rythmer l'actualité pour deux décennies. Instituée en 1977, « l'aide au retour » est également supprimée.

Repère **Le regroupement familial**

Alors qu'en 1974, la politique migratoire ferme les frontières aux travailleurs étrangers, le décret du 29 avril 1976 institue le droit au regroupement familial : « le conjoint et les enfants de moins de dix-huit ans d'un ressortissant étranger régulièrement autorisé à résider sur le territoire français [...] ne peuvent se voir refuser l'autorisation d'accès au territoire français et l'octroi d'un titre de séjour que pour l'un des motifs » précisés par le décret. Une immigration de peuplement remplace alors l'immigration de travail et le nombre d'immigrés augmente de nouveau.
De plus, ce décret a des conséquences juridiques célèbres. En 1977, face à l'envolée du chômage, le gouvernement tente de suspendre partiellement le décret pris 18 mois plus tôt : le Groupe d'information et de soutien des travailleurs immigrés (GISTI) saisit le Conseil d'État. L'arrêt *CE GISTI 1978* de ce dernier dégage le droit à « mener une vie familiale normale qui comporte, en particulier, la faculté, pour les étrangers, de faire venir auprès d'eux leurs conjoints et leurs enfants mineurs ». Le Conseil d'État innove en en faisant l'un des « principes généraux du droit » (PGD), corps autonome de règles non écrites, supérieures au droit écrit positif et pouvant être, selon le terme juridique, « découvertes » par le juge à partir des pratiques sociales.

B. « Préférence française » et « Touche pas à mon pote »

En 1968, plus de 70 % des 2 261 000 étrangers recensés étaient européens. En 1982, ces derniers représentaient moins de 48 % des 3,68 millions d'étrangers recensés. Désormais, pour beaucoup, la figure de l'immigré devient le Maghrébin. De **juillet à octobre 1981**, des « rodéos » de jeunes et de violentes émeutes secouent les **Minguettes**, en banlieue lyonnaise, mettant en lumière la ghettoïsation des immigrés du Maghreb : c'est en partie le résultat de l'accession à la propriété de pavillons de banlieue des bénéficiaires des logements sociaux des Trente Glorieuses, remplacés progressivement dans les « grands ensembles » par les immigrés. Ces émeutes voient la naissance du concept de « **politique de la ville** » comme ensemble d'actions de revalorisation des « quartiers sensibles ». Elles posent la question nouvelle de « **l'intégration** » d'une population dont la religion inquiète depuis que la révolution iranienne de 1979 la brandit comme moyen de lutte contre l'Occident. En parlant de « jeunes immigrés » ou de « deuxième génération » alors qu'ils sont souvent nés en France, le débat les fige dans leur altérité. D'octobre à décembre 1983, après de nouvelles émeutes urbaines, une « marche pour l'égalité et contre le racisme » cherche à formuler des revendications de manière pacifique, en s'inspirant des principes de Gandhi. L'année suivante, en 1984, l'étudiant en philosophie mi-antillais et mi-alsacien **Harlem Désir** fonde le **mouvement SOS Racisme**, qui réussit une grande campagne de sensibilisation en 1985 avec le slogan « **touche pas à mon pote** », accompagné d'un badge avec une main jaune que l'on peut arborer. Le 15 juin, un grand concert place de la Concorde se veut le point d'orgue d'une démarche de fraternité.

Lors des municipales de 1983, qui voient le Front national remporter d'importants succès, l'immigration et l'intégration deviennent les sujets centraux du débat politique. En 1984, est publié *Les Français d'abord* de Jean-Marie Le Pen, dans lequel il développe son triptyque

« **immigration – insécurité – chômage** » et défend l'idée d'une « préférence nationale ». Le débat et le poids nouveau du FN conduisent à un durcissement de la politique du gouvernement. La **loi du 10 juin 1983** permet de reconduire à la frontière un étranger en situation irrégulière tandis qu'un décret de 1984 rétablit l'aide au retour rebaptisée « aide à la réinsertion ». La cohabitation prétend ensuite tourner la page du « laxisme » de la gauche. La **« loi Pasqua » du 9 septembre 1986** conditionne l'entrée des étrangers à leur justification qu'ils disposent de moyens de subsistance suffisants. Elle permet de refuser le renouvellement de la carte de séjour de 10 ans en cas de menace pour l'ordre public. De plus, la reconduite à la frontière est désormais confiée aux préfets et non plus aux tribunaux. Le 18 octobre 1986, 101 Maliens clandestins sont renvoyés dans leur pays médiatiquement : c'est le « **charter pour les Maliens** ». La réforme du Code de la nationalité oppose ensuite durablement le gouvernement de Jacques Chirac au président François Mitterrand.

Repère **Le Front national**

Créé en 1972, le Front national n'acquiert une **audience nationale que sous François Mitterrand**. Présidé par Jean-Marie Le Pen, ancien poujadiste, il réalise un bon score aux élections européennes de 1984. La décision de modifier le scrutin des **législatives de 1986**, exceptionnellement organisées à la proportionnelle dans le but d'atténuer la défaite programmée de la gauche, ouvre la voie du Parlement au FN, qui dispose de 35 députés et s'installe dans la vie politique, neutralisant ainsi une partie de l'électorat de droite. Les **années 1990 sont marquées par l'élection de maires frontistes** en Provence-Alpes-Côte d'Azur, à Nice, Orange, Marignane, Toulon et Vitrolles. En 1998, Bruno Mégret opère une scission et fonde le Mouvement national républicain (MNR). **En 2002, le Front national profite du discrédit des grands partis et Jean-Marie Le Pen accède au second tour**. Après un reflux électoral, il connaît un rebond avec la nouvelle présidence de Marine Le Pen en 2011.

FICHE 36

Enseignement, audiovisuel et culture

Jeunesse voulant se faire entendre, nouveaux moyens techniques de diffusion, volontarisme politique, les décennies 1970-1980 offrent de nombreux défis à relever dans les domaines de l'enseignement, de l'audiovisuel et de la culture, qui s'imposent désormais comme des secteurs clés de la vie nationale.

L'ESSENTIEL EN DATES

- **28 juillet 1974** : division de l'Office de radiodiffusion-télévision française (ORTF) en sept entités.
- **11 juillet 1975** : loi Haby sur le « collège unique ».
- **9 novembre 1981** : loi sur les radios privées.
- **17 novembre 1981** : vote du budget de la Culture présenté par Jack Lang.
- **24 juin 1984** : manifestation parisienne contre le projet Savary.
- **6 avril 1987** : privatisation de TF1 accordée à Francis Bouygues.

1. La volonté de démocratiser l'enseignement

Les enfants du baby-boom grandissant et les études s'allongeant, l'enseignement secondaire puis supérieur doivent relever le défi d'une massification sans précédent dans les années 1970-1980.

A. Le collège unique

L'enseignement secondaire public accueillait 737 000 élèves en 1945 : ils sont 3 718 000 en 1972, 5 millions en 1975 avec ceux du privé. Le taux de scolarisation bondit : en 1977-1978, les enfants âgés de 15 ans sont scolarisés à 91,2 % contre 62,1 % dix ans plus tôt. La forte augmentation du taux de scolarisation des 18-20 ans se fait dans les années 1980.

À la sortie de l'école primaire, **trois filières cohabitent**, réformées en 1959 : **l'apprentissage** dans les collèges d'enseignement technique ; **l'enseignement primaire supérieur** dans les collèges d'enseignement général (CEG) menant en quatre ans au certificat d'études ; le **secondaire au lycée** menant au baccalauréat en sept ans. En **1963, la réforme Fouchet-Capelle** a institué les collèges d'enseignement secondaire (CES) pour les quatre premières années du secondaire. Le choix de l'une de ces filières est fortement corrélé au milieu social d'origine : il y a donc là un véritable **enjeu de démocratisation**. La réforme, confiée au géographe **René Haby**, perd rapidement une partie de son ambition initiale, qui la faisait porter aussi sur le primaire et devait définir un « savoir minimal » que garantirait l'enseignement. Appliquée à la **rentrée de 1977, la loi Haby du 11 juillet 1975** rassemble CES et CEG en un « **collège unique** », indifférencié en 6e-5e, puis rend une spécialisation possible en 4e. À la fin du collège, le brevet des collèges remplace le brevet d'études du premier cycle du second degré (BEPC). La réforme est combattue par certains qui l'accusent de faire baisser le niveau et de chercher à faire des économies et par d'autres qui lui reprochent d'inciter à se spécialiser trop tôt ceux qui seront les futurs « OS » (ouvriers spécialisés). Indiscutablement, elle rassemble des publics très hétérogènes sans avoir prévu les moyens de remédier à ce nouveau défi : cette inadaptation est l'une des causes de la montée de l'incivilité des élèves. En 1982, **Louis Legrand** rédige un rapport intitulé « Pour un collège démocratique : rapport au ministre de l'Éducation nationale ». Il marque l'histoire de l'éducation par ses propositions (tutorat des élèves, autonomie des établissements, inclusion de la concertation et du tutorat dans le temps des enseignants), en partie reprises en 2015.

B. Un « grand service public, unifié et laïque ? »

En 1981, la proposition 90 du programme de François Mitterrand prévoyait qu'un « **grand service public, unifié et laïque de l'Éducation nationale** sera(it) constitué ». Sa mise en œuvre est confiée au ministre **Alain Savary**, qui choisit de prendre le temps pour la concertation et de freiner les partisans les plus radicaux de cette réforme, souhaitant remettre en cause les contrats d'association institués par la loi Debré de 1959. Le projet est présenté au moment où la gauche rencontre des difficultés dans ses projets de réforme et face à la conjoncture économique, en 1983-1984. Les partisans de l'école privée ont l'habileté de se défendre non sur le thème de la laïcité mais sur celui de la liberté de l'enseignement et de la liberté des parents de choisir, d'où le nom « d'école libre ». De grandes manifestations sont organisées de janvier à mars 1984. Face au durcissement de Pierre Mauroy, **la manifestation parisienne du 24 juin 1984** est d'une ampleur inégalée depuis la Libération et toute la presse s'intéresse à cette mobilisation. Le 17 juillet, Alain Savary démissionne, suivi de Pierre Mauroy une heure plus tard.

C. Le défi universitaire

L'explosion est aussi universitaire : le **nombre d'étudiants a quintuplé de 1951 à 1971** ! Depuis 1968, l'agitation des étudiants n'a pas vraiment cessé malgré la loi d'orientation d'Edgar Faure : celle-ci bouleverse le monde universitaire en triplant le nombre d'universités (passant de 20 à 60), en créant de nouveaux établissements et en scindant les grandes universités. La décennie 1970 doit ensuite « digérer » cette réforme.

L'organisation du parcours est aussi remaniée. La loi Faure de 1968 modifie une partie du cursus en créant un doctorat de 3e cycle, plus court que l'antique doctorat d'État créé en 1808, qui nécessitait souvent plus de dix ans de labeur. **En 1974, le doctorat est progressivement unifié** entre les matières, avant de prendre sa configuration actuelle d'une **thèse en bac + 8** avec la **réforme Savary de 1984**. Il est complété par la création d'une **habilitation à diriger les recherches**, héritière de la thèse d'État. Au début du cursus, signe de massification, la création du diplôme d'études universitaires générales (DEUG) doit permettre à des étudiants d'attester d'une qualification universitaire tout en entrant plus tôt dans la vie active.

La « vague rose » de 1981 n'épargne pas l'université et en **transforme la gouvernance** : la loi du 9 novembre 1981 abroge la loi Sauvage de 1980 qui donnait une place prépondérante aux professeurs dans les conseils d'université, et **favorise la représentation des étudiants**. Le quorum nécessaire pour valider les représentants est supprimé, ce qui fait entrer de nombreux représentants élus par une minorité. Le mandat des présidents en place est arrêté : en quelques mois, seules certaines universités de droit ou de médecine n'ont pas un nouveau président proche du Parti socialiste...

Pour autant, le nombre d'étudiants continue de constituer un défi majeur. Revenue au pouvoir en 1986, la droite cherche à contrebalancer l'évolution imprimée en 1981 et veut instaurer une forme de sélection. Portée par **Alain Devaquet**, qui cherche à modérer ceux qui rêvent d'un « grand soir » libéral de l'université, la réforme discutée à partir de novembre 1986 déclenche d'importantes manifestations dont l'ampleur surprend le gouvernement mais aussi l'opposition de gauche. La contestation porte sur la possible **adaptation des diplômes** par les universités et sur l'augmentation des **droits d'inscription**. Si l'ambiance est bon enfant, avec le slogan « t'as le ticket-fric, t'as le ticket-fac », parodiant une publicité de la RATP, la situation dérape avec la **mort de l'étudiant Malik Oussekine**, à la suite de coups portés par les forces de l'ordre, le 6 décembre. Le jour même, Alain Devaquet démissionne et le projet de réforme est retiré deux jours plus tard.

2. Un paysage audiovisuel en évolution

Les évolutions techniques et les aspirations à plus de liberté d'expression bouleversent le paysage audiovisuel de 1974 à 1988.

A. La volonté de libéraliser l'audiovisuel

La loi du 27 juin 1964 a créé l'Office de radiodiffusion-télévision française (ORTF), contrôlé par le ministre de l'Information Alain Peyrefitte, pour qui « la télévision, c'est le gouvernement dans la salle à manger de chaque Français ». Pour Georges Pompidou, lors d'une conférence de presse du 2 juillet 1970, l'ORTF, « c'est la voix de la France », ce qui exclut une critique frontale du gouvernement.

Sans couper totalement le lien avec le pouvoir, Valéry Giscard d'Estaing cherche à libéraliser l'audiovisuel. Le 28 juillet 1974 est voté **l'éclatement de l'ORTF en sept entités**, avec trois chaînes (TF1, Antenne 2, FR3), Radio France, l'Institut national de l'audiovisuel (INA), pour la recherche et la formation des personnels, Télédiffusion de France (TDF), chargée de l'infrastructure technique, et la Société française de production (SFP), chargée de réaliser les grandes émissions de télévision. Paradoxalement, cette réforme permet une reprise en main face à des syndicats qui profitaient de la centralisation du secteur. Le nouvel audiovisuel vise toujours une certaine qualité avec des divertissements culturels, comme les émissions « Apostrophes » de Bernard Pivot, « Les Dossiers de l'écran » d'Alain Jérôme ou « Le Grand échiquier » de Jacques Chancel, sans exclure la satire comme « Le petit rapporteur » de Jacques Martin.

FIGURE CLÉ **Coluche (1944-1986)**

Né Michel Colucci dans une famille d'immigrés italiens installée à Montrouge, en banlieue parisienne, Coluche voit dans la variété un moyen de sortir du travail en usine. Dans les années 1970, il se distingue dans le café-théâtre burlesque, notamment au Splendid, où il rencontre des comédiens appelés à un brillant avenir. En 1974, il monte son premier spectacle et crée le personnage du clown rondouillard en salopette à la gouaille populaire. L'année suivante, son sketch « Le Schmilblick » lui vaut la célébrité. À partir de 1978, il collabore avec la radio Europe 1. Avec ironie, il se moque du sérieux conformiste et petit-bourgeois qu'incarne, pour lui, la France de Giscard d'Estaing, mais n'épargne pas non plus la nouvelle culture de masse. En 1980, il est candidat à la présidentielle avec le slogan : « Ils nous prennent pour des imbéciles alors votons pour un imbécile. » En 1985, il fonde les Restos du Cœur. Il est tué à moto dans un accident de la route l'année suivante.

B. Les mutations des années 1980

Le programme de François Mitterrand, « changer la vie », concerne aussi l'audiovisuel. Ancien journaliste d'Europe 1, le ministre de la Communication **Georges Fillioud** libéralise la radio avec la loi du 9 novembre 1981. Sans l'attendre, de **nombreuses radios privées** se sont créées, comme **NRJ**, et s'installent de manière sauvage sur la bande FM, gênant les radios publiques : pour le ministre, il s'agit donc de « réglementer la liberté ». D'abord interdite, la publicité sur ces radios est finalement autorisée en 1984 pour leur permettre de se financer.

La loi promulguée le 29 juillet 1982 poursuit l'évolution de la télévision. Elle institue une **Haute Autorité de la communication audiovisuelle**, indépendante du pouvoir, chargée de gérer celle-ci et de nommer les présidents des chaînes publiques. Si l'indépendance est assurée sur le principe, la pratique montre que le pouvoir garde des moyens d'influence sur la télévision et une « chasse aux sorcières » touche des journalistes, comme Guy Lux, les premiers mois. En 1986, la Haute Autorité devient la Commission nationale de la communication et des libertés (CNCL), avant d'être transformée en 1989 en **Conseil supérieur de l'audiovisuel** (CSA). Dans les années qui suivent, la volonté de diversifier l'offre conduit à la création de chaînes privées, d'abord sur abonnement, comme **Canal + en 1984**. Au début de l'année 1986, juste avant les législatives qui s'annoncent défavorables pour lui, le gouvernement de Laurent Fabius cherche à prendre de vitesse l'opposition sur le sujet et lance La Cinq, associant patrons « de gauche » (Antoine Riboud et Jérôme Seydoux) et Silvio Berlusconi, alors proche des socialistes italiens, magnat de la télévision de la Péninsule. Parallèlement est lancée la chaîne musicale TV6. Durant la Cohabitation, le ministre de la Culture et de la Communication François Léotard poursuit le chantier : en 1987, **TF1 est privatisée** au profit de Francis Bouygues, TV6 devient M6 et La Cinq est réattribuée à l'association de Berlusconi et de Robert Hersant, déjà à la tête d'un vaste groupe de presse écrite dont *Le Figaro*. Durant cette décennie, l'évolution de l'audiovisuel est marquée aussi par l'arrivée des **magnétoscopes** japonais et de la vidéocassette, tandis que la transmission par **câble** fait l'objet d'un coûteux programme d'infrastructure pour un nombre d'abonnés très décevant (400 000).

3. Politique culturelle et nouvelles formes de culture

La mutation de la culture en France est indéniable : la question au cœur des années 1974-1988 porte sur la part de l'action qui revient à l'État, c'est-à-dire à sa « politique culturelle », et au sens que doit revêtir celle-ci.

Repère **Politique culturelle**

Une politique publique se caractérise par des objectifs et un public à atteindre, ce qui conduit à définir un cadre général d'action cohérent, auquel sont affectées des ressources pour financer des mesures concrètes. La politique culturelle est l'application de cette définition à la culture, au sens d'un ensemble de secteurs, arts plastiques, patrimoine, spectacle vivant, photographie, lecture publique, d'activités « techniques » de conservation, transmission, expression, diffusion..., et d'acteurs à soutenir, artistes, associations, institutions ou équipements. Elle est marquée par une conception volontariste de l'action publique. La politique culturelle française actuelle se veut l'héritière du mécénat des rois, d'expérimentations pour démocratiser la culture sous le Front populaire ou après la Seconde Guerre mondiale, notamment avec Jean Vilar et le Théâtre national populaire (TNP), qu'il conçoit comme un « service public ». Parmi les acteurs majeurs de l'administration de la culture peuvent être cités Jacques Duhamel et Jacques Rigaud.

A. Volontarisme et effacement sous Valéry Giscard-d'Estaing (VGE)

En 1959, de Gaulle avait innové en créant un ministère de la Culture, confié à André Malraux. Il était sis rue de Valois, dans une partie du Palais Royal. À partir de **1961, les « maisons de la culture »** devaient être, selon André Malraux, de « modernes cathédrales » où la population viendrait accéder à la culture « pour le prix de vingt-cinq kilomètres d'autoroute ». Elles étaient aussi conçues comme un outil d'aménagement du territoire et le partage de leur financement entre l'État et la ville d'accueil inaugurait le rôle des collectivités locales dans cette politique. Giscard d'Estaing hérite de cette ambition, doublé du volontarisme de Georges Pompidou qui a lancé le Centre national d'art et de culture, inauguré en **1977** comme **Centre Pompidou**. Cette année-là, VGE lance le **chantier du musée d'Orsay** et celui du musée des sciences et de l'industrie dans les anciens abattoirs de **La Villette**, auquel son successeur ajoute la Géode.

Repère **Le musée d'Orsay, « bel exemple de continuité esthétique »**

Le 1er décembre 1986, François Mitterrand inaugure le musée d'Orsay ou « M'O », consacré à l'art occidental de 1848 à 1914, en présence de Valéry Giscard d'Estaing, son prédécesseur, qui a lancé les travaux le 20 octobre 1977, et de Jacques Chirac, maire de Paris et Premier ministre de la Cohabitation. Construite pour l'exposition universelle de 1900 par Victor Laloux, la gare d'Orsay est le terminus des chemins de fer d'Orléans puis du réseau du sud-ouest jusqu'en 1939. Elle a diverses affectations ensuite avant qu'on ne pense à la détruire. Georges Pompidou l'inscrit à l'Inventaire supplémentaire des monuments historiques en 1973 pour la protéger. Dans son discours, François Mitterrand déclare : « C'est donc sous trois présidents de la République que le musée d'Orsay aura été créé. C'est un bel exemple de continuité esthétique. »

En revanche, parallèlement, la conjoncture budgétaire difficile fait primer une conception libérale qui conduit au **désengagement financier de l'État** et à privilégier la **préservation du patrimoine**. Une partie de l'action est déconcentrée avec la **généralisation des DRAC** (directions régionales des affaires culturelles), représentant local du ministère de la Culture et conseil auprès des collectivités locales. Ces dernières développent des **festivals pour dynamiser** leur territoire, par exemple le **festival de la bande dessinée d'Angoulême** à partir de 1974 ou le « **Printemps de Bourges** », festival de chanson française à partir de 1979. Ces événements témoignent aussi de la diversité des pratiques culturelles.

B. « L'impératif culturel » des années 1980

L'alternance de 1981 marque un tournant pour la politique culturelle avec la mise en avant d'un véritable « **impératif culturel** », intitulé du rapport remis en 1982 par le commissaire au plan Marc Guillaume. Le 17 novembre 1981, Jack Lang peut saluer le vote par l'Assemblée nationale du budget pour son ministère de la Culture par des envolées lyriques : « les Français ont franchi la frontière qui sépare la nuit de la lumière... » L'objectif officiel de 1 % du budget de l'État n'est jamais atteint (0,97 % en 1986, plutôt 0,8 % en moyenne) mais le **budget est tout de même doublé** par rapport à l'ère Giscard.

Ces moyens nouveaux conduisent à un activisme dont l'efficacité est sujette à débat. Entrée en vigueur au 1er janvier 1982, la **loi sur le prix unique du livre** (le rabais consenti ne peut excéder 5 % en France) vise à protéger la création littéraire et les librairies face aux grandes surfaces et à la FNAC, accusées de brader des ouvrages peu novateurs. La « Fête de la musique » est l'une des nombreuses initiatives devant soutenir la création et la pratique artistique : pourtant, les années 1980 voient le nombre de gros lecteurs (au moins 25 livres par an) baisser fortement, en particulier chez les 15-24 ans. L'aide de l'État au cinéma français n'enraye pas la baisse de fréquentation des salles ni celle de la part des films français (de 50 à 35 %). L'appui aux collectivités locales est amplifié avec le **Fonds régional d'acquisition des musées** (FRAM) créé en 1982 dans le cadre de la décentralisation. On peut remarquer que, si les critiques sont vives de la part de l'opposition, l'arrivée de François Léotard au ministère de la Culture et de la Communication en 1986 n'entraîne pas de bouleversement majeur de la politique menée.

La politique culturelle comprend aussi un certain nombre de « **chantiers du président** », mettant en œuvre la volonté de François Mitterrand de marquer de son empreinte le paysage culturel français, non sans de vives polémiques. Décidée en 1985, l'installation de 260 polygones de marbre blanc et noir dans la cour du Palais Royal, en deux plateaux, par l'architecte Daniel Buren, suscite débat et recours en justice : finalement, les « **colonnes de Buren** » sont applaudies et copiées à Lyon dix ans plus tard. Parallèlement, la **pyramide du Louvre** et la refonte des accès pour aboutir au **Grand Louvre** déchaînent également les avis et *Le Canard enchaîné* surnomme le président « Tonton-Khamon » pour ses projets pharaoniques (« Tonton » est un surnom affectueux de la gauche pour Mitterrand). Après l'inauguration de **l'Institut du monde arabe** en 1987, unique en son genre à l'époque en Europe, les festivités du bicentenaire de la Révolution française en 1989 sont l'occasion d'une série d'inaugurations fastueuses, avec la pyramide du Louvre, **l'arche de La Défense**, le ministère des Finances de **Bercy**, **l'opéra Bastille**. Cette année-là est annoncé le projet de la **Très Grande Bibliothèque**.

FIGURE CLÉ **Jack Lang (1939-)**

Universitaire en droit, Jack Lang est passionné par le théâtre et crée le festival de théâtre universitaire de Nancy, où il enseigne, en 1963. Pompidou le nomme à la tête du théâtre de Chaillot en 1972, mais il est remercié avec fracas en 1974. Il entre au PS et se lie à François Mitterrand qui en fait son inamovible ministre de la Culture pendant dix ans, auquel il ajoute l'Éducation nationale en 1992-1993. Il retourne à l'Éducation nationale en 2000-2002 malgré de mauvais rapports avec Lionel Jospin. Il est député et maire de Blois à partir de 1989. Depuis 2013, il préside l'Institut du monde arabe à Paris.

C. De nouvelles formes de culture

La tendance apparue durant les Trente Glorieuses à la diversification des pratiques culturelles s'amplifie dans les décennies 1970-1980, avec l'encouragement du pouvoir à partir de 1981 au prétexte que « tout est culture ». Comme l'affirme le ministre de la Culture Jack Lang : « pas de modèle unique et à chacun ses choix » ! Dans le contexte de crise économique, la **contre-culture** conteste la culture élitiste dominante à la fin des années 1970, notamment avec le **punk** venu du monde anglo-saxon. Dans la décennie suivante, le **tag** envahit les murs et reçoit une certaine promotion du pouvoir. Les produits culturels encouragent un « **mélange des genres** » de plus en plus marqué. En témoigne le boom de la consommation de musique enregistrée sur disques vinyle, CD, qui apparaissent dans les années 1980, ou cassettes, tandis que Walkmen et autres baladeurs se banalisent. Le temps passé devant le petit écran bondit : plus d'un tiers des Français regardent la télévision au moins 20 heures par semaine en 1988 contre un cinquième 15 ans plus tôt. Cet éclectisme est symbolisé par le défilé préparé par Jean-Paul Goude pour le 14 juillet 1989, célébrant le bicentenaire de la Révolution française.

La consommation culturelle passe non seulement par les festivals, de plus en plus nombreux pour dynamiser les territoires, mais aussi par **l'organisation « d'événements culturels »**, telle la « **Fête de la musique** », lancée le 21 juin 1982, le jour du solstice d'été. Reprise d'une idée ancienne du musicien américain Joel Cohen, cette manifestation, qui connaît rapidement un grand succès, est adoptée par d'autres pays dans les années 1990. Elle inspire par exemple la création des « Journées Portes ouvertes des monuments historiques » en 1984, de la « Fête du cinéma » en 1985 et de la « Fureur de lire » en 1989.

Repère ***L'État culturel : une religion moderne*** **de Marc Fumaroli**

En 1991, l'universitaire Marc Fumaroli publie un pamphlet intitulé *L'État culturel* dans lequel il dénonce, comme le dit le sous-titre, une « religion moderne ». Comme le suggère la dédicace du livre, il reprend cette notion analysée par Raymond Aron dans *L'Opium des intellectuels* en 1947 : l'idée que « tout est culture » serait liée à la croyance quasi religieuse dans le progrès par une culture guidée par l'État, ce qui s'accompagne du mépris pour le patrimoine au profit d'une culture dite « vivante », à subventionner généreusement, d'autant plus qu'elle ennuie largement. Après avoir retracé la genèse de « l'État culturel » depuis le ministère d'André Malraux en 1959, c'est-à-dire d'une machine administrative rassemblant l'enseignement, la télévision et la « culture » proprement dite, relayée désormais par les collectivités locales, Fumaroli dénonce une injonction permanente à « consommer » tel ou tel « événement culturel », comme le faisaient les totalitarismes du milieu du XXe siècle, loin de la sérénité et de « l'école du silence » qu'est la contemplation des belles œuvres, comme il l'analyse dans un autre livre intitulé *L'École du silence. Le sentiment des images au XVIIe siècle*. La Fête de la musique est « la plus grande fierté de l'actuelle administration » : pourtant, « il est difficile d'imaginer une pédagogie plus étrange de l'harmonie et de la mélodie que ce brouhaha simultané déclenché au même moment dans des villes entières... » (p. 189). Le livre suscite un vaste débat entre intellectuels sur l'affadissement de la culture française actuelle, voire son abaissement.

CHAPITRE 12

Une République qui s'adapte

FICHE 37

La Ve République, un régime stable qui se réforme

Depuis la réélection de François Mitterrand en 1988, les institutions de la Ve République ont connu de profondes évolutions, en partie pour répondre à des remises en cause liées à leur fonctionnement et aux attentes de la société. Pourtant, on remarque un appel régulier à une VIe République, accréditant l'idée que, comme en 1958, il faudrait de nouveau changer de Constitution…

L'ESSENTIEL EN DATES

- **8 mai 1988** : réélection de François Mitterrand, seul président à effectuer deux septennats.
- **1er juin 1997** : 1re cohabitation après une dissolution de l'Assemblée nationale.
- **21 avril 2002** : qualification de Jean-Marie Le Pen au second tour des présidentielles.
- **6 mai 2007** : élection de Nicolas Sarkozy avec une faible abstention.
- **7 mai 2017** : élection d'Emmanuel Macron.

1. La République des cohabitations

L'expérience originale de la cohabitation de 1986-1988 se reproduit et s'amplifie en 1993-1995 puis en 1997-2002. Ce qui devait être une exception marque la République et semble remettre en question les notions de majorité et d'opposition, conduisant à une dégradation du lien entre le peuple et les hommes politiques : la réforme du mandat présidentiel tente alors d'y répondre.

A. Mitterrand, monarque républicain ?

La **présidentielle de 1988** permet à François Mitterrand d'être réélu avec 54 % des voix. Son second septennat est placé sous le signe de la continuité d'une « génération Mitterrand », tandis qu'est promise « l'ouverture » à des personnalités peu marquées à gauche, sous la conduite du Premier ministre **Michel Rocard**. Ce dernier ne dispose à l'Assemblée que d'une majorité relative et a besoin des voix communistes, tandis que Mitterrand lui est hostile. Il parvient surtout à ramener le calme en Nouvelle-Calédonie et crée le revenu minimum d'insertion (RMI). Le 14 mai **1991**, il doit démissionner. Il est remplacé par **Édith Cresson**, première femme à Matignon, remplacée à son tour par **Pierre Bérégovoy**, le 2 avril **1992** qui, peinant face aux difficultés, met fin à ses jours le 1er mai. Les législatives du **21 et 28 mars 1993** ouvrent une **deuxième cohabitation**, moins conflictuelle, avec **Édouard Balladur**. Il s'épuise lui aussi à Matignon, préservant les chances de Jacques Chirac pour la course à l'Élysée. Reniant sa position de 1993, ce dernier se présente finalement et gagne la présidentielle de 1995.

Alors qu'il avait longtemps dénoncé les institutions de la Ve République et la pratique « monarchisante », notamment de Valéry Giscard d'Estaing, François Mitterrand s'inscrit dans la droite ligne de ses prédécesseurs (voir fiche 34, p. 274). Surnommé le « Florentin », il est d'une **grande habileté politique** pour pousser un tel ou ruiner les ambitions d'un autre, à l'instar de Michel Rocard. Il n'hésite pas à mentir ou à empêcher la justice d'enquêter sur de multiples affaires. La fin de son « règne » est aussi marquée par la révélation de l'existence de Mazarine, sa fille adultérine, comme en avaient traditionnellement les rois.

B. Les mandats de Jacques Chirac (1995-2007)

Les deux mandats de Jacques Chirac sont l'aboutissement de toute une vie d'engagement en politique. Son premier mandat est pourtant vite hypothéqué par une longue cohabitation de cinq ans, qui lui permet tout de même d'exercer une certaine influence ; le second se finit dans un immobilisme parfois qualifié de « brejnévien ».

L'élection présidentielle de **1995** s'est jouée sur le thème de la fracture sociale, symptôme d'un dysfonctionnement de la « machine France ». Ce credo permet à Chirac de gagner une partie de l'électorat jeune et de faire espérer une rupture dans la manière de gouverner, contrastant avec le gouvernement Balladur axé sur la continuité. Le capital de soutien ne dure pas longtemps, gâché par des mesures qui intéressent peu (reprise des essais nucléaires) ou qui fâchent (hausse d'impôt et de la TVA). La réforme des retraites et la raideur d'**Alain Juppé**, Premier ministre, conduisent en décembre 1995 au plus **important mouvement de grève depuis 1968**. Le 21 avril 1997, Jacques Chirac croit judicieux de dissoudre l'**Assemblée nationale** et d'avancer d'un an les législatives : la victoire de la « gauche plurielle » conduit à une cohabitation avec son rival de 1995, **Lionel Jospin**.

Repère La gauche plurielle

Après la dissolution de l'Assemblée nationale par Jacques Chirac, le 21 avril 1997, le PS, le PCF, le Parti radical de gauche, le Mouvement des citoyens de gauche et les Verts s'unissent dans une coalition appelée « majorité plurielle » ou « gauche plurielle ». Ce n'est qu'une alliance électorale, sans synthèse idéologique ni solidarité gouvernementale. Si elle offre une majorité parlementaire nette à Lionel Jospin pendant cinq ans, elle débouche sur l'élimination de la gauche au second tour de la présidentielle de 2002.

Cette nouvelle cohabitation pose le problème de la **responsabilité du bilan** en fin de mandat et brouille l'image renvoyée aux électeurs. Le septennat aboutit à une politique de gauche (loi sur les 35 heures, création de 350 000 emplois-jeunes, PACS) mais, sur d'autres points, la politique économique a été très orthodoxe : le gouvernement Jospin a davantage privatisé que la droite. Sur sa droite, **Jacques Chirac** a été poussé à la **réforme du mandat présidentiel** (passage du septennat au quinquennat), défendue avec un brin de revanche personnelle par Giscard d'Estaing : l'alignement du mandat présidentiel sur la durée de celui des députés doit limiter le risque de cohabitation. Les mouvements sociaux et l'impression que gauche et droite s'entendent finalement sur des politiques proches conduisent à un discrédit des partis de gouvernement et à une « guignolisation » des hommes et femmes politiques, les Français attachant plus d'importance à leurs caricatures qu'aux déclarations des responsables politiques.

Le nombre de candidatures à la présidentielle est exceptionnellement élevé (seize), conduisant à l'émiettement des suffrages malgré les efforts d'unité réalisés par la droite avec la création de l'UMP, issue de l'Union pour la majorité présidentielle créée pendant la cohabitation de 1997-2002, en vue de rassembler largement les formations de droite en 2002 sur le modèle des grands partis populaires et conservateurs d'autres pays européens. La force du **vote contestataire** aboutit au soir du 21 avril 2002 à ce que le président sortant ne rallie qu'un votant sur cinq tandis que Jean-Marie Le Pen s'invite au second tour de la présidentielle. Certains y voient un séisme ; d'autres une chance pour Jacques Chirac, sûr d'être élu. Ce dernier réunit 82 % des voix au second tour mais n'élargit pas le nouveau gouvernement au-delà de l'UMP.

Repère Le 21 avril

Le choc du 21 avril 2002 consiste en la qualification inattendue, au second tour de l'élection présidentielle, de Jean-Marie Le Pen, candidat du Front national. Le 21 avril 2014 est devenu une référence pour décrire une progression du FN liée à la fois au discrédit des partis de gouvernement et à une abstention record.

Le second mandat de **Jacques Chirac** se veut d'abord plus volontariste sous la direction de **Jean-Pierre Raffarin**, qui met en œuvre un « acte II » de la décentralisation et réalise la réforme des retraites la plus consistante jusqu'à présent. En **2004**, la Charte de l'environnement – dont le principe de précaution est très contesté – est intégrée au bloc de constitutionnalité. Le gouvernement de Dominique **de Villepin**, nommé le 31 mai 2005, tente la réforme du contrat de première embauche (CPE) mais se heurte à une forte résistance sociale, qui conduit progressivement à l'immobilisme.

C. Une politique étrangère dans la continuité

Le second mandat de François Mitterrand manifeste la même continuité que le premier dans le domaine de la politique étrangère. Son **goût pour les voyages à l'étranger**, souligné par les commentateurs de l'époque, s'accompagne d'une volonté de jouer un rôle à l'échelle mondiale mais l'impact est parfois difficile à mesurer. Les spécificités de la politique arabe de la France continuent de s'estomper : après l'échec au Liban, la guerre du Golfe conduit l'opération Daguet à s'aligner sur les États-Unis contre l'Irak, plutôt choyé par Paris jusque-là, et à y perdre tout rôle particulier. Paris poursuit son **rôle de « gendarme de l'Afrique »** que dénonçait la gauche avant 1981. Seize des dix-neuf interventions françaises sous François Mitterrand ont lieu durant le second mandat, les plus ambiguës étant celles du Rwanda.

Face à la fin de la guerre froide, le second mandat donne l'impression de **s'accrocher au *statu quo*** sans percevoir les bouleversements : Mitterrand reçoit froidement Boris Eltsine en avril 1991, qui est encore soumis à un Gorbatchev, président d'une URSS moribonde, et se rend en RDA en décembre 1989 pour **ne pas précipiter la réunification allemande**, qu'il tient à qualifier « d'unification » pour ne pas ressusciter l'Allemagne d'hier. Face à l'éclatement de la **Yougoslavie**, il tente d'empêcher la fin de la fédération, tend à soutenir Belgrade. Helmut Kohl lui impose de reconnaître l'indépendance de la Slovénie et de la Croatie. En revanche, c'est sur le dossier européen qu'il marque le plus, par son **engagement pour le traité de Maastricht** et des gestes comme l'invitation de l'Eurocorps au défilé du 14 juillet, en 1994, occasion de faire défiler des soldats allemands sur les Champs-Élysées pour la première fois depuis la Seconde Guerre mondiale.

Sur ce point, le bilan des **années Chirac** est dans la continuité de celui de son prédécesseur. Alors qu'il appelait à un référendum sur la monnaie unique, il ne l'organise pas mais qualifie la France pour la monnaie unique en 1997 et l'euro entre en circulation en 2002. Si la France signe les traités d'Amsterdam (1997) et de Nice (2001), le choix d'un référendum pour une **Constitution européenne** se solde par un échec en 2005.

Sur la scène internationale, Jacques Chirac défend le développement durable. Opposé à l'idée de « choc des civilisations » de Huntington ou à l'interventionnisme de G. W. Bush, il se veut le chantre d'un monde multipolaire. En 2001, il insiste pour que les États-Unis passent par l'ONU avant d'envahir l'Afghanistan. Surtout, il s'oppose à leur intervention en **Irak** en **2003**, n'hésitant pas à user du veto au Conseil de sécurité. Cet épisode entraîne une vraie coupure entre Paris et Washington, lui valant en revanche l'adhésion des Allemands et de la rue arabe : la ville de Ramallah, siège de l'Autorité palestinienne, a ainsi nommé une rue en son honneur.

2. Le renouveau de la vie politique

Depuis 2007, les élections voient le retour d'un fort clivage idéologique : les candidats font appel à des valeurs et cherchent à se distinguer. La présidentielle de 2017 s'accompagne ainsi d'une importante recomposition de la scène politique après de multiples rebondissements.

FIGURE CLÉ **Nicolas Sarkozy (1955-)**

D'origine hongroise (son nom complet est Sarközy de Nagy-Bocsa), il est avocat. En 1983, il devient maire de Neuilly-sur-Seine et député des Hauts-de-Seine en 1988. Il est plusieurs fois ministre entre 1993 et 1995 puis, à partir de 2002, il est à la tête des Finances et de l'Intérieur. Dans ce cadre, il se distingue par la mise en place du Conseil français du culte musulman (CFCM) pour donner une représentation à l'islam de France. En 2007, il est élu président de la République. Battu par François Hollande en 2012, il siège au Conseil constitutionnel jusqu'au début de l'année 2013. Il échoue lors de la primaire de 2016, remportée par son ancien Premier ministre François Fillon.

A. 2007, le retour du combat politique et du volontarisme

L'élection présidentielle de 2007 marque un retour des Français à la vie politique. La participation est exceptionnelle (près de 85 %) et **Nicolas Sarkozy** est élu avec une majorité confortable de 53,86 %. Son slogan « Ensemble, tout devient possible » traduit une **volonté d'agir** au contraire de l'immobilisme de la fin de mandat de Jacques Chirac. D'une manière générale, Nicolas Sarkozy propose une **rupture avec ce qu'il identifie comme l'esprit de 68**, incarné par une certaine gauche et des élites qui auraient trahi la vraie gauche, celle de Jaurès qu'il cherche à faire sienne, celle du travail, d'où son thème majeur de réhabiliter la valeur travail contre la « folie » des 35 heures. Le slogan « **travailler plus pour gagner plus** » a eu un succès certain. Ce volontarisme le conduit, une fois en fonction, à se saisir de tous les dossiers, quitte à court-circuiter ses ministres et son Premier ministre, François Fillon, lequel apparaît plus comme un deuxième secrétaire général de l'Élysée que comme le chef du gouvernement. Cette activité frénétique lui vaut le **qualificatif « d'hyperprésident »**. Le mandat avançant, Nicolas Sarkozy renoue avec une posture plus traditionnelle pour la Ve République.

Son **quinquennat se compose clairement de deux parties**. La première est caractérisée par une croissance économique supérieure à 2 %, permettant une baisse des prélèvements sociaux. La seconde est marquée par la crise de 2008 : la dépense publique atteint 56 % du PIB et la dette explose, passant à 84 % du PIB. Certaines mesures du début du mandat sont annulées, suscitant un sentiment de confusion. **D'importantes réformes** ont été menées ou lancées sous le quinquennat de Nicolas Sarkozy :

- sur le plan national, la **réforme constitutionnelle de 2008** introduit la question prioritaire de constitutionnalité (QPC). Elle donne au Conseil constitutionnel un rôle comparable à celui de la Cour suprême américaine. Les pouvoirs sont partiellement rééquilibrés, aux dépens du président : la présidence de la commission des Finances à l'Assemblée nationale est confiée à l'opposition, le socialiste Didier Migaud est nommé à la présidence de la Cour des comptes et le Parlement est associé aux nominations les plus importantes. La **réforme des universités** doit leur donner plus d'autonomie et les inciter à former des pôles d'excellence. L'ambitieuse **réforme territoriale** est annulée en 2013 par son successeur ;
- sur le plan international, Nicolas Sarkozy multiplie les **gestes et déclarations d'amitié envers les États-Unis**. La présidence tournante de l'Union européenne, au second semestre 2008, a été l'occasion d'une médiation efficace entre la Russie et la Géorgie pour mettre fin à la **guerre des Cinq-Jours**, donnant un rôle de premier plan à l'UE. La

grande affaire internationale du quinquennat est la guerre de Libye : Sarkozy s'est imposé en **chef de file des Occidentaux** mais a mal anticipé les conséquences du vide créé par la mort de Kadhafi.

FIGURE CLÉ **François Hollande (1954-)**

Diplômé de l'ENA en 1980, il intègre la Cour des comptes, qu'il quitte rapidement pour des fonctions politiques auprès de François Mitterrand, de Max Gallo, puis de Roland Dumas. En 1988, il entre au Parlement. En 2011, il remporte les primaires du PS organisées les 9 et 16 octobre.

B. « Président normal » *contre* « hyperprésident »

En décembre 2010, François Hollande lance : « Je pense que le **temps d'un président normal est venu** », manière de railler l'agitation de Nicolas Sarkozy. Trouvaille de communication politique, la formule donne le ton et renvoie à une tradition politique française dans laquelle le chef démocratique est « Monsieur-tout-le-monde ». Normal, le président Hollande l'est aussi comme homme politique.

Au second tour de la présidentielle de 2012, François Hollande est élu avec 51,64 % des voix. Après deux ans de mise en œuvre d'une partie de ses « **60 engagements** » présentés sous le slogan « **le changement, c'est maintenant** » avec son Premier ministre Jean-Marc Ayrault, la défaite électorale des municipales de 2014 l'amène à appeler à Matignon Manuel Valls. La politique conduite est infléchie économiquement. L'effondrement de sa popularité est accentué par le feuilleton *people* sur sa rupture avec Valérie Trierweiler et sa liaison avec l'actrice Julie Gayet. En 2016, la situation est telle qu'il **renonce à briguer un second mandat**.

Plusieurs **réformes** sont engagées pendant le quinquennat Hollande : le « mariage pour tous », la **réforme du collège** en 2016, le **crédit d'impôt pour la compétitivité et l'emploi** (CICE) en 2012, la **loi Macron** sur la compétitivité économique, la **loi El Khomri** de 2016 sur le temps de travail. La **loi Maptam** de 2014 amplifie le développement des métropoles et la **loi NOTRe** de 2015 redéfinit les compétences entre collectivités territoriales.

Sur le plan sécuritaire, le quinquennat est marqué par les **opérations militaires au Mali** à partir de 2013, et par le retour du **terrorisme islamiste d'envergure,** avec notamment les attaques contre *Charlie Hebdo* le 7 janvier 2015, la triple attaque à Paris le 13 novembre suivant (130 morts), à Nice le 14 juillet 2016 (84 morts). Ces événements conduisent à des **frappes aériennes contre Daech** au Moyen-Orient et au déploiement de 10 000 militaires pour surveiller les espaces publics (**dispositif « Sentinelle »**). François Hollande doit annuler les réductions d'effectifs prévues et crée une **Garde nationale**, label qui fédère les réserves existantes et augmente leur budget de près de 50 %. Plusieurs textes (en 2012 sur les Français partis s'entraîner à l'étranger, en 2014 sur l'interdiction de sortie du territoire pour les individus suspectés de rejoindre les terroristes) complètent l'arsenal législatif élaboré depuis les attentats de 1986. Du 14 novembre 2015 au 31 octobre 2017, le pays vit sous le **régime de l'état d'urgence** (créé en 1955 et activé en 2005).

FIGURE CLÉ **Emmanuel Macron (1977-)**

Diplômé de l'ENA en 2004, il intègre l'Inspection des finances. Après avoir travaillé à la banque d'affaires Rothschild, il devient le secrétaire général adjoint de l'Élysée auprès de François Hollande en 2012. En 2014, il succède à Arnaud Montebourg comme ministre de l'Économie, de l'Industrie et du Numérique dans le gouvernement Valls II : la loi Macron fait parler de « macronéconomie ». En 2016, il fonde son propre parti « En marche ! ». En tête du premier tour des présidentielles, il est élu avec 66,10 % des suffrages face à Marine Le Pen, le 7 mai 2017, à l'âge de 39 ans.

C. Décomposition et recomposition depuis 2017

Les élections présidentielles de 2017 ont marqué une rupture sur plusieurs plans. La primaire de la droite propulse **François Fillon** loin devant, mais une série de révélations sur des emplois présumés fictifs de son épouse Pénélope, surnommée « **Pénélopegate** », ruine une partie de son crédit. À gauche, la primaire de janvier aboutit à la **victoire de Benoît Hamon, l'un des « frondeurs »**, députés socialistes qui s'opposaient à Manuel Valls, ce qui sonne comme un nouveau désaveu pour François Hollande. Le soutien de socialistes, dont Manuel Valls, à la candidature d'Emmanuel Macron déchire alors le PS, qui obtient le score le plus faible de son histoire. D'une manière générale, le premier tour marque le **rejet des Français des partis de gouvernement classique** : Jean-Luc Mélenchon et Marine Le Pen réunissent deux bulletins sur cinq, tandis que socialistes et Républicains sont absents du second tour. Le 14 mai, **Emmanuel Macron devient officiellement président de la République.** Il nomme le Républicain Édouard Philippe Premier ministre d'un gouvernement accueillant plusieurs ministres de droite et du centre. Les législatives de juin 2017 semblent confirmer la **volonté des Français de dépasser le clivage droite/gauche** : devenu « La République en marche » (LREM), le parti d'Emmanuel Macron, qui **se veut au centre,** obtient 313 des 577 sièges à l'Assemblée nationale et peut compter sur les 47 élus du Modem et les 35 du groupe « Les Constructifs », issus globalement des Républicains, soit sur une majorité de 68 %.

Au cours du quinquennat, la méfiance envers le personnel politique se manifeste avec le **mouvement des « gilets jaunes »**, à partir du 17 novembre 2018. Nourri de l'insatisfaction face à la politique du gouvernement et à la mondialisation, et du sentiment d'être méprisé d'un président qui se voudrait « Jupiter », il est aussi la conséquence du poids écrasant de LREM et de son positionnement au centre, qui empêche toute opposition consistante autrement que par les partis extrêmes ou populistes ou par des actions politiques atypiques. Le mouvement exprime aussi une grande méfiance envers la démocratie représentative et défend ainsi l'idée d'un **référendum d'initiative citoyenne (RIC)** comme outil de production législative. La **crise sanitaire de la Covid-19** prend ensuite le relais : au-delà des hésitations et contradictions compréhensibles face à l'inconnue de cette crise, celle-ci a montré un exécutif sans véritable opposition parlementaire.

L'élection présidentielle des 10 et 24 avril 2022 conforte le tableau d'une **France déchirée** entre les électeurs qui soutiennent Emmanuel Macron et ceux qui expriment frustration et malaise dans une abstention record au second tour (28,01 %, maximum à l'exception de 1969) ou dans le **vote contestataire et populiste**, Jean-Luc Mélenchon, Éric Zemmour et Marine Le Pen réunissant deux tiers des voix au premier tour. Cette dernière gagne 2,6 millions de voix par rapport au second tour à 2017. Pour sa part, Emmanuel Macron est le **seul président sortant de la Ve République à être réélu** au suffrage universel direct sans cohabitation.

3. Une gouvernance renouvelée

Le renouveau de la Ve République ne se limite pas aux réformes constitutionnelles ni à la pratique des institutions mais touche profondément la gouvernance avec la montée en puissance d'autres échelons, l'Europe et les collectivités locales.

A. La décentralisation

Repère **La décentralisation**

La décentralisation est le transfert par l'État de certaines compétences à des collectivités territoriales. Le terme de « décentralisation industrielle » de l'époque gaullienne diffère donc de cette définition stricte. La décentralisation se distingue de la déconcentration, par laquelle l'État transfère certaines compétences des services centraux vers les services locaux (préfectures, directions départementales, rectorats, etc.).

Lancée par la loi de **1982**, la décentralisation apparaît comme une **véritable mutation de la gouvernance française**. Elle remet en cause une longue tradition centralisatrice, souvent dite jacobine par allusion à la Révolution française qui l'a consacrée. Les préfets, représentants de l'État, voient leur rôle redéfini tandis que les conseils généraux deviennent des collectivités locales autonomes, tout comme les régions. Les deux sont présidés par des exécutifs élus par leur assemblée. En 1999, un nouvel échelon est créé avec les **établissements publics de coopération intercommunale** (EPCI), communautés de communes, communautés d'agglomération et communautés urbaines. En 2002, l'acte II de la décentralisation est lancé afin de compléter les transferts de compétence. L'article 1er de la Constitution affirme désormais que l'organisation de la République est décentralisée : les collectivités sont dites « territoriales ». Le **principe de subsidiarité** est introduit, dans la foulée du traité de Maastricht ; le **pouvoir réglementaire** des collectivités ainsi que leur **droit à l'expérimentation** et leur **autonomie financière** sont reconnus.

La décentralisation se comprend comme une nouvelle gouvernance, plus efficace car plus proche du bénéficiaire. Un coup d'arrêt est donné à ce mouvement par la réforme territoriale de 2010 visant à **simplifier le « millefeuille » territorial**, empilement unique en Europe d'un grand nombre de niveaux administratifs. De 2012 à 2014, François Hollande remet en cause l'essentiel de la réforme avant d'en reprendre certains aspects dans une **nouvelle réforme territoriale lancée en 2014**. Celle-ci **fusionne les régions métropolitaines** en 13 « super-régions », la loi de **Nouvelle Organisation Territoriale de la République (NOTRe)** de 2015 redéfinit les compétences des collectivités et la loi de **modernisation de l'action publique territoriale et d»affirmation des métropoles (MAPTAM)** de 2014 renforce le poids de certaines métropoles (agglomérations de plus de 500 000 habitants).

Repère **Le principe de subsidiarité**

Affirmé par le traité de Maastricht, le principe de subsidiarité est entré dans la gouvernance jusque dans la Constitution. L'article 88-6 y fait référence explicitement à propos de l'Union européenne, l'article 72 l'applique à la décentralisation, en le définissant sans le nommer. L'article stipule en effet que « les collectivités territoriales ont vocation à prendre les décisions pour l'ensemble des compétences qui peuvent le mieux être mises en œuvre à leur échelon », ce qui est la définition de ce principe.

Recentré sur un nombre plus réduit de missions, l'État a également adapté sa gouvernance, en tentant entre autres d'introduire la notion de performance de la dépense publique. Ces efforts n'empêchent pas l'augmentation des effectifs des fonctions publiques (plus de 5,3 millions en 2015, soit plus d'un cinquième des emplois) et celle des prélèvements obligatoires, qui dépassent 46 % du PIB en 2013 contre environ 25 % en 1945 : de ce point de vue, l'État demeure un acteur majeur de la gouvernance.

B. L'influence de l'Europe sur la gouvernance française

Signé en **1992** et entré en vigueur le 1er novembre **1993**, le **traité de Maastricht** élargit considérablement les domaines d'action des institutions européennes et modifie la gouvernance française. La mise en place progressive de l'Union économique et monétaire (UEM) conduit, en 1993, à la réforme de la Banque de France, qui consacre son indépendance et interdit à l'État d'utiliser la politique monétaire comme outil d'action, sur le modèle de la Bundesbank allemande ou de la FED américaine. L'introduction de l'**euro** comme monnaie courante au 1er janvier 2002 constitue un transfert fort de gouvernance, dans un pays qui a abondamment utilisé la **politique monétaire** durant les Trente Glorieuses.

Le traité a aussi mis à l'honneur la notion de **subsidiarité**, privilégiant l'échelon inférieur de gouvernement pour résoudre un problème, à l'encontre d'une tradition française de centralisation du pouvoir. La politique régionale a donné une nouvelle ampleur aux **régions**, qui sont partenaires de l'État pour la gestion des fonds structurels. Aujourd'hui, des pans entiers de la vie du pays dépendent des institutions européennes, dans la réglementation ou dans la mise en œuvre de politiques : 25 % des lois françaises ne sont que la transcription de textes européens, souvent au-delà d'un délai raisonnable, le budget de l'État est soumis pour approbation aux autorités européennes dans le cadre d'une procédure d'examen et de surveillance mutuelle, notamment au regard des critères dits de Maastricht. L'entrée en vigueur au **1er janvier 2013** du traité sur la stabilité, la coordination et la gouvernance au sein de l'UEM renforce la **discipline budgétaire** qui pèse sur la France. Ces contraintes conduisent une partie des hommes et femmes politiques français à accuser l'UE d'être responsable des mesures d'austérité, renforçant ainsi le ressentiment d'une partie des Français contre une Europe accusée de tous les maux.

FICHE 38

La République face aux défis sociétaux

En trente ans, la Ve République a dû s'adapter à plusieurs défis sociétaux qui ont mobilisé le législateur et soulevé d'épineuses questions politiques, remettant en cause des principes républicains essentiels ou, au contraire, réclamant leur pleine mise en œuvre.

L'ESSENTIEL EN DATES

- **18 septembre 1989** : début de l'affaire des foulards de Creil.
- **15 octobre 1999** : adoption du pacs par l'Assemblée nationale.
- **6 juin 2000** : loi sur la parité.
- **15 mars 2004** : loi sur la laïcité à l'école.
- **11 octobre 2010** : loi interdisant de dissimuler son visage en public.
- **17 mai 2013** : loi sur le mariage pour tous.

1. Quelle laïcité ?

La laïcité est devenue un principe ancré dans la loi en 1905 et dans la Constitution en 1946, puis en 1958. Elle a été un combat dirigé principalement contre l'Église catholique. L'équilibre précaire peu à peu dégagé est remis en cause par la montée de l'affirmation de l'islam, en lien avec l'installation définitive d'émigrés de cette religion à partir des années 1980. Derrière la laïcité se jouent aussi l'intégration des immigrés et la question de l'identité nationale.

Repère **Laïcité**

La laïcité est le principe de la République qui garantit la liberté de conscience et de culte et l'égalité de traitement des croyants et des non-croyants. Contrairement à ce qui est parfois affirmé, elle ne signifie nullement l'absence du religieux de l'espace public mais, au contraire, elle organise son articulation à l'ordre public (sonnerie de cloches, processions, prières publiques sont possibles sous conditions prévues par le législateur).

A. Les « foulards »

Le 18 septembre 1989, **deux collégiennes musulmanes de Creil** sont exclues de cours parce qu'elles refusent d'enlever leur foulard : c'est le début de « l'affaire des jeunes filles voilées de Creil », qui suscite un débat passionnel. Le 27 novembre suivant, un avis du Conseil d'État tente de concilier la laïcité de l'enseignement secondaire et la liberté de conscience des élèves, selon l'article 10 de la Déclaration des droits de l'homme et du citoyen de 1789. Le port d'un signe d'appartenance religieuse par un élève n'est pas contraire à la laïcité et ne peut donc être interdit de manière générale, y compris par le règlement de l'établissement. Les seuls motifs sont l'éventuel trouble au bon fonctionnement du cours d'une manière ou d'une autre. Cette solution a eu l'inconvénient de multiplier les cas de contentieux.

En 2003, la Commission Stasi est chargée de réfléchir à une évolution de la législation, ce qui aboutit à la **loi du 15 mars 2004**, dite à tort « loi d'interdiction du voile ». Elle inverse la règle générale en interdisant tout « signe religieux ostentatoire », sans préciser ce qu'est exactement un signe religieux ostentatoire, pour les élèves et dans les établissements publics secondaires. Les signes discrets sont autorisés.

Cette loi ne suffit pas à éteindre tous les contentieux. Elle ne concerne pas les établissements privés, ce qui entraîne des **malentendus lors d'épreuves du baccalauréat** passées par des élèves du privé dans des salles du public. L'enseignement supérieur n'est pas concerné et plusieurs enseignants ont cru, à tort, pouvoir **exclure des étudiantes voilées**. Enfin, la loi ne concerne pas les parents d'élèves, entraînant le cas des **mères voilées accompagnant** les sorties scolaires, suscitant des déclarations politiques contradictoires. Plus récemment, certains établissements se sont intéressés à la longueur des jupes d'élèves musulmanes, qui profitaient d'une mode plus longue et pouvant faire écho aux tenues des pays musulmans.

B. Burqa et burkini

Si le voile est permis dans l'espace public, comme tout habit religieux, le port de la burqa heurte l'habitude française de montrer son visage et d'en faire un élément de « fraternité », proclamée par la devise républicaine. Il est aussi perçu comme un outil d'oppression des femmes. La **loi du 11 octobre 2010**, qualifiée rapidement de « loi anti-burqa », contourne la difficulté des motifs en évitant le terrain des convictions pour se limiter à celui de l'ordre public : il est interdit de dissimuler son visage dans l'espace public sauf raisons spécifiques de santé ou de sécurité. Il n'est nullement question de burqa dans la loi, même si c'est bien elle qui est visée…

Ce débat s'est prolongé en **2016 avec le « burkini »**, tenue dessinée en 2004 par la styliste australienne d'origine libanaise Aheda Zanetti, mot-valise contractant « burqa » et « bikini ». Pour certains, sa présence sur les plages est une atteinte à la laïcité, manifestation d'un refus de s'intégrer à la République, oubliant un peu vite, sur ce point, le débat passionné qui a secoué les plages européennes durant les décennies 1950-1960 sur le bikini… Plusieurs maires ont pris des **arrêtés « anti-burkini »**, qui ont tous été censurés par le Conseil d'État au motif de l'impossibilité d'une interdiction générale *a priori* : celle-ci ne peut se faire qu'en cas de trouble précis à l'ordre public. Ce débat connaît aussi des prolongements avec la revendication d'horaires de piscine réservés aux femmes.

Repère **Olivier Roy, laïcité et islam**

Dans plusieurs ouvrages, notamment *La laïcité face à l'islam* (2007), Olivier Roy analyse les problèmes rencontrés par la laïcité française face à l'islam. Il y a d'abord confusion entre laïcité, qui définit un cadre juridique bornant les limites du religieux, et sécularisation, qui fait disparaître la visibilité du religieux. Or, certains s'appuient sur la loi de 1905 sur la laïcité pour rejeter toute visibilité au religieux. Dans *La sainte ignorance* (2008), Olivier Roy montre que c'est aussi le fruit du divorce entre culture et religion : présentes sur les places et dans les vitrines il y a 30 ans, les crèches de Noël seraient aujourd'hui une atteinte à la laïcité. Le voile cristallise également ce rejet. Selon l'auteur, ce dernier, nourri souvent d'ignorance, essentialise « l'islam de France », sommé de se réformer de manière plus libérale, alors que la laïcité interdit précisément à l'État de s'occuper de théologie. Selon Olivier Roy, il n'y aurait qu'un « islam *en* France », divers dans sa pratique, et les aspects les plus démonstratifs et revendicatifs relèvent moins de la tradition musulmane, du reste très diversifiée, que d'un bricolage du religieux dans le cadre de la mondialisation, phénomène rencontré par les autres religions, comme l'a d'ailleurs abondamment dénoncé Benoît XVI pour le catholicisme.

2. La parité

Si les textes législatifs ne suffisent pas à faire changer les habitudes, ils jouent un rôle décisif en posant des contraintes : la **cohabitation entre Jacques Chirac et Lionel Jospin** de 1997 à 2002 joue un rôle décisif sur ce point par la loi et la modification de la Constitution.

Repère **Parité**

Le principe de parité oblige à une représentation à parts égales des deux sexes dans les institutions politiques mais aussi dans diverses institutions de la société civile.

A. La sphère politique

Après avoir obtenu le droit de vote et d'éligibilité par **l'ordonnance du 21 avril 1944**, prise par le Gouvernement provisoire de la République française siégeant à Alger, les femmes se heurtent au poids des habitudes et leur présence dans le monde politique reste anecdotique. La seule manière de modifier cette situation apparaît de plus en plus être la voie des discriminations positives, largement revendiquées aux États-Unis par les militants pour les droits des minorités. Dans un premier temps, les tentatives de l'appliquer en France se heurtent à la censure du Conseil constitutionnel, comme en 1982 pour le projet de réserver aux femmes un quart des sièges de conseillers municipaux.

Le thème de la parité s'impose vraiment dans le débat politique avec la présidentielle de 1995. Jacques Chirac crée un Observatoire de la parité. En **1999**, Lionel Jospin, dans le cadre de la cohabitation, parvient à **modifier la Constitution**, pour ajouter à l'article 3 que « la loi favorise **l'égal accès des femmes et des hommes** aux mandats électoraux et fonctions électives ». L'article suivant désigne les partis politiques comme contribuant à mettre en œuvre ce principe. Cette modification permet de promulguer **le 6 juin 2000 la loi dite « sur la parité »** qui vise à mettre en œuvre le principe inscrit dans la Constitution. Elle prévoit une égalité obligatoire des candidatures pour les scrutins de liste avec alternance de chaque sexe, stricte pour les élections à un tour, tous les six pour les autres. Pour les législatives, les partis qui ne respectent pas la parité paient une amende déduite des remboursements de frais de campagne.

Le **31 janvier 2007**, cette obligation est étendue par une nouvelle loi aux communes de moins de 3 500 habitants, aux exécutifs de communes et régions. La **loi du 17 mai 2013** renforce les obligations, notamment pour les conseillers départementaux, élus par binômes des deux sexes. Ces dispositions ont profondément renouvelé le personnel politique, comme aux européennes, où il y avait 39 femmes pour 79 eurodéputés à la suite des élections de mai 2019. Le pourcentage est bien plus faible à l'Assemblée nationale jusqu'en 2017 mais, désormais, presque 40 % des députés sont des femmes. Le 4 août 2014, les objectifs de la parité en politique sont étendus aux autres secteurs, notamment les fédérations sportives, les mutuelles ou les organismes consultatifs.

B. L'égalité professionnelle

L'**égalité professionnelle** entre les hommes et les femmes est l'autre grand chantier sociétal. Sa promotion s'appuie sur le principe de **l'égalité des droits**, interdisant toute discrimination selon le sexe, et celui de **l'égalité des chances** qui cherche à remédier aux inégalités de fait rencontrées par les femmes. Elle est introduite par la **loi Roudy de 1983**, qui transcrit une directive européenne de 1976 sur l'égalité de traitement.

Là encore, la cohabitation entre Chirac et Jospin marque une étape avec la **loi Génisson du 9 mai 2001** qui encourage des mesures de rattrapage et impose aux entreprises des négociations régulières sur le sujet. La loi du 23 mars 2006 renforce les obligations en imposant que les écarts de rémunération aient disparu fin 2010. La **loi Copé-Zimmermann du 27 janvier 2011** impose une représentation équilibrée dans les conseils d'administration des grandes entreprises. Le 17 août 2015, elle doit caractériser aussi toutes les instances de représentation des entreprises.

Aujourd'hui, à poste et âge égal, les femmes sont moins bien rémunérées en moyenne de 9 %, l'écart montant à 27 % tous postes confondus. La loi promulguée le 5 septembre 2018 impose aux entreprises d'au moins 50 salariés de calculer et de publier sur internet leur « indice d'égalité femmes-hommes » noté sur 100. Les entreprises n'atteignant pas 75 % sont menacées d'une pénalité pouvant atteindre 1 % de leur chiffre d'affaires.

Repère **Les *Femen*, féminisme radical**

En 2008, les Ukrainiennes Anna Hutsol, Oksana Chatchko et Alexandra Chevchtchenko fondent les Femen, un groupe féministe radical. Qualifiées de « troisième » ou « quatrième vague féministe », elles organisent des actions provocatrices, souvent seins nus, ce qu'elles qualifient de « sextrémisme ». Leur présence a été régulière lors des manifestations en faveur du mariage pour tous.

3. Toujours plus de droits ?

Le législateur est de plus en plus sommé d'accorder de nouveaux droits, en fonction des attentes et des évolutions de la société, alors que de nombreuses barrières morales tombent, largement grâce à la sécularisation de la société.

A. Le pacs

Deux tendances sociétales conduisent à bouleverser la législation morale et mettent au défi la République de s'adapter. Il y a d'abord la revendication de la liberté sexuelle et notamment du concubinage, mais avec la réclamation d'une certaine reconnaissance légale, puis celle des homosexuels, depuis la fin des années 1960. Après la **dépénalisation de l'homosexualité en 1982** et alors que le sida est l'occasion d'une affirmation de la communauté homosexuelle à la fin des années 1980, la Gauche plurielle porte le projet d'un « **pacte civil de solidarité » ou pacs**, après plusieurs autres projets, notamment le contrat d'union civile et sociale (CUCS). Le 15 novembre 1999, la loi créant le pacs est promulguée : ce contrat est ouvert aux personnes de même sexe ou de sexe différent mais se distingue du mariage en matière de succession et d'adoption, le partenaire n'étant pas héritier, sauf testament. En 2006, le pacs est rapproché du régime matrimonial.

B. Le mariage pour tous

Le mariage homosexuel est largement rejeté par les grandes religions : alors que la morale laïque de la IIIe République était proche de celle du christianisme, Jules Ferry invoquant la « morale de nos pères », cette réforme entérine la cassure entre culture, morale et religion. Le Premier ministre Jean-Marc Ayrault affirme ainsi plusieurs fois que : « La France est une République laïque qui garantit la liberté de conscience et le libre exercice des cultes [...] et que le mode de vie des Français ne peut être soumis à aucune spiritualité. » Le débat mobilise largement dans les milieux catholiques sous la forme du mouvement de la « **Manif pour tous** », mené par Frigide Barjot, du 17 novembre 2012 au 26 mai 2013, avec notamment la grande manifestation parisienne du 13 janvier 2013. Après validation par le Conseil constitutionnel, la loi est **promulguée par François Hollande le 18 mai** et le premier mariage homosexuel est célébré dix jours plus tard à Montpellier. La France est le 14e pays à ouvrir le mariage aux homosexuels.

C. D'autres revendications

La dynamique de réclamation de nouveaux droits au nom de l'égalité, qu'avait analysée Alexis de Tocqueville dans *De la démocratie en Amérique*, poursuit sa course, d'autant plus que les progrès de la médecine ouvrent de nouvelles possibilités. Leur articulation à la législation est le sujet de la **bioéthique**. Après le mariage pour tous, les associations d'homosexuels réclament l'accès des couples homosexuels à la **procréation médicalement assistée** (PMA) et la **légalisation de la gestation pour autrui** (GPA). Toutefois, certains considèrent que la PMA risque de renforcer la notion de « **droit à l'enfant** » tandis que la GPA pose la question des « mères porteuses » et de la marchandisation de la maternité.

L'autre grand sujet de revendication touche la **fin de la vie** et **l'euthanasie**, parfois revendiquée comme le « droit de mourir dans la dignité ». Le débat s'ouvre en 1978 avec une proposition de loi du sénateur Henri Cavaillet sur le « droit de vivre sa mort ». Il est ponctué de plusieurs situations dramatiques, souvent fortement médiatisées et instrumentalisées, notamment avec les cas de Vincent Humbert et, plus récemment, de Vincent Lambert. Par ailleurs, quelques pays ont une législation plus libérale sur le sujet, la Suisse autorisant le suicide assisté et l'euthanasie active étant légale ou dépénalisée aux Pays-Bas (2001), en Belgique (2002) et au Luxembourg (2009), ce qui constitue un recours de fait pour les patients français. Adoptée à l'unanimité à l'Assemblée nationale le 22 avril 2005, la **loi Leonetti** proscrit « l'obstination déraisonnable » et la « prolongation artificielle de la vie » du patient et ouvre la possibilité, encadrée, de lui administrer une dose de soins palliatifs qui abrégerait sa vie. Elle rejette toutefois l'euthanasie active. En 2016, la législation est complétée par la **loi Claeys-Leonetti** ouvrant un « droit à la sédation profonde et continue » à domicile pour les malades en phase terminale, qui se heurte toutefois à des difficultés d'application.

100 questions pour s'entraîner

Répondez aux questions suivantes.

1. Quel lien y a-t-il entre la Grande dépression et le populisme en Amérique latine ? (Fiche 2)
2. Pourquoi peut-on parler d'une nouvelle Europe en 1945 ? (Fiche 9)
3. Quelle a été l'action d'Heinrich Brüning ? (Fiche 3)
4. En quoi la justice pénale internationale est-elle fondée à Nuremberg ? (Fiche 11)
5. Le fascisme italien est-il vraiment un régime totalitaire ? (Fiche 4)
6. Le chômage de masse explique-t-il les succès des Nazis ? (Fiches 3 et 4)
7. Citez trois caractères de la Grande dépression communs au pays. (Fiche 2)
8. En quoi guerre d'Espagne annonce-t-elle la Seconde guerre mondiale ? (Fiche 6)
9. Que représente l'année 1968 dans le monde ? (Fiche 13)
10. Pourquoi la sécurité collective a-t-elle failli dans les années 1930 ? (Fiche 6)
11. La « guerre éclair » a-t-elle gagné en 1939-1941 ? (Fiche 7)
12. Pourquoi a-t-on parlé de « Grand schisme » pour 1945-1947 ? (Fiche 12)
13. Pourquoi l'opération Barbarossa marque-t-elle un tournant majeur ? (Fiche 7)
14. Quel est le lien entre les opérations Overlord et Bagration ? (Fiche 7)
15. Pourquoi peut-on parler de « système onusien » ? (Fiche 11)
16. La bombe atomique a-t-elle fait plier le Japon ? (Fiche 8)
17. Pourquoi l'année 1947 marque-t-elle un tournant ? (Fiche 12)
18. Pourquoi le front de l'Est est-il une guerre d'anéantissement ? (Fiche 8)
19. Pourquoi toute l'économie américaine est-elle frappée en 1930 ? (Fiche 1)
20. Que pensez-vous de l'expression « Shoah par balles » ? (Fiche 8)
21. Quelles sont les étapes de la décolonisation de l'Asie ? (Fiche 14)
22. Quel est le lien entre Barbarossa et le génocide juif ? (Fiche 8)
23. Le Goulag joue-t-il un rôle de précurseur ? (Fiche 5)

24. Comment expliquer la défaite française de 1940 ? (Fiche 29)

25. Quelles sont les causes et les formes de la Collaboration ? (Fiche 29)

26. Quels sont les signes inquiétants avant le krach de 1929 ? (Fiche 1)

27. Quelles sont les étapes de l'unification de la Résistance ? (Fiche 29)

28. La mise en place des totalitarismes respecte-t-elle le cadre légal ? (Fiche 4)

29. Quels effets ont eus les cohabitations sur la Ve République ? (Fiches 34, 37 et 38)

30. Pourquoi l'État-providence au lendemain de la Seconde guerre mondiale ? (Fiche 10)

31. Quels sont les grands traits communs de l'État-providence en Europe ? (Fiche 10)

32. Comment expliquer l'effondrement de l'Europe de l'Est en 1989 ? (Fiche 21)

33. Quel est le bilan du *New Deal* ? (Fiche 2)

34. Quels sont les outils du nouvel ordre international en 1945 ? (Fiche 11)

35. Le chef est-il tout puissant dans les totalitarismes ? (Fiche 5)

36. Quel est l'enjeu de la conférence de Bretton Woods ? (Fiche 11)

37. Quels enjeux bouleversent le Moyen-Orient en 1945-1949 ? (Fiche 12)

38. Comment expliquer le chômage de masse des années 1930 ? (Fiche 3)

39. La démocratisation de l'Europe du Sud a-t-elle été complètement pacifique ? (Fiche 20)

40. Quel tournant marque la guerre des Six-Jours ? (Fiche 16)

41. Pourquoi l'économie est-elle un outil du totalitarisme ? (Fiche 5)

42. Pourquoi les années 1961-1962 sont-elles décisives pour la guerre froide ? (Fiche 13)

43. La Chine actuelle, une puissance westphalienne ? (Fiche 23)

44. Caractérisez le lancement de la construction européenne par la IVe République. (Fiche 30)

45. Pourquoi Auschwitz est-il singulier ? (Fiche 8)

46. Comment change la place des jeunes dans la société française dans les années 1970-1980 ? (Fiches 35 et 36)

47. Quels sont les défis du tiers-mondisme ? (Fiche 14)

48. Quelles sont les étapes de la naissance d'une justice pénale internationale ? (Fiche 24)

49. Quel rôle a joué *Mein Kampf* ? (Fiche 4)

50. Expliquez la phrase de Mao « L'URSS d'aujourd'hui, c'est la Chine de demain ». (Fiche 15)

51. Quel rôle joue l'Iran de Khomeiny au Moyen-Orient ? (Fiche 19)

52. Pourquoi la crise de mai 1958 est-elle une triple crise ? (Fiche 31)

53. Quel rôle joue la guerre du Koweït dans les relations internationales ? (Fiche 22)

54. Les États ont-ils encore un rôle à jouer dans la mondialisation aujourd'hui ? (Fiche 25)

55. Expliquez le schisme sino-soviétique. (Fiche 15)

56. La Chine de Mao est-elle une puissance réaliste ? (Fiche 15)

57. Caractérisez le paradigme néolibéral américain. (Fiche 18)

58. Pourquoi dit-on que l'URSS de Brejnev est un modèle fossilisé ? (Fiche 21)

59. En quoi le Moyen Orient est-il un lieu de l'affrontement bipolaire dans les années 1950-1960 ? (Fiche 16)

60. Pourquoi parle-t-on aujourd'hui d'une « nouvelle guerre de Trente ans » au Moyen-Orient ? (Fiche 22)

61. Quel rôle joue l'Égypte de Nasser ? (Fiche 16)

62. Quelles sont les caractéristiques des modèles occidental et soviétique ? (Fiche 13)

63. Le bilan de la IVe République est-il uniquement négatif ? (Fiche 30)

64. Pourquoi François Mitterrand dit-il que « l'Algérie, c'est la France » en 1954 ? (Fiche 31)

65. En quoi les États-Unis sont-ils une puissance hésitante depuis les années 2000 ? (Fiche 23)

66. La décolonisation de l'Afrique subsaharienne a-t-elle été négociée ? (Fiche 14)

67. Quel rôle joue la torture dans la mémoire de la guerre d'Algérie ? (Fiche 31)

68. Caractérisez le rôle du président de la République dans la constitution de 1958. (Fiche 32)

69. Quels sont les défis actuels pour l'UE ? (Fiche 26)

70. Peut-on dire que le Président de Gaulle se désintéresse de l'action intérieure ? (Fiche 32)

71. Pourquoi le commerce international s'effondre-t-il dans les années 1930 ? (Fiche 2)

72. Quels sont les grands domaines de la gouvernance mondiale actuelle ? (Fiche 25)

73. Quel rôle jouent les chocs pétroliers de 1973 et 1979 ? (Fiche 17)

74. Que signifie la guerre de Corée pour la puissance chinoise ? (Fiche 15)

75. Quelle est la nouvelle donne monétaire dans les années 1970 ? (Fiche 17 et 20)

76. Quel est le débat politique sur la politique culturelle en France de 1970-1990 ? (Fiche 36)

77. Quelles sont les évolutions juridiques récentes de la laïcité en France ? (Fiche 38)

78. Quels sont les défis de l'ouverture au monde de la Chine sous Deng ? (Fiche 18)

79. Comment les facteurs extérieurs ont-ils pesé sur la IVe République ? (Fiche 30)

80. Comment la gouvernance française a-t-elle été profondément renouvelée depuis 1982 ? (Fiche 38)

81. Quels sont les liens entre occidentalisation et révolution islamique en Iran ? (Fiche 19)

82. En quoi la démocratisation de l'Europe du Sud a-t-elle conforté le projet européen ? (Fiche 20)

83. Quelle est la nouvelle politique de Gorbatchev ? (Fiche 21)

84. Y a-t-il vraiment bipolarisation de la vie politique française dans les années 1970 ? (Fiche 34)

85. Pourquoi le SMI est-il en crise au début des années 1970 ? (Fiche 17)

86. Quels changements provoque l'élection de François Mitterrand en 1981 ? (Fiche 34)

87. « Alternance sans alternatives » : la politique étrangère française sous Mitterrand ? (Fiche 34)

88. Pourquoi la société française des années 1970-1980 est-elle ébranlée ? (Fiche 35)

89. Pourquoi l'immigration devient-elle un enjeu politique sous François Mitterrand ? (Fiche 34)

90. Limite et réalité de la politique gaullienne « d'indépendance nationale » ? (Fiche 32)

91. Donnez les étapes et les limites de la libéralisation de l'audiovisuel français de 1970-1980 ? (Fiche 36)

92. Quels types de conflits dominent depuis 1990 ? (Fiche 22)

93. L'Iran est-il vraiment une théocratie ? (Fiche 19)

94. Pourquoi la guerre revient-elle en Europe dans les années 1990 ? (Fiche 22)

95. Comment s'est renouvelée la puissance russe sous Vladimir Poutine ? (Fiche 23)

96. L'Union européenne est-elle une puissance internationale ? (Fiche 23)

97. Quelle est l'influence du néolibéralisme dans le monde dans les années 1980 ? (Fiche 18)

98. Comment peut-on juger aujourd'hui les crimes contre l'humanité ? (Fiche 24)

99. En quoi le traité de Maastricht est-il une étape majeure pour l'Europe ? (Fiche 26)

100. Quel est le bilan humain de la guerre d'Algérie ? (Fiche 31)

Références et pistes d'approfondissement

Thème 1 : Fragilités des démocraties, totalitarismes et Seconde Guerre mondiale (1929-1945)

« Les femmes dans le système nazi », dossier, *L'Histoire*, n° 403, septembre 2014, p. 40-65.

« *Mein Kampf*, histoire d'un livre », *L'Histoire*, n° 420, février 2016, p. 12-19.

« La fin des légendes. Guerre d'Espagne », dossier, *L'Histoire*, n° 427, septembre 2016, p. 32-61.

« Les révolutions russes février-octobre 1917 », *L'Histoire*, n° spécial, n° 432, février 2017, p. 32-87.

« Les mondes du Goulag », *L'Histoire*, n° spécial, n° 461-462, juillet-août 2019, p. 6-106.

« Les démocraties face à Hitler », *L'Histoire*, n° 463, septembre 2019, p. 12-23.

Applebaum A., *Goulag, une histoire*, Grasset, 2005.

Asselain J.-Ch., *Histoire économique de la France, vol. 2 De 1919 à la fin des années 1970*, Seuil, 1984 (rééd.).

Baechler Ch., *L'Allemagne de Weimar : 1919-1933*, Fayard, 2007.

Burrin Ph., *Ressentiment et apocalypse. Essai sur l'antisémitisme nazi*, Paris, Seuil, 2004.

Clarke I. et Costelle D., *Apocalypse Hitler*, DVD, France télévision 2011.

Clarke I. et Costelle D., *Apocalypse Staline*, DVD, France télévision 2015.

Cohen D., *La prospérité du vice. Une introduction (inquiète) à l'économie*, Albin Michel, 2009.

Combe E., *Précis d'économie*, PUF, 2019, 15e éd.

Delage C., *Le Procès de Nuremberg. Les nazis face à leurs crimes*, DVD, Arte, 2006.

Galbraith J. K., *La crise économique de 1929*, Payot, 2008.

Ingrao Ch. et Solchany J., « La "Shoah par balles". Impressions historiennes sur l'enquête du père Desbois et sa médiatisation », *Vingtième Siècle. Revue d'histoire*, 2009/2, n° 102, p. 3-18.

Karel W., *1929*, Arte éditions, DVD, 2009.

Lanzmann C., *Shoah*, coffret DVD, Paris Why Not Productions, 2016.

Lopez J. et Wieviorka O. (dir.), *Les mythes de la Seconde guerre mondiale*, Perrin, 2015, 446 p.

Milza P., « Le totalitarisme fasciste, illusion ou expérience interrompue ? », *Vingtième Siècle. Revue d'histoire*, 2008/4, n° 100, p. 63-67.

Musiedlak D., *Mussolini*, Presses de Sciences Po, 2005.

Prazan M., Einsatzgruppen, *les commandos de la mort*, DVD, France Télévision, 2009.
Rotman P., Werth N. et Aymé F., *Goulag. Une histoire soviétique*, DVD, Arte France, 2020.
Schwartz M. et de Sampigny S., *Staline, le tyran rouge*, DVD, M6, 2007.
Snyder T., *Terres de sang. L'Europe entre Hitler et Staline*, Gallimard, 2012 (trad.).

Thème 2 : La multiplication des acteurs internationaux dans un monde bipolaire (de 1945 au début des années 1970)

Thème 3 : Les remises en cause économiques, politiques et sociales des années 1970 à 1991

« Le temps de la guerre froide », *L'Histoire*, numéro spécial, n° 151, janvier 1992.

« 1908-2008 Un siècle d'économie », *Enjeux-Les Échos*, n° 245, avril 2008.

« Israël-Palestine », *Les collection de l'Histoire*, n° 39, avril-juin 2008.

« La Fin des empires coloniaux de Jefferson à Mandela », *Les collections de l'Histoire,* n° 49, octobre 2010.

« La fin des colonies Afrique 1960 », *L'Histoire*, n° 350, février 2010, p. 42-60.

« Les derniers jours de l'URSS », numéro spécial de *L'Histoire*, n° 369, novembre 2011, p. 40-81.

« L'Empire américain du *Big Stick* au *Soft power* », *Les collections de l'Histoire,* n° 56, juillet, 2012.

« La Chine 912-2012 D'un empire à l'autre », *Les collections de l'Histoire*, n° 57, octobre-décembre 2012

« C'était l'Amérique de Kennedy », *Paris Match-L'Histoire*, numéro spécial, juin 2013.

« L'Amérique d'Obama 2 », *Hérodote*, n° 149, 2e trimestre 2013.

Bairoch P., *Mythes et paradoxes de l'histoire économique*, La Découverte, 2005 (rééd.).

Bacharan N. et Simonnet D., *Le guide des élections américaines*, Perrin, 2012.

Balanche F. (dir.), *Géopolitique du Moyen-Orient*, Documentation photographique n° 8102, nov.-déc. 2014.

Droz B., *Histoire de la décolonisation au xxe siècle*, Seuil, 2006

El Tahri J., *La Maison des Saoud*, DVD, Arte, 2004.

El Tahri J., *Cuba, une odyssée africaine*, DVD, Arte, 2007.

Bergère M.-C., *Chine, le nouveau capitalisme d'État*, Fayard, 2013.

Beuret M. et Michel S., *La Chinafrique. Pékin à la conquête du continent noir*, Grasset, 2008.

Cohen D., *La Prospérité du vice. Une introduction (inquiète) à l'économie*, Albin Michel, 2011 (rééd.).

Courtois S. (dir.), *Du passé faisons table rase, Histoire et mémoire du communisme en Europe,* Pocket, 2009 (rééd.).

Droz B. et Rowley A., *Histoire générale du xxe siècle. Deuxième partie : depuis 1950. 4. Crises et mutations de 1973 à nos jours*, Seuil, 1992, 527 p.

Dulphy A., Pereira V., Trouvé M., « L'Europe du Sud (Espagne, Portugal, Grèce) : nouvelles approches historiographiques des dictatures et de la transition démocratique. Introduction », Histoire@Politique, n° 29, mai-août 2016, www.histoire-politique.fr.

Gimenez I., « D'un régime autoritaire à la démocratie : le Portugal et l'Espagne de 1974 à 1982 », *Encyclopédie pour une histoire nouvelle de l'Europe (EHNE)*, 2016 : https://ehne.fr/node/2360.

Guidère M. (dir.), *Atlas des pays arabes. Des révolutions à la démocratie ?*, Autrement, 2011.

Jisheng Y., *Stèles. La Grande famine en Chine 1958-1961*, Seuil, 2012.

Judt T., *Après-guerre*, éditions Armand Colin, 2005 (rééd.).

Karel W., *CIA. Guerres secrètes*, DVD, Arte, 2004.

Kaspi A., *Les Américains. 2. Les États-Unis de 1945 à nos jours*, Points, 2014.

Laurent É., *La face cachée du pétrole*, Plon, 2006.

Maben A., *Mao, une histoire chinoise*, DVD, Arte, 2006.

Michelot V., *Le Président des États-Unis : le pouvoir impérial ?, Gallimard,* 2008.

M'Bokolo E., Sainteny P., Ferrari A., *Afrique(s), une autre histoire du xx*e *siècle*, DVD, INA, 2010.

Nekrassov A., *Adieu Camarades !*, DVD, Arte, 2011.

Percy N., Lapping B, *Israël et les Arabes 1948-2005*, DVD, Arte, 2006.

Rotman P., *68*, DVD, France télévision, 2008.

Rotman P., *Un Mur à Berlin*, DVD, France télévision, 2009.

Roy O., *L'échec de l'islam politique*, Seuil, 2015 (rééd.)

Vaïsse M., Les *relations internationales depuis 1945*, Armand Colin, 2013 (rééd).

Valantin J.-M., *Hollywood, le Pentagone et le monde. Les trois acteurs de la stratégie mondiale*, Autrement, 2010.

Werth N., « Tchernobyl : enquête sur une catastrophe annoncée », *L'Histoire*, n° 308, avril 2006, p. 66-75.

Werth N., *Histoire de l'Union soviétique. De l'Empire russe à la Communauté des États indépendants 1900-1991*, PUF, 2012 (rééd).

Werth N., *Le Cimetière de l'espérance. Essais sur l'histoire de l'Union soviétique 1914-1991*, Perrin 2019.

Thème 4 : Le monde et l'Europe depuis les années 1990, entre coopérations et conflits

La revue *Moyen-Orient* d'Areion Group, notamment « Quatar », n° 16, octobre-décembre 2012.

« L'Atlas des mondialisations », « Le Monde », hors-série, *La Vie*, 2010-2011.

« Rwanda 1994. Le génocide des Tutsi », dossier, *L'Histoire*, n° 396, février 2014, p. 40-67.

« Chine 1949-2019 à la conquête du monde », dossier, *L'Histoire,* n° 459, mai 2019, p. 30-61.

« La chute du Mur, et après ? », dossier, *L'Histoire*, n° 464, octobre 2019, p. 30-59.

Bitsch M.-T., *Histoire de la construction européenne de 1945 à nos jours*, Complexe, 2008.

Carré J.-M., *Le Système Poutine*, DVD, Montparnasse, 2008.

Cohen D., *Nos Temps modernes*, Flammarion, 2008 (rééd.).

Cohen D., *Richesse du monde, pauvreté des nations*, Flammarion, 2010 (rééd.).

David Ch.-Ph., *La guerre et la paix*, Les Presses Sciences Po, 2006, 2e éd.

Delpech T., *L'Ensauvagement. Le retour de la barbarie au XXIe siècle*, Hachette, 2007 (rééd.).

Hassner P., *La Terreur et l'Empire*, tome 2 (*La Violence et la Paix*), Seuil, 2003 (rééd.).

Litell J., *Tchétchénie An III*, Gallimard, 2009.

Lorot P., *Le siècle de la Chine. Essai sur la nouvelle puissance chinoise*, Choiseul, 2007.

Politkovskaïa A., *La Russie selon Poutine*, 2004, Gallimard, trad. 2006.

Rupnik J., *Les Banlieues de l'Europe*, Presses de Sciences Po, 2007.

Sémelin J., « Qu'est-ce qu'un crime de masse ? Le cas de l'ex-Yougoslavie », *Critique internationale*, vol. 6, 2000. Rationalités de la violence extrême, p. 143-158.

Thème 5 : Histoire politique, sociale et culturelle de la France depuis les années 1930

« France 1940, autopsie d'une défaite », spécial *L'Histoire*, n° 352, avril 2010, p. 40-99.

« Été 1943, la Résistance sera unie », dossier *L'Histoire*, n ° 388, juin 2013, p. 38-65.

« Colonisation. Les massacres oubliés », dossier, *L'Histoire*, n° 318, mars 2007, p 30-56.

« Sans mythes ni tabous. La guerre d'Algérie », *L'Histoire*, « Les Collections », n° 15, avril 2002.

« Guerre d'Algérie. Mémoires parallèles », *Le Monde*, hors-série, février-mars 2012.

« L'Algérie et les Algériens », *L'Histoire*, « Les Collections », n° 55, avril-juin 2012.

« Les années de Gaulle », *L'Histoire*, « Les Collections », n° 1, février 1998.

« 1945-1975. La France des Trente glorieuses », Géohistoire, n° 1, février-mars 2012.

« Pompidou et les Français », L'Histoire, n° 175, mars 1994, p 38-59.

« Les grandes batailles de la gauche », *L'Histoire*, « Les Collections » n° 27, avril-juin 2005.

« 1932-1919 Jacques Chirac, la vie d'un chef » *L'Histoire–Challenges*, hors-série, septembre 2019.

Bacqué R., Kohly P., *L'Enfer de Matignon*, DVD, Arte, 2008.

Baguenard J., *La Décentralisation*, PUF, « Que sais-je ? », 2004.

Baverez N., *Les Trente Piteuses*, Flammarion, 1998.

Benquet P., *Françafrique, 50 années sous le sceau du secret*, INA-France 2, 2010 (DVD).

Daum P. (préface de Stora B.), *Ni valise, ni cercueil. Les Pieds-noirs restés en Algérie après l'indépendance*, Actes Sud, 2012.

Delporte C., *La France dans les yeux. Une histoire de la communication politique de 1930 à nos jours*, Flammarion, 2007.

Depardon R., *Une partie de campagne*, Arte, 2004 (1974 ; DVD).

Dézé A., *Le Front national : à la conquête du pouvoir ?*, Armand Colin, 2012.

Ferracci S., *Les Années Mitterrand. La France et les Français de 1981 à 1995*, TF1 Vidéo, 2005 (DVD).

Fourastié J., *Les Trente Glorieuses*, Hachette, 2004 (rééd.).

Giraudeau B., de Sampigny S., *Quand l'Algérie était française*, M6 vidéo, 2006 (DVD).

Goetschel P., Toucheboeuf B., *La IVe République. La France de la Libération à 1958*, Le Livre de poche, 2004.

Grosser A., *Affaires extérieures. La politique de la France 1944-1989*, Flammarion, 1989.

Joly L., *L'État contre les juifs : Vichy, les nazis et la persécution antisémite*, Flammarion, 2020.

Karel W., *Looking for Nicolas Sarkozy*, Arte, 2011 (DVD).

Laborie Ph., *Penser l'événement : 1940-1945*, Folio, 2019.

Lacoste Y., *La Question post-coloniale. Une analyse géopolitique*, Fayard, 2010.

Lefeuvre D., *Pour en finir avec la repentance coloniale*, Flammarion, 2008.

Mayaffre D., *Nicolas Sarkozy. Mesure et démesure du discours (2007-2012)*, Presses de Sciences Po, 2012.

Pasquier R., *Le Pouvoir régional. Mobilisations, décentralisation et gouvernance en France*, Presses de Sciences Po, 2012.

Rémond R., *Les Droites aujourd'hui*, Seuil, 2007.

Rotman P., *François Mitterrand, le roman du pouvoir*, Universal, 2001 (DVD).

Rotman P., *Chirac*, Universal, 2006 (DVD).

Rotman P., *Les Fauves. Sarkozy-Villepin : 15 ans d'affrontements*, INA, 2011(DVD).

Roy O., *La laïcité face à l'islam*, Pluriel, 2013 (rééd.).

Roussel É., *Georges Pompidou (1911-1974)*, Perrin, 2004 (rééd.).

Sirinelli J.-F. (dir.), *Histoire des droites*, 3 volumes, Gallimard, 2006 (rééd.).

Stora B., *La Gangrène et l'oubli*, La Découverte, 2005 (rééd.).

Winock M., *La Gauche en France*, Tempus, 2006.

Winock M., *La Fièvre hexagonale*, Seuil, 2009 (rééd.).

Winock M., *L'Agonie de la IVe République. 13 mai 1958*, Gallimard, 2013.

Winock M., *Le Dossier Mitterrand*, *L'Histoire*, « La République », 2016.

PARTIE 3

Méthodologie et conseils

3

1. Présentation de l'épreuve et des exigences

L'épreuve d'histoire au concours commun des IEP a été définie dans le cadre de la réforme du lycée, du baccalauréat et de l'accès au supérieur. Comme dans la composition, épreuve traditionnelle de la culture IEP et des spécialités au baccalauréat, il s'agit de classer : le candidat doit donc se distinguer des autres, non pas forcément par l'originalité mais par la **pertinence du propos et l'efficacité de l'expression**. Cela suppose des connaissances et l'habitude d'articuler les notions entre elles. C'est donc un exercice rhétorique exigeant plusieurs types de compétences :

- une capacité de démonstration grâce à un **raisonnement** qui enchaîne les idées ;
- une capacité de **compréhension** des idées et des événements indépendamment de l'opinion personnelle ;
- un **esprit suffisamment critique** pour jauger l'apport et les limites d'une thèse ;
- une **culture générale solide**, qui permette de comprendre les enjeux de ce qui est évoqué et d'employer le bon vocabulaire pour l'expression. Elle témoigne aussi d'une curiosité intellectuelle qui peut faire la différence ;
- une **expression écrite de qualité**. Même s'il est d'usage de dire que le sens de l'orthographe et de la grammaire se perd, d'une part, ce n'est pas encore le cas de la plupart des correcteurs ; d'autre part, il y a encore beaucoup de candidats qui la maîtrisent. Cette exigence d'expression correcte ne se limite pas à l'orthographe et aux règles de grammaire mais englobe également la clarté, la légèreté du style et la syntaxe. Une **écriture neutre et limpide** sera préférée à des effets de style et autres envolées lyriques. La copie doit être rédigée à la troisième personne (le « je », le « nous » et le « on » sont à proscrire) et **au présent** (pas de futur ni de passé simple).

Extrait du rapport du jury 2019 : les exigences formelles

« Comme toute épreuve écrite, l'épreuve d'histoire exige un minimum de clarté et de correction dans l'expression, ainsi que de lisibilité (des parties nettement visibles, une écriture déchiffrable, une orthographe qui n'entrave pas en permanence la lecture) ».

Un écrit de concours est un exercice technique et non un révélateur de génie : il faut s'entraîner régulièrement et ne pas commettre l'erreur de compter sur un génie personnel qui ne se serait pas encore manifesté... En l'absence d'inspiration, le respect des règles techniques garantit un minimum de points, qui peut être précieux pour rester dans la compétition, tout en s'appuyant sur les autres épreuves.

2. L'analyse de deux documents de nature différente

Les organisateurs du concours ont fourni des éléments de corrigé pour le sujet zéro disponible en ligne.

Une introduction nécessaire

L'épreuve est une « analyse » et non un « commentaire » de documents.

La lecture du corrigé du sujet zéro montre qu'il faut **introduire l'analyse** : « Dans l'introduction, on attendra une **présentation des documents** (nature, auteur, date, thème) et une **contextualisation.** » Il ne faut pas y voir un simple passage obligé, mais le moment d'identifier pleinement l'enjeu des documents. Ne pas identifier pertinemment la nature des documents enlève beaucoup de sa pertinence à l'analyse qui suit. C'est donc une **première étape essentielle pour faire preuve d'esprit critique et montrer votre aptitude à lire !** Plus largement, c'est la méthode de tout métier devant analyser une situation ou des documents, ce à quoi débouche une formation aux IEP : à l'heure des *fake news* et du flot d'informations en tout genre sur internet, il faut s'interroger sur la source et le statut du document étudié.

Extrait du corrigé du sujet zéro proposé par les organisateurs

La notation prendra également comme critère la présentation formelle des documents, la capacité à mobiliser les bonnes connaissances pour éclairer les documents et l'ordonnancement des idées.

Extrait du rapport du jury 2019

« Les aspects unanimement appréciés ont concerné : la définition de la notion de puissance, la distinction entre puissance diplomatique et militaire ; le respect du cadre chronologique imposé, sa justification, et la couverture de l'ensemble de la période considérée ».

Répondre à la consigne

Comme un sujet de dissertation, la **consigne doit être analysée** pour bien définir ce qui est attendu : cette étape peut distinguer votre copie des autres. Il s'agit de montrer les questions impliquées par celle qui est posée, de soulever les notions en jeu, **à l'aide des documents et de vos connaissances**. Les deux sont indispensables : la réponse à une question n'est pas une mini-dissertation !

Attendus pour l'épreuve

Une consigne guide les candidats dans l'étude des documents. Les candidats doivent montrer leurs compétences à commenter des documents historiques en les caractérisant et en les *replaçant dans leur contexte*. Il s'agit d'en éclairer le sens et la portée. Est attendue des candidats la capacité à *relever les informations pertinentes* pour répondre à la consigne et à *croiser les éléments* mobilisés sur chacun des deux documents avec des connaissances personnelles pour construire l'analyse. Celle-ci suppose un *regard critique* sur ces documents ».

Pour bien utiliser documents et connaissances, il est possible de **diviser en deux le brouillon**, en associant chaque idée à une citation de l'un des documents et à une connaissance, sans oublier de définir les termes employés. Surligner les documents est utile, mais il faut remettre certains éléments de manière rapide et abrégée sur son brouillon. Attention aussi à **ne pas tout surligner**, ce qui rend alors inutile cette opération !

Pour **construire le développement**, on s'appuiera sur **l'analyse précise des termes** de la consigne.

Portée et limites des documents

La conclusion d'une analyse de documents est de dégager la portée et les limites de ceux-ci. Même si l'organisation de l'épreuve paraît plus souple, il paraît stratégique de conclure.

Extrait du rapport du jury 2019 : introduction et conclusion stratégiques

« Ne jamais oublier que le premier contact des correcteurs avec leurs copies passe par l'introduction et qu'il faut donc dès les premières lignes les convaincre que le sujet a été compris et que la copie est cohérence. La conclusion, dernière impression laissée aux correcteurs, a pour fonction de valider à leurs yeux l'ensemble de ce qu'ils ont lu ».

Les enseignements du « sujet zéro » et du sujet de la session 2022

Le site du concours ayant fourni un « sujet zéro », son examen donne quelques indications aux candidats.

Selon les attendus de l'épreuve, « l'étude de documents correspond à ce qui est pratiqué lors des exercices écrits de la classe de terminale dans le cadre du contrôle continu ». Ce n'est pas tout à fait exact, car le sujet zéro ne comporte pas de titre, contrairement à l'usage en terminale. D'après les attendus, « l'analyse est guidée par une consigne » mais, dans le « sujet zéro » et dans le sujet de la session 2022, celle-ci se limite à énoncer un thème très général.

Le sujet zéro a été composé à partir de documents extraits d'un manuel de terminale. Le sujet de la session 2022, quant à lui, reprend des documents souvent présents dans les manuels d'histoire de terminale. **Feuilleter des manuels scolaires illustrés avec attention**, en s'exerçant à repérer rapidement l'enjeu des documents, est donc une manière efficace de se préparer à l'épreuve, non pas pour chercher à avoir traité tous les sujets possibles, mais pour exercer sa capacité d'analyse. De plus, cela peut conduire à des rapprochements avec tel ou tel document et enrichir l'analyse ou l'ouverture en conclusion.

On notera aussi que le sujet zéro reprend le thème de la Chine, donné en dissertation en 2019 : comme on pouvait s'y attendre, la liste des sujets « classiques » aux IEP en dissertation inspire donc les sujets d'analyse de documents. On pourra donc prêter une attention particulière aux remarques faites par le rapport de jury 2019 :

- « les aspects unanimement appréciés ont concerné : la définition de la notion de puissance » ;
- « il a été apprécié que les candidats connaissent les principaux dirigeants chinois de la période » ;
- il est apprécié d'observer « l'attention des candidats à l'actualité ("nouvelles routes de la soie") ».

3. La gestion du temps

L'épreuve est désormais de deux heures, ce qui est relativement cours pour produire une copie à la fois réfléchie, impliquant donc du temps consacré à l'analyse. Le travail de réflexion et de brouillon peut représenter environ 30 minutes, ce qui laisse **80 minutes pour rédiger** et 10 minutes pour relire et gérer un éventuel dépassement par rapport aux prévisions. On peut donc estimer que votre copie fera environ de 4 à 5 pages, variant selon la taille de l'écriture et la rapidité de rédaction.

Dans tous les cas, **finir dans les temps est un impératif absolu**. Si vous voyez que vous dépassez vos prévisions, synthétisez en quelques phrases ce qu'il est trop tard de détailler. À l'inverse, **utilisez tout votre temps** : un célèbre professeur de classe préparatoire, souvent cité, disait en guise de boutade que « le temps non utilisé était du temps gagné par les autres candidats... ». À l'évidence, il faut avoir une montre ou un chronomètre sous les yeux et être rompu à l'exercice.

Extrait du rapport du jury 2019 : gestion du temps

« De ce caractère très sélectif, les candidats doivent tirer les conséquences en matière de gestion du temps : la réussite au concours dépend en partie de leur capacité à utiliser le temps jusqu'au bout et à aller rechercher des points, en particulier en se relisant systématiquement – entre autres, pour réduire le nombre de fautes d'orthographe – en soignant la conclusion et l'introduction ».

10 CONSEILS À SUIVRE

1. S'habituer à mettre les notions et les faits en relation par exemple par des schémas fléchés, cartes mentales ou tout autre exercice de ce type pour acquérir le réflexe que telle notion vous évoque telle autre.

2. Penser au jeu intellectuel : telle date est le lendemain de telle autre, l'anniversaire de tel événement, ce qui met en évidence un aspect du document, sauf si ce n'est que pur hasard. Si la déclaration Schuman a lieu le 9 mai 1950, ce n'est pas par hasard que c'est le lendemain du 8 mai et cinq ans après 1945.

3. Bien définir la nature du document : un discours pour défendre une politique n'est pas un document informant de telle situation. Il défend une vision et un projet, il argumente, ce qui peut conduire à des partis pris.

4. Penser à justifier le sujet, explicitement ou non : vous montrez que vous avez compris l'intérêt du sujet. S'il y a deux documents, cela signifie aussi montrer l'intérêt de cette association du point de vue, par exemple, de leur nature, commune, opposée au contraire.

5. Analyser les notions clés de chaque question pour bien saisir l'étendue de la réponse attendue.

6. Comparer avec d'autres documents donnera du relief et mettra en perspective. Cela suppose un travail documentaire en amont.

7. Bien réfléchir aux limites des documents : quelle est leur portée ? que disent-ils en creux ?

8. Soigner l'écriture et la présentation pour que le correcteur vous lise réellement et intégralement. Ce n'est pas une évidence sinon !

9. S'imposer de se relire même si la fatigue vous submerge et que vous ne pensez qu'à en finir.

10. Avoir une montre ou un chronomètre pour gérer son temps.

10 PIÈGES À ÉVITER

1. Abandonner parce que le sujet ne vous inspire pas : il n'inspirera peut-être pas plus les autres. Le concours sélectionnera ceux qui ont tenté jusqu'au bout d'en faire quelque chose !

2. Croire que l'analyse de documents est plus facile car il y a l'appui du document : il ne faut pas faire de paraphrase et, sans connaissances, vous risquez de faire un contresens et ne pas voir l'enjeu du sujet.

3. La récitation de fiches de révisions sans s'appuyer sur le document.

4. Introduire votre copie par la citation d'autres documents : c'est maladroit et peu logique.

5. Les erreurs en recopiant les indications sur les documents : cela montrerait que vous ne maîtrisez pas l'orthographe ou que vous ne comprenez pas ces indications (par exemple en confondant éditeur et lieu ou auteur...).

6. Ne pas contextualiser suffisamment : il ne suffit pas de donner la date du document.

7. Ne trouver aucun intérêt aux documents car ce n'est pas très tactique pour un jury qui les a choisis et on peut toujours trouver quelque chose à dire...

8. Oublier l'un des documents dans la réponse aux questions.

9. Tout surligner sur les documents : cela annule le travail de repérage ! L'analyse critique consiste à trier ce qui est important et ce qui l'est moins.

10. Accorder trop d'importance à l'une des questions et bâcler les autres.

PARTIE 4

Sujets corrigés

4

Les corrigés présentés ci-après constituent des pistes. Pour chaque sujet, différents plans sont possibles.

SUJET 1

La politique de l'État français durant la Seconde Guerre mondiale

2 heures

Ce sujet a été donné lors de la session 2022 du concours commun des IEP.

Consigne

À partir de vos connaissances et de l'analyse des deux documents suivants, vous présenterez la politique de l'État français durant la Seconde Guerre mondiale.

Document 1. « Laissez-nous tranquilles ». Affiche de Vichy, 1941.

Paris, musée de l'Armée.
© Bridgeman Images.

Document 2. Philippe Pétain devant la Haute Cour de justice, 23 juillet 1945 (extraits).

« J'ai passé ma vie au service de la France. Aujourd'hui, âgé de près 90 ans, jeté en prison, je veux continuer à la servir, en m'adressant à elle une fois encore. Qu'elle se souvienne !

J'ai mené ses armées à la victoire en 1918. Puis, alors que j'avais mérité le repos, je n'ai cessé de me consacrer à elle. J'ai répondu à tous ses appels, quels que fussent mon âge et ma fatigue. Le jour le plus tragique de son Histoire, c'est encore vers moi qu'elle s'est tournée. [...]

Lorsque j'ai demandé l'armistice, d'accord avec nos chefs militaires, j'ai rempli un acte nécessaire et sauveur. [...] De ce pouvoir, j'ai usé comme d'un bouclier pour protéger le peuple français. Pour lui, je suis allé jusqu'à sacrifier à mon prestige. Je suis demeuré à la tête d'un pays sous l'occupation.

Voudra-t-on comprendre la difficulté de gouverner dans de telles conditions ? Chaque jour, un poignard sur la gorge, j'ai lutté contre les exigences de l'ennemi. L'Histoire dira tout ce que je vous ai évité, quand mes adversaires ne pensent qu'à me reprocher l'inévitable. L'occupation m'obligeait à ménager l'ennemi, mais je ne le ménageais que pour vous ménager vous-mêmes, en attendant que le territoire soit libéré. [...]

Au contraire, pendant quatre années, par mon action, j'ai maintenu la France, j'ai assuré aux Français la vie et le pain, j'ai assuré à nos prisonniers le soutien de la Nation. [...] Pendant que le Général De Gaulle, hors de nos frontières, poursuivait la lutte, j'ai préparé les voies de la libération, en conservant une France douloureuse mais vivante. [...]

C'est l'ennemi seul qui, par sa présence sur notre sol envahi, a porté atteinte à nos libertés et s'opposait à notre volonté de relèvement. J'ai réalisé, pourtant, des institutions nouvelles ; la Constitution que j'avais reçu mandat de présenter était prête, mais je ne pouvais la promulguer. Malgré d'immenses difficultés, aucun pouvoir n'a, plus que le mien, honoré la famille et, pour empêcher la lutte des classes, cherché à garantir les conditions du travail à l'usine et à la terre. [...]

À votre jugement répondront celui de Dieu et celui de la postérité. Ils suffiront à ma conscience et à ma mémoire. Je m'en remets à la France ! »

Écueils à éviter

Deux écueils majeurs guettent le candidat lycéen. D'une part, l'intitulé « vous présenterez » pourrait conduire des candidats à faire une composition sur la politique de Vichy, oubliant les documents ou ne les utilisant que pour illustrer. D'autre part, c'est une évidence mais bien des élèves l'oublient : un document de propagande et un plaidoyer devant la justice ne sont pas des documents informatifs ! Il s'agit donc de les analyser en conséquence, en explicitant les éléments auxquels ils se réfèrent et en soulignant comment ils les interprètent. L'élément-clé à définir est « l'État français » : quelle est sa nature ? sa réelle souveraineté ? Une référence minimale au cadre historiographique (Robert Aron, Robert Paxton et Henry Rousso) paraît s'imposer sur un tel sujet. Éventuellement, on proposera une ouverture sur l'actualité du sujet, puisque la campagne présidentielle conduit un candidat à attribuer à nouveau à Vichy un rôle de « bouclier ».

Introduction

Le 17 juin 1940, alors que la France s'effondre face à l'invasion allemande, le maréchal Pétain fait « don de sa personne » au pays. Moins d'un mois plus tard, il suspend la République et met en place « l'État français », appelé communément « régime de Vichy ». Selon une affiche de propagande de 1941, ce dernier répond à l'aspiration du pays qui clame « Laissez-nous tranquilles ! » face aux menaces que représenteraient la franc-maçonnerie, le Juif, de Gaulle et le mensonge. Face à la Haute Cour de justice, le 23 juillet 1945, presque un an après le rétablissement de la légalité républicaine par l'ordonnance du 9 août 1944, Philippe Pétain remet son action à la tête de ce régime au jugement de l'histoire et de Dieu. Ces deux documents présentent la politique de l'État français durant la Seconde Guerre mondiale du point de vue des acteurs de ce dernier : ils posent en fait la question de la nature de l'État français, essentielle pour analyser la politique qu'il a menée.

Malgré des attributs de souveraineté, l'État français évolue vers la situation d'un État fantoche (I), il n'a jamais vraiment cherché à « préparer les voies de la Libération » (II), et n'a ainsi jamais eu le rôle de « bouclier » protecteur mais plutôt « d'atteinte à nos libertés » (III).

I. État souverain ou État fantoche ?

1. L'armistice, « acte nécessaire et sauveur » ?

A. Après la « drôle de guerre », la campagne de France à partir du 10 mai 1940 voit le commandement rapidement dépassé par les événements et incapable d'empêcher la « grande culbute de 1940 » (Georges Bernanos), alors que les troupes se battent courageusement.

B. En juin, Pétain et ses partisans s'imposent pour former un gouvernement et le nouveau président du Conseil demande l'armistice « d'accord avec nos chefs militaires », qui y voient un moyen de reporter leur responsabilité dans la défaite sur le pouvoir civil.

C. L'armistice ne sauve rien, sinon la Flotte – mais celle-ci est détruite partiellement à Mers el-Kébir les 3-6 juillet 1940 et les unités de Toulon sabordées en 1942 –, et l'empire colonial, qu'on ne mobilise pas pour une revanche, et 100 000 hommes sans équipement lourd. Les clauses sont sévères, parfois déshonorantes comme l'admet lui-même le général Huntziger, l'un des négociateurs (les opposants allemands réfugiés doivent être livrés). L'ouvrage Et si la France avait continué la guerre montre que l'armistice n'était pas inéluctable, même si la situation était indiscutablement très défavorable.

2. La France de Vichy, « Finistère » de la nouvelle Europe

A. Selon ses mots de 1945, Pétain aurait préservé une « France douloureuse mais vivante ». Face à l'Exode de 9 millions de civils, il aurait permis aux Français qu'on les laisse « tranquilles ». L'affiche présente la France comme une aurore riche de promesse : la ligne d'horizon pourrait être la seule allusion discrète à la ligne de démarcation. Sinon rien n'est dit de sa division.

B. L'affiche présente la France comme un « Finistère » face aux menaces extérieures, souvent associées aux Anglo-saxons (Juifs de la finance anglaise ou américaine, de Gaulle « général micro » à Londres). L'ancien allié britannique, le voisin espagnol ont disparu dans un fond bleu, évocation de l'océan Atlantique, alors que la France se prolonge sur le continent, arrimée à l'Europe nouvelle forgée par l'Allemagne.

C. La représentation de la France ainsi arrimée au reste du continent, sans frontière visible, est celle « d'un pays sous l'occupation » auquel Pétain dit se dévouer en restant à sa tête. À la fin, il est emmené en otage à Sigmaringen par l'occupant, ultime illustration de sa position avec « un poignard sur la gorge ».

3. Projet de réforme de la République mais pratique antirépublicaine du pouvoir

A. Pétain a préparé un projet de Constitution en janvier 1944, qui reprend des idées de réforme avancées dans les années 1930 (président élu pour dix ans par un large collège et rééligible, droit de vote des femmes mais sans éligibilité) et des innovations (contrôle de constitutionnalité), mais les Allemands en interdisent la présentation à la radio, rendant vain ce projet.

B. La franc-maçonnerie associée à la IIIe République et le « Juif », allusion à l'affaire Dreyfus et donc à la conception républicaine de la justice, sont présentés comme des chiens enragés à repousser. Le 25 juin, Pétain déclare : « Je hais les mensonges qui vous ont fait tant de mal », ceux du Front populaire accusé d'avoir désarmé le pays. Le « mensonge » est symbolisé en associant serpent biblique et créatures infernales (hydre de Lerne et Cerbère, chien à trois têtes).

C. Avec le paysan travailleur, la mère nourricière et la carte de la France, l'affiche évoque le triptyque « Travail, Famille, Patrie » de l'État français, qui remplace la devise républicaine « Liberté, Égalité, Fraternité ». La « Révolution nationale » se veut réactionnaire face à l'héritage républicain. Les actes constitutionnels de l'État français ignorent la séparation des pouvoirs, concentrés dans les mains de Pétain.

II. Vichy a-t-il vraiment « préparé les voies de la Libération ? »

1. Pétain entame de lui-même la Collaboration avec l'Allemagne

A. Pour Pétain, la défaite est sans appel : de son analyse résulte que la France doit collaborer avec l'Allemagne. À Mers el-Kébir, en bombardant la flotte et tuant 1 297 soldats français, la Grande-Bretagne a repris son vrai visage d'ennemi héréditaire.

B. Le 24 octobre 1940, Pétain rencontre Hitler en gare de Montoire et propose, de lui-même, une politique de collaboration. Il en souligne les désillusions dans sa déclaration de 1945 : « C'est l'ennemi seul [qui] s'opposait à notre volonté de relèvement. »

C. La Collaboration s'intensifie sous Pierre Laval, qui souhaite même la victoire de l'Allemagne, choquant ainsi l'opinion publique encore confiante dans Vichy. Sur ce plan, l'État français est dépassé par les collaborationnistes, qui le jugent trop « mou ».

2. Vichy combat la Résistance sans « [attendre] que le territoire soit libéré ».

A. La divergence d'analyse entre Pétain et de Gaulle en juin 1940 est totale : nulle entente secrète comme en témoigne la déclaration de 1945. D'abord ignoré, de Gaulle est vite considéré comme un ennemi comme sur l'affiche : condamné à mort par contumace, ses biens sont saisis. Vichy condamne tout acte de résistance.

B. En octobre 1941, même si Pétain exprime des réticences, l'État français participe au choix des « otages de Châteaubriant » en représailles de la mort d'un officier abattu par des Résistants et dénonce leur acte. Cette même année sont constituées les « Brigades spéciales » pour traquer les communistes, passés dans la résistance armée. La même année est créée la Légion des volontaires français

(LVF) pour lutter contre l'URSS : formée de collaborationnistes, elle ne dépend pas de Vichy.

C. Le 12 octobre 1941, année de l'affiche, Pétain déclare qu'il « [sent] se lever depuis quelques semaines un vent mauvais » : il condamne toute « résistance » à la Révolution nationale et à la situation nouvelle d'un pays sous occupation allemande et où le pouvoir ne vient plus du peuple mais de lui : c'est l'opposé de la Résistance ! À l'automne 1942, il n'ordonne pas à la Flotte de rallier l'Afrique du Nord et celle-ci est censée repousser par les armes le débarquement anglo-saxon.

3. État français et collaborationnistes contre la Libération

A. Devant le faible écho de la « Relève » en 1942 (retour de prisonniers français en échange de volontaires allant travailler en Allemagne), Vichy instaure le Service du Travail obligatoire (STO) en 1943, qui pousse à la clandestinité, voire à la Résistance une partie de la jeunesse.

B. Les années passant, l'État français est de plus en plus sous l'influence des collaborationnistes. Succédant au Service d'ordre légionnaire (SOL), la Milice est créée en 1943 pour traquer les Résistants, Hitler exigeant de Laval que cessent les attaques contre les troupes d'occupation. Connaissant bien le terrain, dirigée par Joseph Darnand, héros de 1914-1918 et de 1939-1940, la Milice est la pire ennemie des maquisards, y compris en 1944 au cours de la Libération.

C. En 1944, l'État français refuse d'entrer en guerre et Vichy demande à la population de ne pas prendre part aux combats : est-ce pour éviter la guerre civile ? par aveuglement ?

III. « Bouclier » protecteur ou « atteinte à nos libertés » ?

1. Le Sauveur de 1940 dans un réflexe obsidional

A. En juin 1940, le « vainqueur de Verdun » apparaît comme le recours pour une France traumatisée par la guerre de 14-18, qui voulait rester « tranquille » derrière la ligne Maginot. Au « jour le plus tragique de son Histoire », Pétain a « répondu à tous ses appels », alors qu'il avait l'âge d'avoir « mérité le repos ». Le prestige des étoiles du maréchal nourrit le « maréchalisme », qui fait encore applaudir les Parisiens lorsque le vieux chef vient les visiter le 26 avril 1944.

B. Par son action à la tête de l'État français, Pétain aurait « maintenu la France » et assuré sa vie quotidienne, prétendant s'inscrire dans l'histoire du pays par le vote des pleins pouvoirs du 10 juillet 1940. Pour de Gaulle, ce vote est nul et Vichy n'est qu'une « autorité de fait », balayé par l'ordonnance du 9 août 1944. C'est lui qui incarne une « certaine idée de la France » et en est le « sauveur ».

C. Comme l'analyse Raoul Girardet dans *Mythes et mythologies politiques*, le « sauveur » se sacrifie : « âgé de près 90 ans, [il est] jeté en prison » après s'être volontairement rendu aux autorités françaises. Cette image est reprise ensuite par les partisans de Pétain, notamment l'Association pour la défense de la mémoire du maréchal Pétain (ADMP) afin de tenter de réhabiliter son action.

2. Le chef d'un régime autoritaire

A. Dans le document 2, Pétain se présente comme un serviteur de la France : il en a été un chef autoritaire. De culture antirépublicaine, il est ainsi poursuivi en 1945 pour complot contre la République, sa prise de pouvoir du 10 juillet 1940, à la faveur de l'invasion, s'inscrivant dans la suite de ses liens, même lointains, avec le complot de la Cagoule (1937). Il met en place un régime sans séparation des pouvoirs, dans lequel il prétend choisir son successeur et exige des fonctionnaires un serment de fidélité personnelle.

B. Si Pétain affirme que « l'ennemi seul [...], par sa présence sur notre sol envahi, a porté atteinte à nos libertés », l'État français n'a cessé de dénoncer une « Anti-France » regroupant ses opposants, représentée par les bêtes enragées de l'affiche. Cette répression conduit à la condamnation de 135 000 personnes, 70 000 suspects sont internés, 35 000 fonctionnaires révoqués.

3. Mythe du bouclier

A. Pétain prétend avoir été « un bouclier pour protéger le peuple français ». Présent dans le discours officiel de Vichy, ce thème est développé par sa défense lors du procès de juillet 1945, puis par la première somme sur la période, *Histoire de Vichy* de Robert Aron en 1954.

B. Au contraire, la politique de collaboration a contribué à l'exploitation, voire au pillage de la France au profit du Reich : 40 % des ressources pillées en Europe sont fournies par la France.

C. L'État français n'a pas protégé les Français et ne les a pas rassemblés pour préparer la Libération. Robert Paxton a montré, par une étude minutieuse de la chronologie et des archives allemandes, que Vichy a largement devancé les demandes allemandes. Pétain a durci le statut des Juifs de 1940 et n'a protégé ni la population en général ni les Juifs en particulier, français ou étrangers. Si, en 1945 (document 2), il se présente en « bouclier », l'affiche de 1941 souligne combien Vichy rejette une partie des Français (Juifs, francs-maçons, Résistants).

Conclusion

L'affiche et la déclaration de Pétain donnent un sens à la politique menée par l'État français sous la conduite du maréchal Pétain, qui a imprégné la perception qu'en ont eue les Français jusqu'aux années 1970. Leur analyse précise, appuyée sur les travaux inaugurés par ceux de Robert Paxton, souligne combien il s'agit là d'une interprétation *a posteriori*, fondée largement sur le maréchalisme d'une partie des Français mais sans base documentaire. En 1945, elle n'a pas convaincu les juges dans le cadre de l'épuration. Dans les années 1990, lors des procès de Paul Touvier et de Maurice Papon, elle a été définitivement rejetée lors de ce qu'Henry Rousso a qualifié de « seconde épuration ». L'historien fait œuvre scientifique et non de justice, et cette analyse n'avait pas à se prononcer sur Pétain : on remarquera que les deux démarches, celle de l'histoire et celle de la justice, refusent de présenter la politique de l'État français comme un « bouclier », un moindre mal préparant la suite. L'État français a cristallisé une partie des attentes et des espoirs de son temps, mais sans les diriger vers la Libération : c'est là une ambiguïté qui pèse sur la place de son action au sein de la mémoire nationale.

SUJET 2

La puissance chinoise dans les années 1950-1960

2 heures

Ce sujet est le sujet zéro, fourni par les organisateurs du concours.

Consigne

À partir d'une analyse critique des documents et de vos connaissances, vous montrerez que ces documents illustrent la politique de puissance chinoise à la fin des années 1950 et au début des années 1960.

Document 1. Discours Mao Zedong devant des représentants sud-américains le 14 juillet 1956.

« Personne dans le monde n'aime les États-Unis, pas même la Grande-Bretagne. Les masses populaires ne les aiment pas. Le Japon n'aime pas les États-Unis parce qu'ils les oppriment. Aucun pays oriental n'est préservé de l'agression américaine. Les États-Unis ont envahi notre province de Taïwan [...]

Aujourd'hui l'impérialisme américain semble puissant mais il ne l'est pas. Il est très faible politiquement parce qu'il est détaché des masses populaires et que personne ne l'aime, y compris le peuple américain. En apparence, il est très puissant mais il n'a rien de redoutable, il n'est qu'un tigre de papier [...]

Nos amis en Amérique latine, Asie et Afrique sont dans la même position que nous et nous accomplissons le même type de travail : nous œuvrons pour réduire l'oppression des peuples par l'impérialisme. Nous ne sommes différents que par la situation géographique, la nationalité et la langue. »

Document 2. « Le peuple chinois soutient sans réserve les mouvements démocratiques nationaux d'Asie, d'Amérique latine et d'Afrique : à bas l'impérialisme ! À bas le colonialisme » (Affiche chinoise de 1960).

(Remarque absente du sujet 0 : le fond de l'affiche en haut est rouge, formé d'une masse de drapeaux rouges ; l'inscription du haut est en jaune)

Écueils à éviter et commentaires

Dans les indications officielles sur le concours, on notera « La nature de l'épreuve correspond à ce qui est demandé aux élèves lors du baccalauréat » mais le sujet zéro ne comporte pas de titre ; selon les attendus de 2020 « une consigne guide les candidats dans l'étude des documents » alors qu'elle ne fournit ici qu'un thème général. Par souci de cohérence avec le sujet zéro, il a été choisi ici de reprendre cet intitulé. Le candidat ne doit pas se laisser déstabiliser.

On notera aussi que le sujet zéro reprend le thème de la Chine, donné en dissertation en 2019 : comme on pouvait s'y attendre, la liste des sujets « classiques » aux IEP en dissertation inspire donc les sujets d'analyse de documents. On pourra donc prêter une attention particulière aux remarques faites par le rapport de jury 2019 :

– « les aspects unanimement appréciés ont concerné : la définition de la notion de puissance » ;
– « Il a été apprécié que les candidats connaissent les principaux dirigeants chinois de la période » ;
– il est apprécié d'observer « l'attention des candidats à l'actualité (« nouvelles routes de la soie ») ».

Pour ce sujet, on évitera donc de « raconter » la Chine dans les relations internationales : il faut caractériser le type de puissance qu'est la Chine de Mao, ou plutôt, qu'elle prétend être à travers ces documents. Discours et affiche de propagande, ils n'évoquent pas tous les aspects de la puissance chinoise réelle.

Introduction

Proclamée le 1er octobre 1949 par Mao Zedong mais globalement non reconnue à travers le monde, la République populaire de Chine est devenue la deuxième puissance mondiale communiste par sa superficie de 9,59 millions km² et première par sa population avec environ 541 millions d'habitants. À la fin des années 1950 et au début des années 1960 se pose la question du type de puissance que doit être le pays, c'est-à-dire de ses objectifs et des moyens dont il dispose pour les atteindre. Le discours tenu par Mao à une délégation d'Amérique du Sud le 14 juillet 1956 fait de la Chine une puissance anti-impérialiste aux côtés des autres peuples, ce que confirme une affiche de 1960. Les deux se placent bien dans le camp socialiste mais aucune mention n'est faite de l'URSS, qui semble ne plus constituer un modèle pour Pékin. Faut-il y voir dans cette période un changement de paradigme de puissance ?

Si elle se pose en puissance du camp socialiste, la Chine s'affirme comme modèle pour la lutte anti-impérialiste sans exclure des éléments de puissance réaliste.

I. La Chine, puissance du camp socialiste

1. « L'URSS d'aujourd'hui, c'est la Chine de demain »

A. Le modèle soviétique de puissance, choisi avec le traité d'amitié sino-soviétique du 14 février 1950, est le grand absent des documents sauf indirectement : lecture idéologique des relations internationales dans le discours, affiche de propagande ramenant un sujet de relation internationale à une scène quotidienne, de gros bras unis pour écraser une sorte d'insecte nuisible, classique de la propagande soviétique. La masse de drapeau rouge au fond de l'affiche rappelle l'appartenance de la Chine au bloc socialiste.

B. Peu auparavant, de 1950 à 1953, la Chine a joué le rôle de puissance relais de l'URSS en Asie orientale, envoyant 300 000 « volontaires » aider la Corée du Nord : l'affiche de 1960 reprend la composition (en inversant l'orientation, vers la gauche au lieu de la droite) de l'affiche de 1951 « Souhaitons dix mille ans de victoire à l'armée du peuple coréen et à l'armée des volontaires du peuple chinois » où un Coréen et un Chinois chassent d'un index rageur un Américain minuscule, éclopé, rampant piteusement par terre.

2. Des conceptions divergentes expliquent l'absence de l'URSS des documents

A. Mao critique de plus en plus ouvertement la déstalinisation menée par Khrouchtchev et accentuée avec le Rapport du XXe Congrès du PCUS. Ce dernier est stupéfait du culte de la personnalité autour de Mao, comme lors du défilé du 1er octobre 1959 où la foule scande « Dix mille ans à Mao Zedong ». Le PCC accuse le PCUS de « révisionnisme moderne », propos le plus disqualifiant dans le monde communiste (par allusion au « révisionnisme » d'Eduard Bernstein en Allemagne fin XIXe siècle, repris par Lénine puis par Staline contre leurs adversaires).

B. L'année 1956 est marquée par la baisse des récoltes et la remise en cause du modèle soviétique de développement : les « Cent-Fleurs » expriment la critique en 1957, tandis que le « Grand bond en avant » prétend rejoindre la puissance britannique par une voie proprement chinoise d'intensification du travail humain dans les campagnes : les « gros bras » de l'affiche reprennent la méthode du travail intensif dans les « communes populaires ».

II. La Chine, puissance modèle pour la lutte anti-impérialiste

1. La Chine porte-voix de l'anti-impérialisme

A. Ministre des affaires étrangères et bras droit de Mao, Zhou Enlai joue un rôle majeur lors de la conférence de Genève, réglant le conflit indochinois en juillet 1954, et installe la République populaire de Chine, encore non reconnue, à la table des négociations avec les grandes puissances. Par-là, elle œuvre à « réduire l'oppression des peuples par l'impérialisme », ici colonial français.

B. Zhou Enlai utilise la conférence de Bandung pour faire entendre la voix de la Chine et se veut rassembleur des peuples d'Amérique latine, d'Afrique et d'Asie, repris dans le document 1 par Mao. L'anti-impérialisme de Pékin évoqué par ce document est conçu comme un outil d'affirmation de puissance.

2. L'anti-impérialisme, cause classiquement attribuée au schisme sino-soviétique

A. L'anti-impérialisme, invoqué par Jdanov dans sa doctrine de septembre 1947, puis à la conférence de Bandung par le tiers-monde alors que l'URSS n'y est pas présente, se retourne contre les Soviétiques. La « coexistence pacifique » qui appelle à temporiser dans la lutte anti-impérialiste est alors dénoncée par Pékin comme un aspect du « révisionnisme moderne ». Mao reprend le débat entre extension de la révolution (Trotski) et « révolution dans un seul pays » (Staline). Son concept de « nouvelle démocratie » appuyée sur le « bloc des quatre classes » (symbolisé par les quatre petites étoiles d'or du drapeau chinois entourant la plus grande, le PCC) est illustré dans l'affiche du document 2 par la mention en jaune du « peuple chinois » qui « soutient sans réserve les mouvements démocratiques nationaux »).

B. Un anti-impérialisme est retourné contre Moscou, accusé de faire preuve de « chauvinisme de grande nation », quand intervient l'insurrection de Budapest en 1956, et de racisme de blanc en renonçant à la violence anti-impérialiste sur les autres continents alors que les Chinois ne sont « différents que par la situation géographique, la nationalité et la langue » (document 1) des peuples opprimés.

III. Une puissance réaliste aussi ?

1. Une puissance régionale westphalienne

A. La jeune RPC cherche à maîtriser la totalité de son territoire en s'appuyant sur l'outil militaire puis sur une forme de colonisation intérieure dans la tradition westphalienne au Tibet, occupé en 1950 et annexé l'année suivante, tout en réaffirmant ses prétentions sur Taïwan, sa « province » « envahi(e) » par Washington.

B. Face à l'Inde, la RPC n'hésite pas à imposer une sorte de traité inégal en 1954 dit du « Pancha Shila » ou « Cinq principes » qui, sous couvert de « coexistence pacifique » (5e principe), entérine les prétentions chinoises sur le Tibet. Le rejet par l'Inde des propositions chinoises de règlement de 1959 conduit à un conflit en 1962 : par la force, Pékin s'impose dans l'Aksaï Chin, région stratégique pour son armée.

2. L'échec relatif du positionnement idéologique incite au réalisme à terme

A. Contrairement à l'affiche de 1960 (document 2) où les « gros bras » du tiers-monde maîtrisent le ridicule Eisenhower en *policeman*, Pékin a dû reculer sur Quemoy et Matsu face aux menaces de Washington. L'Armée populaire de libération (APL) ne procure une puissance militaire qu'assez faible à l'extérieur. En 1962, en revanche, le réalisme de Khrouchtchev qui recule à Cuba met en échec le jusqu'au-boutisme de Mao, prêt à l'apocalypse nucléaire si la moitié de l'humanité qui survit est socialiste...

B. L'influence de la Chine de Mao est limitée : Pékin a des contentieux avec une trentaine de pays à la fin des années 1960, surtout en Asie. L'affiche (document 2) est rédigée en chinois, donc certainement à usage intérieur et non international : l'anti-impérialisme chinois a peu de poids. En revanche, le modèle de développement intérieur intéresse : la Tanzanie s'inspire des communes populaires en 1965 et le maoïsme jouit d'un certain prestige jusqu'en Occident. Ce *soft power* idéologique reste toutefois limité et ce modèle procure un *hard power* sur le plan économique insignifiant.

Conclusion

Ces deux documents témoignent d'un changement de paradigme de la puissance chinoise, d'abord alignée sur le modèle soviétique, désormais en rupture au point qu'on évoque un « schisme sino-soviétique ». On a classiquement attribué celui-ci aux divergences sur la lutte anti-impérialiste mais celles-ci ne se limitent pas à ce domaine. Par ailleurs, ces documents indiquent indirectement les faiblesses de la puissance chinoise : à moyen terme, cela conduit Pékin à plus de réalisme, d'abord sur le plan diplomatique dans les années 1970 par le rapprochement avec le « tigre de papier », puis par l'ouverture au capitalisme sous Deng Xiaoping. Alors, une partie des thèmes de Mao reçoivent un nouvel écho : le succès des « nouvelles routes de la soie » s'explique aussi par la capacité de Xi Jinping à présenter le développement chinois comme un modèle pour les peuples « amis en Amérique latine, Asie et Afrique ». En 2015, la Tanzanie a pu commémorer avec enthousiasme le 50e anniversaire de la visite de Zhou Enlai et de la collaboration avec Pékin.

SUJET 3

La France des années 1960

2 heures

Consigne

À partir de vos connaissances et de l'analyse des deux documents suivants, vous caractériserez la France des années 1960.

Document 1. Le général de Gaulle prenant un bain de foule à Verdun le 29 mai 1966.

© AFP.

Document 2. « Quand la France s'ennuie... », éditorial de Pierre Viansson-Ponté, *Le Monde*, 15 mars 1968.

« Ce qui caractérise actuellement notre vie publique, c'est l'ennui. Les Français s'ennuient. Ils ne participent ni de près ni de loin aux grandes convulsions qui secouent le monde [...].

La jeunesse s'ennuie. Les étudiants manifestent, bougent, se battent en Espagne, en Italie, en Belgique, en Algérie, au Japon, en Amérique, en Égypte, en Allemagne, en Pologne même. Ils ont l'impression qu'ils ont des conquêtes à entreprendre, une protestation à faire entendre, au moins un sentiment de l'absurde à opposer à l'absurdité, les étudiants français se préoccupent de savoir si les filles de Nanterre et d'Antony pourront accéder librement aux chambres des garçons, conception malgré tout limitée des droits de l'homme [...].

Le général de Gaulle s'ennuie. Il s'était bien juré de ne plus inaugurer les chrysanthèmes et il continue d'aller, officiel et bonhomme, du Salon de l'agriculture à la Foire de Lyon. Que faire d'autre ? Il s'efforce parfois, sans grand succès, de dramatiser la vie quotidienne en s'exagérant à haute voix les dangers extérieurs et les périls intérieurs. À voix basse, il soupire de découragement devant "la vachardise" de ses compatriotes, qui, pourtant, s'en sont remis à lui une fois pour toutes. Ce qui fait d'ailleurs que la télévision ne manque pas une occasion de rappeler que le gouvernement est stable pour la première fois depuis un siècle.

Seuls quelques centaines de milliers de Français ne s'ennuient pas : chômeurs, jeunes sans emploi, petits paysans écrasés par le progrès, victimes de la nécessaire concentration et de la concurrence de plus en plus rude, vieillards plus ou moins abandonnés de tous. Ceux-là sont si absorbés par leurs soucis qu'ils n'ont pas le temps de s'ennuyer, ni d'ailleurs le cœur à manifester et à s'agiter. Et ils ennuient tout le monde. La télévision, qui est faite pour distraire, ne parle pas assez d'eux. Aussi le calme règne-t-il. [...]

Dans une petite France presque réduite à l'Hexagone, qui n'est pas vraiment malheureuse ni vraiment prospère, en paix avec tout le monde, sans grande prise sur les événements mondiaux, l'ardeur et l'imagination sont aussi nécessaires que le bien-être et l'expansion. Ce n'est certes pas facile. L'impératif vaut d'ailleurs pour l'opposition autant que pour le pouvoir. S'il n'est pas satisfait, l'anesthésie risque de provoquer la consomption. Et à la limite, cela s'est vu, un pays peut aussi périr d'ennui. »

Écueils à éviter

En évitant de « raconter » les années 1960, il faut caractériser la décennie 1960 en prenant appui sur les deux documents proposés. L'examen attentif de la nature et du contexte de chacun permettra d'en tirer le maximum d'informations sur l'ambivalence de cette décennie, qui reste celle des « années de Gaulle » mais aussi d'une évolution partiellement divergente de celle qu'espérait le Général.

Introduction

La France des années 1960 constitue l'un des moments heureux de l'histoire, qui peut apparaître rétrospectivement comme un « âge d'or », surtout par contraste avec les difficultés qui suivent dans la décennie 1970. C'est un pays pacifié et uni autour de l'homme providentiel de Gaulle, mais c'est aussi un pays marqué par l'ennui, des blocages et des frustrations, qui s'expriment lors de la crise de Mai 68 et du départ du Général en 1969 : c'est la double image qu'en donnent deux documents, une photographie de l'AFP du voyage du président à Verdun les 28 et 29 mai 1966 pour célébrer le cinquantième anniversaire de la bataille, et un éditorial du *Monde* intitulé « La France s'ennuie », reprise d'une phrase célèbre de Lamartine sur la France de 1839, à quelques semaines de crise de 1968. La France des années 1960 apparaît comme celle des années de Gaulle : toutefois dans quelle mesure les deux expressions renvoient-elles à une réalité identique, « la France de De Gaulle » ?

Dotée de nouveau d'institutions républicaines efficaces, la France profite pleinement des belles années économiques 1960 tandis que la fin de la décennie révèle une face plus sombre.

I. La République est restaurée mais la vie politique écrasée par la personnalité du Général

1. Les nouvelles institutions pour réconcilier la France et l'État

A. Des institutions nettement choisies par les Français par référendum en 1958 et 1962.

B. « Le gouvernement est stable pour la première fois depuis un siècle. »

C. Des institutions encore jeunes, qui reposent en partie sur le prestige personnel de De Gaulle, comme en témoigne son uniforme à Verdun, lié à sa personne, à son action en 1940 et non à sa fonction. L'éditorial interroge l'avenir de la fonction en période de fonctionnement normale des institutions.

2. Un président soutenu par les Français

A. Par des référendums-plébiscites et par la présidentielle de 1965, les Français « s'en sont remis à [de Gaulle] une fois pour toutes » en apparence.

B. Les voyages, comme à Verdun, et les médias (ORTF et même AFP), globalement au service du pouvoir, entretiennent un lien personnel entre le peuple et son chef.

C. « Clé de voûte » du régime, de Gaulle est le chef d'orchestre de l'aménagement du territoire, de la politique industrielle et de la planification, mais le souffle épique manque parfois.

3. « Ce qui caractérise actuellement notre vie publique, c'est l'ennui »

A. La présidentielle de 1965 et le second tour des législatives de 1967 signalent lassitude et érosion de l'adhésion à de Gaulle, ce que vient confirmer le référendum de 1969.

B. Les perdants de la modernisation ne trouvent pas d'expression politique et « ennuient tout le monde ».

C. « L'ardeur et l'imagination » semblent manquer à l'opposition selon Viansson-Ponté : les partis politiques d'opposition ne répondent qu'imparfaitement à l'attente politique, comme le montre Mai 68.

II. Une prospérité indiscutable, qui laisse un goût d'insatisfaction

1. Croissance et mutations

A. Une croissance exceptionnelle appuyée sur la modernisation de l'agriculture et l'industrie, mises à l'honneur lors du Salon de l'agriculture et de la Foire de Lyon, que de Gaulle vient d'inaugurer en mars 1968.

B. Des mutations qui s'accompagnent du plein emploi, malgré la réalité des « victimes de la nécessaire concentration et de la concurrence de plus en plus rude », qui ne se sentent pas prises en charge (mineurs en grève en 1963, petits paysans dont la disparition est analysée par Henri Mendras en 1967, « vieillards plus ou moins abandonnés de tous » et mal logés, évoqués par le candidat Marcel Barbu lors de la campagne de 1965).

2. Le temps de la prospérité et de nouvelles aspirations

A. Une société qui consomme, notamment de l'électroménager et des loisirs, comme cette « télévision, qui est faite pour distraire », évoquée par Viansson-Ponté, et ces objets énumérés par *La complainte du progrès* de Boris Vian ou *Mythologies* de Roland Barthes.

B. Nombreuse avec le baby-boom, la jeunesse étudiante a de nouvelles aspirations qui s'expriment à Nanterre, sans être prises au sérieux (y compris par l'éditorial du *Monde*).

3. Une France « sans grande prise sur les événements mondiaux »

A. Avec l'Afrique noire en 1960 et l'Algérie en 1962, la décolonisation a produit « une petite France presque réduite à l'Hexagone », mais, comme l'affirme de Gaulle en 1960, « il n'y a pas de politique qui vaille en dehors des réalités ».

B. La France gaullienne est « en paix avec tout le monde », réconciliée avec le « grand peuple » allemand (traité de l'Élysée en 1963), prétendant dialoguer avec l'Est (avec la Roumanie visitée en mai 1968, la Chine de Mao reconnue en 1964).

C. Les Français ont le sentiment qu'ils « ne participent ni de près ni de loin aux grandes convulsions qui secouent le monde », ce qui est à nuancer, car la France gaullienne parvient à jouer un rôle de puissance moyenne : Mai 68 donne alors l'illusion de rejoindre l'histoire.

Conclusion

Ces deux documents témoignent combien la France des années 1960 est celle des « années de Gaulle ». Pour autant, l'accord n'est pas si parfait que le laisse à penser la photographie de Verdun : même indépendante du pouvoir, l'AFP participe à une certaine illusion qui montre ses limites en 1968. L'éditorial de Viansson-Ponté, dont le diagnostic est passé à la postérité, montre le hiatus qui s'accentue entre la « France de De Gaulle » et la France des années 1960, aboutissant, au-delà des manifestations de 1968, à l'échec du référendum de 1969, davantage lié à la lassitude envers le président qu'au sujet lui-même de la consultation. *[Ouverture]* Les deux documents sont les témoignages du double mythe né des années 1960 en France : d'un côté un âge d'or, fait de stabilité politique et de prospérité générale, de l'autre, l'inquiétude de certains face à ces mutations et les frustrations qu'elles engendrent, donnant naissance alors au mythe politique de Mai 68 comme grande épopée libératrice.

SUJET 4

La IVe République entre décolonisation, guerre froide et construction européenne

2 heures

Consigne

À partir d'une analyse critique des documents et de vos connaissances, vous montrerez que ces documents illustrent les défis auxquels a été confrontée la IVe République.

Document 1. Extraits du discours à l'Assemblée nationale de Pierre Mendès France le 3 juin 1953.

« Comme on l'a observé, des majorités de composition différente se dégagent sur chacune des grandes questions ; parfois même, il n'y a de majorité que pour repousser toute solution positive [...] La cause fondamentale des maux qui accablent le pays, c'est la multiplicité et le poids des tâches qu'il entend assumer à la fois : reconstruction, modernisation et équipement, développement des pays d'outre-mer, amélioration du niveau de vie et réformes sociales, exportations, guerre en Indochine, grande et puissante armée en Europe, etc. Or, l'événement a confirmé ce que la réflexion permettait de prévoir : on ne peut pas tout faire à la fois. Gouverner, c'est choisir, si difficiles que soient les choix [...] Chacun reconnaît qu'il est devenu impérieux d'alléger le fardeau que nous impose la continuation de la guerre d'Indochine [... De plus,] nous avons promis de mettre le plus vite possible [le Maroc et la Tunisie] en état de gérer leurs propres affaires [...]

C'est un fait qu'il existe en Europe de l'Est une force militaire importante. C'est un fait qu'un réarmement de l'Europe occidentale est devenu nécessaire dans l'intérêt même de la paix [...] le Parlement se prononcera sur l'armée européenne en toute liberté (1) [...]

La politique que j'ai décrite constitue un bloc. En accepter une partie, en refuser une autre, c'est rendre le tout inefficace [...] Il vaut mieux repousser le tout dès aujourd'hui [...] L'Assemblée est juge sans appel de l'action gouvernementale ; mais un gouvernement ne saurait remplir sa mission s'il est assailli journellement dans cette enceinte... »

Discours en vue de l'investiture, refusée par l'Assemblée le 4 juin par 13 voix manquantes sur les 314 requises.

Mendès précise ensuite qu'il n'engagera pas la responsabilité du gouvernement sur la CED.

Document 2. Caricature de Jean Effel parue dans *L'Express* en février 1955.

SIÈGES ÉJECTABLES POUR GOUVERNEMENTS A RÉACTION

Écueils à éviter

Le sujet aborde un « morceau de choix » de l'histoire de la IVe République en la personne de « PMF », connu pour avoir tenté de redresser la République, avec un succès inégal. Il permet de montrer les possibilités et les fragilités intrinsèques du régime. Il faut éviter tout déterminisme sur les institutions et aussi montrer le rôle de sa pratique par les hommes de la IVe République. Le candidat accordera une attention particulière à la nature des documents pour en tirer tout le parti possible et éviter de « plaquer » une récitation sur les heurs et malheurs du régime.

La IVe République est connue pour son instabilité gouvernementale avec 24 cabinets en douze ans, conduisant au discrédit des institutions et d'une partie des hommes politiques. Ce dysfonctionnement est souvent partiellement expliqué par le poids du contexte international, avec la décolonisation, la guerre froide et la construction de l'Europe. D'abord député radical de l'Eure, Pierre Mendès France (1907-1982) est président du Conseil du 18 juin 1954 au 6 février 1955. Il tranche par sa popularité, rare pour un président du Conseil, son aura internationale, qui lui vaut d'être surnommé « Superman » par John Foster Dulles, sa capacité à retrouver une marge de manœuvre face à ces trois défis extérieurs mais aussi, finalement, par sa chute. Cette ambivalence est illustrée par son discours du 3 juin 1953 en vue de son investiture… qui échoue ! Il lui faut attendre un an, le 17 juin 1954 pour réussir. La caricature de Jean Effel souligne l'échec que constitue la chute de son gouvernement, le 5 février 1955, sept mois et dix-sept jours plus tard. L'interprétation qu'en propose ce dessin est à envisager à la lumière du fait que *L'Express*, qui la publie, a été créé le 16 mai 1953 pour soutenir l'action de celui qu'on surnomme « PMF ». Les deux documents invitent ainsi à une

1. Pierre Mendès France, renversé le 5 février 1955, démissionne le 6. Christian Pineau député SFIO échoue à l'investiture à sa suite.

analyse des défis auxquels est confrontée la IVe République à travers l'exemple de Pierre Mendès France.

Proposant une nouvelle pratique des institutions en affirmant que « gouverner, c'est choisir », Pierre Mendès France est parvenu à trancher pour relever des défis mais finit par être rattrapé par la mécanique de la IVe République.

La Constitution de 1946 définit un régime parlementaire dans la mesure où le gouvernement, présidé par le président du Conseil, est investi par l'Assemblée nationale, élue pour cinq ans au scrutin proportionnel à un tour, comme le sollicite Pierre Mendès France dans le discours du 3 juin 1953. Il est responsable devant elle puisqu'il peut être renversé à la majorité absolue par une motion de censure ou lors d'une question de confiance : c'est la scène représentée par la caricature. Le gouvernement siège traditionnellement en bas de l'Assemblée et Marianne, souvent représentée par Jean Effel dans ses caricatures, le fait « sauter » par le biais des députés qui en sont l'incarnation. Cette conception de la République est issue de la IIIe République, qui fait du parlement le représentant indiscutable de la souveraineté nationale. Mendès résume ce parlementarisme dans son discours : « l'Assemblée est juge sans appel de l'action gouvernementale ». Est-ce si sûr ?

Par son discours du 3 juin, Mendès sollicite son investiture comme président du Conseil et présente son programme. L'usage, depuis Paul Ramadier en janvier 1947, est de solliciter ensuite l'investiture du gouvernement formé : ce précédent inaugure la pratique de la « double investiture » qui rend plus difficile la constitution d'un gouvernement alors que rien n'y oblige dans la Constitution. PMF cherche à la contourner puisque « la politique [qu'il a décrite] constitue un bloc » et qu'il exclut de renégocier ensuite, une fois le gouvernement constitué. En 1953, l'Assemblée préfère « repousser le tout », comme il l'envisageait, mais PMF récidive le 17 juin 1954, cette fois avec succès. Entre-temps, la République a montré ses blocages avec l'élection de René Coty comme président de la République en décembre par les parlementaires après 13 tours de scrutin. En 1954, PMF va même plus loin puisqu'il refuse alors de compter à son avantage les voix du PCF pour ne pas en être l'otage ; il contribue aussi, par là même, à la « ghettoïsation » des communistes depuis leur départ du gouvernement en 1947, marque de l'influence de la guerre froide sur le régime. En décembre 1954, il obtient du Parlement une révision constitutionnelle qui remplace l'investiture du président du Conseil seul par celle du gouvernement à la majorité simple. « Gouverner, c'est choisir » : si « l'Assemblée est juge sans appel de l'action gouvernementale », Mendès lui demande de choisir un programme, non de négocier la répartition des portefeuilles ministériels entre les partis, comme c'était l'usage, décrit par de Gaulle comme la réunion de « petits partis préparant leur petite soupe ». Il lui demande aussi de choisir une politique qui « constitue un bloc » et ainsi de cesser le système de la majorité par problème : il s'inspire ici de la pratique britannique où le gouvernement peut s'appuyer sur une majorité de programme, lui évitant d'être « assailli journellement dans [l']enceinte » du Palais Bourbon.

Mendès France ne se contente pas de proposer une pratique rénovée du parlementarisme : en véritable homme politique, il utilise les moyens de communication moderne pour le combat politique car il a conscience que le pays a besoin d'une action décisive : « nous sommes en 1788 » dit-il en 1953, alors que commence le 23 juillet la révolte menée par Pierre Poujade et que les grèves paralysent le pays en août. Le 15 mai 1953, le jeune polytechnicien Jean-Jacques Servan-Schreiber et la journaliste Françoise Giroud fondent *L'Express*, d'où provient le document 2, d'abord supplément aux *Échos*, pour imposer l'idée que Mendès est l'homme de la situation. Dès le premier numéro, une interview annonce le discours du 3 juin en affirmant que « la France peut supporter la vérité ». Le discours du 17 juin 1954 est enregistré et télédiffusé. Si l'audience est encore limitée, il y a là la volonté d'un lien direct entre le futur président du Conseil et le peuple. De même inaugure-t-il une série de 25 « causeries au coin du feu » à la radio, le samedi, pour présenter aux Français son action et les défis : il les prend à témoin et nuance ainsi l'affirmation que « l'Assemblée est juge sans appel de l'action gouvernementale ». Il faut montrer qu'il « n'y a de majorité que pour repousser toute solution positive » : il y a ici la volonté de renouer avec une forme de responsabilité des élus envers leurs électeurs. Il innove aussi en commandant des sondages à l'Institut français d'opinion publique (IFOP) qui montrent que les Français approuvent son règlement du problème colonial à l'été 1954 et soutiennent ses réformes intérieures, comme la lutte contre l'alcoolisme. Ces sondages trouvent toutefois leur limite : ils n'empêchent pas la chute de son gouvernement, renversé le 5 février 1955. Dans un article de *L'Express* de l'été 1955, Mendès reconnaît que les sondages ne remplacent pas le parlement mais aussi qu'il ne peut y avoir d'hiatus durable entre les deux : c'est là le drame du régime.

« Chacun reconnaît qu'il est devenu impérieux d'alléger le fardeau que nous impose la continuation de la guerre d'Indochine » déclare Mendès. C'est parler le langage de la vérité. Pour marquer l'importance des questions internationales, il choisit de prendre le ministère des Affaires étrangères et s'installe au Quai d'Orsay et non à Matignon, résidence de la présidence du Conseil à partir de 1935. Depuis décembre 1946, la France s'épuise à vouloir conserver l'Indochine. Cela fait des mois qu'elle ne sait plus pourquoi elle s'y bat. Le Vietminh menace le Laos et provoque les Français loin du delta du Tonkin : le 13 mai 1953, Sam Neua tombe. En décembre, malgré de nombreuses mises en garde, le commandement choisit le site de Diên Biên Phu pour contenir l'ennemi ; le 7 mai les Français y capitulent, c'est la seule bataille rangée de la décolonisation, perdue... Il faut décidément « choisir », c'est-à-dire partir. Opposé à la guerre, le PCF soutient PMF mais celui-ci ne veut pas compter ses 99 voix pour négocier librement à Genève sur l'Indochine. La SFIO, les radicaux, l'UDSR de François Mitterrand, les gaullistes et quelques autres lui apportent leurs voix, tandis que la droite et le MRP préfèrent l'abstention, voyant en lui le « liquidateur » de l'empire colonial. Il obtient 419 voix contre 314 requises (301 en 1953) notamment pour conclure à Genève avant le 20 juillet. Son gouvernement est présenté le 18 juin et ne manque pas de faire savoir à de Gaulle, dont il a été ministre en 1944-1945, qu'il est sensible au hasard de la date.

Le 21 juillet, l'Assemblée ratifie les accords de Genève : Mendès a gagné. Dans la foulée, après avoir levé cette hypothèque qui relevait de la décolonisation et de la guerre froide, puisque Ho Chi Minh, communiste, recevait le soutien de l'URSS et de la Chine communiste, Mendès renoue le dialogue à propos de la Tunisie, qu'il mentionnait en 1953. L'agitation grandit dans le protectorat. Le 31 juillet, il rend visite au bey à Carthage et déclare « l'autonomie interne de la Tunisie » et être prêt à transférer à des autorités représentatives « l'exercice interne de la souveraineté ». Ce « discours de Carthage » obtient une approbation massive à l'Assemblée, à l'exception de la droite et du MRP. Là aussi, il parvient à « choisir ». À la fin de 1954, les illusions de jouer encore un rôle en Asie disparaissent : les dernières troupes quittent le Vietnam, et le 21 octobre, la France rétrocède aussi à l'Inde les comptoirs qu'elle y possède encore.

C'est donc un poids de moins pour le pays dont les difficultés, selon le discours de 1953, s'expliquent par « la multiplicité et le poids des tâches qu'il entend assumer à la fois ». Il s'agit notamment de piloter « reconstruction, modernisation et équipement » : une partie de la province se vide de sa population et les petits commerces se sentent victimes des « gros » et de l'État, qui multiplie les contrôles fiscaux alors que les difficultés s'accumulent. Le mouvement de Poujade montre les gros bras aux inspecteurs du fisc, dénonce l'incapacité des parlementaires et recycle les injures antisémites d'entre-deux-guerres contre « le juif Mendès ». Quand celui-ci s'avise de promouvoir le verre de lait à la cantine et combat l'alcoolisme, avec le soutien des Français attesté par les sondages, on vitupère « Mendès lolo ». L'État réagit en créant la TVA par la loi du 10 avril 1954, qui permet, d'abord pour certains secteurs, de simplifier la fiscalité indirecte, de la rendre plus efficace et moins susceptible de fraude. Là encore, Mendès réussit l'offensive : sa politique « constitue un bloc » et il obtient de l'Assemblée, le 6 août, le vote d'une loi qui l'autorise à prendre les décrets pour « mettre en œuvre un programme d'équilibre financier, d'expansion économique et de progrès social ». Elle s'apparente à une « loi-cadre », manière dont la IVe République contourne l'interdiction constitutionnelle des décrets-lois, si pratiqués dans les années 1930. Cette délégation du pouvoir législatif est une manière de rendre de l'efficacité au régime parlementaire, en dessaisissant partiellement l'Assemblée. En moins de 50 jours, Mendès a pu imposer à la République parlementaire de « choisir » sur des sujets cruciaux.

Si Pierre Mendès France montre que la IVe République peut relever des défis malgré le poids des contraintes extérieures, celles-ci et la mécanique des institutions qu'évoque la caricature le rattrapent. Le contexte de guerre froide pose avec acuité le problème de la sécurité européenne et de la part que l'Allemagne de l'Ouest doit y avoir. La mort de Staline, le 5 mars 1953 et l'armistice de Panmunjeom le 27 juillet, qui clôt la guerre de Corée, sont des signes d'une « coexistence pacifique » mais la répression par les chars des manifestants à Berlin Est et dans plusieurs villes de RDA, le 17 juin de la même année, en montre les limites. Par ailleurs, le succès de la Communauté européenne du charbon et de l'acier (CECA), fondée en 1951 par la France, la RFA, l'Italie, la Belgique, les Pays-Bas et le Luxembourg donne l'idée de poursuivre la méthode des « petits pas » inaugurée par Robert Schuman dans sa déclaration du 9 mai 1950 : c'est le projet de Communauté européenne de défense (CED) face à la menace communiste. Les 26 et 27 mai 1952 sont signés les accords de Bonn et Paris par les Six et l'Assemblée doit alors les ratifier mais le vote est sans cesse reporté. Le débat s'éternise, s'envenime, devient une véritable « guerre de religion » selon l'historienne Georgette Elgey dans son livre *Histoire de la IVe République* paru en 1965. Les deux camps s'invectivent et refusent le dialogue. Parallèlement, le procès de Bordeaux, en juin 1953, ravive le souvenir d'Oradour-sur-Glane : PCF et RPF, « anti-cédistes » dénoncent la résurrection de la *Wehrmacht* et la sujétion de l'armée française à une autorité supranationale. En face, les « cédistes », en particulier le MRP et une partie de la SFIO, déchirée sur le sujet, y voient un rempart contre une nouvelle *Wehrmacht* et une avancée pour l'Europe. Mendès est indécis et ne veut pas mettre en jeu son gouvernement pour un projet qui n'est pas le sien. À propos de la CED, il annonce que « le parlement se prononcera [...] en toute liberté ». Il ne démissionnera pas si le projet est refusé, comme le font tant de gouvernements de la IVe République, alors que rien ne les y oblige ; il ne forcera pas le parlement à l'adopter en le mettant en demeure par une question de confiance qui ne peut être repoussée qu'à la majorité absolue. C'est un premier abandon de la CED. Le second vient le 30 août. Les députés ne prennent pas la peine de débattre et c'est sur une question préalable que la ratification est repoussée par 319 voix contre 264, alors que les anti-cédistes entonnent *La Marseillaise*. Le MRP dénonce le « crime du 30 août » qui assassine un projet français, et prépare dès lors la chute. Le 23 octobre, des « accords de Paris », cités sur la caricature, contournent cet échec pour organiser la création d'une armée ouest-allemande dans l'OTAN et dans une Union de l'Europe occidentale (UEO) créée en 1948 et que l'on veut revivifier.

Le 1er novembre 1954, « Toussaint rouge », s'ouvre la guerre d'Algérie avec 70 attentats sur une trentaine de lieux revendiqués par le Front de libération nationale (FLN). Le ministre de l'Intérieur assure que « l'Algérie, c'est la France » et le gouvernement renforce les troupes. C'est donc d'un nouveau dossier colonial que vient la chute de PMF : le 5 février 1955, un débat sur le sujet aboutit à un vote négatif de 319 voix contre 273, avec 22 abstentions. Outre le MRP et la droite, cette fois les communistes, des gaullistes (sous l'étiquette « républicains sociaux ») et une partie des radicaux votent contre PMF, un radical… Un journaliste parle de « hallali » contre le président du Conseil, d'où peut-être sa représentation complètement à terre par la caricature. La cohue l'empêche de s'exprimer à la tribune, ce que rappelle la cloche également par terre, qui ne lui a pas permis de parler. La haine contre lui est telle qu'il est renversé par une majorité absolue alors que la IVe République pratiquait les « votes calibrés », au total juste inférieur, pour éviter le risque d'une dissolution, possible après deux renversements à la majorité absolue en 18 mois. Edgar Faure s'en sert pour dissoudre le 2 décembre 1955 après avoir été renversé à la majorité absolue par erreur de calcul trois jours plus tôt. Les sondages, favorables à PMF, n'ont pas empêché sa chute. En 1953, son échec à l'investiture a été suivi d'une vacance de gouvernement de 36 jours, la plus longue du régime. Après sa chute, il faut 18 jours pour finalement investir Edgar Faure, radical, après l'échec d'Antoine Pinay, de Pierre Pflimlin et de Christian Pineau à l'obtenir. L'instabilité est évoquée de manière équivoque par la caricature de *L'Express* : l'Europe et la guerre froide y contribuent, avec le dessin des « accords de Paris » lancés depuis la tribune. Il semble aussi que Marianne prenne un certain plaisir à faire sauter les sièges des candidats au pouvoir, comme dans une mécanique infernale. Quant à la légende de « gouvernements à réaction », elle renvoie à cette nouveauté relative de 1953-1954 : on y teste les avions à réaction en France, le Boeing 707 aux États-Unis et les premiers tests de la Caravelle, futur avion de ligne emblématique de l'époque.

L'expérience de Pierre Mendès France évoquée par ces deux documents montre que les contraintes extérieures n'empêchent pas la République de fonctionner quand un homme politique a l'énergie de rénover la pratique des institutions. Il peut alors relever les défis. Il est vrai qu'au bout de 230 jours, il est rattrapé par la mécanique institutionnelle, nourrie de questions extérieures, et finit par chuter. L'échec de Mendès est présent dès le premier document puisqu'il n'a pas obtenu l'investiture en 1953 : Edgar Faure avait alors parlé d'un « échec triomphal ». La caricature, tirée d'un hebdomadaire de soutien à Mendès, rejette l'échec sur la République.

On a parlé de « mendésisme » pour désigner l'exigence exprimée le 3 juin 1953, appuyée sur une haute conception de la politique, qui recherche l'efficacité tout en restant attaché au parlementarisme : cela le conduit à refuser l'investiture à de Gaulle en 1958 et la Ve République. Pour lui, « le Parlement se prononcera » n'est pas un vain mot : là est bien la souveraineté nationale.

SUJET 5

L'année 1968 dans le monde

2 heures

Consigne

À partir d'une analyse critique des documents et de vos connaissances, vous présenterez les caractéristiques de l'année 1968 dans le monde.

Document 1. La fin du « Printemps de Prague » selon Jean-Jacques Servan-Schreiber, *L'Express*, août 1968.

« À la mitrailleuse, les Russes balaient les façades d'immeubles [...]. Un char est en feu. Dans la fumée noire, d'autres tournent, remontent l'avenue, virevoltent, dispersant à chaque allée et venue, par la simple menace de leurs canons, la foule qui les injurie. À chaque débandade, elle abandonne sur le trottoir quelques formes prostrées. Les incidents se poursuivront toute la matinée, entrecoupés de curieuses accalmies de fraternisation dans la pétarade des motos de jeunes patriotes qui sillonnent les rues, en criant "liberté". Et lorsque le calme reviendra, on verra devant l'immeuble de la radio, cinq jeunes gens et jeunes filles en larmes lever vers la foule, symboliquement, le drapeau taché de sang de leurs camarades. »

Document 2. Étudiants en grève dans la cour principale de l'université de la Sorbonne occupée, Paris, le 20 mai 1968.

Écueils à éviter

Il s'agit d'éviter la simple description d'événements se déroulant en 1968 mais de dégager l'enjeu de cette année, ce qui la rend significative, en étant donc marquée par des ruptures mais aussi par des continuités. Il faut se demander pourquoi « 1968 » est devenue un mythe, positif ou négatif, à plusieurs titres. Les événements qui précèdent ne sont à aborder que s'ils permettent d'expliquer 1968, sinon ils sont hors sujet. Il va de soi aussi que « tout » 1968 ne peut pas être « plaqué » sur ces documents !

L'année 1968 est devenue un mythe, principalement en Occident, qui a rêvé d'une révolution tournée vers l'est, au moment où celui-ci écrase les aspirations des Tchécoslovaques et la « révolution culturelle » chinoise. Deux documents illustrent cette ambivalence : une photographie de l'Agence France Presse (AFP) du 20 mai 1968 montre l'occupation tranquille de la Sorbonne par les étudiants, dans le cadre du vaste mouvement social français de « Mai 68 ». Un article de Jean-Jacques Servan-Schreiber (1924-2006), tiré de *L'Express*, hebdomadaire qu'il a fondé en 1953, évoque la répression du « Printemps de Prague » par les chars du pacte de Varsovie. Les deux documents suggèrent que 1968 est à la fois une année de revendication et de répression, de détente et de tension, de rupture et de continuité à travers le monde. Les deux documents présentent deux hauts lieux de « 1968 », la Sorbonne symbole mondiale de la contestation étudiante, Prague, celui de l'espoir à l'est avec le « Printemps de Prague », mais aussi celui de l'écrasement par les chars soviétiques.

S'ils témoignent de la prospérité de la fin des années 1960, les deux documents montrent des aspirations nouvelles et leur expression en 1968, aboutissant certes à un mélange de confirmation de la guerre froide et d'une recomposition partielle.

Les deux documents témoignent de la prospérité qui caractérise la fin des années 1960, dans les sociétés occidentales mais aussi, dans une moindre mesure, dans le camp socialiste. La RFA connaît un « miracle économique », le Japon une période de « haute croissance », pour la France ce sont les « Trente glorieuses », qualification que propose Jean Fourastié dans son ouvrage ainsi intitulé et paru en 1979. Sa population voit son niveau de vie monter, particulièrement pour les étudiants photographiés au document 2. Ils sont les enfants nombreux du « baby-boom » et font que 30 % des Français ont alors moins de 25 ans, un peu plus au Nord qu'au Sud. C'est l'époque où apparaissent les « jeunes » comme catégorie sociale et comme cible du *marketing*. Conjugué à un besoin croissant en diplômés lié en particulier à la tertiarisation de l'économie, ce dynamisme démographique a fait quadrupler le nombre d'étudiants depuis 1945, doubler depuis 1963-1964. Le hasard du cliché montre quatre étudiantes : le nombre des bachelières dépasse celui des bacheliers depuis cette décennie et la population active se féminise massivement, surtout dans le tertiaire. La croissance économique est puissante (8,5 % par habitant en France et RFA) comme croissance de rattrapage par rapport aux États-Unis, avec de forts gains de productivité permis par la généralisation du fordisme dans l'industrie. Celle-ci assure gains de productivités et emplois : le nombre d'ouvriers atteint bientôt son maximum, presque 38 % des actifs en 1968, 46 % des actifs masculins. Avant d'être des citadelles de la lutte ouvrière et de la « grève sur le tas », comme l'annonce l'affiche placardée sur le mur de la Sorbonne et visible sur la photographie, « Flins, Cléon, Billancourt » sont les grandes usines de Renault, les deux premières ouvertes dans les années 1950, indices de la forte croissance. Nationalisée au lendemain de la Seconde guerre mondiale, la Régie Renault est non seulement la plus grosse entreprise du pays mais le symbole de l'entreprise publique capable de produire des modèles accessibles aux Français dans les années 1960, avec la *Dauphine*, la *4L* et la *R16* principalement.

Dans ce qu'on appelle alors « l'Europe de l'Est », au-delà du Rideau de fer, les conditions matérielles ont aussi progressé, même si c'est moins fortement, en partie parce que ces pays ont refusé la manne du plan Marshall, qui a accéléré la reconstruction à l'Ouest. La Tchécoslovaquie, qu'évoque l'article de *L'Express*, encore pluraliste, avait tenté d'accepter, avant de devoir renoncer sous la pression de Moscou en juillet 1947. Cet épisode a ensuite conduit au « Coup de Prague », en février 1948, et à l'alignement complet sur l'URSS. L'écart tient également aux difficultés inhérentes au système. Dans tout le camp socialiste, les années 1960 voient des difficultés à atteindre les objectifs fixés par la planification et les timides réformes lancées depuis 1965 sont insuffisantes, sauf peut-être en Hongrie, où János Kádár, après avoir réprimé le mouvement de 1956, tente une libéralisation limitée. Néanmoins, la vie quotidienne s'améliore aussi à l'Est. L'article de *L'Express* témoigne indirectement d'une certaine modernité avec la « pétarade de motos de jeunes patriotes » : c'est la grande époque des motos tchécoslovaques de la marque *Jawa*, dont les modèles s'exportent bien à l'Ouest dans ces années. C'est aussi celle de la *Škoda 1 000 MB*, voiture produite depuis 1964 avec des machines-outils Renault dans la nouvelle usine de Mladá Boleslav, au nord-est de Prague.

Au sein de l'abondance, « les Français s'ennuient » déclare un éditorial du *Monde*, le 15 mars 1968 : les ouvriers s'inquiètent ou revendiquent des augmentations, comme ceux de l'usine Garnier de Redon, près de Rennes, fabriquant des briquets, qui commencent une grève retentissante justement en mars : la banderole au mur de la Sorbonne la mentionne en bas. On conteste la croissance en se disant insatisfait du « système des objets » que décrit Jean Baudrillard cette même année, mais la contestation est fille de la croissance car c'est en son nom qu'on juge dépassé le monde et qu'on veut le changer. Les gains de productivité dans l'industrie enrichissent, mais Herbert Marcuse dénonce une aliénation par le travail et les besoins illusoires de la société industrielle qui font du travailleur-consommateur un « homme unidimensionnel », titre de 1964 qui paraît en traduction française en avril 1968. La jeunesse, comme celle du cliché, veut étudier pour échapper à l'usine mais l'université peine à suivre la folle croissance des effectifs : en 1967, l'entrée en application de la réforme Foucher des universités accroît le malaise dans les établissements, particulièrement à Nanterre. Les étudiants s'insurgent contre la réforme de la licence, qui leur enlève le libre choix des contenus.

À des degrés divers, les jeunes veulent plus de « liberté », comme le crient les Pragois (document 1), d'autant que la prospérité offre toujours plus de temps libre, particulièrement aux jeunes : on travaille moins, on commence plus tard, on voyage plus. Même en Tchécoslovaquie, ce vent de liberté se retrouve dans la vie quotidienne : en 1967, 300 000 habitants ont pu voyager à l'Ouest, 2,1 % de la population, soit deux fois plus que quelques années plus tôt. C'est la liberté de la contre-culture *hippie*, autour du *twist* et surtout du *rock and roll*, y compris à l'Est, avec l'*Oktoberklub* en RDA, toléré et contrôlé par le régime, ou avec le bigbeat à Prague. La liberté sexuelle est la grande préoccupation de la jeunesse, alors que la contraception a été légalisée l'année précédente par la loi Neuwirth : à Nanterre, l'accès aux dortoirs des filles est un sujet de tension et Daniel Cohn-Bendit interpelle sur le sujet le ministre de la jeunesse et des sports venu inaugurer la piscine universitaire le 8 janvier 1968 ; le problème se retrouve dans les dortoirs de jeunes ouvrières d'usine dans *Les Amours d'une blonde*, film de Miloš Forman de 1965, sur fond musical de *twist*. Pour une part, il s'agit d'une liberté au quotidien et non d'une véritable révolution avec programme politique. Edgar Morin évoque un « gauchisme existentiel ». Les étudiants (document 2) portent des vêtements « bourgeois » et Georges Marchais, alors numéro deux du PCF, les qualifie avec dédain de « fils à papa ». Ce ne sont pas des révolutionnaires. Ils sont avides de lectures, comme on le voit sur le cliché, de discussions, reproduisent des graffitis insolents au pochoir préparés par les étudiants des Beaux-Arts. Le cliché accrédite l'idée d'un mouvement important mais capable de réflexion. Le statut de l'AFP lui donne une indépendance par rapport au gouvernement que n'a pas l'Office de Radio-Télévision française (ORTF), créé en 1964, accusé de minimiser le mouvement et de n'exprimer que le point de vue du gouvernement. D'autres sont peut-être davantage révolutionnaires, tels le « Mouvement du 22 mars » et les militants de la Jeunesse Communiste Révolutionnaire (JCR) d'Alain Krivine, espérant mettre à bas la société capitaliste en détruisant l'Université et non en la réformant. À Prague, « la foule [...] injurie », avec de « curieuses accalmies de fraternisation », l'expérience du « Printemps de Prague » ne visant pas, initialement, à sortir du communisme. Alexander Dubček propose un « socialisme à visage humain », non le capitalisme, ce qui passe avant tout par la liberté de la presse. Le 27 juin, le « Manifeste des 2 000 mots » appelle à plus de liberté pour mieux réaliser le socialisme, non pour l'abattre.

La photographie de l'AFP montre la cour de la Sorbonne occupée : le mouvement étudiant de 1968 marque ainsi un retour. Il est pourtant parti de Nanterre dès janvier, dans cette faculté construite au milieu des bidonvilles, et inaugurée en 1963, pour soulager la Sorbonne devenue monstrueuse. L'agitation mène à sa fermeture administrative le 2 mai ce qui conduit le mouvement à retourner à Paris et à occuper la Sorbonne le 3. Le 13 mai commence la phase sociale avec des grèves ouvrières clairement liées au mouvement étudiant : c'est le sens de la banderole placardée au mur visible sur le cliché. Le jour de ce dernier, le 20 mai, la France compte environ 10 millions de grévistes : les deux premières phases de la « triple crise » de Mai 68 analysées par Michel Winock dans *La Fièvre Hexagonale* se retrouvent dans le document 2, la troisième, crise politique, commence peu après, le 27 mai. Ces événements ont une large résonance dans le monde, par les médias, alors que d'autres mouvements étudiants sont en cours, souvent indépendants de celui des Français, comme en Allemagne dès 1967 autour de Rudi Dutschke, ou en Italie, avec des difficultés plus marquées dans le monde ouvrier.

L'année 1968 confirme l'antagonisme de la guerre froide mais induit des recompositions partielles. Il y a bien toujours opposition entre la liberté de manifester à l'Ouest, camp du libéralisme, et l'Est, au point que la « grève sur le tas » et l'occupation de la Sorbonne par les étudiants du document 2, illégales, sont néanmoins tolérées pour limiter les troubles à l'ordre public, selon une stratégie ancienne des pouvoirs publics français. En France, malgré l'intensité des heurts, la démocratie libérale évite les morts. Les étudiants jouent à la révolution sans la faire : « sous les pavés, la plage » est plus ludique qu'autre chose. C'est moins le cas dans les autres pays, surtout au Mexique où l'armée massacre les étudiants le 2 octobre. À l'Est, l'article de *L'Express* relate la répression par les chars du Pacte de Varsovie, l'alliance militaire de l'Est fondée en 1955. À Paris, les balayeuses de la Mairie nettoient au lendemain de la « nuit des barricades » du 10 au 11 mai ; à Prague, c'est « à la mitrailleuse [que] les Russes balaient les façades des immeubles » et le drapeau tchécoslovaque est « taché du sang » des manifestants. Les 20 et 21 août 1968, l'opération *Danube* voit 6 000 chars et 750 000 soldats envahir la Tchécoslovaquie pour mettre fin au « Printemps de Prague », comme cela avait été fait à Berlin en 1953 ou à Budapest en 1956. On note que cette fois Jean-Jacques Servan-Schreiber, homme de gauche, l'évoque dans son hebdomadaire, alors qu'on lui avait reproché de se taire en 1956. Le 26 septembre 1968, dans *La Pravda*, Leonid Brejnev énonce sa « doctrine de la souveraineté limitée » : les États socialistes sont libres tant qu'ils ne remettent pas en cause les intérêts du camp socialiste, comme l'ont fait les Tchécoslovaques... En 1945, les chars soviétiques libèrent la ville, comme le célébrait une place dédiée aux « tankistes soviétiques » dans le quartier de Smíchov ; en 1968, ils font davantage penser à l'entrée de la *Wehrmacht* à Prague le 15 mars 1939, et les habitants n'avaient pu opposer là aussi que leurs larmes. Le 16 janvier 1969, pour protester contre la « Normalisation » ou répression qui suit, l'étudiant de 20 ans Jan Palach s'immole par le feu sur la place Venceslas à Prague, là où les chars soviétiques étaient intervenus.

Au-delà de cette confirmation que l'Europe est bien coupée en deux par le Rideau de fer s'observent des recompositions limitées. Si les chars confortent le bloc de l'Est, la Roumanie a refusé de participer à l'opération, non par sympathie pour le mouvement mais pour manifester son indépendance vis-à-vis de Moscou, alors même qu'elle a accueilli la visite du général de Gaulle du 14 au 18 mai. Cette visite est aussi, pour ce dernier, un moyen d'afficher une diplomatie capable de prendre ses distances avec Washington, à un moment où les États-Unis sont particulièrement contestés pour leur engagement dans la guerre du Vietnam. L'année 1968 témoigne de l'échec de ce dernier avec l'offensive du Têt lancée le 30 janvier par le Viêt-Cong, qui montre que les Américains n'ont pas réussi à sécuriser les grandes villes du Sud. La logique des blocs est aussi perturbée par la remise en question du *leadership* soviétique et par l'attrait exercé par la Chine de Mao. Le trotskisme séduit le milieu étudiant, comme en témoignent les partisans de Krivine : ils dénoncent la « bureaucratie technocratique » ou le « totalitarisme bureaucratique » incarnés par l'URSS. De l'autre côté, le maoïsme apparaît prometteur : sur le document 2, à côté de Lénine et de Karl Marx trône le portrait de Mao. Avec la Révolution culturelle lancée en 1966, le maoïsme apparaît à de nombreux intellectuels et à certains mouvements étudiants comme une version plus séduisante du socialisme, habillée d'utopisme. L'association du maoïsme et du « spontanéisme » (la révolution doit être « spontanée ») est qualifiée de « mao-spontex » par ses détracteurs. Article écrit à l'origine par Mao en 1944, « Servir le peuple », qui figure sur la banderole à l'arrière-plan du document 2, est l'un des slogans les plus répétés lors de la Révolution culturelle.

Les deux documents montrent deux hauts lieux de 1968 où s'est exprimée l'aspiration à une rupture, rendue bien vite illusoire : l'ordre de la Ve République a surmonté la « chienlit » étudiante. Ailleurs la répression sévit, y compris en Chine, qui est devenue la nouvelle « lueur » pour une partie de la gauche. À la Sorbonne et à Prague s'observent ainsi les deux faces de cette « année Janus », comme le suggère le livre de Jean-François Sirinelli sur le sujet, *L'événement Janus*. La première est restée dans le mythe de la Révolution ; la seconde a dû attendre encore vingt ans avant de pouvoir à nouveau crier « liberté ! ».

SUJET 6

La politique culturelle en France dans les années 1974-1988

2 heures

Consigne

À partir d'une analyse critique des documents et de vos connaissances, vous présenterez l'évolution de la politique culturelle en France de 1974 à 1988.

Document 1. Affiche officielle pour « l'année du patrimoine » organisée par le ministère de la Culture en 1980.

Affiche de ton bleu, bleu-blanc-rouge pour la girouette, de Raymond Savignac.

Document 2. Extraits du discours de Jack Lang, ministre de la Culture, le 17 novembre 1981, à l'Assemblée nationale.

« Doubler le budget de la culture en temps de crise, est-ce bien raisonnable ? [...] un ministère de la culture, pour quoi faire ? [...] La réponse à cette importante question, c'est le pays tout entier qui l'a, le 10 mai 1981 proférée. Rappelez-vous les explosions de bonheur aux quatre coins de la France, les retrouvailles de la Bastille, l'invitation à la vie et au mouvement, le déferlement de joie dans toutes les grandes capitales du monde pour célébrer le commencement libérateur [...] Puis-je avancer une hypothèse ? L'échec économique de nos prédécesseurs fut d'abord un échec culturel. Ils avaient perdu la foi en la force de l'esprit et de la volonté [...]

Pourquoi un ministère de la culture ? Pour accomplir une double tâche ; apporter sa propre contribution avec les autres ministères de ce Gouvernement, avec le Parlement, au projet de civilisation voulu par le pays, et conduire une politique nouvelle pour l'art et la création [...] Après une longue adolescence, l'âge de la maturité est enfin venu pour ce ministère. Il a vingt-deux ans. [...] Parent pauvre du budget de l'État, il en était en quelque sorte la "Cendrillon". Six milliards de francs, un doublement en francs courants, c'est une première étape vers le 1 p. 100 promis et décidé pour 1983. »

Écueils à éviter

L'étude attentive des deux documents doit éviter de suivre sans recul les envolées lyriques du discours. Elle peut permettre de souligner des continuités, dénoncées d'ailleurs par les contempteurs de « l'État culturel » tel Marc Fumaroli, et les limites de l'action annoncée à la lumière de sa mise en œuvre. Ceci conduit à évoquer, même rapidement, ses débuts avec André Malraux, tant politique culturelle et Ve République sont étroitement liées.

Introduction

L'existence d'une politique culturelle fait partie des caractéristiques de la France de la Ve République, à côté de la politique d'aménagement du territoire ou de la politique industrielle. Elles témoignent du poids de l'État, même s'il peut être ensuite déconcentré voir décentralisé. Il y a là aussi trace d'une conception volontariste de l'action publique, qui n'a rien d'une évidence mais fait débat. Une affiche dessinée par Savignac pour le ministère de la Culture en 1980 montre un État régulateur dans le domaine culturel tandis que le discours de Jack Lang du 17 novembre 1981 traduit une vision volontariste, amplifiée par une éloquence qui n'est pas sans exagération. Les deux documents interrogent sur la continuité d'une politique culturelle typiquement française par-delà les annonces de rupture qui s'inscrivent dans le contexte de l'alternance politique de 1981 avec l'élection de François Mitterrand, premier président de la Ve République de Gauche.

Si la politique culturelle est un outil d'action politique, c'est en partie parce que la culture peut être le marqueur d'un « projet de civilisation », ce qui pose la question du type d'action et du coût de celle-ci.

I. La politique culturelle, outil d'action publique

1. Une politique fille de la Ve République

A. « [Le ministère de la culture] a vingt-deux ans », André Malraux crée la politique culturelle comme outil d'aménagement du territoire en 1959 avec la mise en œuvre de la nouvelle République.

B. Les « Maisons de la culture », « modernes cathédrales [...] pour le prix de vingt-cinq kilomètres d'autoroute » sont vues comme un outil d'aménagement du territoire et de rééquilibrage Paris/Province.

2. Action et libéralisme sous Valéry Giscard-d'Estaing (VGE)

A. La politique culturelle est largement déconcentrée (généralisation des DRAC) pour bénéficier à la « province » : la girouette de l'affiche évoque celle des petites églises de campagne, attention que l'État porte au patrimoine sur tout le territoire. Elle n'a pas attendu 1981 pour « apporter sa propre contribution avec les autres ministères au projet de civilisation voulu par le pays », celui de « société libérale avancée » de VGE. Les collectivités locales cherchent à dynamiser leur territoire avec des festivals (bande dessinée à Angoulême, chanson à Bourges).

B. « L'échec économique de nos prédécesseurs fut d'abord un échec culturel », politique libérale dans la culture reflet d'une conception de l'action de l'État sous VGE et Raymond Barre, qu'oppose Jack Lang à la politique de relance de 1981 dans laquelle la politique culturelle a sa part selon lui. Ce libéralisme culturel verrait l'État peu actif pour soutenir financièrement et concentré sur la préservation du patrimoine (document 1). « Doubler le budget en temps de crise » ne serait pas « raisonnable » reproche Jack Lang. L'affiche témoigne pourtant de la conviction que le patrimoine irrigue la création des Beaux-arts (symbolisés par les « plumes » de l'arrière du coq).

3. L'impératif culturel sous François Mitterrand

A. « Célébrer le commencement libérateur » : l'alternance que constitue 1981 se manifeste par des gestes culturels au Panthéon, à la Bastille, « tout est culture » selon Jack Lang, qui fait preuve d'activisme et de volontarisme dans les premières années Mitterrand.

B. Une personnalité qui incarne la politique culturelle de François Mitterrand, le « poète du prince » dont le discours témoigne d'exagérations épiques (« le déferlement de joie dans toutes les grandes capitales du monde » !).

C. Le « tout est culture », lointain écho d'une « révolution culture » qui a fasciné des intellectuels occidentaux, est dénoncé comme une nouvelle « religion moderne » par Marc Fumaroli dans *L'État culturel*, au risque de produire plutôt un « désert culturel » ?

II. La culture pour un « projet de civilisation » ?

1. La politique culturelle pour démocratiser une culture d'élite

A. Les « Maisons de la culture » devaient diffuser une culture savante, ce qu'on leur a reproché.

B. Le patrimoine est une valeur sûre en période de gros vent et indique la direction comme la girouette. L'humour de l'affichiste Savignac utilise le millésime 1980 comme points cardinaux, servant donc d'orientation, mais disposé d'une manière qui évoque la célèbre « preuve par 9 », avec une somme de 9 de chaque côté.

C. L'attention au patrimoine sous VGE se veut féconde et pas seulement conservatrice : Savignac est connu pour des affiches sachant exprimer le mouvement (publicité pour Monsavon avec une vache *fabriquant* du savon directement sous son pis avec son lait). Le coq, élément de patrimoine gaulois, est vivant (couleurs du drapeau tricolore) et en mouvement, faisant vivre les « beaux-arts » qu'évoquent ses plumes avec la lyre, la règle, le pinceau, la plume et le film.

2. « La foi en la force de l'esprit et de la volonté » en 1981 ?

A. Le ministère de la Culture doit « apporter sa propre contribution avec les autres ministères de ce Gouvernement, avec le Parlement, au projet de civilisation voulu par le pays », à savoir « changer la vie ». Ce serait le signe de maturité d'un ministère qui « a vingt-deux ans ». Jack Lang se pose en prince charmant accomplissant le destin de la pauvre « Cendrillon ».

B. La culture se traduit par un activisme dans « une politique nouvelle pour l'art et la création » dont l'efficacité fait débat : prix unique du livre, « fête de la musique », aide au cinéma français, mais chute du nombre de gros lecteurs et baisse de fréquentation des salles…

3. Le mélange des genres

A. Une tendance à l'ouverture de la culture à d'autres formes entamée avant Jack Lang comme en témoigne le festival de la bande dessinée ou de la chanson.

B. « Les explosions de bonheur aux quatre coins de la France, les retrouvailles de la Bastille, l'invitation à la vie et au mouvement, le déferlement de joie… » : la culture est « fête », « journée », « fureur ».

C. Le débat existe sur l'efficacité de ces événements : la culture est-elle « l'invitation à la vie et au mouvement » ? N'y a-t-il pas là un dernier avatar de l'Agitprop soviétique ? La culture ne requiert-elle pas « l'école du silence » de la contemplation des belles œuvres, qu'invoque Marc Fumaroli, porte-drapeau de la dénonciation de l'« État culturel » dans le pamphlet du même nom de 1991 ? On remarquera que l'affiche (document 1) évoque une « année du patrimoine » et non une « journée portes ouvertes des monuments historiques », troisième dimanche de septembre, instituée par Jack Lang. Significativement, ces « journées » ou « fêtes » tendent à s'allonger avec les années, comme en quête de profondeur.

III. Quelle action pour quel coût ?

1. Une régulation à peu de frais

A. Un budget léger dans les années 1970 pour un libéralisme culturel : laisser chacun se cultiver après lui avoir donné les moyens de base par le collège unique ouvert à la rentrée 1977. L'État encourage avec des mises à l'honneur comme en témoigne « l'année du patrimoine ».

B. Le « prix unique » du livre et l'organisation de « fêtes » ou « journées » répartit la charge financière sur les collectivités locales et d'autres acteurs de la politique culturelle.

C. Si les critiques sont vives de la part de l'opposition, l'arrivée de François Léotard au ministère en 1986 avec la Cohabitation n'entraîne pas de bouleversement majeur de la politique menée : il y a bien une certaine continuité de ce point de vue et la politique culturelle de 1981 semble avoir gagné en légitimité avec le temps.

2. Les chantiers du Prince

A. VGE continue l'œuvre de Pompidou avec notamment le cas du Musée d'Orsay. En homme de goût et en « Florentin » de la politique, Mitterrand évoque un « bel exemple de continuité esthétique », quitte à contredire par-là les envolées lyriques sur le « commencement libérateur ».

B. François Mitterrand s'illustre par la multiplicité sans précédent de grands chantiers culturels (Louvre, Arche de la Défense, Opéra Bastille...)

3. « un p. cent » ?

A. « Doubler le budget de la culture en temps de crise », une décision politique et un geste de relance par la dépense publique, nouvelle application du keynésianisme selon Jack Lang ?

B. Toutefois il n'est jamais vraiment atteint, même s'il double par rapport aux temps de VGE. Cela pose la question de la légitimité des choix faits : dirigisme étatique ? Des secteurs délaissés, comme on accuse souvent Jack Lang de l'avoir fait pour le patrimoine, pour une création plus porteuse électoralement ?

C. Les grands chantiers culturels pèsent financièrement sur le budget de la culture...

Conclusion

Ces deux documents témoignent que la politique culturelle connaît une continuité depuis son institution en 1959 par André Malraux sous la direction du général de Gaulle, ce qui indique qu'indiscutablement, elle porte des éléments constitutifs de la Ve République. L'alternance de 1981 lui donne une nouvelle ampleur, par les moyens, les modes d'actions et les domaines d'intervention. Une fois passés les enthousiasmes, dont témoigne le discours de Jack Lang, il n'en reste pas moins que cette politique a acquis une certaine légitimité au sens où elle est poursuivie lors de la première Cohabitation et au-delà.

Comme les autres grandes politiques du régime, il faudrait vérifier son efficacité, ce qui supposerait déjà un consensus sur les indicateurs à prendre : « un pour cent », jamais atteint, mais pour quel résultat ? Les deux documents émanent du ministère de la Culture, sous une forme ou une autre : ils restent programmatiques. Affectionner les effets d'annonce est aussi une caractéristique de la Ve République, une gouvernance par le verbe, sans doute héritage de la parole gaullienne. Pourfendeur de cet « État culturel », Marc Fumaroli est plus du côté de l'éloquence cultivée : le débat sur la politique culturelle serait un débat de rhétorique ?

SUJET 7

L'impact de la crise en Allemagne

2 heures

Consigne

À partir d'une analyse critique des documents et de vos connaissances, vous présenterez l'impact de la crise de 1929 en Allemagne.

Document 1. Discours de Brüning rapporté par *Le Figaro* du 17 octobre 1930.

« Le chancelier Brüning a débuté devant le nouveau Reichstag par un discours où il essaie de satisfaire les passions nationalistes de ses auditeurs et d'obtenir d'eux des concessions budgétaires. Avant tout, le gouvernement du Reich a besoin de conjurer la crise financière. Les remèdes qu'il propose ne peuvent naturellement plaire à personne. [...] Financièrement, la situation du chancelier serait inextricable, s'il ne disposait des décrets-lois [...].

Il espère que la gravité de la crise obligera le Reichstag à se résigner. Dans son discours, il n'a rien dissimulé, il n'a rien dissimulé du péril. Il a parlé du chômage qui augmente, du rendement des impôts qui diminue, du malaise général et de l'obligation où il s'est trouvé de recourir aux crédits extérieurs.

Pour sortir d'embarras, il faut un régime sévère, une réforme fiscale, des économies rigoureuses, des réductions de traitements de salaires. Depuis 1924, l'Allemagne s'est contentée d'artifices, elle n'a rien accompli pour assainir vraiment ses finances, elle a fait des dépenses sociales excessives, suivi une politique de hauts salaires, et abusé sans répit des crédits étrangers. Le temps a passé mais rien ne s'est arrangé. L'heure de l'échéance est venue. »

André Chaumeix, « Le trouble de l'Allemagne », *Le Figaro*, 17 octobre 1930.

Document 2. « Notre dernier espoir : HITLER ». Affiche du NSDAP pour les élections présidentielles du 13 mars et 10 avril 1932.

Lithographie dessinée par Hans Schweitzer (1901-1980), signée (en haut à droite) sous le pseudonyme Mjölnir (« le marteau de Thor »), imprimée à Munich, 87,1 x 56,4 cm.
© akg-images.

Écueils à éviter

Ce sujet présente une face très classique (le nazisme produit de la crise de 1929, analyse à la base de la doctrine Truman de 1947 et de tout discours de période de crise) mais appelle aussi à beaucoup de nuances car les liens de cause à effet sont loin d'être évidents. Le candidat ne doit pas oublier que le texte est une transcription française de l'époque du discours de Brüning, ce qui introduit des biais à ne pas manquer. Le document iconographique est une affiche de propagande : il ne prouve pas que le chômage de masse a porté Hitler au pouvoir mais que ce dernier s'en sert à cette fin.

Introduction

L'impact de la crise de 1929 en Allemagne est l'un des grands thèmes de l'histoire du xxe siècle, souvent invoqué comme épouvantail face au retour d'une crise, pendant économique à la reculade de Munich sur le plan diplomatique. Il y aurait là les raisons de l'accession au pouvoir de Hitler et, finalement, de la Seconde Guerre mondiale. Heinrich Brüning, chancelier en 1930-1932, présente un budget de crise au *Reichstag* dans un discours retranscrit par le *Figaro* du 17 octobre 1930, alors que viennent d'avoir lieu de nouvelles législatives pour faire voter un budget. Deux ans plus tard, pour les présidentielles, le NSDAP de Hitler présente ce dernier comme le dernier espoir des chômeurs face à l'incapacité de la République à juguler la crise. Par une politique inadaptée, Brüning aurait facilité cette montée de Hitler. Pourtant, plusieurs éléments conduisent à nuancer ce scénario et posent la question de l'impact réel de la crise de 1929 en Allemagne.

Le régime frappé est une République efficace et soucieuse de mesures sociales mais la crise de 1929 est sans précédent par son ampleur, ce qui finit par emporter la République qui se défend jusqu'au bout.

I. La République de Weimar, république sociale

1. Des institutions originales et efficaces

A. Un régime semi-présidentiel dans lequel le gouvernement est responsable devant le *Reichstag* mais qui procure au président du *Reich*, Paul von Hindenburg, héros de la Première Guerre mondiale depuis la victoire de Tannenberg (30 août 1914), élu au suffrage universel direct pour sept ans en 1925 et réélu en 1932 (document 2), d'importants moyens d'action. Il peut former des « cabinets présidentiels » sans majorité au *Reichstag* comme c'est le cas des gouvernements Brüning. Opposé à la chute de l'empire en 1918, Brüning pratique ce dispositif en conservant un cadre démocratique, contrairement à ses successeurs von Papen et von Schleicher en 1932. Son parti, le *Zentrum*, fait partie de la « coalition de Weimar » qui permet le fonctionnement des institutions. Pour contrer les nazis, le SPD (Parti social-démocrate d'Allemagne) « tolère » le gouvernement et s'abstient sauf à l'été 1930, d'où des législatives le 14 septembre 1930.

B. « La situation [...] serait inextricable s'il ne disposait des décrets-lois » que permet la législation d'urgence de l'article 48 de la Constitution. Elle permet d'éviter le blocage institutionnel et son recours devient la caractéristique des gouvernements de Brüning. Il s'agit en fait de « décrets d'urgence » (*Notverordnung*) : le terme de « décrets-lois » renvoie à la réalité de la IIIe République pour expliquer au lecteur du *Figaro*. Cette procédure de délégation du législatif à l'exécutif a été pratiquée par Poincaré (1924 et 1926) et se généralise surtout sous Doumergue (1934) et Laval (1935) : c'est la réponse d'une époque aux difficultés du parlementarisme.

2. La crise de 1929 comme fin d'un « âge d'or » ?

A. « Depuis 1924, l'Allemagne [...] a fait des dépenses sociales excessives ». Reconnu pour ses compétences en matière financière au *Reichstag*, Brüning juge sévèrement du point de vue de l'orthodoxie libérale les dépenses de la social-démocratie (institution de l'assurance chômage en 1927, programmes de logements sociaux).

B. « Depuis 1924, l'Allemagne [...] a abusé sans répit des crédits étrangers » notamment en provenance des États-Unis, or l'argent américain se retire en 1929 pour profiter de la spéculation à Wall Street, asphyxiant une économie qui peine à rembourser les « réparations » exigées par la France au traité de Versailles en 1919. En 1924, le plan Dawes avait aménagé le paiement, offrant un répit à l'Allemagne, permettant à Stresemann de stabiliser la monnaie. La quasi-concomitance de la mort de ce dernier et du krach de Wall Street est perçue comme un signe de la fin de cet « âge d'or » de Weimar.

II. Une crise d'ampleur sans précédent

1. « Conjurer la crise financière »

A. Brüning chancelier, c'est un spécialiste des finances au pouvoir qui utilise les pouvoirs constitutionnels pour faire adopter un budget malgré le *Reichstag*.

B. Les gouvernements Brüning parviennent à mettre en place une politique vigoureuse de déflation alors qu'il n'a aucune marge de manœuvre, entre la question des réparations et la crise bancaire qui s'ajoute en 1931.

2. Un « chômage qui augmente »

A. Le nombre de chômeurs triple de 1929 à 1932, les jeunes sont particulièrement touchés (deux tiers des chômeurs à Berlin). Les masses ressemblent à celle que montre l'affiche (document 2). La femme avec son enfant rappelle que les Allemandes votent depuis 1919.

B. La masse des chômeurs dépasse l'ampleur prévue par le système social mis en place par la République de Weimar et déséquilibre les finances du *Reich* mais aussi des *Länder* : Brüning évoque donc « des remèdes [qui] ne peuvent naturellement plaire à personne ».

III. La République finit par être emportée non sans résister

1. « Notre dernier espoir : Hitler »

A. Brüning serait le « fossoyeur de la République de Weimar » selon les analyses classiques. Sa politique déflationniste aurait aggravé la crise tandis que la coalition parlementaire se déchire sur les remèdes à choisir. Les entreprises qui bénéficient de ses mesures soutiennent en partie l'ascension de Hitler, qui l'exploite.

B. Brüning « chancelier de la faim » ? Réduction des dépenses en faveur du logement et de l'allocation-chômage (supprimée pour les épouses sous Brüning, évoquée par la femme avec enfant de l'affiche ? L'électorat nazi est d'ailleurs légèrement plus féminin), augmentation des cotisations, pour certains ouvriers, il trahit le pacte social de 1919.

2. Une République qui résiste

A. Brüning utilise tous les moyens dont il dispose pour combattre la crise et sauver la République. Les élections présidentielles de 1932 démentent le slogan (document 2) selon lequel Hitler séduit les chômeurs. De plus, le nombre reflue de 1932 à 1933 (– 21 %).

B. Les chômeurs s'enrôlent dans les milices du KPD (*Kommunistische Partei Deutschlands*) et du NSDAP. Le blocage du *Reichstag* malgré la multiplication de législatives (14 septembre 1930, 6 novembre 1932, 31 juillet 1932, 5 mars 1933) déplace le débat politique dans la rue en violences entre SA et Ligue rouge des combattants du front. En décembre 1931, Brüning fait interdire le port de l'uniforme dans la rue. Le chaos provoqué facilite l'appel de Hindenburg à Hitler le 30 janvier 1933, qui forme l'un des rares gouvernements à disposer d'une majorité au *Reichstag*.

Conclusion

Les deux documents montrent qu'il n'y avait pas de fatalité absolue à ce que le chômage de masse conduise Hitler au pouvoir. Brüning a pleinement usé des pouvoirs donnés par la Constitution pour lutter contre la crise : comme les autres politiques déflationnistes, il échoue à court terme mais des signes encourageants apparaissent début 1933. On peut comparer son action à celle de Pierre Laval en 1935, également appuyée sur de vigoureux « décrets-lois ». Là aussi le chômage augmente et le remède ne semble guère probant. Pour autant, c'est le Front populaire qui l'emporte. Suite à l'échec allemand, Staline change de stratégie et les communistes s'unissent aux socialistes. Or, en Allemagne, jusqu'au bout, le KPD unit ses voix aux Nazis pour déstabiliser le régime et lutter avant tout contre le SPD. Par ailleurs, contrairement à ce qu'affirme l'affiche de 1932, Hitler est loin d'être le dernier espoir des chômeurs, qui ne votent pas massivement pour lui, davantage pour le KPD… mais celui-ci contribue à abattre la République.

SUJET 8

De la CEE à l'UE, Maastricht

2 heures

Consigne

À partir d'une analyse critique des documents et de vos connaissances, vous présenterez la transformation de la CEE à l'UE avec le traité de Maastricht.

Document 1. Affiche éditée par le Parti socialiste pour la campagne du référendum de ratification du traité de Maastricht, signé le 7 février 1992.

Le référendum obtient 51,04 % de « oui » avec 69,7 % de participation. Le traité entre en vigueur le 1er novembre 1993.

Collection Fondation Jean Jaurès, Paris.

Document 2. Présentation du programme de la Présidence française de l'UE, discours de François Mitterrand (1916-1996) à Strasbourg le 17 janvier 1995.

« Comme vous le savez depuis le 1er janvier de cette année, la France préside l'Union européenne. Aussi ai-je tenu, une fois encore à me rendre devant votre assemblée et exposer le programme que la présidence française s'est fixé. J'ai considéré que c'était un devoir à votre égard, c'est-à-dire à l'égard de la représentation populaire. Et après tout, n'était-ce pas la meilleure façon de souligner tout à la fois l'importance que la France attache à la construction de l'Europe, une Europe toujours plus unie et la place éminente qui revient au Parlement européen dans cette grande entreprise (...)

(...) je veux souhaiter aux trois nouveaux États membres une chaleureuse bienvenue parmi vous et parmi nous. Avec eux, l'Union européenne se sent plus forte, plus représentative et donc plus légitime encore, au regard du grand dessein historique qu'elle incarne. Car, Monsieur le Président, mesdames et messieurs, ce dont il s'agit, ce dont nous avons à parler, c'est bien d'assurer à l'Europe la place et le rôle qui lui reviennent dans un monde à construire, une Europe puissante économiquement et commercialement, unie monétairement, active sur le plan international, capable d'assurer sa propre défense, féconde et diverse dans sa culture (...) [Nos] priorités ont été définies en ayant à l'esprit le double impératif auquel l'Union devra faire face dans les années qui viennent. Premier impératif : il faut mettre en application le traité sur l'Union européenne que nos parlements et nos peuples ont solennellement ratifié (...) Deuxième impératif : il faut se préparer aux élargissements ultérieurs de l'Union. Il y a entre ces deux impératifs un lien logique : plus l'Europe s'affirme sur le plan interne et plus sa force d'attraction s'exerce sur les autres pays démocratiques d'Europe. Encore faut-il que ces deux objectifs ne se contredisent pas (...)

L'Europe des cultures, c'est l'Europe tout entière et s'il est un domaine où la distinction entre l'Europe de l'Union et l'Europe de l'Est n'a aucun sens c'est bien celui-là. C'est pourquoi je me permets de faire devant vous deux propositions. La première modeste mais concrète, peut être appliquée sans délai. Élargissons à l'ensemble des pays européens, les manifestations européennes emblématiques de l'Europe des quinze : prix littéraires, prix de traduction, orchestres des jeunes, capitale européenne de la culture, la liste est plus longue. La seconde est plus ambitieuse. L'union devrait, selon moi, prendre une grande initiative pour aider nos voisins de l'Est à réparer dans le domaine de la culture, notamment, les effets de l'isolement dans lequel ils ont vécu pendant un demi-siècle (...) L'Europe des cultures, mesdames et messieurs, c'est l'Europe des nations contre celle des nationalismes. [En effet], il faut vaincre ses préjugés. Ce que je vous demande là est presque impossible, car il faut vaincre notre histoire et pourtant si on ne la vainc pas, il faut savoir qu'une règle s'imposera, mesdames et messieurs : le nationalisme, c'est la guerre ! La guerre ce n'est pas seulement le passé, cela peut être notre avenir, et c'est vous, mesdames et Messieurs les députés, qui êtes désormais les gardiens de notre paix, de notre sécurité et de cet avenir ! »

Écueils à éviter

Les deux documents nécessitent particulièrement une bonne connaissance du chapitre 9 (p. 83), très technique et ardue, mais aussi de la construction européenne en général (fiches 20 et 30, p. 154 et 245) et du contexte général (thème 4, p. 171) pour pouvoir montrer les enjeux auxquels font allusion de nombreuses expressions.

Introduction

La fin de la guerre froide renforce le double défi d'approfondissement et d'élargissement qui se pose à la construction européenne. Proposé à la ratification par référendum le 20 septembre 1992, le traité de Maastricht est présenté comme un moyen de le relever, associant construction européenne et garantie de paix dans ce contexte bouleversé, ainsi que l'affirme une affiche éditée à cette occasion par le Parti socialiste. Le choix de consulter directement les Français pour cette ratification doit répondre au reproche selon lequel la construction européenne se ferait dans le dos des peuples. L'affiche affirme aussi qu'un « oui » serait une garantie contre un nouvel Hitler, dont le souvenir reste prégnant : l'Allemagne a été secouée par la « querelle des historiens » durant les années précédentes, la France voit son passé ressurgir avec le procès Barbie en 1987 et le premier procès Touvier en 1994, l'Autriche est secouée par l'affaire Kurt Waldheim (1986-1992), tandis que la politique de Grande Serbie de Milošević ressuscite le discours de « purification ethnique ». Trois ans plus tard, François Mitterrand présente le programme de la présidence tournante semestrielle de l'UE au Parlement européen par un discours à Strasbourg, le 17 janvier 1995. Par cet acte, Mitterrand témoigne de sa volonté de jouer le jeu du parlementarisme dans le cadre de l'UE. Son discours est aussi l'occasion de livrer une forme de testament politique, à quatre mois de la fin de son mandat. Par-delà le contenu technique de son allocution, ses propos sur la construction de l'Europe comme antidote contre le nationalisme et contre la guerre sont présentés comme la signification profonde de Maastricht, de la part d'un homme né l'année de Verdun et qui a participé à la Seconde Guerre mondiale. Les deux documents posent ainsi la question de la signification profonde de la transformation de la CEE en UE avec le traité de Maastricht.

S'il ambitionne de rendre l'Europe plus démocratique, le traité de Maastricht pose la question de la transformation de celle-ci en véritable puissance, ce que testent les années 1990 avec des défis particulièrement importants à relever.

I. Maastricht pour rendre l'Europe plus démocratique

1. La ratification par référendum

A. Elle se fait dans un contexte de critique contre le « déficit démocratique » de l'Europe et d'espoir mêlé d'inquiétudes devant les perspectives d'une grande Europe avec la fin du rideau de fer.

B. À l'occasion du grand débat démocratique en France, Mitterrand s'investit personnellement en faveur du « oui ».

C. La ratification est obtenue de justesse en France, aux forceps au Danemark, où le « non » l'emporte au premier référendum du 2 juin 1992, avant un deuxième positif en 1993.

2. Les avancées du « traité sur l'Union européenne »

A. Une citoyenneté européenne est créée.

B. L'architecture de l'UE se fait en pilliers, avec un « pilier communautaire » dans lequel une « place éminente (...) revient au Parlement européen » par la codécision (« triangle institutionnel »). Le discours même de Mitterrand témoigne de la volonté de renforcer le caractère parlementaire du fonctionnement de l'UE, qui sera souligné par la démission de la commission Santer en 1999 devançant une motion de censure.

C. Le principe de subsidiarité sert à éviter une Europe qui se mêle de tout.

II. L'Europe, une puissance ?

1. Le pouvoir d'attraction ou *soft power*

A. En 1995, « trois nouveaux États membres (...) parmi nous. Avec eux, "l'Union européenne se sent plus forte". C'est le dernier élargissement vers des pays « de l'Ouest ».

B. La perspective de l'intégration de tout le continent conduit à s'interroger sur les critères d'adhésion et à définir ce qu'est l'UE : les critères de Copenhague 1993.

C. Des « élargissements ultérieurs » sont prévus, mais le calendrier reste encore incertain en 1995 : Mitterrand évoque une « Europe des cultures » et une « Europe des Nations » car il est trop tôt alors pour une intégration immédiate.

2. « Plus l'Europe s'affirme sur le plan interne et plus sa force d'attraction s'exerce sur les autres pays démocratiques d'Europe »

A. L'Europe est « puissante économiquement et commercialement, unie monétairement » grâce à l'UEM lancée par Maastricht.

B. Le 26 mars 1995, dans sept pays de l'espace Schengen, un espace de libre circulation entre en vigueur et renforce la cohésion.

3. « Assurer à l'Europe la place et le rôle qui lui reviennent dans un monde à construire »

A. Maastricht crée une Politique européenne de sécurité commune (PESC) pour permettre à l'UE d'être « active sur le plan international ».

B. Les années 1990 tentent de relancer le projet « d'Europe de la défense » en redonnant de l'importance à l'UEO, fondée en 1954.

C. François Mitterrand est particulièrement actif pour des avancées dans ce domaine : création de la brigade franco-allemande en 1989, de l'Eurocorps en 1992, qui défile sur les Champs-Élysées le 14 juillet 1994, avec notamment des unités allemandes.

III. L'UE face au défi de la paix dans les années 1990

1. L'Europe renoue avec le dessein paneuropéen du lendemain de la seconde guerre mondiale

A. Grâce à l'élargissement de 1995, « l'Union européenne se sent (...) plus légitime encore, au regard du grand dessein historique qu'elle incarne » : l'élargissement de 1995.

B. L'UE aide ses « voisins de l'Est à réparer dans le domaine de la culture, notamment, les effets de l'isolement dans lequel ils ont vécu pendant un demi-siècle » : une aide au « retour en Europe » des pays de l'Est est mise en place. Elle passe d'abord par l'adhésion au Conseil de l'Europe.

C. La perspective de l'adhésion conduit les pays candidats à adopter les normes européennes, l'UE met en place des programmes d'aide (par exemple, Phare).

2. Les absences dans l'ancienne Yougoslavie

A. L'UE est divisée et paralysée devant l'éclatement de la Yougoslavie. L'Allemagne reconnaît unilatéralement l'indépendance de la Slovénie et de la Croatie, donnant le sentiment de renouer avec une diplomatie de puissance de Mitteleuropa (Europe centrale).

B. L'UE brille par son absence lors des guerres de Yougoslavie et doit s'appuyer sur l'OTAN. Elle paraît impuissante devant le retour de la guerre et du crime contre l'humanité même si certains gestes forts sont posés, tels que la visite surprise et risquée de Mitterrand à Sarajevo le 28 juin 1992 pour faire rouvrir l'aéroport durant le siège par les Serbes (1992-1995).

C. Des coopérations originales de ce point de vue ont lieu au Kosovo à la fin des années 1990.

3. De nouvelles questions

A. Les élargissements massifs remettent d'actualité la candidature turque. En 1996, l'Union douanière avec l'UE, prévue dès 1963, entre en vigueur.

B. Le recul des frontières met en contact l'UE avec de nouvelles zones de tension : Moldavie et Transnistrie, question de Chypre, Géorgie...

C. Une conception large et inclusive de la paix : « il faut vaincre notre histoire et pourtant si on ne la vainc pas, il faut savoir qu'une règle s'imposera, Mesdames et Messieurs : le nationalisme, c'est la guerre ! ». L'« Europe de la culture (...) pour vaincre nos préjugés » se ressent dans la création du programme Erasmus en 1987 et celle de la chaîne Arte en 1991-1992.

Conclusion

Par leur nature, les deux documents témoignent de l'engagement en faveur de l'Europe d'une grande partie des élites françaises : le problème reste de convaincre les franges de la population qui ont l'impression de moins en profiter et, notamment, parce qu'elles ont un bagage universitaire plus limité. L'échec du référendum de 2005 sur le projet de Constitution l'illustre, et son contournement par la ratification parlementaire du traité de Lisbonne montre que le « déficit démocratique » de l'UE n'est pas résolu.

D'un côté, l'affirmation de l'UE comme puissance de paix rencontre un certain succès, puisque l'UE est une zone de paix, mais elle n'en reste pas moins confrontée à des défis touchant à son existence, comme la crise de l'euro à partir de 2008 ou celle des migrants en 2015. Celle du coronavirus en 2020, voit le retour en quelques jours des frontières, voire leur fermeture, y compris la très symbolique frontière franco-allemande ! La crise voit aussi introduites des législations d'urgence discutables comme en Hongrie ou en Pologne. Au-delà des problèmes spécifiques au pays, le Brexit est bien aussi un indicateur que les questions soulevées avec le traité de Maastricht n'ont pas été pleinement résolues.

SUJET 9

Les conflits du Proche et du Moyen-Orient (années 1950)

2 heures

Consigne

À partir d'une analyse critique des documents et de vos connaissances, vous caractériserez les conflits du Proche et du Moyen-Orient dans les années 1950.

Document 1. Déclaration de Dwight D. Eisenhower (1890-1969) du 5 janvier 1957, prononcée devant le Congrès, communément appelée « doctrine Eisenhower ».

Général durant la Seconde Guerre mondiale, candidat du parti républicain, il devient le 34e président des États-Unis le 20 janvier 1953, et est réélu en 1956. Le Congrès adopte cette politique le 9 mars suivant.

« La raison de l'intérêt de la Russie dans le Moyen-Orient est uniquement celui d'une politique de puissance (...) Le canal de Suez permet aux nations d'Asie et d'Europe d'effectuer des transports commerciaux qui sont essentiels à l'équilibre et la prospérité économiques de ces pays. Le Moyen-Orient constitue une porte entre l'Europe, l'Asie et l'Afrique... [Le Moyen-Orient] contient environ les deux tiers des gisements de pétrole actuellement connus dans le monde et il pourvoit normalement aux besoins de pétrole et de nombreux pays d'Europe d'Afrique et d'Asie (...) Tous ces faits mettent en relief l'immense importance du Moyen-Orient. Si les pays de cette région venaient à perdre leur indépendance, s'il leur arrivait de passer sous la domination de puissances étrangères hostiles à la liberté, cela constituerait une tragédie pour la région en question (...)

L'action que je propose autoriserait le pouvoir exécutif à entreprendre dans cette région des programmes d'assistance militaire et de coopération avec tout pays ou groupe de pays désireux de bénéficier d'une telle aide (...) Elle permettrait que cette assistance et cette coopération comprennent l'emploi des forces armées des États-Unis pour assurer et protéger l'intégrité territoriale et l'indépendance politique des pays, qui demanderaient cette aide contre une agression armée dirigée contre eux par toute nation dominée par le communisme international ».

Document 2. Enveloppe « premier jour » émise par la poste de la République arabe unie (RAU) (collection privée).

À gauche, aigle d'or de Saladin, symbole héraldique panarabe en souvenir du prince qui a unifié l'Égypte et le Levant au XIIe siècle et repris Jérusalem aux Croisés. À l'intérieur, à droite, profil de Gamal Abdel Nasser (1918-1970), à la tête de l'Égypte depuis 1954, et à gauche de Choukri al-Kouatli (1891-1967) président de la Syrie depuis 1955. À droite, drapeau syrien avec les couleurs panarabes noir, blanc, vert et trois étoiles rouges représentant les trois districts du pays, à gauche drapeau vert avec croissant et trois étoiles du royaume puis de la république d'Égypte. En bas, trois cocardes avec les couleurs panarabes noir – blanc – rouge. À droite de l'enveloppe, un timbre de 10 « millièmes », une piastre ou un centième de livre égyptienne, tarif de « poste » ordinaire, un autre de 15 millièmes pour la « poste aérienne ». Sur ces timbres, mention de la date du 1er février 1958, jour de proclamation de la RAU. La carte de la Syrie et celle de l'Égypte sont reliées par un arc sur lequel est écrit en arabe « République arabe unie ». Le 22 février 1958, un référendum porte Nasser à sa tête.

Écueils à éviter

Il ne faut pas traiter le discours d'Eisenhower comme un document informatif : c'est un projet politique. De même, le « premier jour » a un message politique à ne pas manquer, ni les questions que pose la représentation choisie. On pensera à régler le problème récurrent de « Proche » et « Moyen-Orient », le premier classique en français, le second francisation du *Middle East* des anglophones et son exact équivalent dans la géographie traditionnelle.

Introduction

Le 5 janvier 1957, deux semaines avant d'entamer un second mandat, le président américain Dwight Eisenhower prononce devant le Congrès une déclaration de politique étrangère, qualifiée de « doctrine Eisenhower », sorte de prolongement de la « doctrine Truman » énoncée dix ans plus tôt. Ce type de discours devant le Sénat et la Chambre des représentants réunis, rappelle que la politique extérieure américaine est menée non seulement par le président mais aussi par le Congrès, selon un équilibre qualifié de *checks and balances*. Après avoir rappelé le caractère stratégique des réserves du Moyen-Orient et du canal de Suez (ce qui associe les deux termes de Proche et Moyen-Orient, classiquement identiques dans leur extension), il propose que les États-Unis s'impliquent dans la région et apportent leur aide face à la menace soviétique.

Alors qu'Eisenhower bénéficie d'une bonne image en Égypte, puisqu'il a aidé Nasser face à l'intervention franco-britannique en exigeant la cessation de celle-ci, sa déclaration émeut la presse et les intellectuels car elle contredit les efforts d'indépendance idéologique et stratégique de l'Égypte et des dirigeants arabes. Ces efforts débouchent sur la création de la République arabe unie le 1er février 1958, avec Nasser dirigeant aussi la Syrie. Le 22 février, date d'émission de cette enveloppe de « premier jour », est la glorification philatélique du rêve panarabe que le « *raïs* » égyptien commence à réaliser. Il s'agit d'une autre forme d'affirmation politique. Le contraste entre les deux montre combien le Moyen-Orient est un enjeu des relations internationales durant les années 1950.

Enjeu de la guerre froide et de l'affirmation du tiers-monde, le Proche et le Moyen-Orient connaissent un tournant géopolitique dans les années 1950.

I. Le Moyen-Orient enjeu de la guerre froide et de l'affirmation du tiers-monde

1. Une région traversée par les tensions de la guerre froide

A. L'Iran est le premier pays à avoir expérimenté l'appétit « russe » évoqué par Eisenhower et l'expérience Mossadegh l'a presque fait passer « sous la domination de puissances étrangères hostiles à la liberté ». Les États-Unis sont alors intervenus.

B. Une région est incluse dans la pactomanie américaine : le pacte de Bagdad est conclu le 24 février 1955 à la grande fureur de Nasser, qui noue un « Pacte tripartite » avec la Syrie et l'Arabie Saoudite. La doctrine Eisenhower s'inscrit dans la continuité.

C. Nasser se réclame du socialisme, nationalise des entreprises, redistribue des grands domaines et interdit les autres partis politiques. En Syrie, le parti Baas se rapproche de l'URSS en 1957. L'alliance montrée par les timbres marque un basculement en faveur de « l'intérêt de la Russie dans le Moyen-Orient ».

2. Un lieu d'émancipation du tiers-monde

A. Égypte et Syrie sont les hauts lieux du nationalisme arabe et du panarabisme (symboles de l'enveloppe).

B. Le renversement du roi Farouk en 1952 par des « officiers libres » et l'éviction du général Naguib en 1954 par le colonel Nasser se veut une deuxième décolonisation contre un pouvoir et une élite hérités de l'ordre colonial ottoman et britannique.

C. Nasser devient une figure du Tiers-monde en soutenant le front de libération national (FLN) algérien et en participant à la conférence de Bandung.

3. La crise de Suez (octobre – décembre 1956) en filigrane

A. La région est stratégique par le pétrole (le pacte du Quincy est conclu au large de l'Égypte).

B. Elle l'est également par son rôle de « porte entre l'Europe, l'Asie et l'Afrique » ; Nasser réclamait que l'Égypte dispose de la richesse issue du canal de Suez.

C. Alors qu'il a retiré de son action contre les Français et les Britanniques une bonne image au cours de cette crise et un grand prestige auprès des Égyptiens, Eisenhower les irrite par sa doctrine : c'est une ingérence américaine contre la volonté régionale de s'organiser.

II. Les années 1950 marquent un tournant géopolitique pour la région

1. Le défi de la République arabe unie

A. La Syrie fait une demande pour bénéficier du prestige de Nasser et stabiliser une situation intérieure tendue, avec pression du communisme.

B. Un défi géostratégique : deux États historiques s'allient, sans continuité territoriale (carte du timbre, document 2). Quelle est la réalité pour l'unité évoquée par l'enveloppe de manière glorieuse ?

C. Est-ce une étape pour réaliser le rêve panarabe, dans la ligne de la Ligue arabe ?

2. Une région en train de basculer ?

A. Le Liban est au bord de la guerre civile entre partisans de Nasser (surtout musulmans) et partisans du camp occidental (surtout chrétiens).

B. Le roi Hussein de Jordanie limoge un gouvernement pro-Nasser et tente de constituer une « Union arabe » avec son cousin Faysal II, roi d'Irak, le 14 mars 1958. Avec l'ancienne Palestine, les deux sont dans l'espace entre les deux pièces du puzzle panarabe.

C. Le Yémen se divise autour de la participation à la République arabe unie (RAU).

3. La RAU entraîne l'application de la « doctrine Eisenhower »

A. Le 14 juillet 1958, le coup d'État « d'officiers libres » sur le modèle égyptien renverse la monarchie pro-occidentale en Irak. Le général Kassem s'oppose toutefois aux « unionistes », partisans de Nasser.

B. Le 15 juillet 1958, 15 000 Marines débarquent au Liban pour mettre fin aux troubles, en application de la doctrine Eisenhower.

C. Le 16 juillet 1958, des troupes britanniques se déploient à Amman pour soutenir le roi Hussein contre les partisans de Nasser.

Conclusion

La doctrine Eisenhower s'inscrit dans la lignée des grands discours sur le monde de présidents américains, comme Truman en 1947, Reagan (1981 et 1983), G. W. Bush en 2002, justifiant une politique interventionniste pour contenir une puissance hostile. Elle marque le début officiel de l'intérêt américain pour le Moyen-Orient, plutôt dominé jusque-là par les Français et les Britanniques, même s'il y avait une présence discrète depuis au moins 1945.

La RAU connaît une existence brève et, d'une manière générale, l'espoir suscité par Nasser, illustré par le soleil levant des timbres, se heurte à de nombreuses déceptions. L'aura du « *raïs* » reste forte toutefois jusqu'à sa mort. Il incarne une tentative d'émancipation du monde arabe, pour sortir de l'affrontement bipolaire et de l'ordre colonial, appuyée néanmoins sur un mode de développement hérité de l'Occident, même sous la forme socialiste : la nature même du document 2, « enveloppe premier jour », en témoigne tout-à-fait.

SUJET 10

La crise de Cuba et ses conséquences

2 heures

Consigne

À partir d'une analyse critique des documents et de vos connaissances, vous présenterez la crise de Cuba et ses conséquences.

Document 1. Photographie prise par un avion espion américain U-2 au-dessus de Cuba, le 23 octobre 1962.

Cela confirme l'avancement de l'installation du site de lancement de missiles balistiques de moyenne portée (Mediu-Range Ballistic Missiles ou MRBM). Le premier cliché a été pris le 14. Un tel avion est abattu par Cuba trois jours plus tard.

Document 2. Extraits du Traité sur la non-prolifération des armes nucléaires (TNP) signé le 1er juillet 1968, entré en vigueur pour 25 ans le 5 mars 1970, renouvelé « pour une durée indéfinie » en mai 1995 par 178 pays.

La France affirme s'y conformer dès 1968 mais ne le signe qu'en 1992. Aujourd'hui l'Inde, Israël, le Pakistan et le Soudan du Sud n'en sont pas partis et la Corée du Nord l'a quitté en 2003.

« Les États qui concluent le présent Traité, ci-après dénommés les "Parties au Traité"

Considérant les dévastations qu'une guerre nucléaire ferait subir à l'humanité entière et la nécessité qui en résulte de ne ménager aucun effort pour écarter le risque d'une telle guerre et de prendre des mesures en vue de sauvegarder la sécurité des peuples,

Persuadés que la prolifération des armes nucléaires augmenterait considérablement le risque de guerre nucléaire (...)

S'engageant à coopérer en vue de faciliter l'application des garanties de l'Agence internationale de l'énergie atomique (AIEA*) aux activités nucléaires pacifiques,

Déclarant leur intention de parvenir au plus tôt à la cessation de la course aux armements nucléaires et de prendre des mesures efficaces dans la voie du désarmement nucléaire (...)

Rappelant que les Parties au Traité de 1963 interdisant les essais d'armes nucléaires dans l'atmosphère, dans l'espace extra-atmosphérique et sous l'eau ont, dans le préambule du dit Traité, exprimé leur détermination de chercher à assurer l'arrêt de toutes les explosions expérimentales d'armes nucléaires à tout jamais et de poursuivre les négociations à cette fin,

Désireux de promouvoir la détente internationale et le renforcement de la confiance entre États (...) Sont convenus de ce qui suit :

Article premier : Tout État doté d'armes nucléaires qui est Partie au Traité s'engage à ne transférer à qui que ce soit, ni directement ni indirectement, des armes nucléaires ou autres dispositifs nucléaires explosifs (...)

Article II : Tout État non doté d'armes nucléaires qui est Partie au Traité s'engage à n'accepter de qui que ce soit, ni directement ni indirectement, le transfert d'armes nucléaires ou autres dispositifs explosifs nucléaires ou du contrôle de telles armes ou de tels dispositifs explosifs ; à ne fabriquer ni acquérir de quelque autre manière des armes nucléaires ou autres dispositifs nucléaires explosifs ; et à ne rechercher ni recevoir une aide quelconque pour la fabrication d'armes nucléaires ou d'autres dispositifs nucléaires explosifs.

Article IV : 1. Aucune disposition du présent Traité ne sera interprétée comme portant atteinte au droit inaliénable de toutes les Parties au Traite de développer la recherche, la production et utilisation de l'énergie nucléaire à des fins pacifiques.

2. Toutes les Parties au Traité s'engagent à faciliter un échange aussi large que possible d'équipement, de matières et de renseignements scientifiques et technologiques en vue des utilisations de l'énergie nucléaire à des fins pacifiques, et ont le droit d'y participer (...)

Article IX : (...) Aux fins du présent Traité, un État doté d'armes nucléaires est un État qui a fabriqué et a fait exploser une arme nucléaire ou un autre dispositif nucléaire explosif avant le 1er janvier 1967. »

* Fondée en 1957 par l'ONU, peu active jusqu'en 1962.

Écueils à éviter

Il faut éviter tout récit de la crise et de ses conséquences mais en utiliser les éléments pour montrer les enjeux du cliché américain, pris par un avion espion pour démontrer la nouvelle menace soviétique, et des expressions du TNP pour dépasser le cadre purement factuel. Le premier document s'inscrit dans une logique d'affrontement, le second exige un accord pour signer un même texte : deux pans de la guerre froide.

Introduction

Le 22 octobre 1962, le président John F. Kennedy révèle au monde que l'URSS de Nikita Khrouchtchev installe des missiles nucléaires sur l'île de Cuba, situation inacceptable pour Washington, car elle rompt l'équilibre de la « terreur nucléaire », qui dissuade chaque superpuissance de tenter une action d'envergure contre le camp adverse. Cette installation s'est faite secrètement et ne devait être révélée qu'une fois achevée : le premier cliché pris par un avion U-2 américain le 14 octobre 1962 révèle la manœuvre. Le 22 octobre, le président américain J. F. Kennedy annonce au monde cette installation, photographies à l'appui, montrées notamment au Conseil de sécurité des Nations unies alors que l'URSS dément. C'est un aspect de la superpuissance américaine, capable de révéler la manœuvre sournoise de l'adversaire. Cet épisode convainc les superpuissances et d'autres pays d'organiser davantage la place de l'arme nucléaire dans les relations internationales notamment par le TNP, signé en 1968 et entré en vigueur en 1970. Traité international, il suppose un minimum de bonne volonté par-delà l'antagonisme bipolaire : le passage du premier au second document marque celui de la première guerre froide à la « détente » et renvoie au rôle essentiel joué par l'arme nucléaire dans cette période.

Au cœur de la première guerre froide dont la crise de Cuba est le sommet, l'arme nucléaire témoigne ensuite de la réalité de la « détente ».

I. L'arme nucléaire joue un rôle structurant pour les relations internationales de la première guerre froide

1. La prise de conscience progressive des « dévastations qu'une guerre nucléaire ferait subir à l'humanité entière »

A. Le choc de Hiroshima et Nagasaki explique à terme le traité sur la non-prolifération des armes nucléaires (TNP) de 1968.

B. La propagande américaine utilise des essais de Bikini (1946).

C. Cette époque est marquée par une grande peur nucléaire, dont Cuba est l'apogée.

2. Une période de tests et de prolifération

A. Parallèlement à la bombe soviétique, l'appel de Stockholm pour ouvrir la « voie du désarmement nucléaire » et la fondation de l'agence internationale de l'énergie atomique (AIEA. en 1957 illustrent les faux-semblants de la « coexistence pacifique ».

B. La crise a lieu dans un contexte de prolifération avec de nouvelles puissances nucléaires : URSS en 1949, Royaume-Uni en 1952, France en 1960, Chine en 1964. Le TNP est la réponse pour limiter le processus.

C. En 1961-1962, la guerre des campagnes de tests atmosphériques entre supergrands éclate.

3. La crise de Cuba et les risques de « l'équilibre nucléaire »

A. L'année 1961, course à l'espace et aux missiles.

B. Cuba, l'arme nucléaire est une arme de chantage et de dissuasion. Comme il ne faut pas l'utiliser sous peine d'apocalypse générale, l'antagonisme a des aspects de poker où chacun cherche à cacher ses atouts ou à révéler les manœuvres de l'autre : ce que fait le cliché pris par l'avion espion.

C. Cuba ou la politique « au bord du gouffre » est renforcée par le fait que les deux « K » ne se parlent pas directement.

II. L'arme nucléaire témoigne de la réalité de la « détente »

1. Les leçons de la crise de Cuba

A. La dissuasion nucléaire rend nécessaire des outils de dialogue direct (téléphone rouge) pour éviter une telle montée aux extrêmes.

B. L'arme nucléaire est au cœur des médias de l'époque (au cinéma par exemple dans *Docteur Folamour*, *James Bond contre Dr No*, *Opération Tonnerre*), qui s'interrogent sur le caractère maîtrisable de son utilisation.

C. Mao et Castro poussaient l'URSS à la guerre nucléaire : Castro abat un U-2 pour pousser à l'affrontement… C'est à l'origine de la non-prolifération pour limiter le nombre de détenteur de l'arme nucléaire et les risques qu'elle soit vraiment utilisée.

2. Le TNP pour organiser l'équilibre nucléaire

A. La prolifération fissure les blocs : volonté d'indépendance de la France gaullienne avec sa force de frappe, de la Chine face à l'URSS.

B. Le contexte d'efforts diplomatiques (détente) profite à la question nucléaire avec l'interdiction des essais atmosphériques en 1963, le TNP en 1968 et le SALT 1 (les ICBM et les missiles intermédiaires de la photographie).

C. Cet effort permet de favoriser la pacification de la course à l'espace et du nucléaire civil.

Conclusion

Ces deux documents sont majeurs pour la compréhension de la guerre froide : la photographie rappelle combien le monde est passé près de l'apocalypse nucléaire. Elle montre l'importance des moyens d'observation et de contrôle dans la non-prolifération que fonde le TNP pour limiter le nombre de puissances nucléaires et maintenir l'effet de dissuasion. Symbole de la « détente », le TNP est un autre héritage majeur. Dans un premier temps, il a semblé de poids limité parce qu'il n'a pas empêché de nouveaux États de se doter de l'arme nucléaire, comme l'Inde, Israël, le Pakistan, voire la Corée du Nord plus récemment.

Il n'a pas entravé non plus un retour de tension dit « guerre fraîche » avec la crise des « euromissiles ». À plus long terme, il reste un instrument clé des relations internationales, notamment depuis son renouvellement en 1995. Il est au cœur des crises actuelles avec la Corée du Nord et avec l'Iran.

La photographie souligne une limite du TNP : la question des missiles, c'est-à-dire des vecteurs. Cette autre « prolifération » a été définie comme une « menace contre la paix » au titre du chapitre VII de la charte de l'ONU par la résolution 1 540 du 28 avril 2004. On peut faire le parallèle entre Castro faisant abattre un U-2 le 27 octobre 1962 pour pousser à l'affrontement et l'Iran qui détruit un drone espion américain le 20 juin 2019 dans une logique de montée des enchères sur la question du nucléaire.

IMPRIM'VERT®

Dépôt légal : août 2022
Achevé d'imprimer en août 2022 par SEPEC en France
N° d'éditeur : MAGSI20200503
N° d'imprimeur : 09467220678

PEFC 10-31-1470 / Certifié PEFC / Ce produit est issu de forêts gérées durablement et de sources contrôlées. / pefc-france.org